普通高等院校经济管理类“十二五”应用型规划教材

[会计系列]

会计信息系统理论与实验教程

Accounting Information System Theory and Practice

主编 管彦庆

副主编 庄嘉琳 杨喜梅

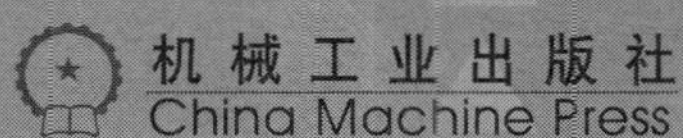

本书以企业会计实务为蓝本，以会计信息系统为手段，以培养应用能力为主线，从实用的角度出发，分为理论、案例与实验的上、中、下三篇，在阐述会计信息系统基础理论的基础上，着重分析了会计信息系统的功能结构与应用、管理型会计信息系统的实现。本书通过具体案例与配套实验，力争使读者实现对会计信息系统从理论到实践、再由具体实践与实际问题的解决上升为理论的良性互动与循环；同时还涉及当前较为流行的网络记账方式，通过个人“时间财富”实验的设计与练习，发人深省。通过全书的理论学习、案例与实验操作，将有利于引导读者对如何实现“会计信息的综合利用”、“管理型会计信息系统的实现”、“个人或企业的时间价值与资金配置效率的提升”等问题的思考，从而实现会计、财务管理、信息技术等知识的融合。

图书在版编目（CIP）数据

会计信息系统理论与实验教程 / 管彦庆主编. —北京：机械工业出版社，2012.6（2014.12重印）
（普通高等院校经济管理类“十二五”应用型规划教材·会计系列）

ISBN 978-7-111-38800-5

Ⅰ. 会…　Ⅱ. 管…　Ⅲ. 会计信息－高等学校－教材　Ⅳ. F232

中国版本图书馆CIP数据核字（2012）第126138号

机械工业出版社（北京市西城区百万庄大街22号　邮政编码　100037）
责任编辑：李兰丁　　　版式设计：刘永青
北京市荣盛彩色印刷有限公司印刷
2014年12月第1版第3次印刷
185mm×260mm·16.75印张
标准书号：ISBN 978-7-111-38800-5
定价：32.00元

凡购本书，如有缺页、倒页、脱页，由本社发行部调换
客服热线：（010）88379210；88361066
购书热线：（010）68326294；88379649；68995259
投稿热线：（010）88379007
读者信箱：hzjg@hzbook.com

Preface 前 言

会计信息系统是融电子计算机科学、管理科学、信息科学和会计科学为一体的边缘学科。它依据会计的基本理论和基本方法，以系统的观点，软件工程学的方法，用当代电子技术和信息技术来解决计算机环境下会计信息处理的问题，并揭示了会计信息系统的内在联系和运动规律。

综观会计信息系统发展的历史，从手工到机械，再到计算机、网络、数据库等信息技术在会计业务处理与财务管理中的应用，使会计信息系统成为企业管理及管理系统中不可或缺的重要组成部分。这要求现代财务人员不仅要从事日常业务的核算，还要在会计核算信息的基础上，对其加工、整理，为单位管理与决策人员提供管理与决策信息，实现财务人员从核算到辅助管理与决策的“跨越”。

要实现这个跨越，除了掌握会计学理论知识与实务，财务人员还应熟悉并掌握会计信息系统的功能、结构与应用。这正如要求会计信息系统从“核算型”向“管理型”跨越一样。美国注册会计师协会（American Institute of Certified Public Accountants，AICPA）前主席罗伯特·梅得尼克（Robert Mednick）指出：“如果会计行业不按照IT技术重新塑造自己的话，它将有可能被推到一边，甚至被另一个行业——对提供信息、分析、签证服务有着更加创新视角的行业所代替。”

本书是顺应社会经济发展及上述财务人员、会计信息系统的要求，为培养实践能力突出的高素质应用型专门人才，从会计信息系统实务工作出发，按照我国最新颁布的企业会计准则和《会计基础工作规范》的要求而编写。编者在总结长期教学经验和会计实务实践的基础上，努力践行会计教育与教材由“理论灌输”到“实践操作”的转变，将理论知识的培养与实践能力的锻炼有机结合起来，力求培养出市场经济所需要的上手快、素质高、业务精、技能强的“应用型”会计专业人才。

本书突出了以下特色。

1. 案例的选用实现了“来源于企业、服务于企业与社会”的宗旨。通过校企合作的应用思维与编著团队，实现了综合案例的现实性、整体性与可扩展性的突出。编著团队来源于具有丰富企业会计实务工作经验的会计部门经理（会计师）与高校长期从事相关学科教研工作的副教授、讲师组成的“双师”型教研团队，综合案例来源于与企业会计实务工作紧密结合的会计业务，而且作为章节和案例篇单列；理论篇的例题与实验资料均来自综合案例，并以此作为贯穿全书的脉络，更好地体现了综合案例的实践性与整体感，而且很容易在此基础上进行相应的扩展，如增加应收或应付系统案例等。

2. 实现教与学的“教学相长”、“学以致用”宗旨，实践性较强。扩大实验比重（理论与实验比例达到3∶7)，实现了理论与实践的有机结合，尤其是实现了实验对理论的“学以致用”与“补缺”效应，且顺应了应用型本科院校强调动手能力培养的教学指导思想。

3. 实现教材编写与教学过程的“亲自验证”和“图文并茂”。在编著与教学过程中，编者通过亲自动手实验与教学，完成并验证实验的每一步，同时在书中配有详尽的图解，这有利于读者进行学习并在实验中参考。

4. 体现“教书育人”的宗旨，具有一定的启发性。引导学生对如何实现“会计信息的综合利用”与“管理型会计信息系统”进行思考，一方面，将会计学、财务管理、财务分析等知识相互融合，另一方面，在掌握会计信息系统基本知识与技能的基础上实现“有所思”的目的，帮助学生树立科学研究的信心与勇气。

本书由云天化集团天盟农资连锁有限公司的杨喜梅与昆明学院（定位为应用型本科院校）的管彦庆、庄嘉琳、李琼芬、杨荣海共同编写。管彦庆负责设计教材结构，同时编写第1章、第2章、第6章、第7章、附录、各章的思考与练习以及全书的审阅、修改与统稿工作；庄嘉琳编写了本书的第4章（工资系统、固定资产系统案例部分）、第8章、第9章；杨喜梅编写第3章、第4章（账务与报表系统案例部分）、第10章；李琼芬编写第5章；杨荣海编写第11章。在本书的编写过程中，机械工业出版社的张有利、高伟老师提出了许多宝贵意见，为本书的出版付出了辛勤的劳动。在本书的编写中，还参考了一些相关的文献及教材，在此一并表示感谢！

“编著实务与教学的工具与参考书”是本书编著团队的目标与宗旨。本书编纂正值我国会计教学改革与发展之时，编者虽然力求做到教材编写的及时性、准确性，但因水平与时间有限，加之教研等工作任务繁重，书中难免有不妥之处，敬请读者、高校教学与会计界同人不吝赐教（联系邮箱：gyqkmxy@139.com）。

管彦庆
2012年5月

Suggestion 教学建议

在科技成为第一生产力且日新月异发展的今天，面对系统庞杂的大量专业所需知识，“教学相长”、“学以致用”、“教书育人”早已是教学科研工作者的共识。在一定专业基础知识上，做到教学目标与任务明确、教学方法得当、教学体系完善，能起到触类旁通与事半功倍的教学效果。

一、课程性质

“会计信息系统”是现代会计的重要组成部分，它是会计学、会计电算化、财务管理等专业的一门专业主干课程，是以培养学习者实际操作能力为主的职业技能课程。该课程是融会计学、计算机科学、信息科学和管理科学为一体的边缘学科，是一门实践性很强的应用型课程，是为培养适应信息化需要，符合市场经济要求，既具有会计理论知识又具有较强的计算机操作和会计软件操作技能的复合型人才服务的一门主要课程。为了学好本课程，要求学习者应该具备一定的会计基础知识、计算机基础知识。因此，本课程的前导课程有《基础会计学》、《计算机应用基础》、《中级会计实务》等。

二、教学目标与任务

本课程通过对具有代表性的通用财务软件（用友财务软件）的学习和操作，使读者了解会计信息系统发展及其趋势，系统掌握会计信息系统的模块构建及功能与应用，思考管理型会计信息系统的构建，能在会计工作实践中，对系统管理、凭证管理、出纳管理、账簿管理、报表管理等子系统进行应用与分析，增强实际动手能力，并拓展读者的知识面。

本课程传授会计信息系统必备的基本理论知识，侧重学习财务软件功能的操作使用。通过本课程的学习，学习者掌握一定的会计信息系统理论知识，能娴熟使用一种通用财务软件，达到国家对会计电算化初级至中级人员的要求，具备自主学习财务软件新增功能或同类其他财务软件的能力。学习本课程应达到以下教学目标。

1. 知识目标：了解会计信息系统基本理论知识，熟练掌握用友财务软件中财务会计模块各功能的操作技能，实现财务数据的综合利用，并为构建管理型会计信息系统奠定良好的基础。

2. 能力目标：具备较强的财务软件操作能力及后续知识自主学习能力。

3. 德育目标：遵章操作，诚信做账。

三、教学方式方法及学时安排建议

本课程是一门实践性和技能性较强的课程，应以“练”字当头，“只讲不练”与“只说不练”是很不可取的。为确保教与学的效果，教师与学习者应采用以下灵活多样的教与学的方法与手段，实现教与学的目标。

（一）教授方法

1. 课堂讲授与演练法。由主讲教师根据教学大纲的要求，利用本书配套的 PPT、Flash 课件（或根据教学内容与教研实践自主制作电子讲稿），系统地进行课堂讲授与实际操作演练，采用一边讲授，一边向学习者实际操作演练的方法，目的是向学习者传授系统的会计信息系统理论知识与学科前沿发展，同时传授操作技能与方法，达到知识与技能传授“知其然，也知其所以然”的教学目标。

2. 配套实验案例法。通过向学习者布置与指导专项案例与实验，在课堂讲授与演练的基础上，通过理论与实践相结合的教学，使学习者在配套实验实际动手操作的基础上理解基础理论，认真解决学习者在实践中遇到的问题，使他们感受与思考会计信息系统的处理流程，能更好地系统掌握企业会计信息系统操作的一般方法与流程。

（二）学习方法

1. 举一反三、熟能生巧。对于操作性极强的课程，除了要学好理论知识，关键还在于多加练习，通过配套实验、课后思考与练习，甚至将其他的财务会计模拟实验资料用于财务软件的实验等形式，对各项操作进行分项理解与掌握。如项目核算，在实验的基础上，先要理解并掌握为什么要设置项目核算及创建项目大类、配置核算科目等知识与操作技能，再动手练习，练习之后再思考。

2. 带着知识练习，带着问题学习与思考。学习者要在实践性教学体系（主要包括案例教学、课堂练习和课外作业）下，带着所学的理论知识进行实践，遇到问题后请教老师或同学，思考解决问题的方法与流程，更好地系统掌握财务软件的功能模块与操作技能，有效达到运用会计学的基本理论知识、利用通用财务软件、对企业的主要会计事项进行账务处理的学习与练习目标。

3. 统筹规划，先建“框架”，再逐步“详解”，达到点滴积累的目的。如建账的八个步骤，先从总体上把握八步操作，再逐步掌握每一步具体操作。在规定的学习期限内，每天学习并集中精力掌握一部分，比集中几天掌握全部的方式效率高。

下篇　会计信息系统实验

上篇

会计信息系统理论基础

PART1

Chapter 1

第 1 章 会计信息系统概论

学习目标

- 掌握会计信息系统的概念及其构成要素、特点、目标与意义;
- 了解会计信息系统的发展概况、系统开发与发展前沿;
- 理解商品化会计核算软件的比较分析。

1.1 会计信息系统概述

如图 1-1 所示，会计信息系统（accounting information system，AIS）是企业资源规划系统（enterprise resource planning，ERP）的子系统，它是由系统人员、计算机硬件、计算机软件以及系统运行制度等构成的人机系统，专门用于收集、存贮、传输和加工会计数据，输出会计信息的信息系统。它运用会计学的价值计量方法和信息数据处理技术对会计主体的生产经营活动和经营成果进行全面、连续、系统的记录，计量与传递，并能为其他管理信息系统与财务决策提供会计信息支持。

1.1.1 会计信息系统构成要素

如图 1-2 所示，会计信息系统由紧密联系且有机统一的人员、硬件与软件、制度要素、会计数据和信息构成。其中，人员要素是系统中“最活”的要素，而制度要素是系统中激励与制约人员要素不可或缺的重要组成部分。

1. 人员要素——会计信息系统的主体

系统人员是会计信息系统的主体，包括财会人员、系统管理人员、系统开发与维护人员等。

(1) 财会人员。财会人员包括从事会计业务处理的会计财务人员；从事财务分析与预测、制订财务计划的财务管理人员；从事财务规划和决策的财会主管人员等。

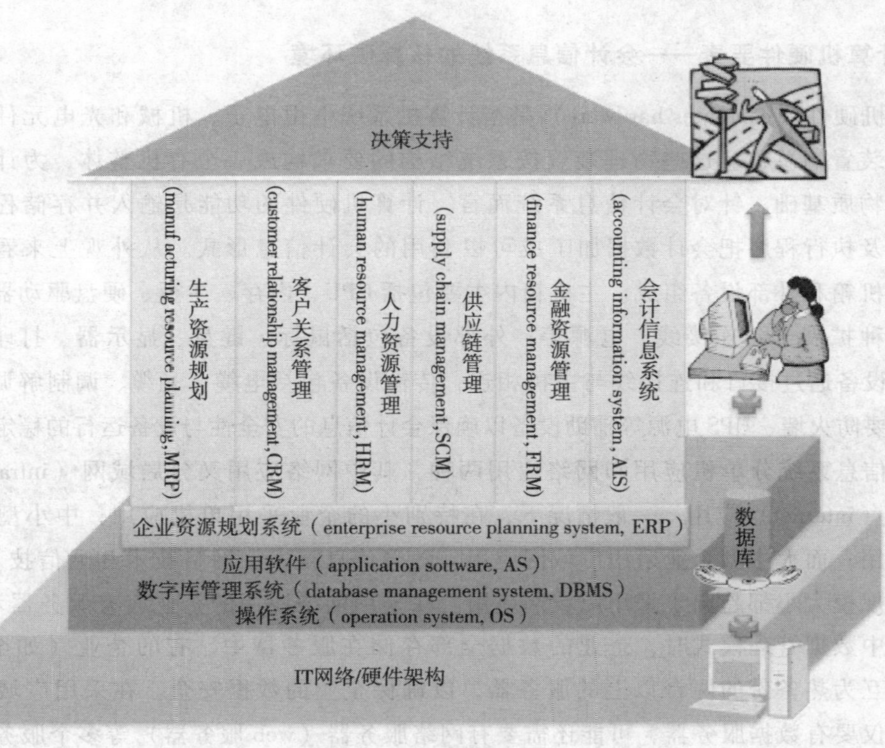

图 1-1　企业会计信息系统的地位与作用

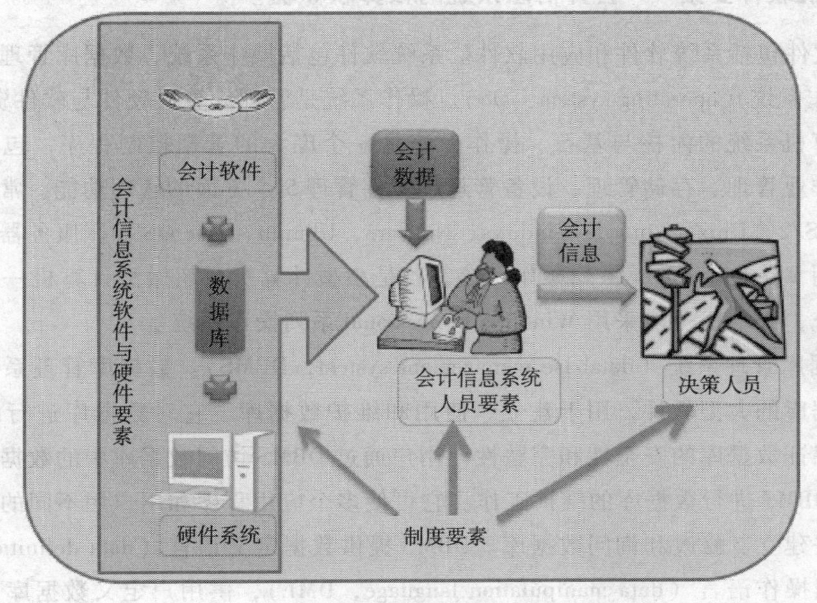

图 1-2　企业会计信息系统构成要素及其关系

（2）系统管理人员、系统开发与维护人员。使用会计信息系统的单位一般都设有信息中心，专门从事信息系统的运行、维护和管理工作，有的单位还从事系统开发工作。这些人员为系统运行提供技术支持，是系统正常运行的可靠保证。

2. 计算机硬件要素——会计信息系统的核算硬环境

计算机硬件（computer hardware）是指计算机系统中由电子、机械和光电元件等组成的各种物理装置的总称。这些物理装置按系统结构的要求构成一个有机整体，为计算机软件运行提供物质基础。针对会计信息系统而言，计算机硬件的功能是输入并存储程序和会计数据，以及执行程序把会计数据加工成可以利用的会计信息形式。从外观上来看，微型计算机由主机箱和外部设备组成。主机箱内主要包括CPU、内存、主板、硬盘驱动器、光盘驱动器、各种扩展卡、连接线、电源等；外部设备包括鼠标、键盘、显示器、打印机、音箱等，这些设备通过接口和连接线与主机相连，传输设备包括电缆、光缆、调制解调器等，另外，还需要防火墙、UPS电源等辅助设备以确保会计信息的安全性与设备运行的稳定性。

会计信息系统分单机应用和网络应用两种，其中网络应用又分局域网（intranet）应用和广域网（internet）应用。一般情况下，在特别小的企业采用单机应用；中小型企业采用局域网应用；而大中型企业采用广域网应用。随着信息技术、网络技术和通信技术的发展，无论单位规模大小都趋向于采用广域网应用。在采用网络应用的企业应有服务器和终端机，在采用集中数据管理模式时，企业的数据全部存储在服务器中，有的企业（如金融企业）还需采用互为热备份的两台以上的服务器，以确保企业的数据安全。在采用广域网应用的企业，不仅要有数据服务器，可能还需要有网络服务器（web服务器）等多个服务器。

3. 计算机软件要素——会计信息系统的核算软环境

计算机软件包括系统软件和应用软件。系统软件包括操作系统、数据库管理系统等。

（1）操作系统（operating system，OS）。操作系统是管理计算机硬件与软件资源的程序，同时也是计算机系统的内核与基石。操作系统是一个庞大的管理控制程序，包括进程与处理机管理、作业管理、存储管理、设备管理、文件管理5个方面的管理功能。常见的操作系统有DOS、OS/2、Unix、Linux、Windows、Netware、Ubuntu、Mac OS等。服务器若是微型计算机一般采用Windows server系列操作系统，若是小型计算机或超微型计算机一般采用Unix系列操作系统，终端机一般采用Windows professional系列操作系统。

（2）数据库管理系统（database management system，DBMS）。数据库管理系统是一种操纵和管理数据库的大型软件，用于建立、使用和维护数据库。它对数据库进行统一的管理和控制，以保证数据库的安全性和完整性。用户通过DBMS访问数据库中的数据，数据库管理员也通过DBMS进行数据库的维护工作。它可使多个应用程序和用户用不同的方法在同时或不同时刻去建立、修改和询问数据库。DBMS提供数据定义语言（data definition language，DDL）与数据操作语言（data manipulation language，DML），供用户定义数据库的模式结构与权限约束，实现对数据的追加、删除等操作。就会计信息系统而言，它用于存储企业的所有经营管理数据，一般一个企业只构建一个数据库来存储经营管理中产生的日常操作型数据，但有些企业由于购买（或开发）的软件系统各不相同，因此，在企业中形成多个数据库，这最容易造成信息孤岛，给企业的信息集成与共享造成极大困难。常见的数据库管理系统有 Oracle、MS SQL server、MySQL、Sybase、IBM Informix、MS Access 等。中小企业一般较多采用 SQL Server，而大型企业一般采用 Oracle。

（3）应用软件（application software）。应用软件是用户可以使用的各种程序设计语言，以及用各种程序设计语言编制的应用程序的集合。如企业的 ERP 系统和中小企业单独使用的会计软件（专门用于会计数据处理的应用软件）。在会计信息系统中，会计核算功能是最重要的组成要素，拥有会计核算功能是会计信息系统区别于其他一切管理信息系统的主要标志。

4. 制度要素——会计信息系统运行环境保障

会计信息系统的设计与运行应在制度的约束下进行，其制度要素是指保证会计信息系统正常运行的各种制度和控制程序。制度按来源分为外部制度与内部制度。我国的《中华人民共和国会计法》、《会计基础工作规范》、《企业会计准则》、《企业会计制度》、《企业财务会计报告条例》等外部制度，构成了会计信息系统制度要素的基础，它既是会计信息系统设计的依据，也是会计信息系统运行必须遵循的基本原则。另外，企业还应结合会计信息系统的特点、自身的现状、科学管理的要求，在构建企业会计信息系统时，将一些制度要求的量化指标或控制指标嵌入到会计信息系统中，通过系统控制功能运行来保障制度的执行。通过建立企业内部会计管理规章、操作制度、会计档案管理制度、预算制度、业绩评价与奖惩办法等，细化会计信息系统的制度要素，实现与会计信息系统要求的硬件管理、数据管理、岗位责任、内部控制、保密的无缝衔接。

5. 会计数据与会计信息——会计信息系统的客体

会计数据是用以描述会计事项，反映会计业务发生和完成情况，作为会计加工处理对象的数据，主要包括生产经营过程中产生的引起会计要素增减变动的原始数据，进入会计信息系统的各种原始凭证则是会计数据的载体。

会计信息是指经过记录、计算、分类、汇总而形成的有用的会计数据，会计处理过程就是按照一定的方法、规则和程序，收集会计数据，并对其进行记录、分类、汇总等加工处理，从而产生所需会计信息的一系列过程。如果说会计部门从外部单位及内部各部门所取得的原始凭证是会计数据的载体，那么经过分类处理而产生的总账、明细账，以及在此基础上编制的会计报表、财务报告等，则是会计信息的表现形式。企业就是利用这些会计信息来实现其会计管理职能的。

1.1.2　会计信息系统的目标、特点与意义

1. 会计信息系统总目标及其分层细化目标

与手工会计系统相似，设置会计信息系统的总目标是对正确、及时、全面地记录和反映

会计主体经济活动客观情况的会计数据，进行整理、加工生成的会计信息，能够为会计信息使用者提供管理与决策支持。会计信息系统能做到更好地与企业 ERP 的其他系统相衔接，实现企业内部信息资源的共享和有效利用。

随着企业管理水平的不断提高，对企业会计信息系统的功能要求也越来越高。从企业经营管理与有效使用会计信息的角度来设计会计信息系统的功能，突破了仅仅在企业财务会计部门使用的限制，实现了集供、产、销一体化，会计核算、财务分析与预警、财务管理与决策一体化为目标的企业业务集成的 ERP 系统。在数据库技术与网络技术等信息化技术的支撑下，科学有效地实现了会计信息系统与其他信息系统的有机结合。从会计信息系统功能的发展演进角度，从业务处理、会计核算、财务管理等跨部门使用的要求出发，它先后经历了核算层、管理层和决策层三个相互联系又各有侧重、各具不同目标的发展层次，三个层次的联系如图 1-3 所示，区别如表 1-1 所示。

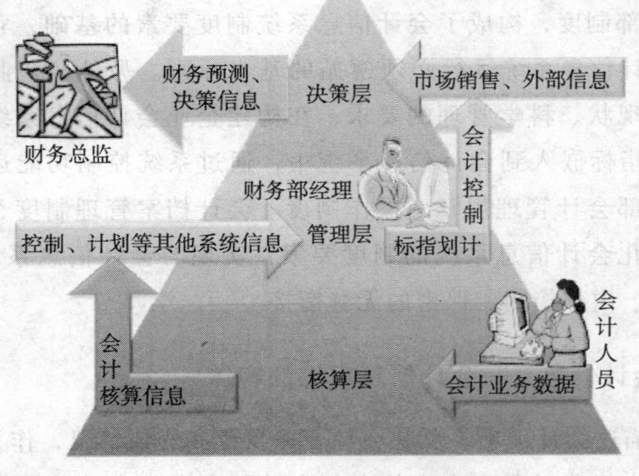

图 1-3 企业会计信息系统三个层次及其关系

表 1-1 会计信息系统三层次比较

比较项目	核算层	管理层	决策层
主要目标	提高会计核算效率	提高经济效益	提高决策效果
主要功能与决策支持功能	事后核算与分析 提供信息支持	事中管理与控制 支持结构化决策	事前预测与决策 支持半结构决策
服务对象	业务操作人员	财务管理人员	财务决策人员
驱动模式	数据驱动	目标驱动	问题与用户
系统结构	各种数据库	数据库与模型库	模型库与知识库
数据源	会计内部记账凭证	内部数据与其他子系统数据	企业内部与外部数据

2. 会计信息系统的特点

如图 1-4 所示，与手工会计系统不同，会计信息系统的特点包括以下内容。

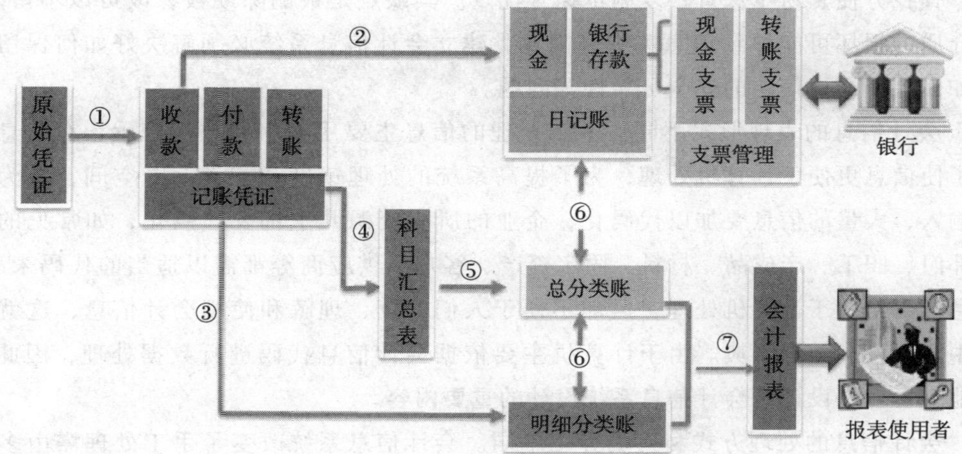

a）手工会计系统的业务流程

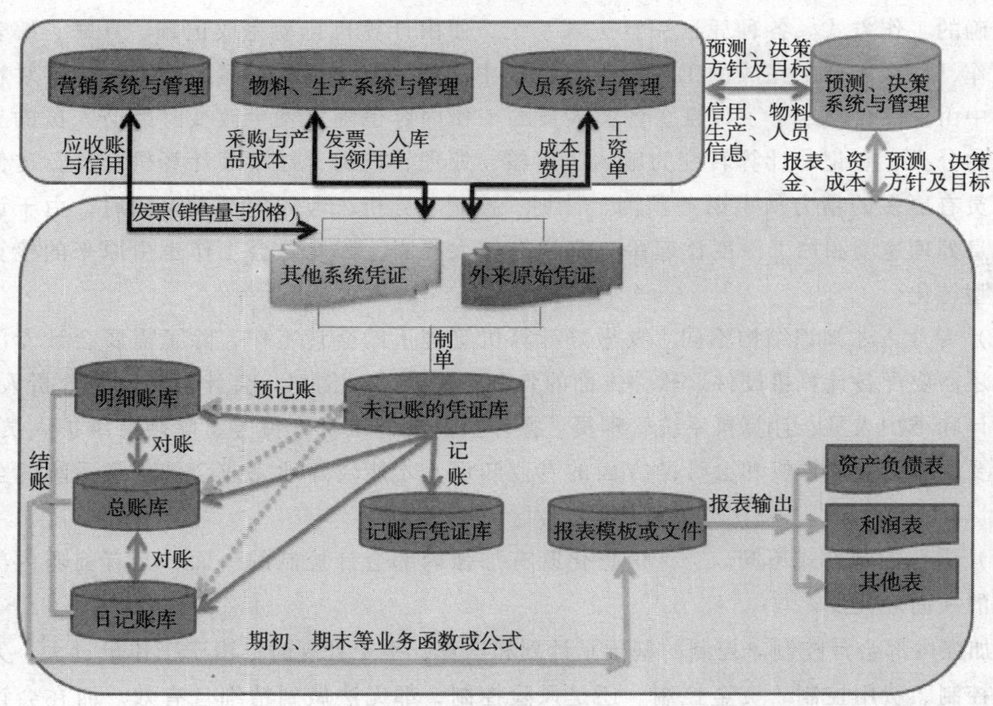

b）会计信息系统的业务流程

图 1-4　手工会计与会计信息系统的业务流程比较

（1）信息处理的工具不同。手工处理信息使用的工具是算盘、计算器等，计算速度慢、出错率高；会计信息系统的工具是不断更新换代的计算机，数据处理过程由程序控制计算机自动完成，处理速度快、准确率高、信息存储量大。

（2）会计信息的存储形式不同。手工处理的信息载体是凭证、账簿和报表等纸介质，这些会计信息不经任何转换即可查阅；在会计信息系统中，会计信息被记录在磁性载体中，这些磁性介质中的会计信息以不可见的形式存在。以磁性载体记录和存贮的会计信息具有容量大、查找方便、易于保管、复制迅速等优点。其缺点是被删除或被篡改可以不留痕迹，且磁性介质的损坏可能导致信息丢失。因此，建立会计信息系统必须解决好如何保留审计线索，如何保证会计信息的安全可靠性等问题。

（3）会计信息的表现形式不同。手工处理的信息主要用文字和数字表示。在信息系统中，为了使信息更便于计算机处理，为了提高系统的处理速度和节省存贮空间，也为了简化汉字输入，大量的信息要加以代码化，企业的所有资源几乎都要代码化，如常见的会计科目、部门、职工、产成品、材料、固定资产、客户、供应商等都需以适当的代码来表示。会计信息代码化便于计算机处理，但却不便于人们阅读、理解和使用会计信息，这就需要在系统中建立许多数据字典。由于计算机主要依据会计信息代码进行数据处理，因此，科学合理地进行代码设计是会计信息系统设计的重要内容。

（4）会计信息的处理方式和人员分工不同。会计信息系统改变了手工处理需由多人分工协作共同完成记账、算账、编表的工作方式，也改变了通过账证、账账、账表核对保证数据正确的工作方式。各种凭证一旦进入系统，便由计算机自动完成记账、算账、编表及分析工作，许多人分工完成的工作由计算机集中完成，账、证、表间的钩稽关系核对在计算过程中由程序自动给予了保证。各类人员的工作内容也随之发生改变，财会人员的工作由原来的分类、登记、计算转变为输入、审核、处理、查询、打印等计算机操作，这使得财会人员有更多的精力从事财务预测、计划、控制、分析、考评等活动。同时，由于计算机的信息处理速度和加工深度比起手工来说有较大提高，因此财会工作也由原来的核算型向管理型转化。

（5）专业人才知识结构不同。要做好计算机管理下的会计工作，除了需要会计专门人才外，还需要配备计算机硬件、软件方面的各种专门人才。例如，会计信息系统分析人员、程序设计和维护人员，计算机系统管理员、操作员、硬件维护人员等，除硬件维护人员外，一般都要同时具备计算机和会计两方面的专业知识，才能较好地完成会计信息系统的全部任务。

（6）内部控制方式不同。会计信息化既有加强内部会计控制的一面，又有削弱内部会计控制的一面。

①加强内部会计控制。控制的基础是计划和核算，手工处理时，由于工作量过大，无论是成本控制、费用控制、资金控制、还是风险控制，都无法做到精细且有效。而在会计信息系统中，从预测、计划、核算到控制、分析、考评都可以做到精细且有效，环环紧扣，通过在供应、生产、销售、运营管理等各有关环节设置控制点，采取控制措施，就能够有效地实现企业的内部会计控制。

②削弱内部会计控制。手工处理时，为了提高系统处理会计信息的准确可靠性，为查错防弊，加强财务管理，要采用一系列内部控制方法，建立一整套内部控制制度。其主要措施是通过财会人员之间的职责分离实现相互牵制，由人工完成各种检查、核对和审核。在会计信息系统中，由于会计信息由计算机进行集中化、程序化处理，会使手工处理中的某些职责分离、相互牵制的控制措施失去效用，计算机的磁存储介质也不同于纸张载体，其

数据能被不留痕迹地修改和删除。

为了系统的安全可靠，为了系统处理和存储会计信息的准确完整，必须结合会计信息系统的特点，建立一整套更为严格的内部控制制度。这些内部控制措施除了包括有关信息化数据处理的制度、规定和审核、检查外，还包括很多建立在应用系统中，由计算机自动执行的一些控制措施，如系统权限控制、角色权限控制、功能权限控制、数据权限控制等。

(7) 信息输出的内容和方式不同。会计信息系统所能提供的会计信息无论在数量上还是质量上都远远优于手工处理。具体表现在：利用计算机对会计数据进行批处理和实时处理，大大地提高了会计信息处理的及时性，缩短了会计结算周期，可以做到日结算或周结算，及时提供日报、月报、季报和年报；会计数据的集中管理可实现一数多用，充分共享，联机快速查询，远程信息交换，网上查询等；账表输出功能大大提高，打破了手工总账按一级科目、明细账按末级科目输出账簿的传统方式，会计信息系统可以按任意科目级次输出总账和明细账，可以按各种定义输出报表；通过建立数学模型辅助进行财务管理，全面开展财务预测、决策、计划、控制、分析、考评工作，突破手工处理的局限性，扩大会计信息的应用领域，为会计信息的深加工和再利用提供更加广阔的前景。

(8) 会计档案的保管形式不同。手工处理的会计信息是以纸张作为载体进行保存；在会计信息系统中，会计档案的保存方式变为以磁介质为主、纸介质为辅，不仅要建立纸介质会计档案的管理制度，还要建立健全严格的数据备份、数据恢复等与磁存贮介质相关的数据安全制度，使会计资料保存的环境在温度、湿度等方面符合磁介质的要求。

(9) 系统运行环境要求不同。会计信息系统所使用的计算机、打印机、通信设备等精密设备，要求防震、防磁、防尘、防潮，使系统运行环境能保证计算机硬件的正常运行。

纵观上述区别，集于一点，就是会计信息处理方式的改变，引起了会计信息处理的革命性变革，这一变革使得系统功能更为强大，系统结构更加合理，系统管理更为完善。

3. 会计信息系统的意义

会计信息系统的意义在于以下几个方面。

(1) 促进了会计工作效率与质量的提高，为企业的管理现代化奠定了基础。会计信息系统应用之后，会计人员的主要工作是根据经审核的原始凭证，利用计算机填制记账凭证，对经审核的记账凭证进行记账、对账、结账等账簿和报表业务。一方面避免了手工操作对同一笔业务数据的反复摘抄而产生差错、遗漏等问题；另一方面，对数据的输入、处理和输出全过程实施规范化要求与控制，一定程度上保证与实现了数据的正确性与规范化。有助于节省会计人员繁重的日常业务与数据处理事务时间，有更多的时间更好地、有针对性地利用会计信息为企业的经营管理服务，从而提高会计工作效率与质量。会计信息系统通过高效、高质会计信息的提供，并与企业其他管理系统有机结合与无缝衔接，共同为企业管理现代化奠定良好基础。

(2) 促进了会计工作工作职能的转变与会计人员素质的提高。会计信息系统的应用，节省了业务处理时间与数据查询时间，使得会计人员的工作由事后的业务核算，逐步转向事中的管理控制与事前的预测、决策成为可能，为实现会计工作由核算型向管理型转化奠定良好的基础。为适应会计工作的转型，对会计人员的素质要求，就不会仅限于计算机操作、会计业务知识，会计人员还应具备一定的财务分析、控制、预测等财务管理知识与技能，并能有针对性地将这些知识与技能应用到企业的经营管理事务中。

(3) 促进了会计学科理论研究的发展。会计信息系统的应用，使会计工作在会计数据处理流程、内部控制方式、会计工作组织等方面发生了较大变化，这将对会计学科理论和方法产生影响，需要会计工作者在理论与方法上进行深入研究。

1.2 会计信息系统的发展概况

1. 国外会计信息系统的发展概况

如图 1-5 所示，若将手工会计系统统计在内，国外会计信息系统经历了五个发展的阶段，从以威尼斯商人的借贷记账法为代表的手工会计系统，到 20 世纪 50 年代开始出现的以计算机在会计领域中应用为代表的现代会计阶段，经过 70 年代的大发展，到 80 年代已经成熟。

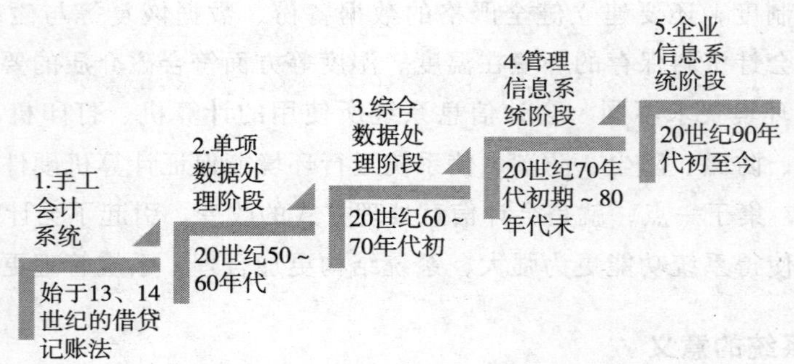

图 1-5 国外会计信息系统的发展概况

(1) 手工会计系统阶段（13 世纪至今）。可追溯到 13、14 世纪威尼斯商人的借贷记账法，后由意大利数学家、近代会计学之父卢卡·帕乔利经过六年调查研究和整理，于 1494 年 11 月 10 日出版了《数学大全》一书，该模式一直沿用至今，其核心是会计恒等式、会计循环、会计科目表、分录和账簿。手工会计系统是依托计算机、网络等信息技术建立的会计信息系统的基础。

(2) 单项数据处理阶段（20 世纪 50 至 60 年代）。随着 1946 年电子计算机的诞生，20 世纪 50 年代起，西方的工业发达国家将计算机应用于经济管理，应用于会计业务处理中的职工工资核算、库存材料核算（1954 年 9 月美国通用电气公司首次利用电子计算机计算职工工资从而引起了会计处理的变革，标志着电算化会计信息系统模式的开始），工作方式以模拟手工核算方式为主，其主要目的是代替繁重的手工劳动，提高处理效率。

(3) 综合数据处理阶段（20 世纪 60 年代至 70 年代初）。随着操作系统与高级程序设计语言的出现与逐步完善，单项数据处理开始向综合数据处理转变，除完成基本的账务处理核算外，开始系统地处理并提供企业生产经营决策过程中所需要的会计信息。简单的记账、算账的“簿记系统”被带有一定管理、分析功能的会计电算化信息系统代替。在建立数据模型时，主要按传统会计模式的数据逻辑模型组织数据，利用数据库技术对数据进行更多的分类操作；只描述与复式记账会计体系有关的数据，未能用先进的数据结构描述会计处理的对象本身。

（4）管理信息系统阶段（20 世纪 70 年代初至 80 年代末）。1982 年 7 月，美国密歇根州立大学会计系教授麦卡锡（Mc. Carthy）在《会计评论》上发表了题为《REA 会计模型：共享数据环境中的会计系统的一般框架》的论文，提出了 REA 模型［其主要思想是对企业的重要资源 R（resources）、事件 E（events）、参与者 A（agents）及其相互关系建模］，标志着现代会计信息系统模式的开始。随着计算机网络与数据库管理系统的应用，许多企业建立了集生产管理、财务管理、人事管理、设备管理、销售管理与办公自动化为一体的集中式计算机管理信息系统，会计电算化系统成为管理信息系统的重要组成部分。市场上出现了各种会计软件包，企业的最高决策者也借助计算机系统提供的信息，提高了工作效率和管理水平。

（5）企业信息系统阶段（20 世纪 90 年代初至今）。随着企业管理信息系统的普及和深入发展，要求企业信息系统具有辅助决策的功能，管理科学中出现了以西蒙（Herbert A. Simon）为代表的决策科学学派，提出了一系列包括决策问题的结构化、半结构化、非结构化和决策支持系统（decision support system，DSS）等概念，随着管理信息系统和决策支持系统的发展，国外的会计信息系统日益朝着管理与决策型的 ERP 方向发展。ERP 集成了财务、分销、生产管理、人力资源管理、质量管理、决策支持等多种功能，并支持国际互联网、电子商务、企业内部网和外部网等。在 ERP 系统模式下，常规的会计与生产、技术等管理系统的界限已经不存在了，它们的数据采集、业务处理互相支持、互相融合，形成了一个具有信息共享、能够相互有机结合的全方位管理模式和工具。ERP 系统在很大程度上保证了现代会计管理的发展和实施，同时也为加强企业管理、提高企业经济效益做出了重要的贡献。

随着数据库、网络技术的发展，REAL 模式成功理论最完善、研究最系统、变革力度最大、成果最多的一种创新模式［用图形方式表示企业的资源（resources）、事件（events）、参与者（agents）、地点（location）及其相互关系的模型］，REAL 模式极有可能成为未来会计信息系统的主流模式。其核心是集成——集成业务处理、信息处理、实时控制和管理决策。REAL 模式不仅仅局限于财务管理，还面向整个企业管理，从详细记录最原始经济业务事件的属性或语义表述于数据库中开始，而不是从记录经过人为加工后的会计分录开始，其基本元素不再是科目、分录、账簿。它充分利用信息技术并克服了电算化会计信息系统的弊端，因此被称为现代会计信息系统。

2. 国内会计信息系统的发展概况

如图 1-6 所示，若将手工会计系统统计在内，会计信息系统在我国国内的应用始于 20

世纪80年代，与其在国外的发展有很大的差异，具有起步晚、发展快、跳跃性等特点。我国会计信息系统按照发展的阶段性特征，划分为手工会计系统、会计核算软件阶段、财务管理软件阶段和ERP阶段。其中会计核算软件阶段又划分为起步阶段、行政推广阶段和商品化阶段。

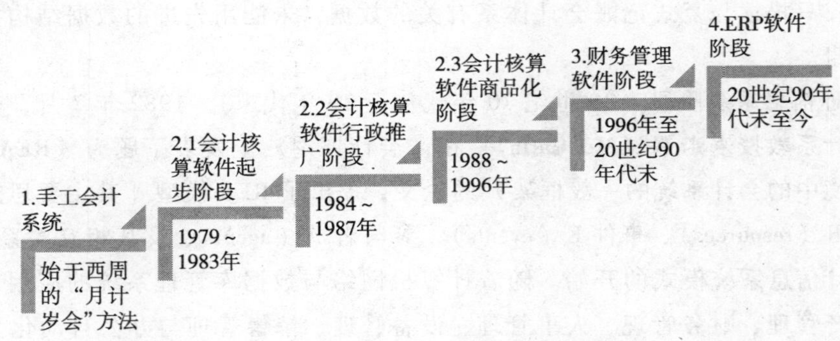

图1-6 国内会计信息系统的发展概况

（1）手工会计系统阶段（西周至今）。会计在中国有着悠久的历史。据史籍记载，早在西周时代就设有专门核算官方财赋收支的官职——司会，并对财物收支采取了“月计岁会”（零星算之为计，总合算之为会）的方法。在西汉还出现了名为“计簿”或“簿书”的账册，用以登记会计事项。以后各个朝代都设有官吏管理钱粮、赋税和财物的收支。宋代官厅中，办理钱粮报销或移交，要编造“四柱清册”，通过“旧管（期初结存）+新收（本期收入）=开除（本期支出）+见在（期末结存）”的平衡公式进行结账，结算本期财产物资增减变化及其结果。这是中国会计学科发展过程中的一个重大成就。明末清初，随着手工业和商业的发展，出现了以四柱为基础的“龙门账”，把全部账目划分为“进”（各项收入）、“缴”（各项支出）、“存”（各项资产）、“该”（各项负债）四大类，运用“进－缴=存－该”的平衡公式进行核算，设总账进行“分类记录”，并编制“进缴表”（即利润表）和“存该表”（即资产负债表），实行双轨计算盈亏，在两表上计算得出的盈亏数应当相等，称为“合龙门”，以此核对全部账目的正误。之后，又产生了“四脚账”（也称“天地合账”），这种方法是：对每一笔账项既登记“来账”，又登记“去账”，以反映同一账项的来龙去脉。“四柱清册”、“龙门账”和“四脚账”显示了中国不同历史时期核算收支方式的发展，体现了传统严谨的中式特色。但遗憾的是我国现代会计制度与会计准则中，几乎难以寻觅我国古代会计的踪迹。

（2）会计核算软件阶段（1979～1996年）。会计核算软件阶段即会计电算化阶段，主要是采用计算机替代人工，实现会计核算的任务，会计核算软件从20世纪80年代开始至90年代中期，经历了起步、行政推广与商品化三个阶段。

①起步阶段（1979～1983年）。1979年，长春第一汽车制造厂从原联邦德国进口计算机，进行电子计算机在会计业务中的应用实验，这是我国会计电算化起步的标志。之后，许多企业纷纷把电子计算机应用到会计中去，如首都钢铁公司开发的一套会计软件，能系

统地完成账务处理、报表编制、内部往来核算、成本控制、利润预测等日常会计业务工作。与此同时，会计理论界也着手会计电算化方面的研究。1981 年 8 月在长春召开的"财务、会计、成本应用电子计算机问题讨论会"上提出了"会计电算化"的概念并于会后筹建了"会计电算化研究会"，进行了有关专题的研究。由于当时计算机设备与人才匮乏，财会人员的计算机知识水平较低，会计电算化工作尚未引起各级领导重视等原因，这一阶段的主要特点表现为自发性强、进展缓慢、水平相对较低。

②行政推广阶段（1984～1987 年）。经历起步阶段后，许多单位的会计电算化工作取得了良好的效果，在减轻会计人员的工作负担的同时，还为企业带来了直接或间接的经济效益，企业领导，尤其是主管部门领导认识到会计电算化的意义之后，便组织本系统或行业内的技术力量，开发出本行业的会计软件，在系统范围内全面推广。1988 年初，财政部对全国三万多家大中型企业进行调查表明，已有 14% 的单位开展会计电算化工作，我国的会计电算化已进入稳步发展阶段。这一阶段的特点是由主管部门组织开发行业软件，采用行政手段全面推广，会计电算化的覆盖面迅速扩大，但甩账率低。

③商品化阶段（1988～1996 年）。为克服财务软件重复开发导致的资源浪费，会计界提出了开发和使用通用化、商品化财务软件的要求。同时，随着经济体制改革的不断深入，一些专门从事会计软件开发和销售的企业也应运而生，如北京先锋集团公司、用友电子财务技术有限公司等。财政部 1989 年、1990 年、1994 年、1996 年先后不失时机地颁布了《会计核算软件管理的几项规定（试行）》、《关于会计核算软件评审问题的补充规定》、《关于大力发展我国会计电算化事业的意见》、《会计电算化管理办法》、《商品化会计核算软件评审规则》、《会计核算软件基本功能规范》、《会计电算化工作规范》，确定了我国会计电算化发展的框架，并对企业进行会计电算化工作提出了具体要求。用友、金蝶、浪潮、金算盘等公司得到迅速发展，软件开发平台得到提升，软件功能得到扩充，出现了大量界面友好、操作方便、可视化的会计电算化软件，但在功能上还需要向财务管理功能发展。

（3）财务管理软件阶段（1996 年至 20 世纪 90 年代末）。20 世纪 90 年代中期，国内巨大市场以及国际化进程，国内各大软件提供商先后提出向管理型软件转型的发展战略，推进财务管理软件及财务管理解决方案。财务管理软件在会计核算软件的基础上，利用会计核算的数据，借助财务管理软件的功能，帮助财务管理人员合理筹资、节约成本、提高经济效益。1995 年后，随着企业对财务管理软件的巨大需求，推动我国财务软件从"核算型"向"管理型"转变，集预测、分析、控制与核算功能于一身的财务软件随之出现，1996 年用友公司及其他公司相继推出了财务管理软件。

（4）ERP 软件阶段（20 世纪 90 年代末至今）。随着企业的发展和信息技术的进步，财务软件的功能也向与企业全面管理功能集成方向发展，加速了 ERP 软件的出现。ERP 是 20 世纪 90 年代初由美国著名的高德纳（Gartner）咨询公司提出的，它将企业所有资源进行整合集成管理，并通过物流、信息流、资金流进行一体化管理的信息系统，它实现了计划的可行性和连续性、数据的统一性与共享性、灵活的决策应变性、模拟预测性等功能。

1.3 会计信息系统的系统开发与发展趋势

1. 会计信息系统的系统开发方法简介

系统开发概念的形成和对系统开发方法的研究始于20世纪六七十年代，提出了大型信息系统的开发如何组织人力、物力和财力，如何合理协调数据等问题。经过对这些问题不同角度的实践、思考、总结和归纳，逐步形成了目前如表1-2所示的信息系统开发方法，会计信息系统的开发方法也相同。

表1-2 信息系统开发方法简表

项目 方法名称	方法简介	特点	适用范围
生命周期法	如图1-7所示的开发过程，是按照系统或软件的发生、发展、成熟、消亡或更新换代的生命周期进行开发的方法，也称结构化系统开发方法。它将整个信息系统开发过程划分为独立的可行性研究与计划、系统分析、系统设计、程序设计、系统测试、运行和维护以及系统评估，这六个阶段构成信息系统的生命周期	优点：强调自上向下、分阶段开发，各阶段以确定的文档为基础，再进一步实现 缺点：从不确定、模糊的“用户需求”开始，一方面，需求有时难以准确表达且容易改变，另一方面，仅仅依靠静态的文档资料难以准确理解一个动态的系统	适用于：开发复杂的大系统
原型法	如图1-8所示的工作流程中，原型法是指在获取一组基本的需求定义后，利用高级软件工具可视化的开发环境，快速地建立一个目标系统的最初版本，并把它交给用户试用、补充和修改，再进行新的版本开发。反复进行这个过程，直到得出系统的“精确解”，即用户满意为止。它是20世纪80年代产生的系统开发方法	优点：符合人们认识事物的规律，系统开发循序渐进，反复修改，确保较好的用户满意度；开发周期短，费用相对少；由于有用户的直接参与，系统更加贴近实际；易学易用，减少用户的培训时间；应变能力强 缺点：不适合大规模系统的开发；开发过程管理要求高，整个开发过程要经过“修改—评价—再修改”的多次反复；用户过早看到系统原型，会误认为系统就是这个模样，易使用户失去信心；开发人员易将原型取代系统分析；缺乏规范化的文档资料	适用于：处理过程明确、简单系统、涉及面窄的小型系统 不适用于：大型、复杂系统，难以模拟；存在大量运算、逻辑性强的处理系统；管理基础工作不完善、处理过程不规范；大量批处理系统
面向对象的开发方法	如图1-9所示，面向对象法的开发一般经历系统分析、系统设计和设计实现（编程）三个阶段。首先采用面向对象技术进行概念设计，建立结构、属性、信息、服务、对象模型；最后将系统设计中得到的模型，利用程序设计实现客户的系统开发目标。它是20世纪90年代以来软件开发方法的主流	①对象唯一性。每个对象都有自身唯一的标志。②抽象性。指将具有一致的数据结构（属性）和行为（操作）的对象抽象成类。③继承性。子类自动共享父类数据结构和方法的机制。④多态性（多形性）。指相同的操作或函数、过程可作用于多种类型的对象，并获得不同的结果	适用于各种系统的开发

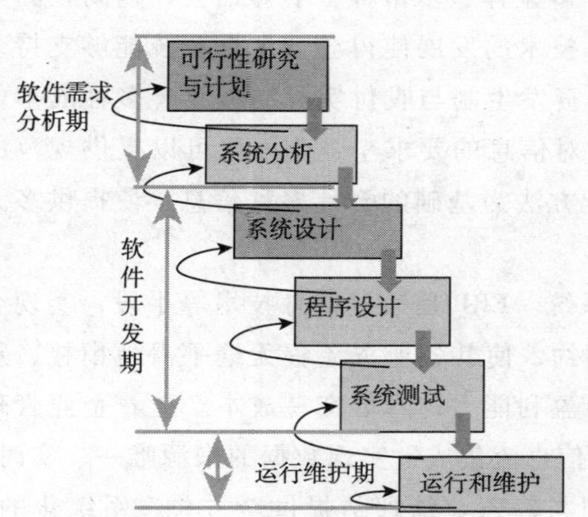

图 1-7　生命周期法的开发过程

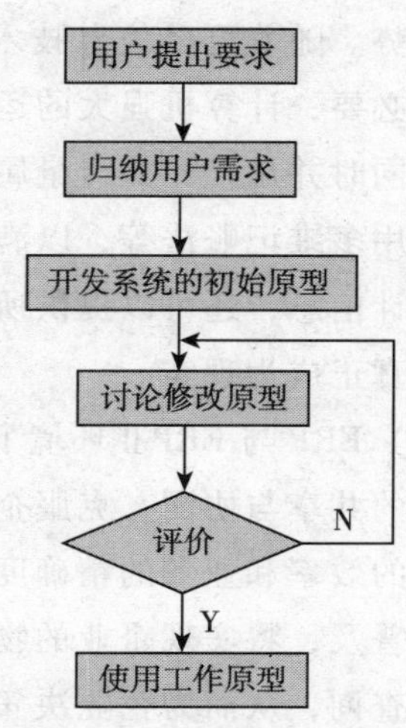

图 1-8　原型法工作流程

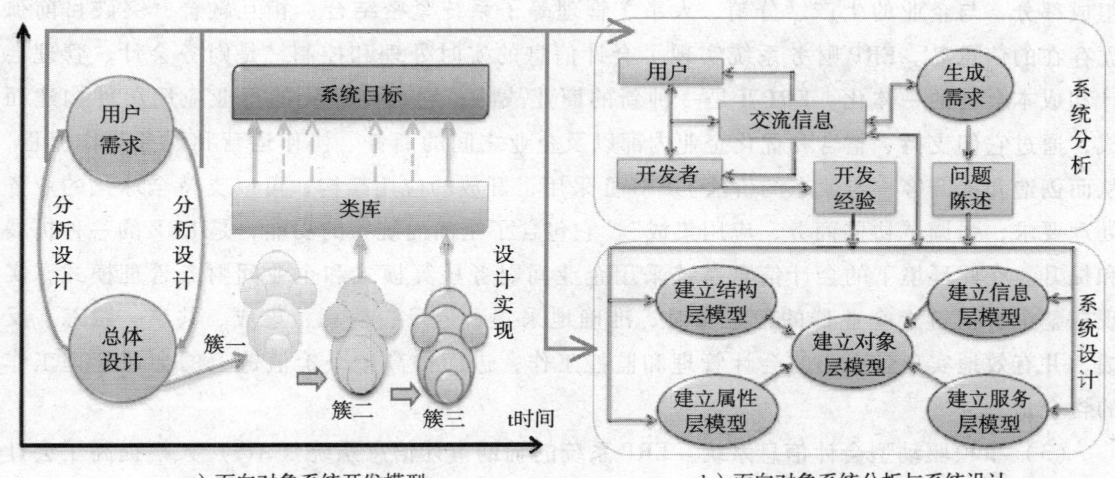

a）面向对象系统开发模型　　b）面向对象系统分析与系统设计

图 1-9　面向对象法开发过程

2. 会计信息系统的发展趋势

纵观会计信息系统的发展过程，每一次企业内外部竞争环境、信息环境的重大改变都会引起会计信息系统的设计思想及动作形式的变化。网络经济时代的到来使企业的经营环境发生了剧变，不仅打破了地区的观念和界限，同时也形成了全球化的竞争市场，带动电子商务的兴起与发展。电子商务将企业原材料供应、生产、销售，甚至和最终消费者紧密地连为一体，成为一种新的商业模式，大幅扩大了企业交易范围。未来的会计信息系统不再是简单的手工会计的模仿，而是充分利用先进信息技术，对企业的会计原理、工作流程和方法进行重新构建，以适应企业瞬息万变的管理要求，同未来的企业、社会、经济和技术环境相适应的崭新系统。它必将朝如下几方面的趋势发展。

（1）未来会计信息系统支持会计核算的多元化要求。会计信息核算多元化将是未来的发展趋势。随着更多信息技术的使用，会计多主体、多币种、不等距会计期间核算等成为可能和必要，计算机强大的运算功能及网络技术的发展使得会计信息系统能够支持多种核算方法同时并用，比如计量属性多样化、权责发生制与收付实现制并存、多种成本价值并存、采用多维记账法等，以满足不同使用者对信息的要求。企业不仅可以提供规范的公认标准会计信息，还可以提供所有可能的会计方法为基础的会计多种信息，使提供多元化会计信息真正成为现实。

（2）ERP与ERPⅡ环境下的会计信息系统。ERP是通过信息技术等手段，实现企业内部资源的共享与协同，克服企业中的官僚制约，使其各业务流程无缝平滑地衔接，从而提高管理的效率和业务的精确度，提高企业的盈利能力，降低交易成本。随着企业管理软件ERP的普及，将实现企业的物流、资金流和信息流集成，实现数据的来源唯一、实时共享、多路径查询，从而为企业决策、计划、控制与经营业绩评估提供全方位、系统化的服务。未来的会计信息系统将不再专门作为一个系统独立存在，而是成为企业级信息系统的有机组成部分，与企业的生产、分销、人事、管理等子系统紧密结合、相互融合，突破目前孤立存在的信息岛。ERP财务系统实现了会计信息的实时处理和控制，是财务会计、管理会计和成本会计的一体化。ERPⅡ是一种新的商业战略，它由专业化的行业应用组件构建而成，通过它们支持、整合和优化企业内部以及企业之间的商务、协作运营和财务运作流程，从而创造和提升客户与股东的价值。ERPⅡ采用了开放的应用架构，可以支持全球化的业务处理要求，强调“协同商务，应用集成”。它包含了全面而统一的功能，是ERP的一种扩展和提升。在此环境下的会计信息系统采用企业间财务核算模式和企业间财务管理模式，实现在整个价值链上企业群的信息实时、准确地采集、记录、核算、集成、共享、跟踪、反馈，并有效地实现各中心的会计管理和监控工作，进而提高整个价值链上的会计管理工作的含金量。

（3）事项驱动型会计信息系统。ERP系统的辅助审计信息系统（AIS）大幅提高了会计信息处理的效率，进一步提升会计信息的及时性，但在信息处理模式上并没有发生实质性的改变。要真正体现目前的决策和信息导向的现代会计理念，就必须打破单一的、顺序化的会计业务流程，代之以全新面貌的“多维核算”和“事件驱动”的信息系统。作为现代会计理论的代表，事项法会计的思想认为AIS应收集经济业务事项各个方面的信息，不应像现行AIS只收集财务会计信息，应以不同的计量属性进行反映并以原始的形式保存。REA模型则是建基于事项法的现代AIS的基本构造方法。基于REA模型的会计信息系统最大的特点就是实现了财务数据和业务数据的有效集成，从而为财务业务一体化奠定了良好的基础。自REA思想提出后，特别是在20世纪90年代，在理论界和各大管理软件开发商中都得到了广泛的响应。理论界对它进行了大量的扩展，由REA模型到REAL模型，再扩展到会计信息系统以外的其他管理信息系统领域，从而成为管理信息系统数据建模的一个标准。各大管理软件提供商在进行管理信息系统开发时，也不断渗入REAL思想。基于REAL的会计信息系统取代借贷会计体系（debit-credit accounting，DCA）的会计信息系统是一大趋势。

（4）有力地支持前台的电子商务交易与支付结算。电子商务在未来企业交易中越来越重要，将传统的 ERP 系统加入一系列新的技术、设计、功能甚至用户界面，比如在 ERP web 接口中增加复杂的安全功能，再如申请可以优先处理与 ERP 相关的虚拟专用网络（virtual private network，VPN）服务，使之可以基于 Internet 运行，将 ERP 的应用范围扩展到全世界各个角落。作为最重要的子系统——网络化的会计信息系统则将逐步通过对交易的自动核算功能的实现来支持其前台的电子商务交易，即会计核算系统与电子商务紧密结合起来，直接在互联网上开展采购、销售、支付结算并能自动记录相应的各种交易信息，最后自动汇总，将物料信息、资金信息分别传送至相关人员手中。资金周转加快，效率大幅提高，数据的报送方式也从过去的纸质数据发展到现在的网页数据，显著增强信息的时效性。

（5）能够提供实时快捷的多元化网络财务报告。未来网络化发展使得业务事项发生时系统可以通过网络直接收集到有关数据信息，实现会计信息收集和业务处理一体化。会计核算就能从事后的静态核算转为事中的动态核算，加上计算机的强大处理能力和网络的传输能力，信息使用者只要需要，无需等到会计期末就可生成所需的即时会计信息。这种实时化事中动态的连续性报告，极大地丰富了会计信息的内容，提高了信息的质量和价值。多元化报告的实现相对来说则困难些。未来报告将普遍基于可扩展企业报告语言（XBRL）格式，这种技术在国外一些著名企业已逐步采用，它对报告的数据还标记上具体含义，可以方便地进行数据的分析与查询，在最终处理时，由会计信息系统根据需要，自动生成各种会计标准，如收付实现制和权责发生制下的不同会计数据。未来在实现时可先以一种通用会计标准为主，尝试财务报告标准化后，再逐步实现多元化核算报告。多元化采集信息、集成存储、网络财务报告能方便即时生成多种标准的报告，这将是会计信息系统发展的又一个趋势。

（6）会计信息网络化下会计信息系统风险控制体系的变革。未来的会计信息系统构架将充分基于开放的网络，从而使得安全保护的能力减弱。在网络环境下，由于各种信息都存储在非纸质媒体上，舞弊的手段以及方法更为先进，风险更具有隐蔽性；系统即使受到侵害，也不易被发现，这将不仅威胁数据安全，甚至还会破坏程序和硬件系统，风险损失更大。根据风险特点，建立有效、健全的信息系统风险控制体系势在必行。现代的会计信息系统风险控制体系由一般控制和应用控制两个部分组成。在建立事件驱动模式的会计信息系统时，随着企业业务流程自动化程度的提高，对业务的传统控制活动已经转变为信息系统中的一种自动的控制。因此，建立信息系统的同时必须考虑、研究和设计内部过程的嵌入，以实现企业业务流程、会计工作流程、信息流程和内控流程的集成。面临内部控制机制的研发完善是建立现代会计信息系统的一个重要内容。其他如典型业务授权问题、职责分离问题、监督问题、会计记录与信息安全问题、访问控制问题、独立复核问题、电子商务和网络经营的特别安全问题等，都为会计信息系统的研发完善提出了新的要求。

1.4　商品化会计核算软件的比较分析

在我国，商品化会计核算软件是指由专门的软件公司研制的，经过国家或省、市级评审，具有较高质量和通用化、标准化水平，在市场上公开出售的会计软件。我国的会计电算化工作起步较晚，在近30年的发展过程中，通用化、商品化的财务软件得到了广泛的应用，已经通过财政部认可的软件就有40多种，加上省财政部门认可并使用的，总计达200多种，再加上各个企事业单位自行开发的，更是不胜枚举。许多会计软件的开发已经走向专业化、商品化、社会化的轨道。

1. 商品化会计软件的主要共同点

（1）通用性。软件的通用性有两方面含义，一是纵向通用性，指软件能适应一个单位会计工作不同时期变化的需求；二是横向通用性，指软件能满足不同单位会计专业的不同需求。通用性是商品化会计软件的决定因素之一。

（2）保密性。对商品化软件而言，商家不向用户提供源程序代码，只提供编译过且已加密过的软件，以防止他人模仿、复制。

（3）软件由厂家维护与更新。目前我国商品化会计软件生产厂家一般都实行终身维护。

（4）与专用软件相比，易学性较弱。原因有二，其一是专用的软件按使用单位会计人员的用户需求定制，因此符合用户的日常需求及习惯，用户用起来方便，易掌握。其二是商品化软件为了实现通用性，软件中一般都设有初始化设置和自定义功能，用户需通过系统初始化的过程，自行完成由“通用”向“专用”的过渡，但要学会使用自定义功能是较困难的。

（5）与专用软件相比，初始化工作量大。由于商品化软件要满足不同单位的不同需求，因此，在通用化的商品会计软件中一般都安排一个初始设置模块，在该模块中，有大量的初始化工作要做。例如，定义会计科目级别、设置会计科目、凭证类别、结算方式等。

2. 商品化会计核算软件结构差异分析

分析财务软件的差异，最重要的是了解软件的应用功能特点和实现思路。财务软件的一般功能特点和实现思路如图1-10所示。现在国内大部分财务软件都只是面对核算部分，而且初期的软件主要是面对总账，因此从软件结构的设计思路来看，是以总账为基础进行设计的，后期发展起来的各类子系统，只是对总账的补充，而整个财务统计部分的基础是构建在总账中的各类会计凭证之上的，由此，现在的国内财务软件要发展到财务管理部分，从结构上面临着很大的难题，现有的各类财务管理功能的开发，基本还是基于总账中的信息，因此无论是及时性、全面性都存在一定的难度。

如图1-11所示，会计要素在组织架构方面有所差别，出于对功能设计的不同要求，组织架构由两种不同的架构组成，一种是供业务运作用的组织，且称为企业运行架构，它类似于实际运行中的企业组织，包括有公司组（集团）、公司、各类业务组织等，另一种是财务分析控制中的组织，它包括有经营范围、业务区域、控制区域、利润中心和成本中心等，它和实际的企业组织可以不同，而且它是一种灵活的虚拟结构，可以基于产品、某个项目、某个时段等。

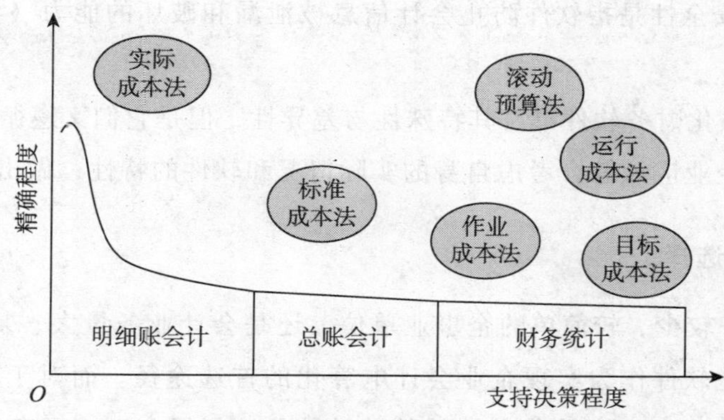

图 1-10　财务软件的一般功能和实现思路

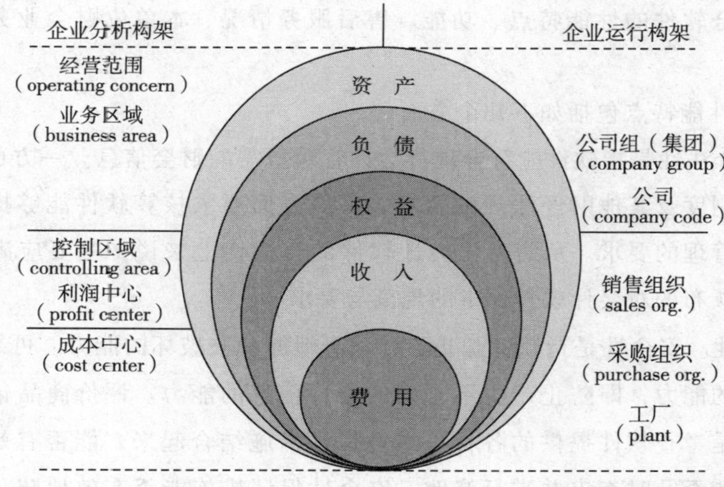

图 1-11　会计要素与企业架构

在基础数据处理、业务处理和结果反馈输出上二者也是有所区别的。

(1) 凭证资料录入。如何加速凭证资料的录入，避免重复录入是国内所有财务软件面临的一个问题。如采用“无缝连接”技术，合理而又明确界定了凭证输入的入口，在一定程度上解决了这一问题。

(2) 结转损益。由于计算机修改数据的无痕特征，使得财务软件求取损益类账户的实际发生额或许相对困难，因而许多的财务软件只好违背常规处理损益类账户记账的习惯，而不能实现自动结转损益。

(3) 与其他应用软件的接口。提供了与其他常见应用软件的接口，如与 Microsoft Office 交换财务数据，以便进一步加工处理。

(4) 会计年度的设置。由于外商投资企业内部管理的需要，会计年度不一定是一个公历年度。如可以由用户自行设置会计年度，如设置由当年 3 月 1 日至次年的 2 月 28 日的会计年度，四个星期为一个会计月份的会计年度等。

（5）安全性。安全性是指软件防止会计信息被泄漏和破坏的能力（参见会计软件选择中的安全性）。

总的来说，商品化财务软件都有其特殊性与差异性，但是它们又遵循共同的标准，有差异性也有共同点，企业应该综合考虑自身的实际情况和软件的特性，做出合理的选择。

3. 会计软件的选择

无论是会计业务较少、较简单的企事业单位，还是会计业务量大、复杂的大中型企业，一般都将购买商品化软件作为实现企业会计电算化的首选途径。而对于不同单位的特殊需求，再进行二次开发，丰富商品化会计软件的功能。这样既省时，又节约费用，是企事业单位实现会计电算化的有效途径。而商品化会计软件，品牌众多又各具特点，企事业在选择软件时，应结合软件的性能特点、功能、售后服务情况、本单位财会业务特点、费用等方面来进行。

（1）软件的性能特点包括如下几个方面。

①合法性。合法性是指软件应符合现行会计管理所需的财会信息。一方面，要求核算工作体现现行会计制度及其他财经法规的要求，另一方面要求核算软件能够提供准确可靠的会计信息，满足管理的要求。从商品化会计软件的合法性上来说，主要应满足财政部及各省财政主管部门颁布的对会计软件评审的规范与要求。

②安全可靠性。安全性是指软件防止会计信息泄露和被破坏的能力。可靠性是指软件防错、查错、纠错的能力，即防止产生不正确的会计信息的能力。评价商品化会计软件的安全可靠性，主要是考查软件提供的各种可靠性保证措施结合起来，能否有效地防止差错的发生，在发生时能否及时查出并进行修改；安全性保证措施能否有效地防止会计信息的泄露和被破坏。为达到安全可靠性指标，系统本身都设置了多种控制措施，如权限设置、复核功能设置、各种校验功能设置、处理顺序控制、采用信息加密技术和存取控制技术、设立备份和恢复功能等，都可以有效地保证软件的安全可靠性，但由于购买软件时，不可能得到详细的源程序代码等技术文档，对安全可靠性审查主要通过测试软件来进行。

③易使用性。易使用性是指软件系统易学、易用、易懂的性能，可以从界面的友好性、厂商提供的培训资料或使用手册等资料的质量、软件操作是否便捷等角度去考查。

④易适应性。易适应性是指软件能很好地适应企业财务处理的具体情况，在企业财务工作内容发生变化时，软件也能很快适应这些变化的程度。如软件能否适应科目、报表格式及内容、各种比率、核算内容等的变化。

⑤软件运行平台。软件的运行环境，如网络环境、数据库环境等也成为选择商品化会计软件的重要因素。

（2）软件的功能包括以下几个方面。

①主要功能。要完成会计业务的一般工作，正确处理会计业务流程，填制会计凭证，登记会计账簿，输出财务会计信息等工作，一般商品化会计软件，主要功能都较齐全，无论是账务处理还是其他子系统，均具有输入、处理与输出功能，但格式和处理方法各有不同。

②辅助功能。为主要功能的实现提供辅助的功能，如提示、帮助、引导、全屏编辑、辅助计算器等一切有利于用户使用软件系统的所有功能。

③服务与控制功能。服务功能担负着会计信息系统的后勤保障任务，保证会计信息系统的正常运行。如重建索引文件，以恢复被破坏的数据秩序，复制会计数据档案，以防止数据丢失，恢复会计信息系统及其已丢失或已破坏的数据，清理存储空间等功能。控制功能是完成内部控制在会计信息系统中的任务，制约会计信息系统按规范的、正确的会计工作流程进行处理，并防止非法的和错误的输入、输出以及其他操作处理。控制功能越丰富，系统安全性越高，系统正常运行就越有保障。

（3）厂商售后服务。各厂商所提供的售后服务方式和内容不尽相同，应结合单位实际与厂商售后服务的内容及厂商维护能力、费用、方式等综合考虑并做出选择。

（4）本单位财务会计业务的特点。不同单位所属行业的会计工作都有其特殊性，如工业企业与商品流通企业的会计工作，在具体核算上，其内容和标准不尽相同。企业规模的大小，会计业务需要处理数据量的多少，会计核算精确度的高低，是否是分级核算等都将决定购买软件的性质和功能。

（5）购置费用。商品化会计软件的购置费用一般包括：软件费用，资料与培训费用，安装与售后服务费，系统软件及防病毒软件、网络软件及设备、防火墙等的购置费用。考虑费用问题时，不能仅以总费用高低来进行选择，应与软件的质量和满足需要的程度综合考虑，以求选择既能满足会计处理与管理要求，性能价格比又最优的商品化会计软件。

本章小结

本章主要介绍了会计信息系统的概念、五大构成要素、目标、特点与意义、发展概况、系统开发与发展趋势、商品化会计核算软件的比较分析等理论知识。通过学习，学生对会计信息系统及其选择能有整体的框架性认识，为会计信息系统功能结构与应用的学习奠定总体观念与基本概念的基础。

【重点与难点】

重点是掌握会计信息系统的概念、构成要素、特点、目标与意义。难点是了解会计信息系统的发展概况与前沿。

【教学建议】

本章涉及会计信息系统概述，理论性与综合性较强，建议师生在教学时，结合教材其他章节内容与案例讲授，建议安排4学时组织教学。

综合思考与练习

1. 什么是会计信息系统？描述其要素构成及其相互关系。
2. 如何对会计信息系统进行分层？各层细化目标分别是什么？
3. 与手工会计系统相比，会计信息系统具有哪些特点？
4. 使用会计信息系统的意义何在？
5. 试比较会计信息系统的国际与国内发展概况及其发展趋势。
6. 简述会计信息系统的系统开发方法及其优缺点、适用范围。
7. 我国商品化会计软件有哪些共同点与差异？
8. 会计软件选择中应注意哪些问题？

Chapter 2

第 2 章

会计信息系统的功能结构与应用

学习目标

- 理解会计信息系统的总体功能结构与应用。
- 理解账务、报表、工资、固定资产等常用子系统的功能结构与应用。

2.1 会计信息系统的总体功能结构与应用

如第 1 章会计信息系统分层细化目标所述，会计信息系统要实现其会计核算、财务管理和预测决策功能与目标，需由多个子系统构成，每个子系统都具有特定信息处理功能，并在信息传递与数据库技术的支持下，成为相互依存、有机统一的完整系统，即下一层的系统输出，除满足日常业务处理的需要外，还部分作为上一层系统的数据输入。上一层系统的输入数据除了来自于下一层系统的输出，还要根据系统的目标要求，输入内外部其他系统的数据（见图 2-1）。三个层次系统构成一个有机的会计信息系统整体。

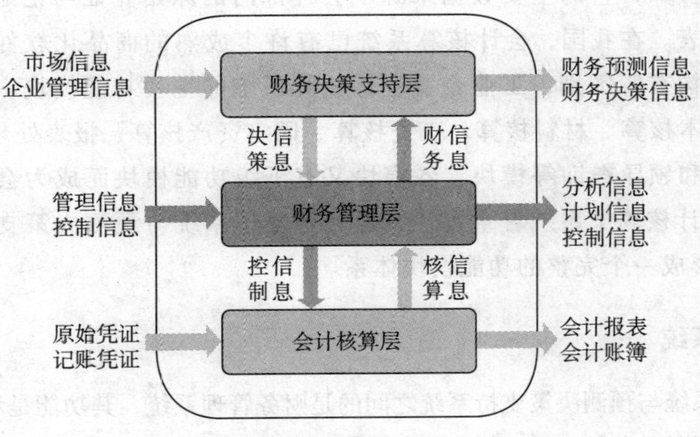

图 2-1 会计信息系统的总体功能

一个完整的会计信息系统应当由会计核算系统、财务管理系统和预测决策支持系统组成，其总体功能结构与其子系统的构成及相互关系如图 2-2 所示。

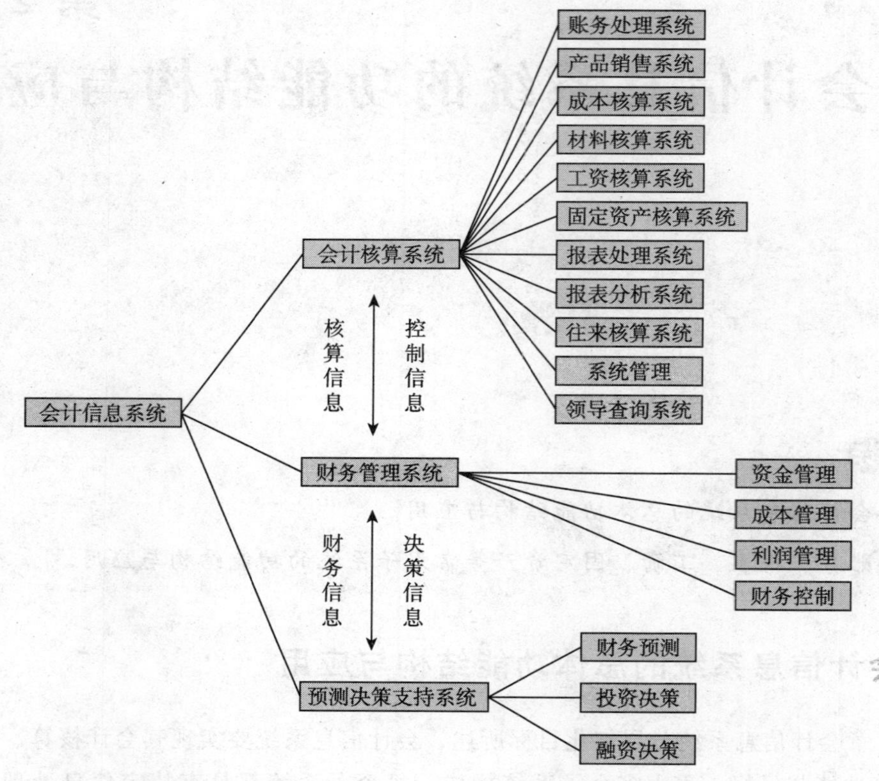

图 2-2 会计信息系统的总体结构及相互关系

1. 会计核算系统

在会计信息系统中最基层的是会计核算系统，其功能是运用会计学原理和方法对已经发生的经济业务进行核算，它的主要数据来源于会计部门的原始凭证与记账凭证，输出的是各种会计账簿与报表。在我国，会计核算系统已有许多成熟的商品化软件，不同行业的会计核算系统功能结构有所区别，工业企业会计核算系统的主要功能模块一般包括：账务处理、产品销售、成本核算、材料核算、工资核算、固定资产核算、报表处理、报表分析、往来核算、系统管理和领导查询等模块。各模块又有下级功能模块而成为会计核算系统子系统（本章主要对会计核算子系统着重阐述，财务管理子系统与预测决策支持系统则主要在第 3 章中介绍），形成一个完整的功能模块体系。

2. 财务管理系统

介于会计核算系统与预测决策支持系统之间的是财务管理系统，其功能是利用企业价值最大化等管理目标，运用财务分析、财务控制等方法，对核算信息进行分析与目标考核，生成控制信息，反作用于会计核算系统，并为预测决策支持系统提供财务信息。财务管理系统的主要功能模块一般包括：资金管理、成本管理、项目管理、利润管理和财务控制等模块。

3. 预测决策支持系统

会计信息系统的最高层是预测决策支持系统，它的功能是在会计信息系统提供的核算信息、控制信息、财务信息的基础上，结合市场与企业管理信息，为企业的经营管理者的日常经营管理及战略部署及 ERP 提供决策信息。预测决策支持系统的主要功能模块一般包括：财务预测、投资决策和融资资决策模块。

2.2 账务系统的功能结构与应用

账务系统的基本功能是将会计原始凭证经过有序、系统的数据处理过程，形成记账凭证、会计账簿，为报表系统编制报表夯实数据基础。

1. 账务系统的功能与结构

一般情况下，一个完整的通用财务处理系统的功能结构如图 2-3 所示，包括以下内容。

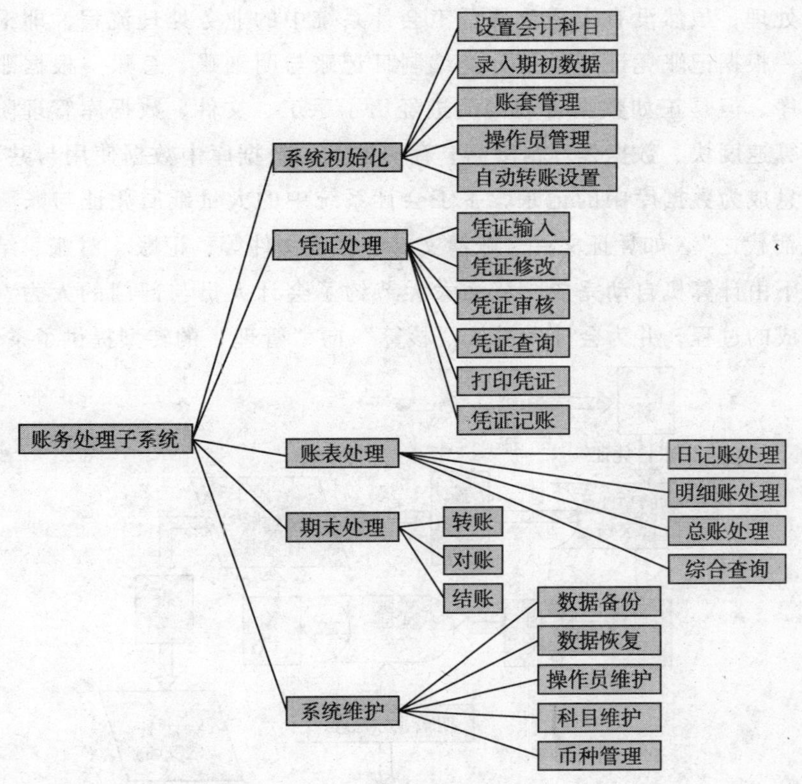

图 2-3　账务处理系统的功能与结构

(1) 系统初始化。系统初始化是指将通用账务处理系统转化为“专用”账务处理系统的过程。其中包括设置会计科目、建账、账套管理、操作员管理、录入期初余额、设置凭证种类、结算方式、自动转账设置、初始银行未达账、初始往来账等内容。

（2）凭证处理。通过对原始凭证的审核，有序地填制记账凭证，再对记账凭证进行输入、修改、审核、查询、打印与记账处理，并通过凭证科目限制、资金赤字控制、支票控制、预算控制、外币折算误差控制与查看科目的最新余额等功能，减少填制记账凭证过程中人为失误发生的概率。

（3）账表处理。通过查询和打印各种日记账、明细账和总账与汇总表、余额表，进行账簿管理。

（4）期末处理。通过期末结转业务记账凭证的定义设置与自动编制、系统自动对账与结账，完成一定时期内损益的结转、账目的结账工作。

（5）系统维护。通过数据备份和恢复、操作员维护、系统操作日志查询科目维护、币种处理等操作为整个账务处理系统的正常运行“保驾护航”。

2. 账务系统的应用

（1）账务系统的业务流程分析。如图2-4所示，利用计算机、数据库等信息技术手段进行会计业务的处理，虽然没有实质改变手工会计系统中的业务处理流程，即根据原始凭证编制记账凭证→根据记账凭证按科目分类编制日记账与明细账、总账→根据账簿编制会计报表的处理程序。但是正如数据管理的演进经历了手工、文件、数据库管理阶段一样，由于计算机的运算速度快、数据处理精度高、存储量大，数据库中数据使用与共享的效率高，会计数据与信息成为数据库中的记录，手工会计系统中的大量纸质凭证与账簿被大量的数据库文件“取而代之”，如凭证文件、账簿文件、报表文件等，记账、对账、结账等工作均在人工的控制下由计算机自动完成，从而大大节约了会计人员与部门的人力、物力，加速了会计信息形成的过程，并为会计人员从“核算”向“管理”的转型提供了条件。

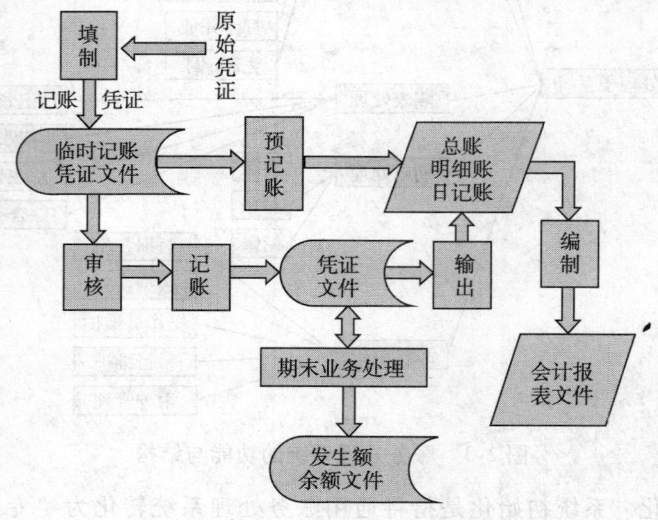

图2-4 账务系统的业务流程

（2）账务系统的数据流程分析

根据以上账务系统的业务流程分析，如图 2-5 所示的账务系统的数据流程就应运而生了。在数据流程中产生了系列数据库文件（见表 2-1），该流程内容包括以下内容。

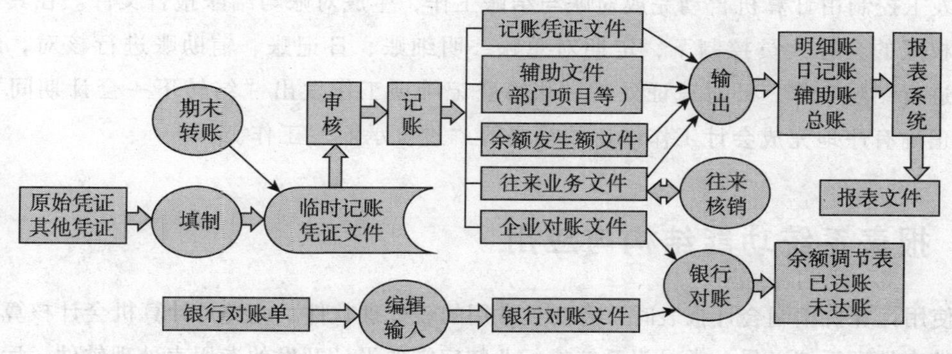

图 2-5　账务系统的数据流程

表 2-1　账务系统数据文件及其内容

数据文件名称	文件内容概要
（临时）记账凭证文件	录入的记账凭证各要素
科目余额与发生额、科目汇总表文件	科目年初余额、本期借方或贷方累计发生额、期末余额等
部门、项目、往来辅助文件	按部门、项目、往来分类明细数据
银行对账单	为银行对账设计的存款收付明细数据
日记账、明细账、总账	按科目进行有序分类的明细或汇总期初、本期与期末数据

①填制记账凭证，并生成临时记账凭证文件。通过会计人员对原始凭证的审核，对前台“有形的”空白机制凭证进行编辑（即对凭证类别、时间、附单据张数、业务摘要、会计科目及其数量与金额、经办人员等凭证要素进行编辑），为后台“无形的”记账凭证数据库文件中添加数据记录，从而生成记账凭证数据库文件。记账凭证的来源有三种，一是通过会计人员手工输入的记账凭证，这是凭证的主要来源；二是通过对有规律性且每个会计期间都会发生的业务（如期末结转销售成本、结转期间损益等）进行设置，由计算机根据设置自动生成的记账凭证；三是来源于会计信息系统（特别是会计核算系统）中其他子系统的记账凭证。

②审核记账凭证，并生成记账凭证文件。按照《企业会计准则》及其他会计法律法规，由具有审核权限的会计人员对上述临时记账凭证文件进行合法与合规性审核后，生成了带有“审核”标记的正式记账凭证文件。

③人工控制由计算机自动完成记账工作，并生成账簿文件。在具有记账权限的会计人员控制下，定期对已经审核的记账凭证，由计算机自动按凭证中的科目及其方向与金额等要素进行账簿记录登记。具体是指分别更新记账凭证文件、科目余额及发生额文件、部门、项目、往来等辅助文件，以及单位银行对账单文件，并删除临时凭证文件中已记账的凭证。为保证会计数据的安全与正确，对已记账的会计数据只能使用留有痕迹的修改方法，因此，记账操作在计算机应用下成为对记账凭证错误的修改是否留有痕迹的分界点。

④人工控制由计算机自动完成银行对账工作，并生成余额调节表文件。由出纳人员根据银行对账单文件与企业的日记账进行核对，同时生成余额调节表文件与已达或未达账，是对企业流动性最强的货币资金进行有效管理与监控的过程。

⑤人工控制由计算机自动完成对账与结账工作，生成对账与结账报告文件。在具有对账与结账权限的会计人员控制下，定期对总账、明细账、日记账、辅助账进行核对，经核对无误后进行结账工作，即对凭证处理、账簿登记等项工作发出“结转下一会计期间”的指令，并正确有序地完成会计工作中比较重要的“过次承前”工作。

2.3 报表系统功能结构与应用

在使用计算机编制会计报表时，有两类常用的表处理软件：一类是计算机会计核算软件本身配备的表处理系统；另一类是为系统或行业特定需要设计开发的专用表处理软件。后者专用性强，运行速度快、使用简便，但只能编制规定的专门报表，通用性差。前者是通用会计表处理系统，除了提供表生成功能外，还为用户提供了一套对报表进行维护、加工和处理的完整体系，对不同行业提供编制好的报表模板，它的数据处理功能较强，可靠性高，基本能满足企事业单位会计报表数据处理和管理的需要。通用性会计报表处理系统虽然有强大的会计报表格式设计与数据处理能力，但与 Lotus、Excel 等通用表处理系统比较，无论从数据分析、统计还是根据报表数据生成各种统计图形等功能上说都有较大差距，通用性会计报表处理系统难以编制复杂或特殊格式的会计报表。因此不少单位在编制复杂或特殊格式的会计报表时常借助 Lotus、Excel 等通用表处理软件，对会计报表数据进行二次处理。一个好的会计核算系统的表处理系统通常应该具有数据接口，可以方便地将会计系统生成的报表转换成 Lotus、Excel 或纯文本格式的文件，也可以直接打开多种格式的文件，使用户根据自己的需要灵活编制报表和进行财务分析使用，达到各种表处理软件的“取长补短”的功效。本章着重研究会计核算系统中的报表系统功能与应用。将在第 3 章研究会计核算系统、报表系统与 Excel 等表处理软件的结合使用。

1. 报表系统的功能与结构

如图 2-6 所示，报表系统的主要功能可概括分为以下几部分。

（1）报表格式设置。类似手工绘制“空白”报表印刷模板，该模板可供用户无限次复制相同格式的报表表页，需对表格除数据外的文字（包括表头文字、编报单位放置的位置、报表项目文字）、边框、对齐方式、公式进行设置，由于设置较为复杂，但可长期使用，具有“一劳永逸”的效果。

（2）报表数据处理。该功能包括对其他表处理软件的数据源处理和运用本系统设置好的报表格式文件生成数据文件。后者通过添加表页，生成具体期间的报表，如果将格式文件比喻为生产报表这种产品的“模具”，那报表数据处理的功能即是生产报表产品的过程。通过定义编报单位、日期或期间、取出相应日期或期间的报表项目数据，并根据表间数据的钩稽关系检查报表数据的正确性，还可以对生成的报表数据进行图形分析等操作。

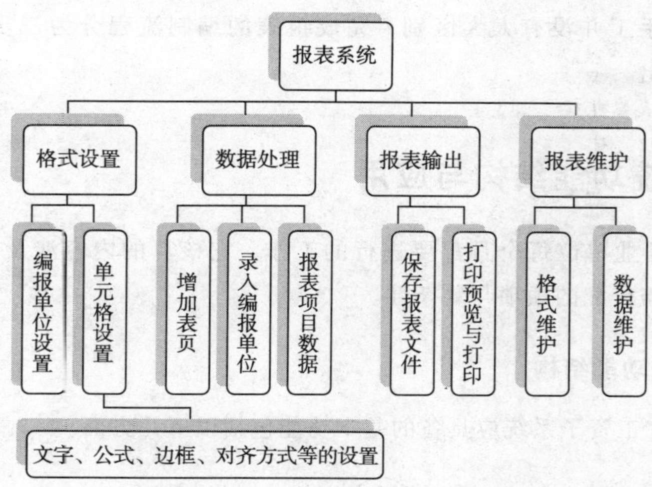

图 2-6　报表系统的基本功能

（3）报表输出。该项功能包括报表及表页文件的屏幕输出及“所见即所得”的打印预览、保存为报表格式模板或数据文件或其他格式的数据文件。通过打印或页面设置，打印输出已经编制好的报表。

（4）报表维护。长时间的使用某个系统后，我们会发现没有一成不变的格式，也不会有“一劳永逸”的美事。当编报的情况发生变化等条件下（如会计准则发生变化），对已经设置好的报表格式或编制好的报表数据需要进行调整和维护。

2. 报表系统的业务与数据流程应用

会计报表的编制过程具有很强的规律性，它是每一个会计期末最主要的工作。在手工条件下，会计报表编制的基本过程是：设计并绘制表格及有关说明文字（目前大部分报表是由上级部门统一设计并印制好的固定格式报表）；查阅账簿，计算并填写项目数据；根据数据间的钩稽关系验证数据的正确性。如图 2-7 所示，利用会计信息系统的报表系统来编制报

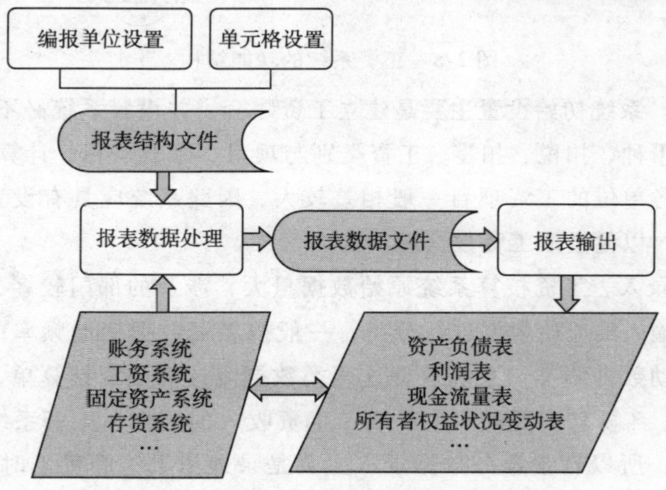

图 2-7　报表系统的业务与数据流程

表，其基本流程与手工并没有太大区别，完成报表的编制流程分为三步：设置报表格式、数据处理、保存输出。

2.4 工资系统功能结构与应用

工资核算是企事业单位每个月都要进行的工作，它核算的内容涉及成本费用的正确计算，其特点是计算与分配的烦琐与复杂性。

1. 工资系统的功能结构

如图 2-8 所示，工资子系统应具备的基本功能包括以下几方面。

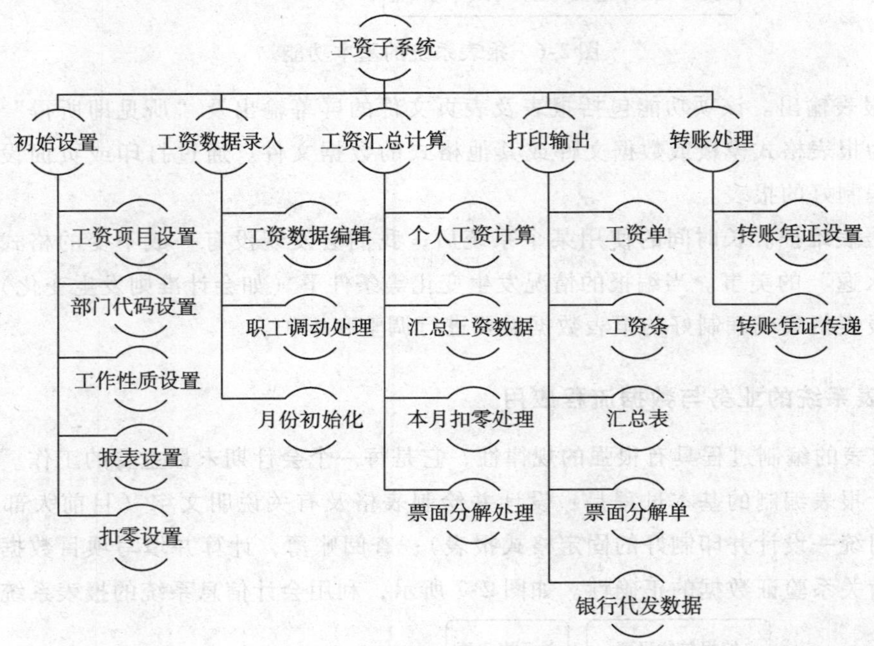

图 2-8 工资系统的功能结构

（1）初始设置。系统初始设置主要是建立工资账套，并设置系统必不可少的各种参数：人员编码与类别、币种、扣税、扣零、工资类别与项目、银行名称、计算公式等初始数据。在工资系统中由于各单位的工资项目一般相差较大，因此系统应具有设置适合具体单位需要的工资项目功能，以便生成工资数据库。

（2）工资数据录入。工资核算系统原始数据量大，涉及的部门较多，为提高原始数据输入的效率，可对输入的原始数据进行分类，一般按工资数据变动频率的不同，将其分为基本不变数据和变动数据两类，系统根据这两类数据流计算工资结算单，经进一步处理得到工资结算汇总表、工资转账凭证。由于职工工资收入的刚性，工资系统核算的重点是工资数据的变动情况，所以日常业务数据录入主要是录入考勤、产量工时等每月变动数据、人员变动、工资数据的变动等。

(3) 工资汇总计算（结算与分配）。工资的结算包括职工日工资的计算、职工个人应付工资合计、个人所得税的计算、实发工资的计算公式设定和计算。工资费用的分配包括工资费用分类、汇总、统计和进行工资费用的明细分类核算。

(4) 打印输出。工资数据的输出包括工资数据的查询、工资单、工资汇总的打印，向财务系统、成本核算系统输送格式化数据和工资管理所需要的各种管理信息等。

(5) 转账处理。通过工资数据的汇总，进行转账凭证的设置与传递，把工资转账凭证输入到财务系统中。

(6) 其他。主要指系统维护和管理，包括系统备份、恢复、操作人员权限的分配及口令的设置。

2. 工资系统的应用

(1) 工资系统的业务流程。如图 2-9 所示，工资业务处理过程的主要步骤包括以下内容。

①对来源于企业各部门的考勤、加班、产量工时记录进行审核，并计算病假、事假扣款、个人所得税和应发工资等，综合行政部门的代扣款计算职工实发工资。②根据以上原始数据和计算结果编制工资表。③对工资表数据按职工所属部门和工作性质进行汇总，编制工资汇总表及工资费用分配表、个人所得税申报表等。④根据各汇总报表编制记账凭证并进行财务处理。

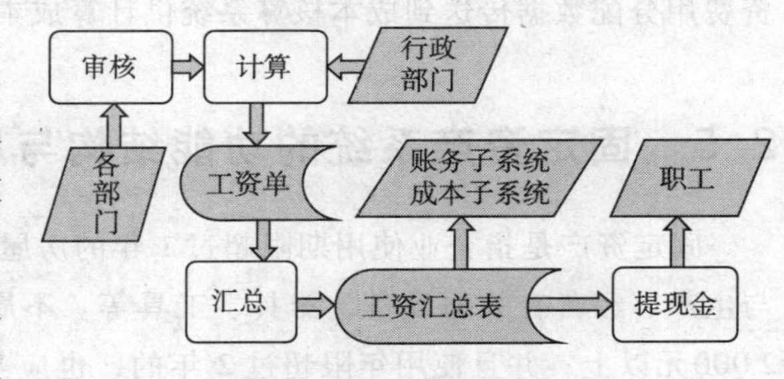

图 2-9　工资系统的业务流程

(2) 工资系统的数据处理流程。如图 2-10 所示，工资系统的数据处理流程包括以下内容。

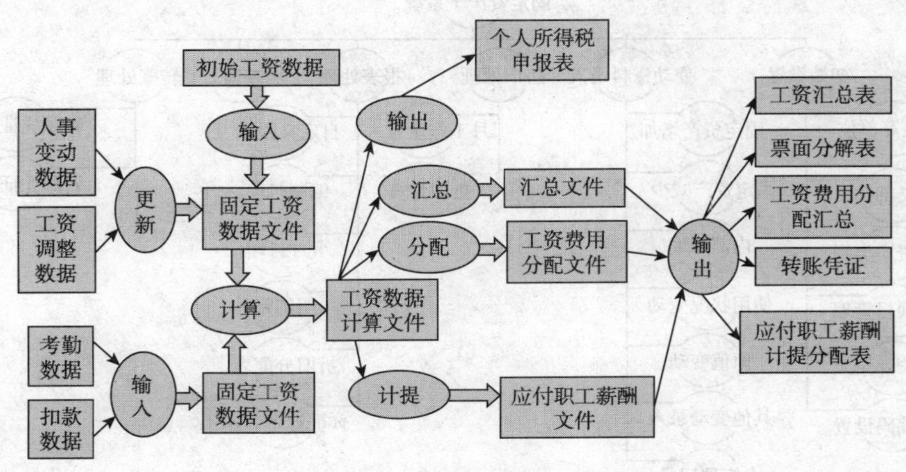

图 2-10　工资系统的数据流程

①系统初始设置。工资系统首次投入运行时，需将企业现有职工的全部原始资料输入系统，以形成系统的基础数据库。为了减少数据输入的工作量，规范部门名称、工资性质等

内容，并为进行工资数据分类汇总提供依据。在初始设置中应进行部门、职工工作性质以及学历、职称、职务等编码设置，并形成相应的数据词典，以备系统提示、检索、汇总使用。除此以外，还需要设置应发工资、实发工资等计算公式和工资自动转账模板。②编制工资单。对于系统内存储的工资固定数据，根据人事部门的通知，输入可能发生的职工调动的提升、晋级发生的工资变动数据。根据各部门报送的产量、工时、考勤等输入每一名职工当月的各种变动数据，编制工资单。③汇总工资结算单数据。按指定的汇总工资结算数据以生成工资汇总表及工资费用分配表、个人所得税申报表、票面分解一览表等。④编制工资记账凭证并向账务处理系统传送转账凭证，并将工资费用分配数据传送到成本核算系统供计算成本时使用。工资系统与账务系统存在的数据传递关系是：工资系统根据转账数据文件自动生成转账凭证传送到账务处理系统进行账务处理。为保证数据的一致性，在设置自动转账凭证模板或向账务处理系统传送数据时，需要检查凭证涉及的会计科目在账务处理系统中是否存在。工资系统与成本核算系统存在的数据传递关系是：工资系统将工资费用分配数据传送到成本核算系统供计算成本时使用。

2.5 固定资产系统的功能结构与应用

固定资产是指企业使用期限超过 1 年的房屋、建筑物、机器、机械、运输工具以及其他与生产、经营有关的设备、器具、工具等。不属于生产经营主要设备的物品，单位价值在 2 000元以上，并且使用年限超过 2 年的，也应当作为固定资产。固定资产是企业的劳动手段，也是企业赖以生产经营的主要资产。固定资产的价值是根据它本身的磨损程度逐渐转移到新产品中去的。如图 2-11 所示，固定资产系统的功能结构如下。

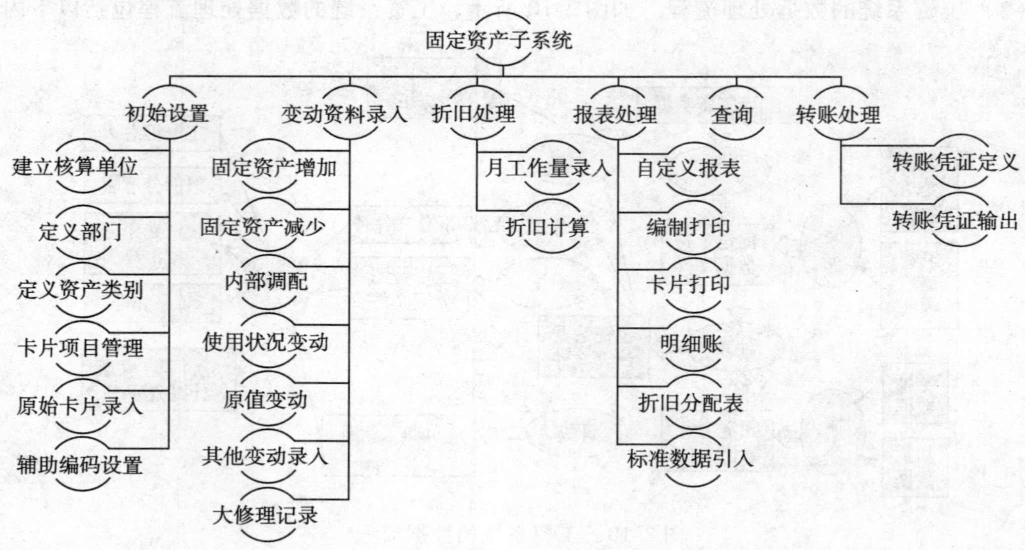

图 2-11 固定资产系统的功能结构

1. 功能结构

(1) 初始设置。用于定义固定资产卡片数据项，定义折旧计算公式等操作，代码维护用于各种编码字典的增删改等操作。

(2) 变动资料录入。将数据项输入到固定资产增减变动文件中，根据增减变动文件的内容更新固定资产卡片文件上的内容。

(3) 折旧处理。根据固定资产卡片文件与变动文件的内容，计提固定资产折旧。

(4) 报表处理。主要进行有关固定资产报表的自定义、各种折旧数据的打印等。

(5) 查询功能。对系统各项功能的设置与操作结果进行实时的查询。

(6) 转账处理。根据折旧计算表，生成转账凭证。

作为完整的系统，固定资产系统一般还具有：系统维护功能，包括数据的备份、恢复、删除历史数据、工作日志登录，重建文件索引等功能；管理功能，包括操作员的增加和删除、操作员工作权限的分配等。另外，为保证数据输入的可靠，对输入的原始数据系统一般应设有审核功能，在固定资产增加、减少、内部调动等二级模块下，均设置输入、修改、审核三个三级功能模块。

2. 内部数据流程应用

如图 2-12 所示，固定资产系统的数据流程包括以下内容。

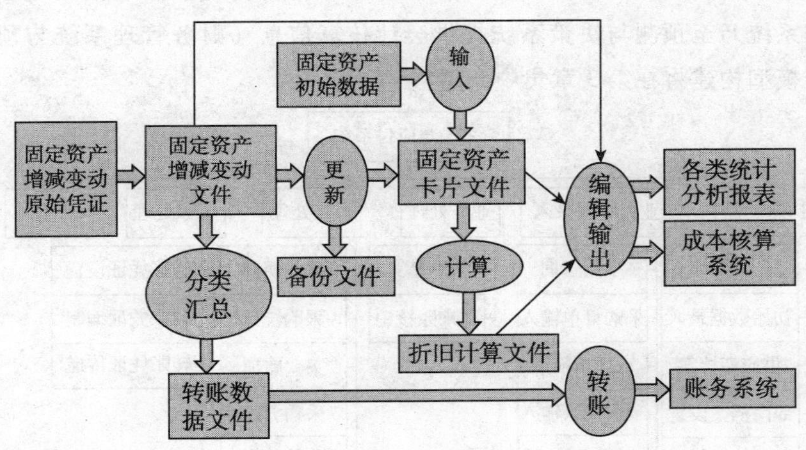

图 2-12　固定资产系统的数据流程

(1) 系统初始设置。固定资产系统首次投入运行时，需将企业现有固定资产的全部原始资料输入系统，以形成系统的基础数据库。为了减少数据输入的工作量和规范部门名称、设备类别等内容，在初始设置中应进行部门、设备类别、折旧计算方式等设置，并形成相应的数据词典文件，以备系统提示、检索使用。除此以外，还需要设置自动转账模板。

(2) 根据月初的固定资产卡片文件，按设定的折旧计算方式计提固定资产折旧，生成固定资产折旧文件。

(3) 根据固定资产折旧文件，再根据固定资产增加、减少文件及固定资产内部调动文件统计，汇总生成转账数据文件据以自动生成转账凭证。

(4) 月末根据固定资产增加文件，增加固定资产卡片文件记录；根据固定资产减少文件，删除固定资产卡片文件记录，并将删除记录送入固定资产备查文件中保存，以备查询；根据内部调动文件更改固定资产卡片的使用部门记录。

(5) 根据固定资产卡片文件、固定资产折旧文件、固定资产增加、减少与内部调动文件编制固定资产转账数据汇总表、固定资产增减变动表、固定资产分部门或分类统计表。

与工资系统相似，固定资产系统主要与账务系统和成本核算系统存在数据传递，与账务处理系统的数据关系是：在固定资产系统中根据转账数据文件自动生成的转账凭证需要传送到账务处理系统中进行账务处理，为保证数据的一致性，在设置自动转账凭证模板或向账务处理系统传送数据时，需要检查凭证涉及的会计科目在账务处理系统中是否存在。固定资产系统与成本核算系统存在的数据传递关系是：根据固定资产折旧文件分类统计、汇总折旧费用分配数据，并将该数据传送到成本核算系统供计算成本时使用。

与账务处理系统、工资系统、固定资产系统相似，会计核算系统中还有负责供应、生产与销售的采购与应付系统（其功能结构如图 2-13 所示）、存货管理系统（其功能结构如图 2-14 所示）、销售与应收系统等子系统（其功能结构如图 2-15 所示）。如图 2-16 所示，上述子系统具有相对独立的功能与结构，又通过数据传递形成相互关联的关系，它们最终形成以账务处理系统为核心的会计核算系统，以会计账簿等簿记、分项报表或总体报表的形式向财务管理系统乃至预测与决策系统提供会计核算信息（财务管理系统与预测决策系统的功能实现与模型构建将在第 3 章集中介绍）。

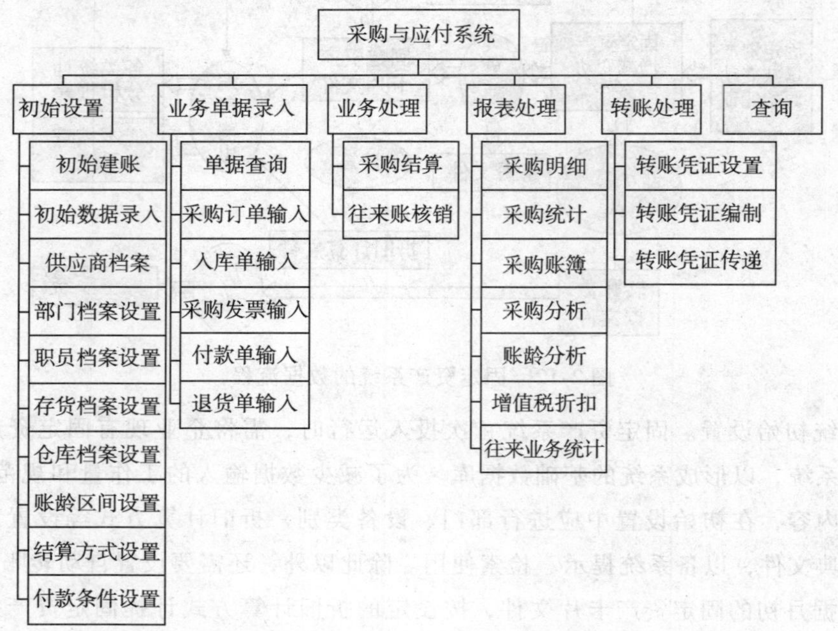

图 2-13 采购与应付系统的一般功能与结构

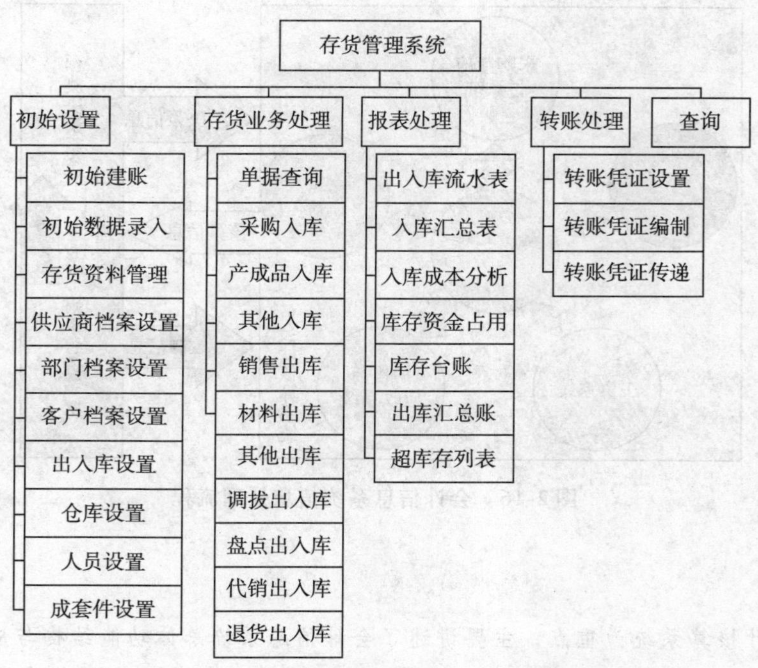

图 2-14　存货管理系统的一般功能与结构

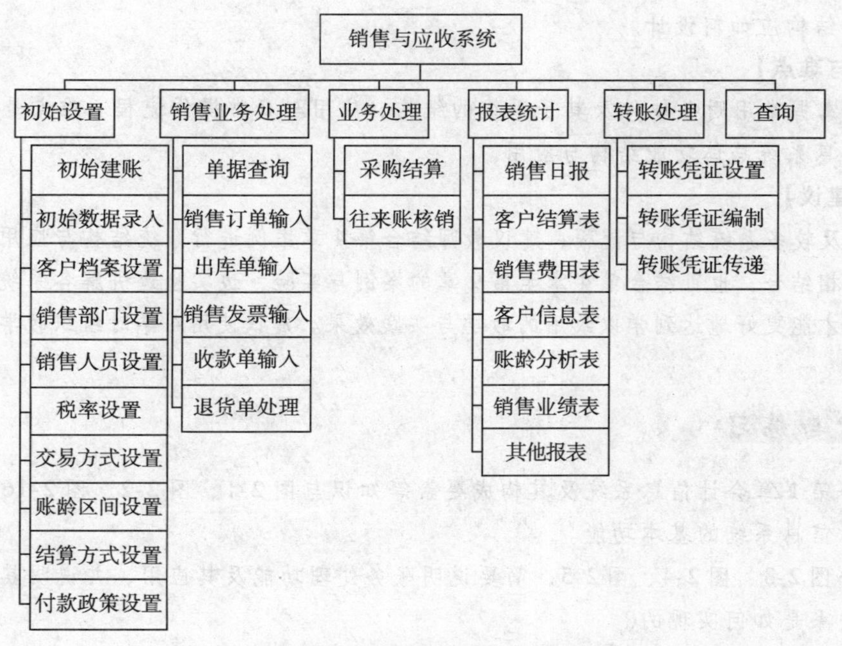

图 2-15　销售与应收系统的一般功能与结构

综上所述，在会计信息系统的总体功能与结构中，会计核算系统、财务管理系统、预测决策支持系统三个层次各司其职，共同完成核算信息、财务信息、控制信息与预测决策信息的加工、整理与有效利用，高效保障会计信息系统核算、管理、预测与决策总体目标的实现。

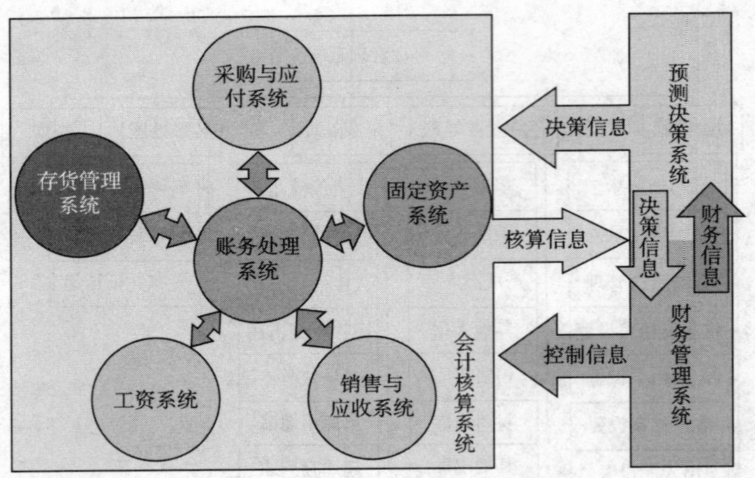

图 2-16 会计信息系统信息处理流程

本章小结

本章以会计核算系统为重点，主要讲述了会计信息系统总体功能结构与应用，总账、报表、工资、固定资产等常用子系统的功能结构、业务和数据流程应用等内容。本章内容是第 1 章会计信息系统概论的具体化，深入探讨要实现会计信息系统的总体目标，会计信息系统的功能与结构应如何设计。

【重点与难点】

重点是掌握常用财务软件及其子系统的结构、应用与日常操作流程。难点是总体把握与理解会计信息系统总体功能结构与应用。

【教学建议】

本章涉及较多系统结构与流程，建议教师结合第 4 章案例进行系统结构与应用的讲解，使理论与实践相结合，也可结合第 4 章至第 9 章的案例与实验，边实验边讲解各系统的功能、结构与应用，才能更好地达到学以致用的教学与实践效果。建议使用 4 学时组织教学。

综合思考与练习

1. 结合第 1 章会计信息系统及其构成要素等知识与图 2-1、图 2-2、图 2-16，简要说明会计信息系统的基本功能。
2. 结合图 2-3、图 2-4、图 2-5，简要说明账务处理功能及其应用，并说明其与其子系统的关系是如何实现的。
3. 结合图 2-6、图 2-7，简要说明报表系统的功能及其业务流程应用。
4. 结合图 2-8、图 2-9、图 2-10，简要说明工资系统的功能及其业务、数据流程应用。
5. 结合图 2-11、图 2-12，简要说明固定资产系统的功能及其业务流程应用。
6. 结合图 2-13、图 2-14、图 2-15 简要说明采购与应付系统、存货管理系统、销售与应收系统的功能及其业务流程应用。

Chapter 3

第3章 管理型会计信息系统的实现

学习目标

- 理解管理型会计信息系统的含义、目标、功能及其实现思路与制约瓶颈、发展趋势与实现架构；
- 理解财务管理价值评估体系在管理型会计信息系统架构中应用的过程与意义；
- 理解财务分析指标体系及其在管理型会计信息系统架构中应用的过程与意义；
- 掌握构建简单、实用的管理型会计信息系统的思路、对策与过程。

3.1 管理型会计信息系统及其目标、功能与实现架构

1. 管理型会计信息系统的含义

目前，管理型会计信息系统虽然在我国国内业界并没有权威的界定，但从广义上说，凡是利用会计信息系统及其他信息为企业管理服务的一切管理内容，均可以纳入管理型会计信息系统的功能范围之内。从狭义上说，管理型会计信息系统是指支持企业财务部门整体会计业务处理工作要求的部门级财务软件，即指专门用于完成财务部门内部的会计核算与管理工作的电子计算机应用软件。

具体而言，广义的管理型会计信息系统具有以下三个层次的含义。

一是指以财务为核心，包括物资、设备、生产、销售、劳力管理在内的企业管理信息系统。

二是指能综合以财务信息为主的各种因素，分析未来趋势，为管理者提供各种决策信息的会计辅助决策支持系统。

三是指用于完成会计过程中的事前、事中、事后三个阶段的管理工作，融会计核算与监督、分析与控制、预测与决策为一体的多功能会计软件。

2. 管理型会计信息系统的目标

管理型会计信息系统的总目标是通过核算、分析、决策处理过程的现代化转变、提高工作效率、管理水平，使企业达到降低经营成本与资本成本、提高资金周转速度、实现企业价值与利润最大化等财务管理目标的目的。

3. 管理型会计信息系统的功能

管理型会计信息系统的功能是在全面会计核算的基础上，对会计信息进行深层次加工，实现会计管理职能。它是核算型会计信息系统内涵和外延的发展，它面向管理工作。管理型会计信息系统以决策为目标，以数据为中心，广泛采用会计学、统计学、运筹学、数量经济学等方法，建立反映特定财务管理问题的模型。提供管理上所需要的各种财务信息，其主要任务是开展财务分析，进行会计预测，编制财务计划和进行会计控制。

管理型会计信息系统的具体功能如下。

（1）会计核算业务处理功能。从物资、设备、生产、销售、劳动人事等管理子系统中获取各种原始会计数据，编制凭证、账簿与报表等全面的会计核算业务处理（会计核算系统及其功能结构与应用已在第 2 章阐述）。

（2）财务管理、预测与决策功能。运用数据库和方法库建立各种模型，如利用成本核算数据和回归分析方法，建立成本估计模型，利用存货核算数据和经济批量法，建立财务预测模型，根据模型进行观测和辅助会计决策，对企事业单位的资金运动进行管理，为管理者提供科学的控制、财务、预测和决策信息，实现会计的监督、控制与辅助决策职能。如资本结构分析、资金需要量预测、资金的筹集与管理、资金和利息管理、应收账款管理、股票投资管理、债券投资管理、设备与项目投资管理、成本预测、成本计划、成本控制、成本分析、销售收入管理、价格管理、利润分配、现金流量分析、本 - 量 - 利分析、偿债能力等能力指标分析、分支机构财务监控、领导查询等。

4. 管理型会计信息系统常规功能的实现架构及发展趋势

如图 3-1 所示（第 1 章会计信息系统分层模型目标和第 2 章报表系统实现方式述及），会计信息系统要实现核算层、管理层、预测决策支持层的核算、管理与预测决策目标，一个有效、快捷的途径就是利用通用报表或数据分析系统，依赖具有会计核算知识与技能，且具有一定财务管理、财务分析、财务预警等专业知识的复合型财务与管理人员，通过建立简单实用的财务分析指标体系和财务预警模型，在对会计核算系统提供的会计信息进行加工、整理、分析的基础上，结合企业内其他信息，为企业管理和决策供控制信息、财务信息和决策信息，这也正是管理型会计信息系统的目标与实现架构。而且随着相应的发展趋势，会计核算系统将随着核算分工及要求的日益深入，朝着逐步细化的核算体系方向发展；财务管理系统将随着理财原则、方法与计量基础的逐步建立与应用，朝着逐步量化的管理体系方向发展；预测决策支持系统将随着理财方法的深入应用与理财目标的日益明确，朝着逐步科学的决策体系方向发展。

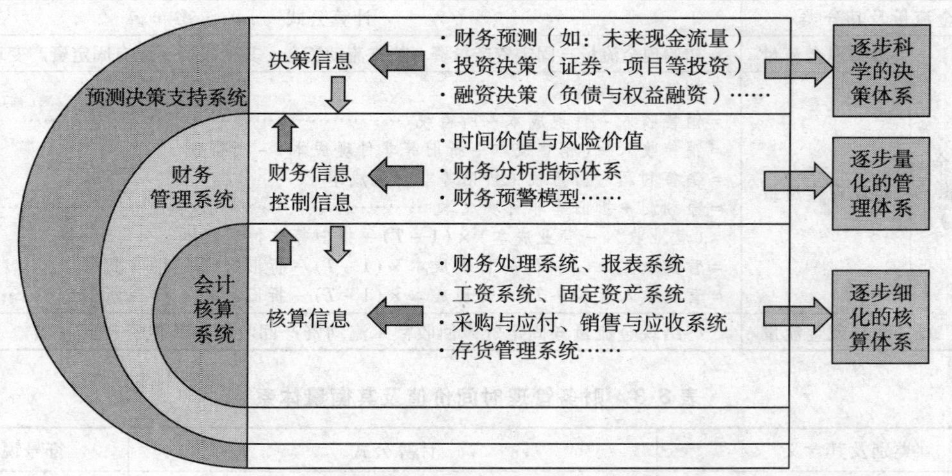

图 3-1　管理型会计信息系统的实现架构与发展趋势

3.2　财务管理价值评估体系及其在管理型会计信息系统构架中的应用

以项目价值评估为例，结合财务管理的理财原则、方法、指标与计量基础构建出项目价值评估体系（见表 3-1 至表 3-5），以其在项目价值评估中的应用思路（见图 3-2），阐述管理型会计信息系统的实现架构。

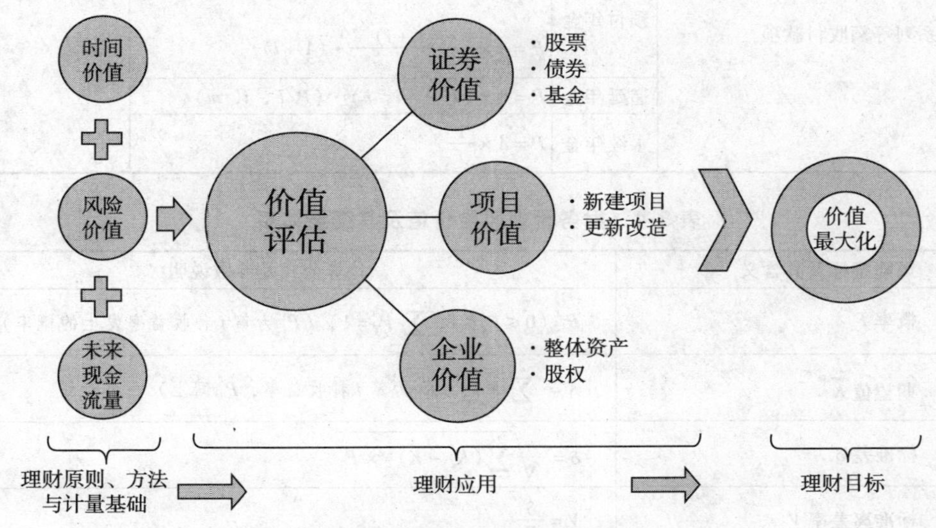

图 3-2　财务管理价值评估体系

表 3-1　财务管理项目价值评估体系一览表

价值评估类别	价值评估体系简表编号	价值评估类别	价值评估体系简表编号
项目现金流量计算体系	表 3-2	风险价值及其衡量体系	表 3-4
时间价值及其衡量体系	表 3-3	项目评价指标体系	表 3-5

表 3-2 财务管理项目现金流量计算体系

现金流量及其分类		计算公式
	初始现金流量	初始现金流量=固定资产投资+垫支流动资金+其他投资+原有固定资产变现收入
各年现金净流量(NCF_t)	营业现金流量	营业现金净流量 =销售收入-付现成本-所得税 ……………………………… (3-1) =销售收入-(销售成本-折旧等非付现成本)-所得税 =销售利润-所得税+折旧等非付现成本 =净利润+折旧等非付现成本 ……………………………… (3-2) =(营业收入-营业成本)×$(1-T)$+折旧等非付现成本 =营业收入×$(1-T)$-付现成本×$(1-T)$-折旧×$(1-T)$+折旧 =营业收入×$(1-T)$-付现成本×$(1-T)$-折旧×$(1-T)$+折旧 ……… (3-3)
	终结现金流量	终结现金流量=固定资产回收额+流动资产回收额+其他资产回收额

表 3-3 财务管理时间价值及其衡量体系

类别及其含义		计算公式		符号说明
单利	本金在贷款期限中获利息，不管时间多长，所生利息均不加入本金重复计算利息		$F=P(1+i\times n)$ $P=\frac{F}{(1+n\times i)}$ $I=P\times n\times i$	F为终值，P为现值，i为利率，I为利息，A为年金，n为计息期数，m为递延期数
复利	本金与利息均能产生利息，俗称“利滚利”		$F=P\times(1+i)^n$，记为 $(F/P,\ i,\ n)$ $P=F\times(1+i)^{-n}$，记为 $(P/F,\ i,\ n)$ $I=F-P$	
年金	系列等额收付款项	普通年金	$F=A\times\frac{[(1+i)^n-1]}{i}$ $P=A\times\frac{1-(1+i)^{-n}}{i}$	
		预付年金	$F=A\times\frac{[(1+i)^n-1]}{i}\cdot(1+i)$ $P=A\times\frac{1-(1+i)^{-n}}{i}\cdot(1+i)$	
		递延年金	$P=A\times(P/A,\ i,\ n)\cdot(P/F,\ i,\ m)$	
		永续年金	$P=A\times\frac{1}{i}$	

表 3-4 财务管理风险价值及其衡量体系

风险指标及其含义		计算公式及参数说明
风险及其衡量指标	概率 P_i	P_i $(0\leqslant P_i\leqslant 1,\ \sum_{i=1}^{n}P_i=1)$ (P_i 为第 i 种收益率发生的概率)
	期望值 $\overline{K}$	$\overline{K}=\sum_{i=1}^{n}K_iP_i$ (K_i 为第 i 种收益率，P_i 同上)
	标准差 δ	$\delta=\sqrt{\sum_{i=1}^{n}(K_i-\overline{K})^2\times P_i}$
	标准离差率 V	$V=\frac{\delta}{K}$
	风险收益率 K_i	$K_i=R_f+R_r=R_f+bV$ (R_f 为无风险收益率，R_r 为风险收益率，b 为风险价值系数)
	风险收益率 K_i（采用资本资产定价模型）	$K_i=R_f+\beta_i(K_m-R_f)$ (K_m 为市场组合平均收益率，β_i 为第 i 种股票的 β 系数)

（续）

风险指标及其含义			计算公式及参数说明
财务风险	不能到期偿债的风险	财务杠杆系数 DFL	$DFL=\dfrac{EBIT}{EBIT-I-D_P/(1-T)}=\dfrac{Q(P-VC)-F}{Q(P-VC)-F-I-D_P/(1-T)}$（$EBIT$ 为基期息税前利润，I 为利息，D_P 为优先股股利，T 为所得税税率，Q 为销售量，P 为单价，VC 为单位变动成本，F 为固定成本）
经营风险	不能以收抵支的风险	经营杠杆系数 DOL	$DOL=\dfrac{Q(P-VC)}{Q(P-VC)-F}=\dfrac{M}{EBIT}=\dfrac{EBIT+F}{EBIT}$（$M$ 为产品的边际贡献，其余同上）
投资组合理论	系统风险（不可分散风险）	β系数	$\beta=\dfrac{\mathrm{cov}(k_j,\ k_m)}{\sigma_m^2}=\dfrac{r_{jm}\sigma_j\sigma_m}{\sigma_m^2}=r_{jm}\left(\dfrac{\sigma_j}{\sigma_m}\right)$（$K_j$ 为第 j 种股票和投资收益率，K_m 为市场组合收益率，r_{jm} 为第 j 种股票与市场组合的相关系数，σ_m 为市场组合的标准差，σ_j 为第 j 种股票的标准差）
风险处置方法	风险调整贴现率法	调整后的净现值 $=\sum_{t=0}^{n}\dfrac{\text{预期现金流量}}{(1+K)^t}-$ 原始投资额现值（K 为调整后的资本成本率或投资要求的必要报酬率）	
	肯定当量法	调整后的净现值 $=\sum_{t=0}^{n}\dfrac{d_t\times\text{预期现金流量}}{(1+R_f)^t}-$ 原始投资额现值（d_t 为第 t 期的肯定当量系数，R_f 为无风险收益率）	

表3-5　项目投资评价指标体系

评价指标类别与名称		计算公式	决策
静态指标	投资回收期	$\sum_{K=0}^{s}O_K=\sum_{J=0}^{p}I_J$（$S$ 为建设期，P 为经营期，I_J 为第 J 期的现金流入，O_K 为第 K 期的现金流出）	回收期越短越好
	会计收益率 ROI	$ROI=\dfrac{\text{年平均净收益}}{\text{原始投资额}}\times100\%$	收益率越高越好
动态指标	净现值 NPV	$NPV=\sum_{t=0}^{n}\dfrac{I_t}{(1+K)^t}-\sum_{t=0}^{n}\dfrac{O_t}{(1+K)^t}$	$NPV\geqslant0$，且 NPV 越大越好
	现值指数 PI	$PI=\dfrac{\sum_{t=0}^{n}\dfrac{I_t}{(1+i)^t}}{\sum_{t=0}^{n}\dfrac{O_t}{(1+i)^t}}$	$PI\geqslant1$，且 PI 越大越好
	内含报酬率 IRR	$\sum_{t=0}^{n}\dfrac{I}{(1+IRR)^t}-\sum_{t=0}^{n}\dfrac{O_t}{(1+IRR)^t}=0$	$IRR\geqslant K$（资本成本率或投递要求的必要报酬率）

1. 财务管理价值评估体系

财务管理项目价值评估体系有项目现金流量计算体系、时间价值及其衡量体系、风险价值及其衡量体系、项目评价指标体系四类。

2. 价值评估体系在管理型会计信息系统构架中的应用

如图3-3所示，在会计核算提供核算信息的基础上，首先计算出各投资项目不同时点的未来现金流量（计算公式见表3-2），其次再考虑时间价值（理财第一原则，其含义与计量公式见表3-3）的基础上，再次考虑项目风险价值（理财第二原则，其含义与计量公式见表3-4）对贴现率或现金流量进行调整，最终计算出项目静态与动态各项财务管理控制指标（计算公式及判断标准见表3-5），最后在分析评价的基础上，做出项目投资决策，形成决策结果信息，从而实现财务管理价值评估体系在管理型会计信息系统构架中的应用。财务管理价值评估体系在管理型会计信息系统构架中应用的具体过程及结果详见例10-1。

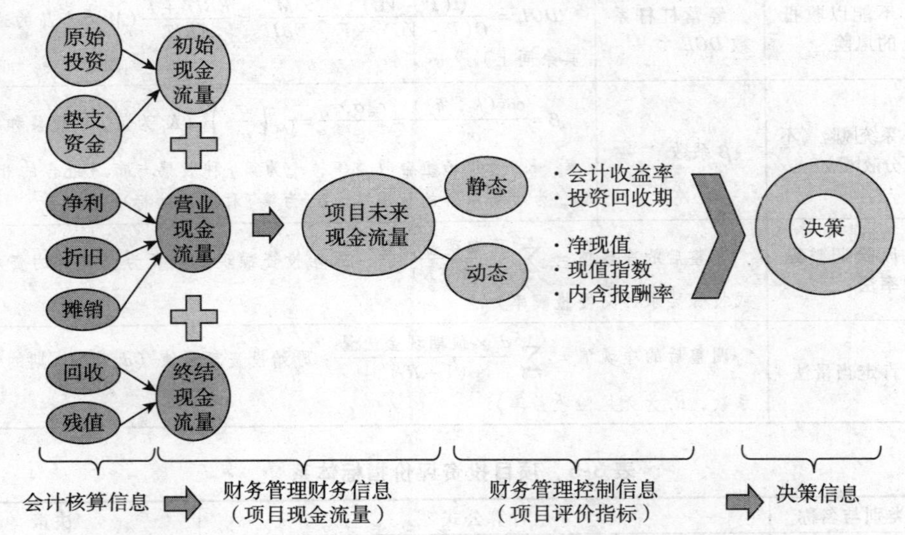

图3-3 财务管理价值评估体系的应用（以项目评估为例）

3.3 财务分析指标体系及其在管理型会计信息系统构架中的应用

财务分析是以会计核算和报表资料及其他相关资料为依据，采用一系列专门的分析技术和方法，对企业等经济组织过去和现在有关的筹资活动、投资活动、经营活动的偿债能力、盈利能力和营运能力状况等进行分析与评价，为企业的投资者、债权者、经营者及其他关心企业的组织或个人了解企业过去、评价企业现状、预测企业未来，做出正确决策提供准确的信息或依据的经济应用学科。财务分析的基本功能，是将大量的报表数据转换成对特定决策有用的信息，减少决策的不确定性，即降低决策风险。

1. 财务分析指标体系

如图3-4所示，我们可以构建出常用的财务分析指标体系（各指标的计算公式及一般分析见表3-6至表3-11）。常用的财务分析指标体系包括基本的财务比率、财务状况的综合分析、上市公司特有的财务比率、现金流量分析四个部分，利用报表或账簿中的会计核算信息，从企业业已存在的资产、负债、所有者权益（或股东权益）、收入、费用与利润等会计要素与现金流量表所反映出的财务状况与经营成果中，计算出的财务分析指标，能帮助企业分析偿债能力、营运能力、盈利能力、发展能力、竞争能力与风险防范能力的现状及其发展趋势，从现状分析中查找自身存在的可以优化的问题或不足，实现企业自上而下的主动调整与资源的优化和整合。并以此作为企业筹资、投资、利润或股利分配等决策的依据，进而指导企业进行融资决策、投资决策和财务预测，从而实现会计信息系统的信息循环与高效的财务管理、预测与决策过程，即会计核算系统向财务管理与预测决策系统提供核算信息；财务管理系统为预测决策系统提供有用的财务信息、并向会计核算系统提供控制信息；预测决策系统产生决策信息指导财务管理系统与会计核算系统。

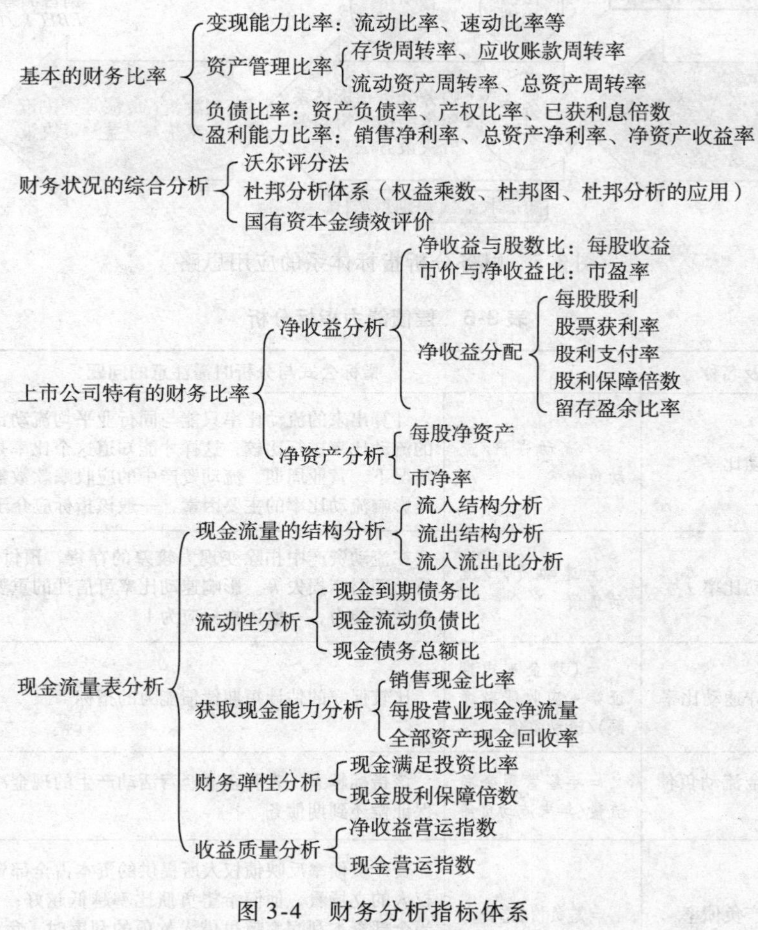

图 3-4　财务分析指标体系

2. 财务分析指标体系在管理型会计信息系统构架中的应用

如图 3-5 所示，以企业资本结构分析与融资决策为例，结合财务分析指标体系，首先利用会计核算信息计算出的财务分析指标，对企业的偿债能力、营运能力、盈利能力、发展能力、竞争能力与风险防范能力的现状及其发展趋势进行分析（例 10-2 是分析企业的资本结构现状）；其次利用其他信息与财务管理有关决策模型进行相关决策（如 10.4 实验思考第 3 题，是利用具体融资方案资料与企业融资决策的每股收益无差别点法进行融资决策），实现管理型会计信息系统的核算、管理与决策目标的协调一致与各类信息的有效利用。财务分析指标体系在管理型会计信息系统构架中应用的具体过程及结果详见例 10-2。

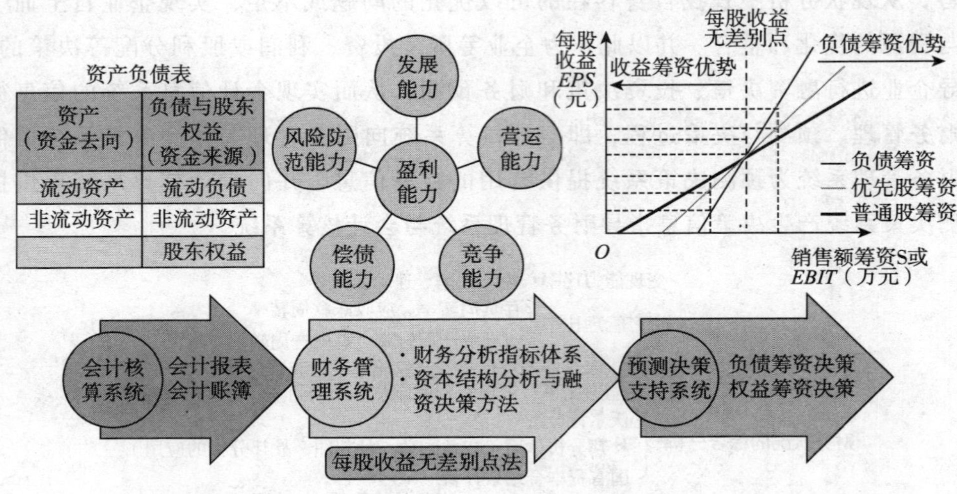

图 3-5 财务分析指标体系的应用思路

表 3-6 偿债能力指标分析

财务比率类型及名称		指标公式与分析时需注意的问题	
短期偿债能力（变现能力指标）分析	流动比率	=流动资产/流动负债	计算出来的流动比率只能与同行业平均流动比率、本企业历史的流动比率进行比较，这样才能知道这个比率是高还是低。一般情况下，营业周期、流动资产中的应收账款数额和存货周转速度是影响流动比率的主要因素，一般该指标应介于 1 和 2 之间
	速动比率	=速动资产/流动负债	在流动资产中扣除变现力较差的存货、预付账款、待摊费用、待处理财产损失等。影响速动比率可信性的重要因素是应收账款的变现能力，一般该指标应为 1
	保守速动比率	=（现金 + 短期证券 + 应收账款净额）/流动负债	比较保守的估计短期偿债能力的指标
	现金流动负债比率	=年经营现金净流量/年末流动负债	该指标越大，表明企业经营活动产生的现金净流量越多，越能保证偿还到期债务
长期偿债能力（财务风险或负债比率）分析	资产负债率	=总负债/总资产	资产负债率反映债权人所提供的资本占全部资本的比例，从债权人的立场看，他们希望负债比率越低越好；从股东的角度看，当全部资本利润率超过借入款项的利率时，负债比率越高越好。保守观点认为该指标不应高于 50%，国际为 60%
	产权比率	=总负债/所有者权益	①产权比率反映由债权人提供的资本与股东提供的资本的相对比率关系，反映企业基本财务结构是否稳定。产权比率越高，越是高风险、高报酬的财务结构；产权比率越低，越是低风险、低报酬的财务结构 ②产权比率也反映债权人资本受到股东权益保障的程度，或者说是企业清算时债权人利益的保障程度
	已获利息倍数	=（息税前利润，即 *EBIT*）/利息费用	公式中的“利息费用”是指本期发生的全部应付利息，不仅包括财务费用中的利息费用，还应包括计入固定资产的资本化利息

表 3-7　营运能力指标分析

财务比率类型及名称		指标公式与分析时需注意的问题	
资产管理（资产管理效率）比率	存货周转率/周转天数	=主营业务成本/平均存货	一般来讲，存货周转速度越快，存货的占用水平越低，流动性越强，存货转换为现金或应收账款的速度越快。提高存货周转率可以提高企业的变现能力；存货周转速度越慢则变现能力越差
	应收账款周转率/周转天数	=主营业务收入净额/平均应收账款余额	主营业务收入净额=主营业务收入-销售折扣与折让 平均应收账款余额=（年初数+年末数）÷2 一般来说，应收账款周转率越高，平均收账期越短，说明应收账款的收回越快，影响该指标正确计算的因素有： ①季节性经营的企业使用这个指标时不能反映实际情况 ②大量使用分期收款结算方式 ③大量的销售使用现金结算 ④年末大量销售或年末销售大幅度下降
资产管理（资产管理效率）比率	流动资产周转率/周转天数	=主营业务收入净额/平均流动资产	流动资产周转率反映流动资产的周转速度。周转速度快，会相对节约流动资产，等于相对扩大资产投入，增强企业盈利能力；而延缓周转速度，需要补充流动资产参加周转，形成资金浪费，降低企业盈利能力
	固定资产周转率/周转天数	=主营业务收入净额/平均固定资产	固定资产周转率反映固定资产的周转速度，周转速度快，反映固定资产价值转移能力越强
	总资产周转率	=主营业务收入净额/平均总资产	总资产周转率反映全部资产的周转速度。周转速度快，反映销售能力越强，企业可以通过薄利多销的办法，加速资产的周转，带来利润绝对额的增加

表 3-8　盈利能力指标及其分析简表

财务比率类型及名称		指标公式与分析时需注意的问题
盈利能力比率分析	主营业务利润率	=主营业务利润/主营业务收入净额
	销售毛利率	=毛利/销售收入净额，毛利=销售收入净额-销售成本
	销售净利率	=净利润/销售收入净额
	主营业务净利率	=净利润/主营业务收入净额
	成本费用利润率	=利润总额/成本费用总额，成本费用总额=主营业务成本+营业费用+管理费用+财务费用
	盈余现金保障倍数	=经营现金净流量/净利润
	总资产报酬率	=*EBIT*/平均总资产
	净资产收益率	=净利润/净资产　净资产收益率又称为净值报酬率或权益净利率
	资产净利率	=净利润/总资产
	资本保值增值率	=扣除客观因素后的年末所有者权益总额/年初所有者权益总额

表 3-9　杜邦财务分析简表与杜邦图

财务比率类型及名称	指标公式与分析时需注意的问题
权益乘数	=资产/权益=1/(1-资产负债率)=1+产权比率
两因素分析	净资产收益率=总资产净利率×权益乘数
三因素分析	净资产收益率=销售净利率×总资产周转率×权益乘数

（续）

财务比率类型及名称	指标公式与分析时需注意的问题

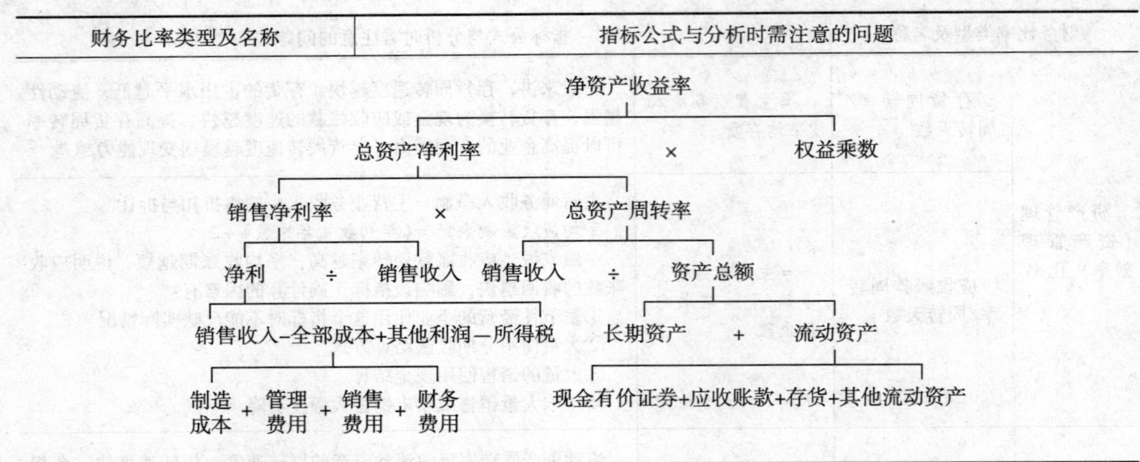

表 3-10 上市公司的财务比率分析

上市公司的财务比率		公式	经济含义及应用注意问题
类别	具体财务指标		
每股收益及其延伸分析	每股收益（*EPS*）	= 净利润/年末普通股份总数	不反映股票所含有的风险；因股票是“份额”概念，故限制了公司间比较；每股收益多，不一定意味着分红多
	市盈率	= 每股市价/每股收益 = 1/期望报酬率 = 股利支付率/股票获利率	人们对每元净利润所愿意支付的价格，可以用来估计股票的投资报酬和风险。该指标越高，表明市场越看好这只股票，在市价确定的情况下，每股收益越高，市盈率越小，投资风险越小
	期望报酬率	= 每股收益/每股市价 = 1/市盈率	可近似估计投资标的股票收益率的最大值
	每股股利	= 现金股利总额/年末普通股份总数	
	股票获利率	= 普通股每股股利/每股市价	股票投资价值非常保守的估计，主要应用于非上市公司的少数股权
	股利支付率	= 每股股利/每股收益 = 1/股利保障倍数	反映公司的股利分配政策和支付股利的能力
	股利保障倍数	= 每股收益/每股股利 = 1/股利支付率	反映支付股利的能力，是一种安全性指标
	留存盈利比率	= (净利润 - 全部股利)/净利润 × 100% = 1 - 股利支付率	反映公司的理财方针
每股净资产及其延伸分析	每股净资产	= 年度末股东权益/年度末普通股份总数	理论上提供了股票上最低账面价值
	市净率	= 每股市价/每股净资产	说明市场对公司资产质量的评价

表 3-11　现金流量表分析

分析内容	指标计算分析及结论	经济含义及用途
现金流量的结构分析	流入结构分析：分总流入结构和三项活动流入的内部结构分析 流出结构分析：分总流出结构和三项活动流出的内部结构分析 流入流出比分析：用现金流量的流入量与流出量进行对比分析 结论：对于一个健康的正在成长的公司来说，经营活动的现金净流量应是正数，投资活动的现金净流量应是负数，筹资活动的现金净流量应是正负相间的	假设经营现金流量的结构百分比具有代表性（可用三年或五年的平均数），可以根据它们和计划销售额来预测未来的经营活动现金流量。企业的营业活动可分为经营活动、投资活动和筹资活动三类
流动性分析	现金到期债务比 = 经营现金净流量/本期到期的债务 本期到期的债务 = 到期的本金 + 需支付的利息 现金流动负债比 = 经营现金净流量/流动负债 现金债务总额比 = 经营现金净流量/债务总额	现金债务总额比率越高，企业承担债务的能力越强，越能衡量公司最大的付息能力。流动性是指将资产迅速转变为现金的能力
获取现金能力分析	销售现金比率 = 经营现金净流入/销售额	反映每元销售得到的现金，该指标越大越好
	每股营业现金净流量 =（经营现金净流量 - 优先股股利）/发行在外的普通股股数	该指标反映最大的分派现金股利的能力 发行在外的普通股股数 = ∑（发行在外的普通股股数 × 发行在外的月份数/12）
	全部资产现金回收率 = 经营现金净流入/全部资产	说明企业资产产生现金的能力
财务弹性分析	现金满足投资比率 = 近 5 年经营活动现金净流入/近 5 年资本支出、存货增加、现金股利之和	考查企业现金流量满足投资与现金股利的保障情况。财务弹性分析是指企业适应经济环境变化和利用投资机会的能力，现金流量超过需要，有剩余现金，则适应性强
	现金股利保障倍数 = 每股营业现金净流入/每股现金股利	
收益质量分析	净收益营运指数 = 经营净收益/净收益 =（净收益 - 非经营净收益）/净收益	收益质量分析是指报告收益与公司业绩之间的相关性
	现金营运指数 = 经营现金净流入/经营应得现金 经营应得现金 = 经营活动净收益 + 非付现费用	

3.4　管理型会计信息系统架构实现的制约瓶颈与对策

上文从财务管理评价体系与财务分析指标体系角度，分析了管理型会计信息系统的实现架构。但真正要实现管理型会计信息系统的功能与目标，存在以下制约瓶颈。

1. 管理型会计信息系统架构实现的制约瓶颈

（1）现存管理型会计信息系统自身先天不足。当前的管理型会计软件是在核算型会计软件的基础上发展起来的，依靠核算型会计软件形成的基本数据及其提供的数据接口，进行简单的数据分类、汇总、计算、加工、提炼后形成一些常规的报表分析和综合数据及图表显示。这种软件数据来源不足（特别是外部数据基本上系统没有记录），系统性差，缺乏总体设计，没有创新性的管理理念，没有更多的管理分析模型和方法，所生成的数据和形成的资料结构单一、关系简单、加工层次浅，不能为管理者的经营决策提供较多有用信息，造成管理型会计软件先天不足，是管理型会计软件进一步发展与应用的最大障碍。

（2）通用性制约了此类会计软件的进一步推广，商品化软件发挥了主力军的作用，在推广过程中可谓功不可没。为了满足软件的可推广性，商品化会计软件一般功能完善、普适性强、大而全，必须考虑各种不同规模企业的特点和满足不同行业对软件的需求，提高软件的通用性。这种软件对个性化需求不高的核算层体现出低成本和高规范化的优越性，但是对专用性强、独特性要求高的管理层却暴露出难以克服的缺陷。首先，大而全的软件系统定义过于抽象，初始化工作量大，简单问题复杂化，让使用者望而生畏，提高了使用难度。其次，通用性强的软件不一定专业，面对我国企业管理模式众多，管理水平参差不齐，各行业管理指标、管理方法、管理模型大相径庭的情况，这种通用性的商品化会计软件往往不能解决企业的实际问题。

（3）复合型专门人才缺乏。管理型会计软件从设计到应用需要多学科有机结合，是一项复杂的系统工程。会计核算软件的专业性、规范性、政策性非常强，其开发设计不同于一般软件，需要以精通会计专业知识的人员为主，配以软件设计开发专门人才参与，才能设计出满足会计核算基本要求，符合会计运行基本规则的专业软件。管理型会计软件的开发人员还需要在了解会计核算软件的基础上，懂得企业经营之道，熟知企业管理必需的各种决策指标，精通各种决策方法和管理理念。管理型会计软件的应用也是一门高深学问，静态的指标和数据只是一个方面，对动态过程的理解，对数据的加工提炼和正确解读，都需要复合型高级专门人才的有效支撑才能发挥管理型会计软件的作用。当前我国高校专业划分过细的人才培养模式，很难满足复合型人才培养的要求，企业又急功近利，很少自己培养专门人才，大都奉行“拿来主义”，造成了今天复合型高级专门人才缺乏的现状，阻碍了管理型会计软件的应用。

（4）企业重“硬件”配置，轻“软件”建设。管理型会计软件只是一个管理工具，应用管理软件是强化企业管理的必备手段，但它并不能解决企业管理的所有问题。有些企业觉得自己资金利用率不高，成本控制失效，管理效率低下，于是配置高规格的管理软件，招聘相关专业人员，定期整理相关数据，“硬件”配置积极。一段时期后，发现成效并不明显，管理效率没见提高，想当然地认为管理软件不行，或者相关人员水平不高。究其原因，可能与企业重“硬件”配置、轻“软件”建设有关。购买软件，聘请专门人才，只是解决问题的第一步。从管理软件发现的问题能不能及时得到解决，整理的数据能不能有效利用，形成的结论能否遵照执行，定量分析的科学性是否依然让位于个别管理者的定性决策，有没有相关制度让管理型会计软件发挥其作用，这些工作往往没有受到企业的重视，管理型会计软件的效用也就无从发挥。

2. 管理型会计信息系统架构实现的对策

管理型会计软件发展到现在，一方面普及推广迅速，为企业发展提供了诸多常规化管理决策信息；另一方面，要想靠管理型会计软件处理更复杂的综合性问题，提供更多非程序化决策的深加工信息，需要对软件结构进行重构，进行全方位升级，并配以相应的制度改革和人才培养，以推进管理型会计软件的应用。

（1）重构软件结构体系，改善软件服务能力。现有管理型会计软件以核算型会计软件为基础，以核算型会计软件的业务流程为基本处理流程，基于核算型会计软件所提供的数据，在此基础上进行数量分析和功能拓展，这种结构体系受到诸多限制，注定管理型会计软件存在先天不足。管理型会计软件应该是比核算型会计软件功能结构和处理逻辑更复杂，是管理为主、核算为辅的综合性软件。其开发设计应该摒弃核算型会计软件的处理逻辑，以管理型会计软件的主要业务流程（管理、分析、预测、决策、控制）为主线，整合企业内外部两方面的数据资源，在此基础上进行软件的数据流程分析和逻辑结构设计，重新考虑软件的主要数据源及其数据结构关系，形成管理型软件全新的逻辑结构和物理结构，这样才能突破核算型会计软件的一些固有枷锁。以核算为主兼备管理功能和以管理为主兼顾核算功能是有层次差距的，这也是国内管理软件（包括 ERP 软件）与国外大型管理软件的差距，必须通过结构体系的重新设计，解决这一根本问题。

（2）重视二次开发，提高软件专用性。在我国会计电算化的发展早期，企业各自为政地开发自己的会计软件，软件的专用性很强，设计人员储备充分。随着商品化软件的发展，其软件符合财政部门的基本规范要求，且功能较完善，安全稳定性高，用户界面友好，易于使用和维护。这种状况提高了我国会计电算化的核算水平，推进了我国会计电算化事业的发展，但也加大了企业对商品化会计软件的依赖，削弱了企业自身的研发能力和动力。当其过度强调通用性，以满足大众化需求时，商品化软件却不能满足企业个性化的管理需求，这是商品化软件与个性化需求的必然矛盾。面对这种情况，有条件的集团公司或大型企业，可以与商品化软件公司实现定向开发并定期升级，以提高软件的专用性和适用性；没条件定向开发的中小企业，必须重视软件的二次开发，针对企业自身实际情况采用独特的处理方法和处理模型，专用的衡量指标和行业数据，个性化的管理需求和管理理念，进行不同程度的二次开发，才能提高软件的专用性，保证软件的使用效率。

（3）培养优秀人才，提高软件使用效率。管理型会计软件的开发设计与应用需要懂管理、精通计算机、会计的优秀复合型专门人才，当前高校人才培养专业划分过细，主要强调学历提升，较少关注复合型人才的培养。短时期内高校人才培养与企业人才需求脱节的矛盾难以破除，需要企业与高校共同努力，联合培养具备多专业知识的复合型人才。有条件的企业可以与高校签订定向委托培养协议，联合制订人才培养方案，提高人才培养的专业对口性；没条件联合培养的企业，可以提早与优秀高校学生达成就业意向，提前引导学生专业学习方向，拓展学生知识结构，优化人才引进机制。此外，企业不能一味追求高学历、高职称、单一化人才评价机制；作为培养应用型人才的高校，也不能一味强调学生的学历培养，可以通过双学位、双学历或第二专业辅修等形式，培养真正满足企业需求的高级应用型专门人才，以满足企业对复合型人才的需要。

（4）配套企业改革，全方位提高企业管理水平。管理具有科学与艺术的双重属性，从科学层面看管理，需要管理者在管理理论、管理方法、管理手段上不断创新与突破，提高定量分析的精确性。因此，管理型会计软件的发展不是一蹴而就的事情，需要随着管理理论和方法发展而不断改进。如作业成本法、平衡计分卡等处理流程复杂，计算工作量大，实现难度高，但科学性更好的管理方法，管理型会计软件必须做到与时俱进，克服困难，为企业提供相应的解决方案。此外，要想全方位提高管理水平，企业不能只依赖于管理软件，还必须进行相应的配套改革，必要时可以进行企业总体的信息化改革，甚至业务流程重组或企业组织变革。软件公司也不能只提供软件销售，应该与软件配套进行相应的业务指导和咨询，辅导企业走好管理信息化之路，实现双赢。

本章小结

本章从财务管理价值评估体系、财务分析指标体系角度，在教材第2章主要探讨的会计核算系统的功能与结构基础上，探讨了构建管理型会计信息系统的方法、思路、制约瓶颈和对策，通过构建实用、常见的财务管理系统和预测决策系统，形成完整的管理型会计信息系统，有效地实现了核算信息、控制信息、财务信息、决策信息的企业信息循环。

【重点与难点】

重点是构建管理型会计信息系统的方法和思路，难点是管理型会计信息系统的实现过程。

【教学建议】

本章应结合第10章的配套实验组织案例教学，通过构建管理型会计信息系统的思路和方法，力求对管理型会计信息系统的架构与实现起到“抛砖引玉”的作用。建议安排4学时组织教学。

综合思考与练习

1. 什么是管理型会计信息系统？它的目标与功能是什么？
2. 结合教材1.1.2会计信息系统的目标及图3-1，谈谈企业如何在会计核算系统的基础上实现有效的财务管理和决策。
3. 阻碍管理型会计信息系统实现与广泛应用的制约瓶颈有哪些？针对这些制约瓶颈，有哪些好的对策？

中篇

会计信息系统案例

PART2

Chapter 4

第 4 章 会计信息系统实验综合案例⊖

学习目标

- 结合账务系统与报表系统的结构与业务流程，了解账务与报表案例及其日常业务；
- 结合工资系统结构与业务流程，了解工资系统案例及其日常业务；
- 结合固定资产系统结构与业务流程，了解固定资产系统案例及其日常业务；
- 理解账务与报表系统案例、工资系统案例、固定资产系统案例的逻辑关系。

设置账务系统、报表系统综合案例、工资系统案例、固定资产案例的思路如图 4-1 所示，力求通过这些案例的实验操作，以期达到加深对会计与会计信息系统中业务处理流程等理论知识的理解并能在会计实务工作中加以应用的目标。

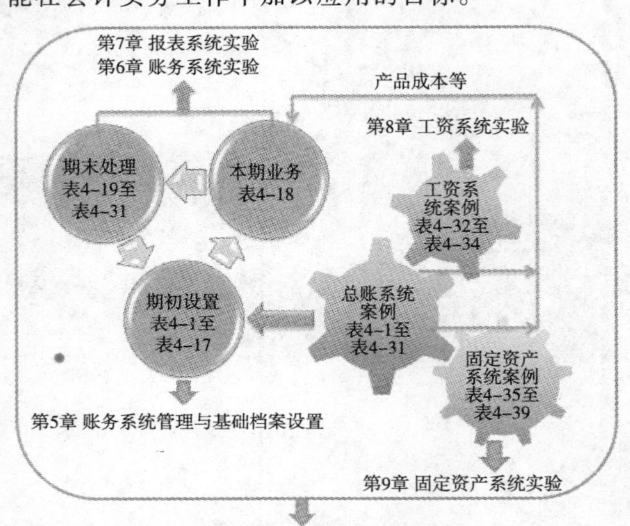

图 4-1 教材实验体系与案例间逻辑关系

⊖ 本章中的公司、雇员及其相关信息者为虚构。

4.1　账务与报表系统综合案例

4.1.1　系统初始设置

总账系统初始设置资料如表 4-1 至表 4-17 所示，公司组织结构如图 4-2 所示。

表 4-1　系统初始设置资料一览表

系统初始项目	系统初始内容
单位名称、法人代表	宏业股份有限公司（简称：宏业股份）、张翔
行业类型	高新技术工业股份制企业（执行新企业会计制度）
账套启用日期	2011 年 9 月 1 日
单位地址	昆明市西山高新技术开发区科医路 123 号
邮编、电话、传真、Email	650083、08718338673、08718356878、HongYi@ HY. com. cn
开户银行、银行账号	中国工商银行昆明高新分行（基本存款账户）、53021367718
税务登记证号	532366005013385
企业所得税税率	15%
记账本位币及单位	人民币 RMB、元
内部组织结构及部门档案	见图 4-2 和表 4-2
职员档案	见表 4-3
供应商档案	见表 4-4，本案例的供应商无须分类
往来客户档案	见表 4-5，本案例的客户无须分类
期初余额及其补充资料	见表 4-6 至表 4-15
凭证类别设置资料	见表 4-16
结算方式设置资料	见表 4-17

表 4-2　部门档案

部门编码	部门名称	部门属性	部门编码	部门名称	部门属性
1	董事会	管理决策	204	供应部	原材料供应
2	总经理	决策执行	205	生产制造部	协调生产
201	公司办公室	管理部门	20501	生产车间	生产产品
202	人事部	人事管理	20502	动力车间	输出动力
203	财务部	财务管理	206	销售部	产品销售

注：部门编码级次为 3 级、级长为 1－2－2。

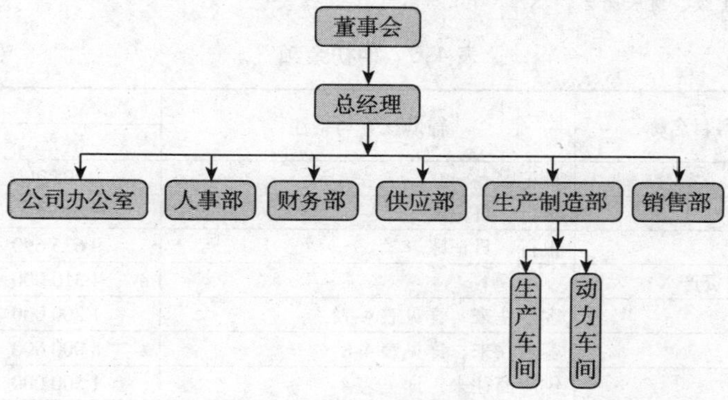

图 4-2　宏业股份公司组织结构图

表 4-3　职员档案

编号	名称	所属部门	职务	编号	名称	所属部门	职务
101	张翔	董事会	董事长	20501	王茜	生产车间	部长
20101	吴强	公司办公室	总经理	20502	许飞	生产车间	主管
20102	张松	公司办公室	主任	20503	李盟	生产车间	生产工人
20203	李恒	人事部	部长	…	…	…	…
20301	季苹	财务部	财务总监 兼系统管理员	20586	李晓明	动力车间	主管
20302	李宾	财务部	财务主管 兼账套主管	20587	张文静	动力车间	生产工人
20303	杨柳	财务部	总账会计	…	…	…	…
20304	张东	财务部	出纳	20601	杨洋	销售部	西南地区
20305	李凡	财务部	工资管理员	20602	吴平	销售部	华北地区
20306	赵玉恒	财务部	资产管理员	20603	张海	销售部	华中地区
20401	刘海	供应部	部长	20604	李丽	销售部	东北地区
20402	王志刚	供应部	职员	20605	杨书福	销售部	西北地区
…	…	…	…	…	…	…	…

注：职员编码级次为2级、级长为3－2。建立账套过程中财务人员（带着重号的职务）操作权限设置请参照表5-2进行设置。

表 4-4　供应商档案

编号	名称	简称	税务登记号	开户银行	账号
01	天盟农资连锁有限公司	天盟农资	532789852190852	建行昆明分行	53024738208
02	天创科技有限公司	天创科技	535789542197960	交行昆明分行	53024789645
03	丹阳科技有限公司	丹阳科技	532234568796435	农行文山分行	53022356976
04	科威生物制药有限公司	科威生物	532234587988680	工行腾冲分行	53023534665

注：供应商编码级次为1级、级长为2。

表 4-5　往来客户档案

编号	名称	简称	税务登记号	开户银行	账号
01	北京宇鑫科技有限公司	宇鑫科技	010102897523451	工行北京分行	01023875314
02	天津乐胜科技有限公司	乐胜科技	223389786976456	交行天津分行	20023568906
03	成都和平科技有限公司	和平科技	368589215783521	工行成都分行	30027896421
04	华西医科大学附属医院	华西附属	368586438983586	招行成都分行	30027897531
05	昆明医学院附属医院	昆医附属	532897878680680	建行昆明分行	53023587897

注：客户编码级次为1级、级长为2。

表 4-6　期初余额　　（金额单位：元）

科目编码	会计科目名称	辅助核算与备注	余额	
			借方	贷方
1001	库存现金	日记账	405 200	
1002	银行存款	银行、日记账	9 635 690	
100201	工行存款	银行、日记账	9 635 690	
1101	交易性金融资产		4 310 000	
1121	应收票据	客户往来，详见表4-7	1 200 000	
1122	应收账款	客户往来，详见表4-8	18 000 000	
1123	预付账款	供应商往来，详见表4-9	1 500 000	
1131	应收股利		500 000	

（续）

科目编码	会计科目名称	辅助核算与备注	余额	
			借方	贷方
1132	应收利息		300 000	
1231	其他应收款	个人往来，详见表 4-10	60 000	
1241	坏账准备			3 000 000
1403	原材料		23 650 000	
140301	生产用	数量核算 （单位：吨，单价：30 000 元，500 吨）	15 000 000	
140302	其他用		8 650 000	
1406	库存商品		19 468 000	
140601	A 产品	数量核算 （单位：吨，单价：50 000 元，300 吨）	15 000 000	
140602	B 产品	数量核算 （单位：盒，单价：2 000 元，2 234 盒）	4 468 000	
1461	存货跌价准备			1 500 000
1521	持有至到期投资		5 468 000	
1522	持有至到期投资减值准备			260 000
1523	可供出售金融资产		5 200 000	
1524	长期股权投资		8 865 000	
1525	长期股权投资减值准备			385 000
1526	投资性房地产		4 280 000	
1531	长期应收款		2 600 000	
1601	固定资产		123 168 000	
1602	累计折旧			16 896 000
1603	固定资产减值准备			3 869 000
1604	在建工程		0	
160401	人工费	项目核算，详见表 4-11	0	
160402	材料费	项目核算，详见表 4-11	0	
160403	其他	项目核算，详见表 4-11	0	
1605	工程物资		3 621 000	
1606	固定资产清理		0	
1701	无形资产		5 389 000	
1702	累计摊销			698 600
1703	无形资产减值准备			562 000
1801	长期待摊费用		1 265 000	
	资产合计		238 884 890	27 170 600
2001	短期借款			8 886 540
2101	交易性金融负债			4 522 300
2201	应付票据	供应商往来，详见表 4-13		4 986 500
2202	应付账款	供应商往来，详见表 4-14		25 374 300
2205	预收账款	客户往来，详见表 4-15		7 981 080
2211	应付职工薪酬			652 600
2221	应交税费			7 232 940

（续）

科目编码	会计科目名称	辅助核算与备注	余额	
			借方	贷方
222101	应交增值税			
22210101	进项税额			
22210102	销项税额			
222102	未交增值税			4 000 000
222103	应交所得税			2 232 940
222104	应交营业税			1 000 000
2231	应付股利			2 356 800
2232	应付利息			691 000
2241	其他应付款			553 200
2401	预提费用			148 109
2411	预计负债			1 538 421
2601	长期借款			6 865 000
2602	长期债券			4 540 000
2801	长期应付款			3 368 850
2811	专项应付款			688 000
负债合计				80 385 640
4001	股本			118 940 330
4002	资本公积			24 689 650
4101	盈余公积			5 286 520
410101	法定盈余公积			3 524 347
410102	任意盈余公积			1 762 173
4103	本年利润			0
4104	利润分配			3 668 650
410401	提取法定盈余公积			0
410402	提取任意盈余公积			0
410403	未分配利润			3 668 650
股东权益合计				152 585 150
5001	生产成本		18 866 500	
500101	直接材料	项目核算，详见表4-11、表4-12	7 546 600	
500102	直接人工	项目核算，详见表4-11、表4-12	5 659 950	
500103	制造费用	项目核算，详见表4-11、表4-12	1 886 650	
500104	折旧费用	项目核算，详见表4-11、表4-12	2 829 975	
500105	其他	项目核算，详见表4-11、表4-12	943 325	
5101	制造费用		0	
510101	折旧费用		0	
5301	研发支出		2 390 000	
成本合计			21 256 500	
6001	主营业务收入			0
600101	A产品	数量核算，单位：吨		0
600102	B产品	数量核算，单位：盒		0

（续）

科目编码	会计科目名称	辅助核算与备注	余额	
			借方	贷方
6051	其他业务收入			0
6101	公允价值变动损益			0
6111	投资收益			0
6301	营业外收入			0
6401	主营业务成本		0	
640101	A 产品	数量核算，单位：吨	0	
640102	B 产品	数量核算，单位：盒	0	
6402	其他业务支出		0	
6405	营业税金及附加		0	
6601	销售费用		0	
6602	管理费用		0	
660201	工资	部门核算	0	
660202	福利费	部门核算	0	
660203	办公费	部门核算	0	
660204	差旅费	部门核算	0	
660205	招待费	部门核算	0	
660206	折旧费	部门核算	0	
660207	其他	部门核算	0	
6603	财务费用		0	
6701	资产减值损失		0	
6711	营业外支出		0	
6801	所得税		0	
	总计		260 141 390	260 141 390

注：科目编码级次为 3 级、级长为 4－2－2。表中会计科目及其编码是按《企业会计准则》（2011）的会计科目表进行设置的（要特别注意设置其中的辅助核算形式科目，这关系到本期及以后的会计业务处理）。录入期初余额时建议先录入没有辅助核算的科目，有辅助核算的科目须对照表 4-7 至表 4-15 明细资料录入后，再对照本表核对其期初余额。

表 4-7　应收票据期初余额明细资料

日期	凭证号	客户编号	摘要	金额（元）	业务员	票据日期
2011－8－18	转—85	05	销售 B 产品	1 200 000	杨洋	2011－8－18
	小计			1 200 000	※	※

表 4-8　应收账款期初余额明细资料

日期	凭证号	客户编号	摘要	金额（元）	业务员	票据日期
2011－08－1	转—2	01	销售 A 产品	5 000 000	吴平	2011－08－1
2011－08－8	转—26	02	销售 B 产品	4 000 000	吴平	2011－08－8
2011－08－16	转—78	03	销售 A 产品	7 000 000	杨洋	2011－08－16
2011－08－17	转—79	04	销售 B 产品	2 000 000	杨洋	2011－08－17
	小计			18 000 000	※	※

表 4-9 预付账款期初余额明细资料

日期	凭证号	供应商编号	摘要	金额（元）	业务员	票据日期
2011－08－2	付—8	01	采购原料	200 000	王志刚	2011－08－2
2011－08－9	付—32	02	采购原料	800 000	刘海	2011－08－9
2011－08－15	付—65	03	采购原料	400 000	王志刚	2011－08－15
2011－08－16	付—79	04	采购原料	100 000	刘海	2011－08－16
小计				1 500 000	※	※

表 4-10 其他应收款期初余额明细资料

日期	凭证号	职员编号	职员	部门	摘要	金额（元）
2011－08－3	付—18	1	张翔	董事会	预支差旅费	27 000
2011－08－08	付—42	201	张松	公司办公室	预支差旅费	25 000
2011－08－17	付—83	201	吴强	总经理	预支差旅费	8 000
小计						60 000

表 4-11 生产成本、在建工程项目分类设置资料

项目大类	产品成本	工程成本
核算科目	直接材料	人工费
	直接人工	
	制造费用	材料费
	折旧费用	
	其他	其他
项目分类	自行开发	生产设备
	委托开发	房屋
项目目录	A 产品	X 设备
	B 产品	厂房

注：项目设置参照例 6-3 进行。

表 4-12 生产成本期初余额明细资料

（单位：元）

明细科目		A 产品	B 产品	小计
500101	直接材料	4 527 960	3 018 640	7 546 600
500102	直接人工	3 395 970	2 263 980	5 659 950
500103	制造费用	1 131 990	754 660	1 886 650
500104	折旧费用	1 697 985	1 131 990	2 829 975
500105	其他	565 995	377 330	943 325
合计		11 319 900	7 546 600	18 866 500

表 4-13 应付票据期初余额明细资料

日期	凭证号	供应商编号	摘要	金额（元）	业务员	票据日期
2011－08－18	转—86	02	采购原料	4 986 500	王志刚	2011－08－18
小计				4 986 500	※	※

表 4-14 应付账款期初余额明细资料

日期	凭证号	供应商编号	摘要	金额（元）	业务员	票据日期
2011－08－18	转—87	01	采购原料	5 374 300	刘海	2011－08－18
2011－08－19	转—90	03	采购原料	15 000 000	王志刚	2011－08－19
2011－08－20	转—101	04	采购原料	5 000 000	刘海	2011－08－20
小计				25 374 300	※	※

表4-15 预收账款期初余额明细资料

日期	凭证号	客户编号	摘要	金额（元）	业务员	票据日期
2011-8-22	收—130	01	销售B产品	4 981 080	刘海	2011-8-22
2011-8-23	收—138	02	销售A产品	3 000 000	王志刚	2011-8-23
小计				7 981 080	※	※

表4-16 凭证类别设置资料

凭证类别	限制类型	限制科目
收款凭证	借方必有	1001，100201
付款凭证	贷方必有	1001，100201
转账凭证	凭证必无	1001，100201

表4-17 结算类型设置资料

编码	名称	有无票据管理
1	现金结算	无
2	支票结算	无
201	现金支票	有
202	转账支票	有
3	其他	无

4.1.2 本期（2011年9月）业务及业务处理

2011年9月，共发生了36笔日常业务，其账务处理如表4-18所示（此表没有包括期末的转账业务，期末6笔转账业务见表4-22）。

表4-18 宏业股份有限公司2011年9月经济日常业务及会计分录表 （单位：元）

业务编号	业务时间	经济业务内容摘要	科目	借方金额	贷方金额	备注
1	9.1	王志刚向丹阳科技购进生产用原材料（20吨，单价31 000元），验收入库，补付余款325 400元（款项原已预付400 000元）	原材料—生产用	620 000		付款凭证、单据4张、票据号9001（202）
			应交税费—应交增值税—进项税额	105 400		
			预付账款—丹阳科技		400 000	
			银行存款—工行存款		325 400	
2	9.2	生产车间许飞领用原材料60吨（其中，A产品领用50吨，B产品领用10吨，单价30 000元）	生产成本—直接材料—A产品	1 500 000		转账凭证、单据2张
			生产成本—直接材料—B产品	300 000		
			原材料		1 800 000	
3	9.3	张松出差借款	其他应收款—张松	12 000		付款凭证、单据1张、公司办公室
			库存现金		12 000	
4	9.4	吴强报销差旅费	管理费用—差旅费	7 000		收款凭证、单据3张、公司办公室
			库存现金	1 000		
			其他应收款—吴强		8 000	
5	9.5	杨洋销售A产品（150吨，单价80 000元）给华西医科大学与昆明医学院附属医院，款项未收	应收账款—华西附属	4 680 000		转账凭证、单据4张
			应收账款—昆医附属	9 360 000		
			主营业务收入—A产品		12 000 000	
			应交税费—应交增值税—销项税额		2 040 000	

（续）

业务编号	业务时间	经济业务内容摘要	科目	借方金额	贷方金额	备注
6	9.6	杨洋收到昆医附属承兑前欠货款	银行存款—工行存款	1 200 000		收款凭证、单据2张、票据号0001（202）
			应收票据—昆医附属		1 200 000	
7	9.7	李晓明领用厂房用工程物资	在建工程—材料费—厂房	2 865 000		转账凭证、单据2张
			工程物资		2 865 000	
8	9.8	张松为交易目的购入股票，支付价款1 030 000元（含已宣告但尚未支付的现金股利30 000元）	交易性金融资产	1 000 000		付款凭证、单据2张、票据号9002（202）
			应收股利	30 000		
			银行存款		1 030 000	
9	9.9	李宾收到全资子公司支付的股利	银行存款	500 000		收款凭证、单据2张、票据号0002（202）
			应收股利		500 000	
10	9.10	季苹购买财务部使用的办公用品	管理费用—办公费	15 000		付款凭证、单据2张、票据号9003（202）
			银行存款		15 000	
11	9.10	许飞购买机床	固定资产	2 565 300		付款凭证、单据2张、票据号9004（202）
			银行存款		2 565 300	
12	9.11	张松出售为交易目的持有的股票	银行存款	2 884 000		收款凭证、单据2张、票据号0003（202）
			交易性金融资产		2 534 000	
			投资收益		350 000	
13	9.12	王茜出售不需用设备，结转净值（原值2 750 000元，已提折旧250 000元）	固定资产清理	2 500 000		转账凭证、单据2张
			累计折旧	250 000		
			固定资产		2 750 000	
		王茜出售不需用设备，支付清理费用20 000元	固定资产清理	20 000		付款凭证、单据1张、票据号9005（202）
			银行存款		20 000	
		王茜出售不需用设备，收到价款3 000 000元	银行存款	3 000 000		收款凭证、单据2张、票据号0004（202）
			固定资产清理		3 000 000	
		结转出售不需用设备净收益480 000元	固定资产清理	480 000		转账凭证、单据1张
			营业外收入		480 000	
14	9.12	张松支付公司办公室接待股东的招待费	管理费用—招待费	2 690		付款凭证、单据1张、公司办公室
			库存现金		2 690	
15	9.13	张松出售持有至到期投资	银行存款	4 756 000		收款凭证、单据2张、票据号0005（202）
			持有至到期投资		4 450 000	
			投资收益		306 000	

（续）

业务编号	业务时间	经济业务内容摘要	科目	借方金额	贷方金额	备注
16	9.15	银行代发员工工资	应付职工薪酬	5 326 000		付款凭证、单据 1 张、票据号 9006（202）
			银行存款		5 326 000	
17	9.15	分配工资费用（此笔业务可由工资系统生成）	生产成本—直接人工—A 产品	3 067 800		转账凭证、单据 1 张、管理费用分配见表说明
			生产成本—直接人工—B 产品	2 045 200		
			在建工程—人工费—厂房	13 000		
			管理费用—工资	200 000		
			应付职工薪酬		5 326 000	
18	9.15	杨洋销售 B 产品（2 100 盒，单价 3 200 元）给宇鑫科技、乐胜科技、和平科技各 700 盒，款项未收	应收账款—乐胜科技	2 620 800		转账凭证、单据 7 张
			应收账款—宇鑫科技	2 620 800		
			应收账款—和平科技	2 620 800		
			主营业务收入—B 产品		6 720 000	
			应交税费—应交增值税—销项税额		1 142 400	
19	9.18	无形资产摊销	管理费用—其他—公司办公室	300 000		转账凭证、单据 1 张
			累计摊销		300 000	
20	9.19	计提固定资产折旧（此笔业务可由固定资产系统生成）	生产成本—折旧费用—A 产品	2 199 000		转账凭证、单据 1 张
			生产成本—折旧费用—B 产品	1 466 000		
			管理费用—折旧费—公司办公室	468 000		
			累计折旧		4 133 000	
21	9.19	杨洋收到华西附属前欠货款	银行存款	2 000 000		收款凭证、单据 2 张、票据号 0006（202）
			应收账款—华西附属		2 000 000	
22	9.19	吴平支付展览费	销售费用	46 500		付款凭证、单据 2 张、票据号 9007（202）
			银行存款		46 500	
23	9.20	厂房完工结转固定资产	固定资产	2 878 000		转账凭证、单据 1 张
			在建工程—材料费—厂房		2 865 000	
			在建工程—人工费—厂房		13 000	
24	9.20	收到投资者投入货币资金	银行存款	9 800 000		收款凭证、单据 2 张、票据号 0007（202）
			股本		9 800 000	
25	9.21	收到应收利息	银行存款	300 000		收款凭证、单据 2 张、票据号 0008（202）
			应收利息		300 000	
26	9.21	张松出售无形资产	银行存款	1 560 000		收款凭证、单据 3 张、票据号 0009（202）
			无形资产		1 300 000	
			应交税费—应交营业税		65 000	
			营业外收入		195 000	

（续）

业务编号	业务时间	经济业务内容摘要	科目	借方金额	贷方金额	备注
27	9.21	张松出售可供出售金融资产	银行存款	3 250 000		收款凭证、单据2张、票据号0010（202）
			可供出售金融资产		2 800 000	
			投资收益		450 000	
28	9.21	季苹用预付款和银行存款偿付欠天盟农资、丹阳科技、科威生物货款	应付账款—天盟农资	5 374 300		付款凭证、单据5张、票据号9008、9009、9010（202）
			应付账款—丹阳科技	15 000 000		
			应付账款—科威生物	5 000 000		
			预付账款—天盟农资		200 000	
			预付账款—科威生物		100 000	
			银行存款		25 074 300	
29	9.24	在产品完工，并验收入库（A产品361吨、单价50 000元，B产品5 678盒，单价2 000元）	库存商品—A产品	18 050 000		转账凭证、单据2张
			库存商品—B产品	11 356 000		
			生产成本—直接材料—A产品		6 017 960	
			生产成本—直接人工—A产品		6 453 770	
			生产成本—折旧费用—A产品		3 888 985	
			生产成本—制造费用—A产品		1 126 990	
			生产成本—其他—A产品		562 295	
			生产成本—直接材料—B产品		3 318 040	
			生产成本—直接人工—B产品		4 308 580	
			生产成本—折旧费用—B产品		2 597 690	
			生产成本—制造费用—B产品		754 460	
			生产成本—其他—B产品		377 230	
30	9.26	季苹处置长期股权投资	银行存款	7 900 000		收款凭证、单据2张、票据号0011（202）
			长期股权投资减值准备	120 000		
			长期股权投资		6 500 000	
			投资收益		1 520 000	
31	9.30	投资性房地产公允价值变动	投资性房地产	686 000		转账凭证、单据1张
			公允价值变动损益		686 000	
32	9.30	季苹缴纳上月末交增值税	应交税费—未交增值税	4 000 000		付款凭证、单据4张、票据号9011（202）
			银行存款		4 000 000	
33	9.30	计提资产减值准备	资产减值损失	2 336 000		转账凭证、单据4张
			持有至到期投资减值准备		150 000	
			固定资产减值准备		200 000	
			坏账准备		1 000 000	
			存货跌价准备		986 000	

（续）

业务编号	业务时间	经济业务内容摘要	科目	借方金额	贷方金额	备注
34	9.30	计算9月应交的所得税（所得税税率15%）	所得税	1 133 663.33		转账凭证、单据1张
			应交税费—应交所得税		1 133 663.33	
35	9.30	季苹缴纳前三季度应纳所得税	应交税费—应交所得税	3 366 603.33		付款凭证、单据1张、票据号9012（202）
			银行存款		3 366 603.33	
36	9.30	季苹偿还借款	短期借款	2 500 000		付款凭证、单据4张、票据号9013（202）
			长期借款	1 500 000		
			银行存款		4 000 000	

注：管理费用—工资（660201）部门核算分配情况是：公司办公室、50 000元；人事部、10 000元；财务部、25 000元；供应部、50 000元；销售部、65 000元。涉及银行存款收付的业务结算方式可参见表4-21银行对账单。

4.1.3　期末账务核对资料

1. 期末出纳核对资料

出纳人员期末核对资料分别有：银行日记账见表4-19、现金日记账见表4-20、银行对账单见表4-21。

表4-19　银行日记账　（单位：元）

日期	业务序号	票据号	凭证号	借	贷	余额
9.1	期初		※	9 635 690.00		9 635 690.00
9.1	1	9001	付0001		325 400.00	9 310 290.00
9.6	6	0001	收0002	1 200 000.00		10 510 290.00
9.8	8	9002	付0003		1 030 000.00	9 480 290.00
9.9	9	0002	收0003	500 000.00		9 980 290.00
9.10	10	9003	付0004		15 000.00	9 965 290.00
9.10	11	9004	付0005		2 565 300.00	7 399 990.00
9.11	12	0003	收0004	2 884 000.00		10 283 990.00
9.12	13	9005	付0006		20 000.00	10 263 990.00
9.12	13	0004	收0005	3 000 000.00		13 263 990.00
9.13	15	0005	收0006	4 756 000.00		18 019 990.00
9.15	16	9006	付0008		5 326 000.00	12 693 990.00
9.19	21	0006	收0007	2 000 000.00		14 693 990.00
9.19	22	9007	付0009		46 500.00	14 647 490.00
9.20	24	0007	收0008	9 800 000.00		24 447 490.00
9.21	25	0008	收0009	300 000.00		24 747 490.00
9.21	26	0009	收0010	1 560 000.00		26 307 490.00

（续）

日期	业务序号	票据号	凭证号	借	贷	余额
9.21	27	0010	收0011	3 250 000.00		29 557 490.00
9.21	28	9008—9010	付0010		25 074 300.00	4 483 190.00
9.26	30	0011	收0012	7 900 000.00		12 383 190.00
9.30	32	9011	付0012		4 000 000.00	8 383 190.00
9.30	35	9012	付0013		3 366 603.33	5 016 586.67
9.30	36	9013	付0011		4 000 000.00	1 016 586.67

表4-20 现金日记账 （单位：元）

日期	业务序号	凭证号	借	贷	余额
9.1	期初	※	405 200.00		405 200.00
9.3	3	付0002		12 000.00	393 200.00
9.4	4	收0001	1 000.00		394 200.00
9.12	14	付0007		2 690.00	391 510.00

表4-21 银行对账单（工行存款） （单位：元）

日期	结算方式	票号	借方金额	贷方金额	余额	未达账属性
8.30	202	0017	200 000.00		9 885 690.00	银行已收企业未收
8.31	202	8009		150 000.00	9 685 690.00	银行已付企业未付
9.1	202	9001		325 400.00	9 360 290.00	
9.6	202	0001	1 200 000.00		10 560 290.00	
9.8	202	9002		1 030 000.00	9 530 290.00	
9.9	202	0002	500 000.00		10 030 290.00	
9.10	202	9003		15 000.00	10 015 290.00	
9.10	202	9004		2 565 300.00	7 449 990.00	
9.11	202	0003	2 884 000.00		10 333 990.00	
9.12	202	9005		20 000.00	10 313 990.00	
9.12	202	0004	3 000 000.00		13 313 990.00	
9.13	202	0005	4 756 000.00		18 069 990.00	
9.15	202	9006		5 326 000.00	12 743 990.00	
9.19	202	0006	2 000 000.00		14 743 990.00	
9.19	202	9007		46 500.00	14 697 490.00	
9.20	202	0007	9 800 000.00		24 497 490.00	
9.21	202	0008	300 000.00		24 797 490.00	
9.21	202	0009	1 560 000.00		26 357 490.00	
9.21	202	0010	3 250 000.00		29 607 490.00	
9.21	202	9008—9010		25 074 300.00	4 533 190.00	
9.26	202	0011	7 900 000.00		12 433 190.00	
9.30	202	9011		4 000 000.00	8 433 190.00	
9.30	202	9013		4 000 000.00	4 433 190.00	

注：2011年9月1日启用银行对账，企业银行日记账调整前余额为9 635 690元，银行对账单调整前余额为9 685 690元，未达账项两笔。9月30日银行对账单余额为4 433 190元。本表不包含工资系统与固定资产系统转账凭证数据。

2. 期末会计转账、对账与结账资料

期末转账业务处理如表 4-22 所示（共 6 笔），损益类科目结转“本年利润”科目前的发生额及余额表如表 4-23 所示、分类期末试算平衡表如表 4-24 至表 4-29 所示、资产负债表如表 4-30 所示、利润表如表 4-31 所示。

表 4-22　期末转账业务核对资料一览表（自定义转账、销售成本与期间损益结转等）

（单位：元）

业务编号	业务时间	经济业务内容摘要	科目	借方金额	贷方金额	备注
1	9.30	季苹计提本月短期借款利息（年利率 10%）	财务费用	74 054.50		定义并生成自定义转账凭证、单据 1 张
			预提费用		74 054.50	
2	9.30	结转本月销售成本（数量详见第 5、18 笔业务，单价见第 29 笔业务）	主营业务成本—A 产品	7 500 000		定义并生成销售成本结转转账凭证、单据 2 张
			主营业务成本—B 产品	4 200 000		
			库存商品—A 产品		7 500 000	
			库存商品—B 产品		4 200 000	
3	9.30	本期收益与成本结转	主营业务收入—A 产品	12 000 000		定义并生成期间损益结转的转账凭证、单据 2 张，管理费用—工资的分配见表 4-18 说明
			主营业务收入—B 产品	6 720 000		
			投资收益	2 626 000		
			营业外收入	675 000		
			公允价值变动损益	686 000		
			主营业务成本—A 产品		7 500 000	
			主营业务成本—B 产品		4 200 000	
			销售费用		46 500	
			管理费用—差旅费—公司办公室		7 000	
			管理费用—工资		200 000	
			管理费用—招待费—公司办公室		2 690	
			管理费用—折旧费—公司办公室		468 000	
			管理费用—其他—公司办公室		300 000	
			管理费用—办公费—财务部		15 000	
			财务费用		74 054.50	
			资产减值损失		2 336 000	
			所得税		1 133 663.33	
			本年利润		6 424 092.17	
4	9.30	结转本期利润	本年利润	6 424 092.17		定义并生成自定义转账凭证、单据 1 张
			利润分配—未分配利润		6 424 092.17	

（续）

业务编号	业务时间	经济业务内容摘要	科目	借方金额	贷方金额	备注
5	9.30	分别按税后净利的10%和5%提取法定盈余公积与任意盈余公积	利润分配—提取法定盈余公积	642 409.22		定义并生成自定义转账凭证、单据1张
			利润分配—提取任意盈余公积	321 204.61		
			盈余公积—法定盈余公积		642 409.22	
			盈余公积—任意盈余公积		321 204.61	
6	9.30	结转未分配利润	利润分配—未分配利润	963 613.83		定义并生成自定义转账凭证、单据1张
			利润分配—提取法定盈余公积		642 409.22	
			利润分配—提取任意盈余公积		321 204.61	

表4-23 损益类科目结转“本年利润”科目前的发生额及余额表 （单位：元）

科目名称	本期发生额		期末余额	
	借方	贷方	借方	贷方
主营业务收入		18 720 000		18 720 000
公允价值变动损益		686 000		686 000
投资收益		2 626 000		2 626 000
营业外收入		675 000		675 000
主营业务成本	11 700 000.00		11 700 000	
销售费用	46 500.00		46 500	
管理费用	992 690.00		992 690	
财务费用	74 054.50		74 055	
资产减值损失	2 336 000.00		2 336 000	
所得税费用	1 133 663.33		1 133 663.33	
损益合计	16 282 907.83	22 707 000	16 282 907.83	22 707 000

注：本表是损益类科目在期末结转前的科目余额，不包含工资系统与固定资产系统转账凭证数据。

表4-24 资产类科目期末试算平衡表 （单位：元）

科目名称	期初余额		本期发生额		期末余额	
	借方	贷方	借方	贷方	借方	贷方
库存现金	405 200		1 000	14 690	391 510	
银行存款	9 635 690		37 150 000	45 769 103.33	1 016 586.67	
交易性金融资产	4 310 000		1 000 000	2 534 000	2 776 000	
应收票据	1 200 000			1 200 000	0	
应收账款	18 000 000		21 902 400	2 000 000	37 902 400	
预付账款	1 500 000			700 000	800 000	
应收股利	500 000		30 000	500 000	30 000	
应收利息	300 000			300 000	0	
其他应收款	60 000		12 000	8 000	64 000	
坏账准备		3 000 000		1 000 000		4 000 000
原材料	23 650 000		620 000	1 800 000	22 470 000	

（续）

科目名称	期初余额		本期发生额		期末余额	
	借方	贷方	借方	贷方	借方	贷方
库存商品	19 468 000		29 406 000	11 700 000	37 174 000	
存货跌价准备		1 500 000		986 000		2 486 000
持有至到期投资	5 468 000			4 450 000	1 018 000	
持有至到期投资减值准备		260 000		150 000		410 000
可供出售金融资产	5 200 000			2 800 000	2 400 000	
长期股权投资	8 865 000			6 500 000	2 365 000	
长期股权投资减值准备		385 000	120 000			265 000
投资性房地产	4 280 000		686 000		4 966 000	
长期应收款	2 600 000				2 600 000	
固定资产	123 168 000		5 443 300	2 750 000	125 861 300	
累计折旧		16 896 000	250 000	4 133 000		20 779 000
固定资产减值准备		3 869 000		200 000		4 069 000
在建工程	0		2 878 000	2 878 000	0	
工程物资	3 621 000			2 865 000	756 000	
固定资产清理	0		3 000 000	3 000 000	0	
无形资产	5 389 000			1 300 000	4 089 000	
累计摊销		698 600		300 000		998 600
无形资产减值准备		562 000	0	0		562 000
长期待摊费用	1 265 000				1 265 000	
资产合计	238 884 890	27 170 600	102 498 700	99 837 793. 33	247 944 796. 67	33 569 600

表 4-25　负债类科目期末试算平衡表　（单位：元）

科目名称	期初余额		本期发生额		期末余额	
	借方	贷方	借方	贷方	借方	贷方
短期借款		8 886 540	2 500 000			6 386 540
交易性金融负债		4 522 300				4 522 300
应付票据		4 986 500				4 986 500
应付账款		25 374 300	25 374 300			0
预收账款		7 981 080				7 981 080
应付职工薪酬		652 600	5 326 000	5 326 000		652 600
应交税费		7 232 940	7 472 003. 33	4 381 063. 33		4 142 000
应付股利		2 356 800				2 356 800
应付利息		691 000				691 000
其他应付款		553 200				553 200
预提费用		148 109		74 054. 50		222 163. 50
预计负债		1 538 421				1 538 421
长期借款		6 865 000	1 500 000			5 365 000
长期债券		4 540 000				4 540 000
长期应付款		3 368 850				3 368 850
专项应付款		688 000				688 000
负债合计		80 385 640	42 172 303. 33	9 781 117. 83	0. 00	47 994 454. 5

表 4-26 权益类科目期末试算平衡表 （单位：元）

科目名称	期初余额		本期发生额		期末余额	
	借方	贷方	借方	贷方	借方	贷方
股本		118 940 330	0	9 800 000		128 740 330
资本公积		24 689 650	0	0		24 689 650
盈余公积		5 286 520	0	963 613. 83		6 250 133. 83
本年利润		0	22 707 000	22 707 000		0
利润分配		3 668 650	1 927 227. 66	7 387 706. 00		9 129 128. 34
股东权益合计		152 585 150	24 634 227. 66	40 858 319. 83	0. 00	168 809 242. 17

表 4-27 成本类科目期末试算平衡表 （单位：元）

科目名称	期初余额		本期发生额		期末余额	
	借方	贷方	借方	贷方	借方	贷方
生产成本	18 866 500		10 578 000	29 406 000	38 500	
制造费用	0		0	0	0	
研发支出	2 390 000		0	0	2 390 000	
成本合计	21 256 500	0	10 578 000	29 406 000	2 428 500	

表 4-28 损益类科目期末试算平衡表 （单位：元）

科目名称	期初余额		本期发生额		期末余额	
	借方	贷方	借方	贷方	借方	贷方
主营业务收入			18 720 000	18 720 000		
公允价值变动损益			686 000	686 000		
投资收益			2 626 000	2 626 000		
营业外收入			675 000	675 000		
主营业务成本			11 700 000	11 700 000		
销售费用			46 500	46 500		
管理费用			992 690	992 690		
财务费用			74 054. 50	74 054. 50		
资产减值损失			2 336 000	2 336 000		
所得税			1 133 663. 33	1 133 663. 33		
损益合计			38 989 907. 83	38 989 907. 83		

表 4-29 期末试算平衡表 （单位：元）

科目名称	期初余额		本期发生额		期末余额	
	借方	贷方	借方	贷方	借方	贷方
资产合计	238 884 890	27 170 600	102 498 700	99 837 793. 33	247 944 796. 67	33 569 600
负债合计	0. 00	80 385 640	42 172 303. 33	9 781 117. 83	0. 00	47 994 454. 5
股东权益合计	0. 00	152 585 150	24 634 227. 66	40 858 319. 83	0. 00	168 809 242. 17
成本合计	21 256 500	0. 00	10 578 000	29 406 000	2 428 500	
损益合计	0. 00	0. 00	38 989 907. 83	38 989 907. 83		
总计	260 141 390	260 141 390	218 873 138. 82	218 873 138. 82	250 373 296. 67	250 373 296. 67

表 4-30　资产负债表

2011 年 9 月 30 日

会企 01 表

编制单位：宏业股份有限公司　　（单位：元）

资产	年初数（略）	期末数	负债和股东权益	年初数（略）	期末数
流动资产：			流动负债：		
货币资金		1 408 096. 67	短期借款		6 386 540. 00
交易性金融资产		2 776 000. 00	交易性金融负债		4 522 300. 00
应收票据		0. 00	应付票据		4 986 500. 00
应收账款		33 902 400. 00	应付账款		0. 00
预付账款		800 000. 00	预收账款		7 981 080. 00
应收利息		0. 00	应付职工薪酬		652 600. 00
应收股利		30 000. 00	应交税费		4 142 000. 00
其他应收款		64 000. 00	应付利息		691 000. 00
存货		57 196 500. 00	应付股利		2 356 800. 00
一年内到期的非流动资产		0. 00	其他应付款		553 200. 00
其他流动资产		0. 00	一年内到期的非流动负债		0. 00
流动资产合计		96 176 996. 67	其他流动负债		222 163. 50
非流动资产：			流动负债合计		32 494 183. 50
可供出售金融资产		2 400 000. 00	非流动负债：		
持有至到期投资		608 000. 00	长期借款		5 365 000. 00
长期应收款		2 600 000. 00	应付债券		4 540 000. 00
长期股权投资		2 100 000. 00	长期应付款		3 368 850. 00
投资性房地产		4 966 000. 00	专项应付款		688 000. 00
固定资产		101 013 300. 00	预计负债		1 538 421. 00
在建工程		0. 00	递延所得税负债		0. 00
工程物资		756 000. 00	其他非流动负债		0. 00
固定资产清理		0. 00	非流动负债合计		15 500 271. 00
生产性生物资产		0. 00	负债合计		47 994 454. 50
油气资产		0. 00	股东权益：		
无形资产		2 528 400. 00	股本		128 740 330. 00
开发支出		2 390 000. 00	资本公积		24 689 650. 00
商誉		0. 00	减：库存股		
长期待摊费用		1 265 000. 00	盈余公积		6 250 133. 83
递延所得税资产		0. 00	未分配利润		9 129 128. 34
其他非流动资产		0. 00	股东权益合计		168 809 242. 17
非流动资产合计		120 626 700. 00			
资产总计		216 803 696. 67	负债和股东权益总计		216 803 696. 67

表 4-31 利润表

2011 年 9 月

会企 02 表

编制单位：宏业股份有限公司 （单位：元）

项 目	本月数	本年累计数（略）
一、营业收入	18 720 000.00	
减：营业成本	11 700 000.00	
营业税金及附加	0.00	
销售费用	46 500.00	
管理费用	992 690.00	
财务费用	74 054.50	
资产减值损失	2 336 000.00	
加：公允价值变动损益（损失以“-”号填列）	686 000.00	
投资收益（亏损以“-”号填列）	2 626 000.00	
其中：对联营企业和合营企业的投资收益	略	
二、营业利润（亏损以“-”号填列）	6 882 755.50	
加：营业外收入	675 000.00	
减：营业外支出	0.00	
其中：非流动资产处置损失	0.00	
三、利润总额（亏损总额以“-”号填列）	7 557 755.50	
减：所得税费用	1 133 663.33	
四、净利润（净亏损以“-”号填列）	6 424 092.17	
五、每股收益：		
（一）基本每股收益	略	
（二）稀释每股收益	略	

4.2 工资系统综合案例

4.2.1 工资账套信息

工资类别个数：单个；

核算币种：人民币 RMB；

要求代扣个人所得税；进行扣零处理；

人员编码长度：3 位；

启用日期：2011 年 9 月 1 日；

个人银行账号定长为 11 位，如表 4-33 所示。

4.2.2 基础信息设置

1. 人员类别设置

人员类别有：企业管理人员、经营人员、车间管理人员、生产人员 4 类。

2. 工资项目设置（如表 4-32 所示）

表 4-32　工资项目设置

项目名称	类型	长度	小数位数	增减项	计算公式
基本工资	数字	8	2	增项	
奖励工资	数字	8	2	增项	
交通补贴	数字	8	2	增项	IFF（人员类别 =“企业管理人员”，200，100）
应发合计	数字	10	2	增项	基本工资 + 奖励工资 + 交通补贴
请假扣款	数字	8	2	减项	请假天数 ×50
养老保险金	数字	8	2	减项	（基本工资 + 奖励工资）×0.05
扣款合计	数字	10	2	减项	请假扣款 + 养老保险金
实发合计	数字	10	2	增项	应发合计 − 扣款合计
代扣个税	数字	10	2	减项	（实发合计 − 法定扣除费用）× 适用税率 − 速算扣除数
请假天数	数字	8	2	其他	

3. 人员档案设置

工资类别：正式人员

部门选择：所有部门

工资项目与公式定义，详见表 4-32；人员档案见表 4-33。

表 4-33　人员档案（部分）

编码	姓名	部门名称	人员类别	银行账号	中方人员	是否计税	9 月人员工资	
							基本工资	奖励工资
101	张翔	董事会	企业管理人员	20100060001	是	是	8 000	600
201	吴强	总经理	企业管理人员	20100060002	是	是	7 000	400
202	张松	公司办公室	企业管理人员	20100060003	是	是	3 000	300
203	李恒	人事部	企业管理人员	20100060004	是	是	2 500	200
204	季苹	财务部	企业管理人员	20100060005	是	是	3 000	300
205	李宾	财务部	企业管理人员	20100060006	是	是	2 000	200
206	杨柳	财务部	企业管理人员	20100060007	是	是	5 500	550
207	张东	财务部	企业管理人员	20100060008	是	是	2 000	200
208	李凡	财务部	企业管理人员	20100060009	是	是	2 000	200
209	王志刚	供应部	经营人员	20100090012	是	是	3 000	300

（续）

编码	姓名	部门名称	人员类别	银行账号	中方人员	是否计税	9月人员工资	
							基本工资	奖励工资
210	王茜	生产制造部	车间管理人员	20100090013	是	是	4 500	200
211	许飞	生产车间	生产人员	20100090014	是	是	2 500	550
212	李盟	生产车间	生产人员	20100090015	是	是	2 000	300
213	李晓明	动力车间	车间管理人员	20100090016	是	是	3 000	550
214	张文静	动力车间	生产人员	20100090017	是	是	2 800	200
215	杨洋	销售部	经营人员	20100090018	是	是	3 200	550
216	吴平	销售部	经营人员	20100090019	是	是	3 000	300
217	张海	销售部	经营人员	20100090020	是	是	2 600	550
小计	—	—	—	—	—	—	61 600	6 450

注：以上所有人员的代发银行均为中国工商银行昆明高新分行。人员编码与表4-3不同的原因是按工资系统要求进行编码。

4.2.3 工资数据

1. 9月工资数据

9月工资数据如表4-33所示。

2. 9月份工资变动情况

（1）考勤情况：王茜请假2天；杨柳请假1天。

（2）因去年销售部业绩较好，每人增加奖励工资1 000元。

3. 代扣个人所得税根据及计算方法

如表4-34所示，根据《中华人民共和国个人所得税税法》及其实施条例中工资、薪金所得适用税率表，代扣个人所得税。

表4-34 个人所得税税率表（工资、薪金所得适用）

级数	全月应纳税所得额	税率（%）	速算扣除数
1	不超过1 500元的部分	3	0
2	超过1 500元至4 500元的部分	10	105
3	超过4 500元至9 000元的部分	20	555
4	超过9 000元至35 000元的部分	25	1 005
5	超过35 000元至55 000元的部分	30	2 755
6	超过55 000元至80 000元的部分	35	5 505
7	超过80 000元的部分	45	13 505

注：本表所称全月应纳税所得额是每月收入额减除费用3 500元（符合条件的外籍工作人员，再扣除附加减除费用1 300元）后的余额。

4. 工资分摊

应付工资总额等于基本工资加奖励工资，应付福利费、工会经费、职工教育经费、养老保险金也以此为计提基数。

4.3　固定资产系统综合案例

4.3.1　初始设置

固定资产管理的初始设置控制参数如表 4-35 所示、资产类别如表 4-36 所示、部门及对应折旧科目如表 4-37 所示、增减方式的对应入账科目如表 4-38 所示、固定资产原始卡片如表 4-39 所示。

表 4-35　初始设置控制参数

控制参数	参数设置
约定与说明	同意
启用月份	2011 年 9 月
折旧信息	本账套计提折旧 折旧方法：平均年限法 折旧汇总分配周期：1 个月 当符合条件“月初已计提月份 = 可使用月份 - 1”时，将剩余折旧全部提足
编码方式	资产类别编码方式：2112 固定资产编码方式： 按“类别编码 + 部门编码 + 序号”自动编码 卡片序号长度为 3
财务接口	与财务系统进行对账 对账科目： 固定资产对账科目：1601 固定资产 累计折旧对账科目：1602 累计折旧
补充参数	业务发生后立即制单 月末结账前一定要完成制单登账业务 固定资产默认入账科目：1601 累计折旧默认入账科目：1602

表 4-36　资产类别

编码	类别名称	净残值率	单位	计提属性
01	交通运输设备	4%	辆	正常计提
011	经营用设备	4%	台	正常计提
012	非经营用设备	4%	件	正常计提
02	电子设备及其他通信设备	4%	台	正常计提
021	经营用设备	4%	台	正常计提
022	非经营用设备	4%	台	正常计提

表4-37 部门及对应折旧科目

部门	对应折旧科目
董事会	管理费用/折旧费
公司办公室	管理费用/折旧费
人事部	管理费用/折旧费
财务部	管理费用/折旧费
供应部	管理费用/折旧费
生产车间（车间管理人员）	制造费用/折旧费用
生产车间（生产人员）	生产成本/折旧费用
动力车间（车间管理人员）	制造费用/折旧费用
动力车间（生产人员）	生产成本/折旧费用

表4-38 增减方式的对应入账科目

增减方式目录	对应入账科目
增加方式	
直接购入	100201 工行存款
在建工程转入	160401 人工费 160402 材料费 160403 其他
减少方式	
人为毁损	1606 固定资产清理
到期报废	
自然灾害	

表4-39 固定资产原始卡片（部分）

固定资产 名称	类别编号	所在部门	增加方式	可使用年限	开始使用日期	原值	累计折旧	对应折旧科目名称
轿车	012	公司办公室	直接购入	6	2008. 09. 1	215 470	37 254. 75	管理费用/折旧费（660206、部门：公司办公室）
索尼摄像机	022	公司办公室	直接购入	5	2008. 10. 1	28 900	5 548. 80	科目、部门同上
打印机	022	人事部	直接购入	5	2009. 10. 1	3 510	1 825. 20	科目同上、部门：人事部
液晶多媒体 -1	022	财务部	直接购入	5	2006. 07. 1	6 490	1 246. 08	科目同上、部门：财务部
液晶多媒体 -2				5	2009. 11. 1	6 490	1 246. 08	
合计						260 860	47 120. 91	

注：净残值率均为4%，使用状况均为“在用”，折旧方法均采用平均年限法。

4.3.2 日常处理

2011年9月份固定资产管理发生业务如下：

9月6日，财务部购买笔记本电脑一台，价值6 800元，净残值率4%，预计使用年限为6年。

9月8日，公司办公室的轿车添置新配件1 200元（注：使用年限与轿车可使用年限相同）。

9月13日，人事部的打印机移交财务部。

9月27日，财务部的液晶多媒体由于受自然灾害毁损减少一台。

9月30日，计提本月部分固定资产折旧费用。

案例小结

如图4-1所示，本章通过设置单独成章的会计信息系统中关系密切、环环相扣的总账、工资、固定资产三个子系统的业务操作与处理典型案例与第5章~第10章配套实验，即是教材上篇（理论篇）的具体应用，同时又形成了统领并贯穿教材上下篇的统一案例，对总账等三个子系统设置的内容及操作流程从理论层面提升到实际应用层面，为下篇即将展开的系列实验做好铺垫，起到了提纲挈领与承上启下的作用。不仅能熟悉各子系统，还能体会各子系统间的密切联系，从而形成一个会计信息系统的大系统观念。

【重点与难点】

重点是了解各子系统设置的内容；难点是理解各子系统业务操作流程。

【实验方式与学时建议】

建议教师利用课堂讲授的方式，结合上篇相应理论知识与具体案例内容，带领学生再次梳理各子系统的业务操作流程，再次强调具体实验中应注意的问题，教学以2学时为宜。

案例思考

1. 结合教材第2章“账务系统的功能结构与应用（2.2）”，思考本章总账系统综合案例数据、操作流程与实验步骤。
2. 结合教材第2章“工资系统功能结构与应用（2.4）”，思考本章工资系统综合案例数据、操作流程与实验步骤。
3. 结合教材第2章“固定资产系统的功能结构与应用（2.5）”，思考本章固定资产系统综合案例数据、操作流程与实验步骤。
4. 结合教材第2章“报表系统功能结构与应用（2.3）”，思考本章报表系统案例的数据来源、操作流程与实验步骤。

PART3

下篇

会计信息系统实验

Chapter 5

第 5 章 会计信息系统的系统管理与基础档案设置

学习目标

- 掌握系统管理的内容、操作方法与流程；
- 掌握建立账套、备份与引入账套数据的操作方法与流程；
- 掌握基础档案设置的内容、操作方法与流程；
- 理解账务系统初始化的内容、功能与作用。

5.1 实验目标、要求及实施

1. 实验目标与要求

根据第 2 章“会计信息系统的总体功能结构与应用（2.1）”和“账务系统的功能结构与应用（2.2）”中会计信息系统的业务与数据流程，利用“用友 ERP - U8”财务软件（该软件的安装与调试见附录 A)，通过本章的实验，掌握在系统管理中建立账套和设置用户及其权限的方法，理解设置操作员及权限的意义，熟悉基础设置的方法，理解基础档案设置在整个系统中的作用。

2. 实验实施

根据第 4 章账务与报表系统综合案例（4.1）的实验资料，通过“用友 ERP - U8”财务软件，完成如表 5-1 所示的系统管理与基础设置等会计信息系统基础工作，实现财务软件由“通用”向“专用”的过渡，为以后的会计业务核算奠定扎实的会计核算环境基础。

表 5-1　实验内容与学时安排

实验名称	实验内容	学时安排
5.2.1　系统管理	1　系统注册 2　设置角色、用户与权限 3　建立账套 4　设置用户账套权限 5　账套数据管理	讲授 1 学时 实验 1 学时
5.2.2　基础档案设置	1　部门档案设置 2　职员档案设置 3　客户档案设置 4　供应商档案设置 5　会计科目设置	讲授 1 学时 实验 3 学时

5.2　系统管理与基础设置

5.2.1　系统管理

系统管理是“用友 U8”财务软件为企业的信息管理人员（即系统管理软件中的操作员 Admin）或账套主管提供的可以进行方便管理、及时监控、掌握企业信息系统状态的管理操作平台。它主要能够实现以下功能。

- 对账套进行包括建立、修改、引入和输出（恢复备份和备份）的统一管理。
- 对操作员及其功能权限进行包括用户、角色和权限设置的统一管理，设立统一的安全机制。
- 通过设置自动备份计划，实现账套的自动备份。
- 对年度账进行包括建立、引入、输出年度账，结转上年数据，清空年度数据的管理。

本章首先以系统管理员（admin）为例，介绍其安装系统与调试、进行系统注册、设置用户、建立账套、设置权限的过程；再以账套主管为例，介绍其进行企业门户注册、部门档案、会计科目等基础档案设置的过程。

5.2.1.1　系统注册

系统管理员或账套主管只有让财务软件的管理平台识别自己的身份，才能行使其相应的管理职能，这个过程即系统注册，注册后的操作员成为当前操作员。

操作方法：依次单击“开始”→“程序”→“用友 ERP - U8”→“系统服务”→“系统管理”；在弹出的如图 5-1 所示的“系统管理”窗口中，单击“系统”菜单的“注册”选项，在弹出的“系统管理注册”对话框中输入服务器（一般默认为数据库服务器名）、操作员（本例中为 admin、操作员编号或姓名）及其密码（admin 的系统初始密码为空，可通过单击“改密码”复选项修改相关操作员的密码）。单击“确定”按钮，进入如图 5-2 所示的多个菜单及选项被激活的系统管理窗口，admin 成为状态栏上显示的当前操作员，admin 便成功注册。

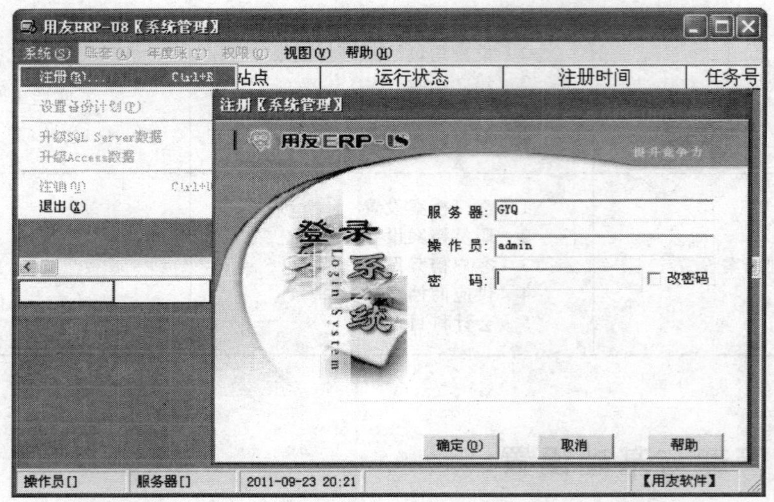

图 5-1　系统管理窗口与注册对话框

图 5-2　admin 系统注册后的窗口

在系统管理窗口，更换当前操作员（如将 admin 更换为账套主管）的操作方法是：单击“系统”菜单的“注销”选项，恢复到图 5-1 系统管理初始状态，再单击“系统”菜单“注册”选项，其余操作步骤同前述 admin 的系统注册方法。

5.2.1.2　设置角色、用户与权限

系统管理员在创建账套时或随着业务发展的需要，在系统注册后，可根据公司与财务的组织结构、分工情况，配置相应的操作员（或称为用户）及权限，包括设置角色、用户与权限。

角色是企业管理中拥有某一类相同职能的人或由其构成的组织。设置角色的目的在于通过定义角色权限，凡是归属于此角色的操作员就具有该角色的权限，使操作员权限的赋予与控制极为方便与快捷，而且可以依据职能统一进行权限的划分。用户是根据会计业务核算需要而设置的会计信息系统具体的操作人员。用户的职能对应了其在会计信息系统中的权限，通过赋予角色或用户相应权限是实现业务核算与内部控制所必要的。

首先，通过单击“系统管理”窗口“权限”菜单“角色”选项，在弹出的如图 5-3 所示的“角色管理”窗口，根据需要对如表 5-2 所示的初始角色进行修改、增加、删除等维护工作，以便在如图 5-4 的“用户管理”窗口的权限赋予工作中提高效率。本例只使用初始默认角色，无须对角色进行具体操作。

角色管理

打印 预览 输出 增加 删除 修改 刷新 帮助 退出 是否打印所属用户

角色ID	角色名称	备注
DATA-MANAGER	账套主管	
DECISION-001	CEO	
DECISION-FI1	财务总监（CFO）	
DECISION-LO1	物流总监	
MANAGER-EM01	企管科主管	
MANAGER-FI01	财务主管	
MANAGER-HR01	人力资源部主管	
MANAGER-MM01	物料计划主管	
MANAGER-PUD1	采购主管	
MANAGER-PU01	采购主管	
MANAGER-QA01	质量主管	
MANAGER-SA01	销售主管	
MANAGER-ST01	仓库主管	
OPER-EM-0001	企管科文员	
OPER-FI-0001	会计主管	
OPER-FI-0002	总账会计	
OPER-FI-0011	应收会计	
OPER-FI-0012	应付会计	
OPER-FI-0021	成本会计	
OPER-FI-0022	成本核算员	

图 5-3 角色管理窗口

表 5-2 案例一账套操作员及其权限一览表

角色名称	角色名称	角色名称	角色名称	角色名称	角色名称
账套主管	采购主管	应收会计	企管科主管	仓库主管	出纳
首席执行官（CEO）	采购主管	应付会计	财务主管	企管科文员	材料会计
财务总监（CFO）	质量主管	成本会计	人力资源部主管	会计主管	存货核算员
物流总监	销售主管	成本核算员	物料计划主管	总账会计	资产管理

用户管理

打印 预览 输出 增加 删除 修改 刷新 帮助

用户ID	用户全名	部门
demo	demo	演示部门
SYSTEM	SYSTEM	
UFSOFT	UFSOFT	
004	李宾	
001	季苹	
002	杨柳	
003	张东	

修改用户信息

编号 003
姓名 张东 注销当前用户
口令 * 确认口令 *
所属部门
Email地址
手机号
所属角色

角色ID	角色名称
OPER-FI-0001	会计主管
OPER-FI-0002	总账会计
OPER-FI-0011	应收会计
OPER-FI-0012	应付会计
OPER-FI-0021	成本会计
OPER-FI-0022	成本核算员
☑ OPER-FI-0031	出纳
OPER-FI-0041	材料会计
OPER-FI-0051	存货核算员
OPER-FI-0061	资产管理

帮助(H) 修改 退出

图 5-4 用户管理窗口

其次，通过单击“系统管理”窗口“权限”菜单“用户”选项，在弹出的如图5-4所示的“用户管理”窗口中，根据需要对系统初始用户（demo、SYSTEM、UFSOFT）或其他已经存在的用户进行修改、删除、增加等日常管理（注意：不能删除在已存账套中使用过的用户，也不能修改他的编号），此项操作涉及用户编号、姓名、所属部门、密码、所属角色等信息的维护管理。本次实验需要增加表4-3中财务部的季苹、李宾、杨柳、张东4名财务人员（用户编号与口令可根据表5-3或自定义，如本例中前述4人的编号分别是001至004），并勾选与其职务对应的财务总监、财务主管、会计与出纳角色。

表5-3 系统初始主要角色一览表

人员编号	人员名称	账套权限	职责
20301	季苹	赋予账套主管权限	主管签字等
20302	李宾	赋予账套主管权限	审核凭证、记账等
20303	杨柳	赋予凭证（除出纳签字外）、期末、账表三大类权限	填制凭证等
20304	张东	赋予凭证中的出纳签字、出纳两类权限	出纳管理

最后，通过单击“系统管理”窗口“权限”菜单“权限”选项，在弹出的如图5-5所示的“操作员权限”窗口中，根据需要对如图5-5所示的已经存在的用户权限进行修改、删除、增加等日常管理，可通过此窗口的账套主管选项，快速赋予操作员（如本例中的“季苹”与“李宾”）账套主管角色及权限。本例对用户的权限使用默认的角色权限，无须进行修改。

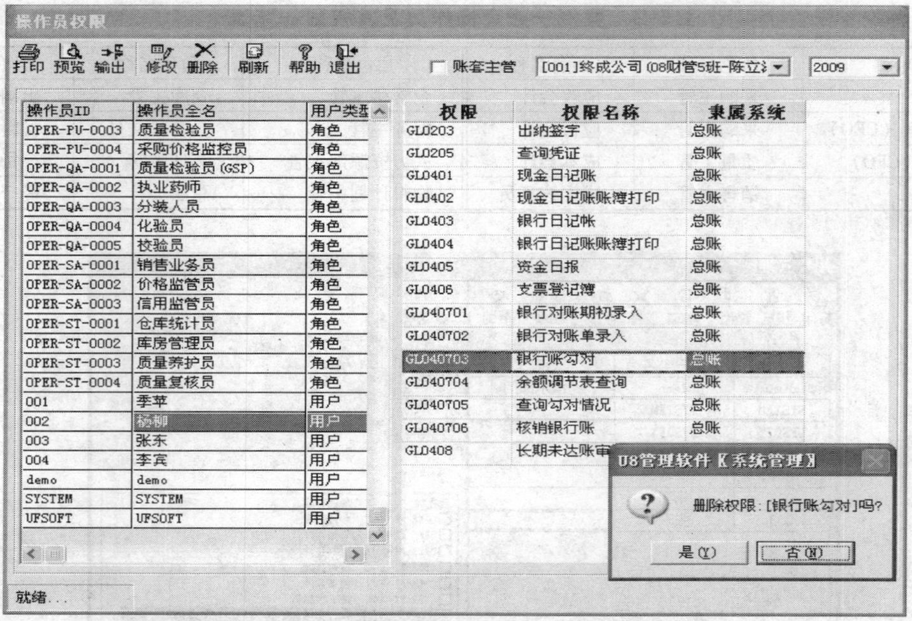

图5-5 操作员权限窗口

5.2.1.3 建立账套

建立账套是对公司业务进行核算和管理的前提，其操作流程由图5-6所示的8步构成。

操作方法为：

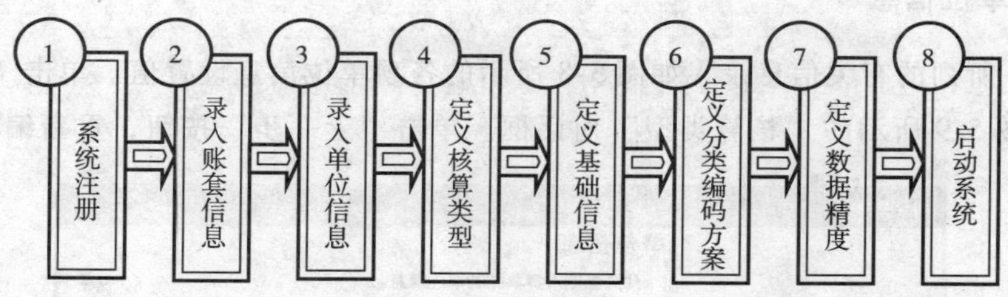

图 5-6　建立账套的 8 个步骤

1. 系统注册

系统管理员 admin 进行系统注册。方法见用友的系统注册。单击“账套”菜单的“建立”选项，出现如图 5-7 所示的“创建账套—账套信息”对话框。

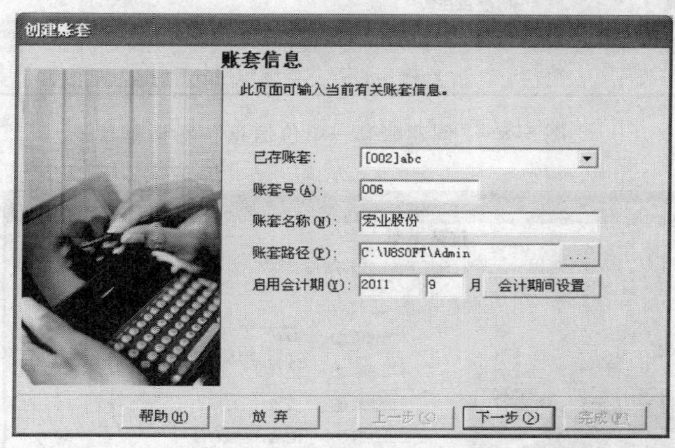

图 5-7　“创建账套—账套信息”对话框

2. 录入账套信息

按表 5-4 所示，设置好本例账套信息对话框的各信息项。单击“下一步”按钮，进入如图 5-8 所示的“单位信息”对话框。单击“放弃”按钮，则取消此次建账操作。

表 5-4　账套信息对话框

信息项	含义与注意事项	本例设置值
已存账套	已经存在账套的下拉列表框	不能编辑
账套号	账套的数字条码标志，输入从 001 至 999 范围内的任意 3 位数构成的新建账套的账套号，定义的新账套号不能与已经存在的账套号重复，它将作为账套的唯一标志，账套创建成功后不能修改	006 或实验同学学号的末 3 位
账套名称	账套的中英文标志	宏业股份
账套路径	为用户提供自定义账套数据存放的位置，默认为财务软件安装路径，账套创建成功后不能修改，见图 5-15，下同	默认
启用会计期	默认当前系统时间所属年月，账套创建成功后不能修改	2011 年 9 月

3. 录入单位信息

按表4-1所列的有关信息录入如图5-8所示的各项单位信息设置值。单击“下一步”按钮，进入如图5-9所示的“核算类型”对话框。单击“上一步”按钮，重新编辑账套信息。

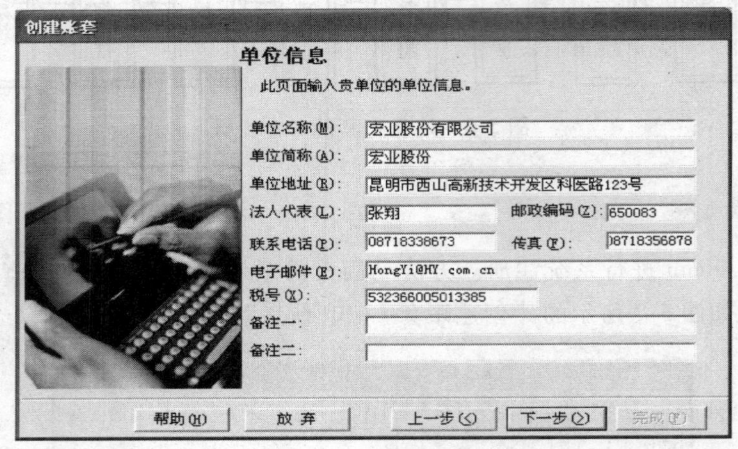

图5-8 “创建账套—单位信息”对话框

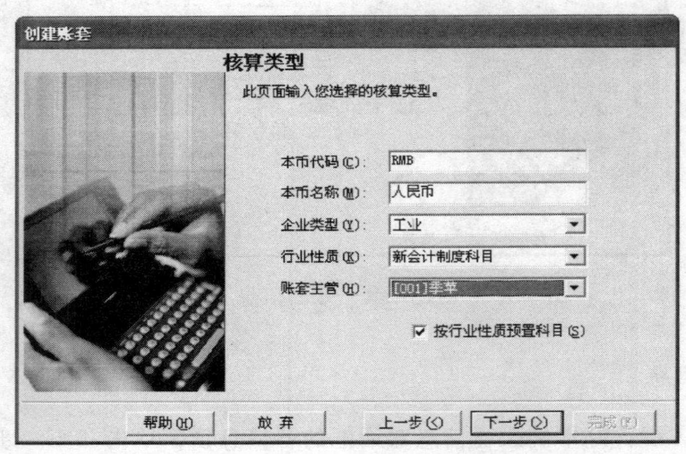

图5-9 “创建账套—核算类型”对话框

4. 定义核算类型

按表4-1、表4-3所列的核算信息在图5-9所示的各项设置项的下拉菜单中选择相应设置值。勾选“按行业性质预置科目”复选项，可在账套启用后预置行业会计科目，加速从“通用”到“专用”的系统初始化的过程。单击“下一步”按钮，进入如图5-10所示的“基础信息”对话框。单击“上一步”按钮，重新编辑单位信息。

5. 定义基础信息

根据实际核算业务及核算要求的需要，依次对图5-10的存货、客户、供应商是否进行分类、有无外币核算四个复选项做出选择。勾选表示要分类和确定有无外币核算。本例均无需分类与外币核算。单击“完成”按钮，激活“创建账套”对话框，稍后即进入如图5-11所示的“分类编码方案”对话框。单击“上一步”按钮，重新编辑核算类型。

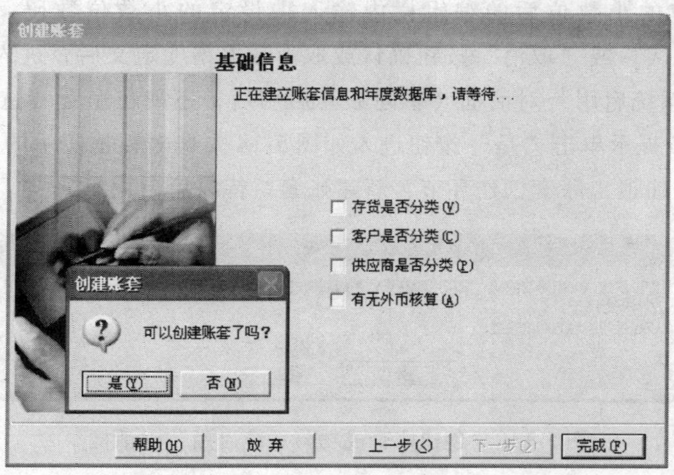

图 5-10　“创建账套 - 基础信息”对话框

6. 定义分类编码方案

根据实际核算业务及核算要求的需要，依次对图 5-11 的科目、部门等编码与地区、存货、供应商等分类编码的级次（用几级来表示）与级长（该级编码的数据位数）进行设置，通过单击激活图上白底部分相应级次对应级长数的单元格使之为黑底反白显示，即可输入、修改或删除级长数码，级次按增加先增上级、减少先减下一级（“增上减下”）的原则进行增减。本例按表4-2 至表4-6 的“表注”要求设置完毕后，单击“确认”按钮确认编码设置或单击“取消”按钮取消编码设置，进入如图 5-12 所示的“数据精度定义”对话框。

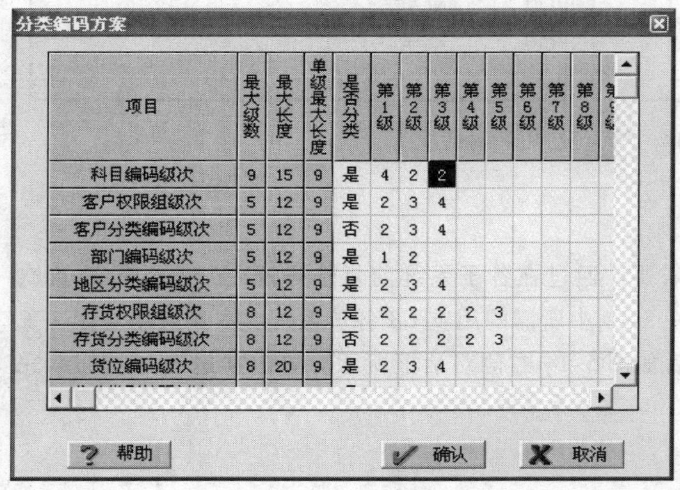

图 5-11　分类编码方案

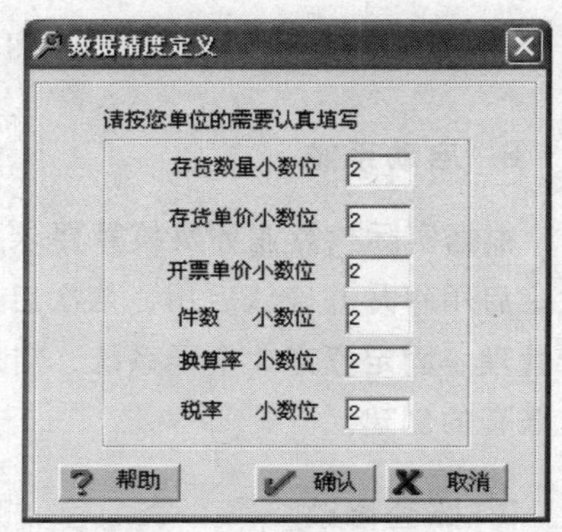

图 5-12　“数据精度定义”对话框

7. 数据精度定义

根据实际核算业务及核算要求的需要，在图5-12的存货数量与单价、开票单价与件数、换算率、税率对应的小数位后的编辑栏内输入需设定的小数位数码，本例使用默认值(2位)。单击“确认”或“取消”按钮确认或取消数据精度定义后，进入如图5-13所示的“创建账套成功与系统启用”对话框（新建账套启用后，还需在账套“选项”中进行设置，详见6.2.1.4)。按提示单击“是”按钮进入如图5-14左侧对话框所示的启用当前系统对话框。单击“否”按钮退出账套创建环节，新建账套留待以后启用。

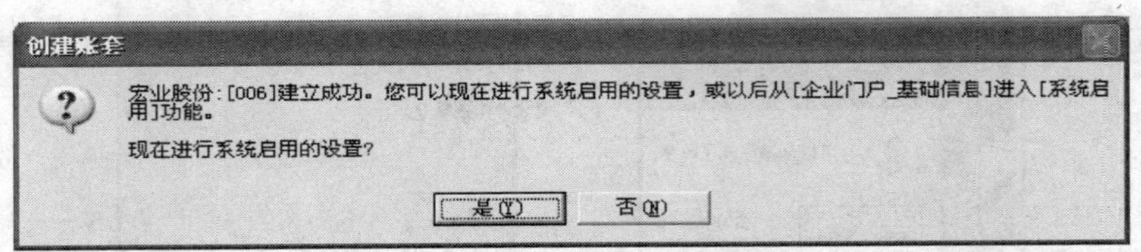

图5-13 “创建账套成功与系统启用”对话框

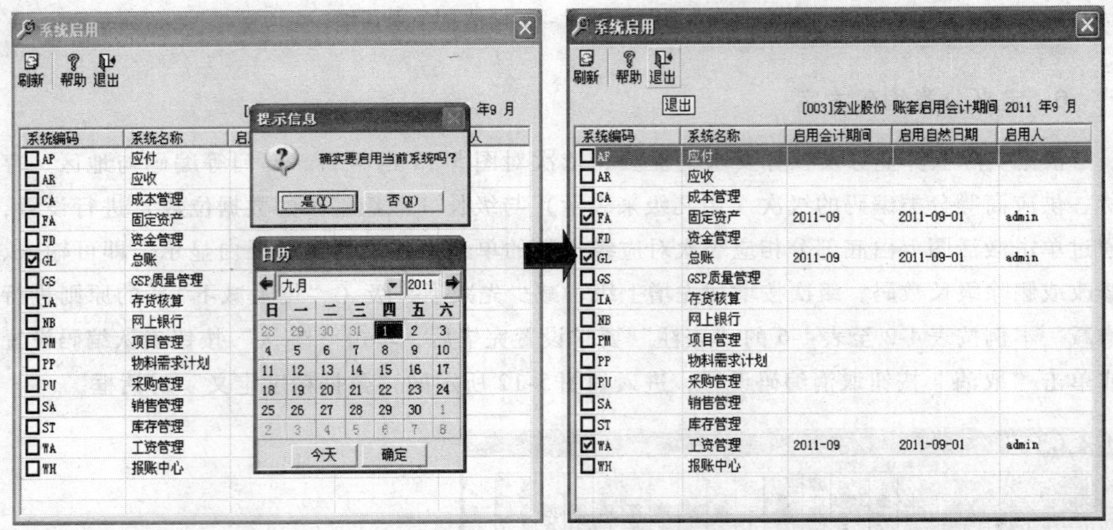

图5-14 “系统启用”对话框

8. 启动系统

根据实际核算业务及核算要求的需要，通过在各子系统前复选方框内“打钩”→再次设定启用年月并确认启用，依次启用图5-14中所需的用友U8各子系统。本例启用总账、工资管理、固定资产3个子系统，启用后如图5-14右侧对话框所示。单击“退出”按钮，完成账套的创建。

9. 账套修改

如果需要对新建账套的上述8步建账过程中的部分信息进行修改，只有被赋予财套主管身份的操作员才能进行操作，其在如图 5-15 所示的系统注册后（方法已在 5. 2. 1. 1 系统注册中提及），单击“账套”菜单中的“修改”选项，即可修改部分账套信息（不可修改的设置值为不可编辑的灰色，如图 5-16 中的账套路径、账套号与启用会计期等），修改过程与建账过程类似，不再赘述。需注意的是，如果已经使用了账套中与设置值有关的项目，需要将已使用的设置项恢复到初始状态时才能修改相关设置值。例如，在设置科目编码级次为 4-2（即有 2 级科目），但应收账款在业务核算时需要有 3 级科目时，就需要删除科目余额后才能修改科目编码级次与级长。这就要求我们在初始设置时，要认真分析考察企业现在与今后的业务所需，做到“留有余地”。

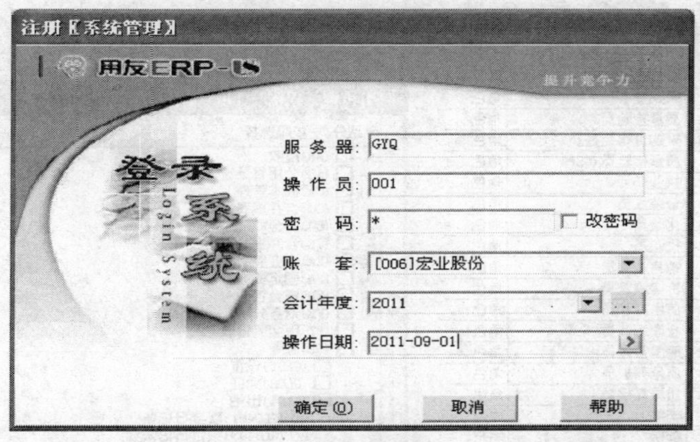

图 5-15　账套主管注册对账套进行修改

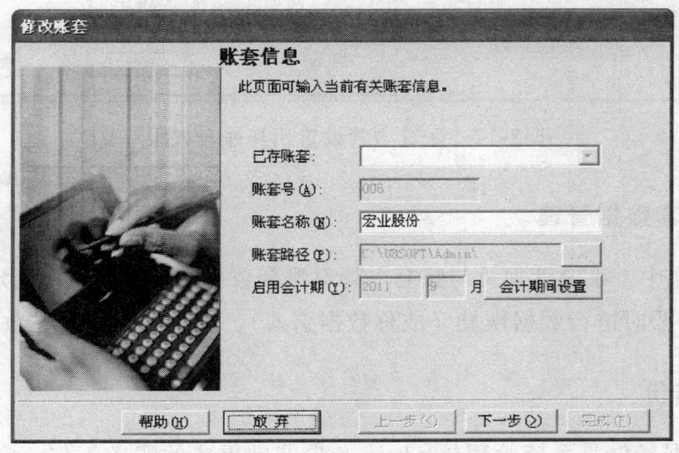

图 5-16　账套主管修改账套信息

5. 2. 1. 4　设置用户的账套权限

为了保证账套数据的安全，实现并强化内部控制，对系统管理员增加的各种角色与用户，对具体账套的各项操作的权限，需要由该账套主管进行统一分配与管理。操作流程为由系统管理员设置的账套主管进行系统注册和权限设置。操作方法参见“5. 2. 1. 1 系统注册”与“5.2.1.2 设置角色、用户与权限”中权限设置的方法，此处不再赘述。不同的是，账套主管只能对系统管理员设置的操作员配置权限，而不能对角色与用户进行设置。以财务主管兼账套主管（李宾）对出纳（张东）进行新建公司账套的权限分配为例，李宾在系统注册后，单击“权限”菜单的“权限”选项，在弹出的如图5-17操作员权限窗口的左窗格中选中用户张东，单击工具栏上的修改按钮，在弹出的右窗格的总账目录展开项下，选中“出纳”和“凭证”树中的“出纳签字”权限（单击“+”号或“-”号表示展开或收起下级权限）。再赋予杨柳“总账”权限下的“凭证”与“期末”子权限。

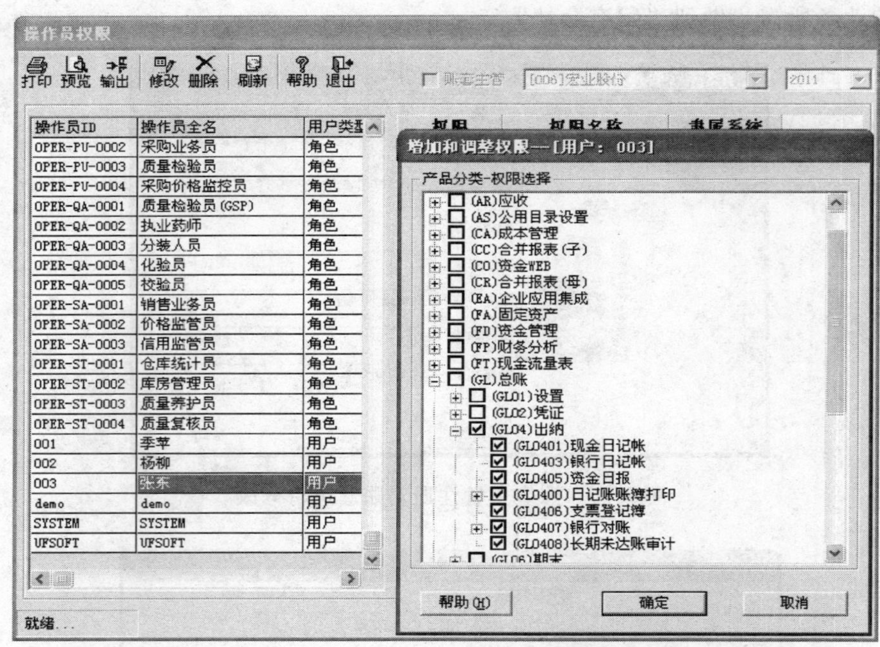

图5-17 账套主管设置用户账套权限

5.2.1.5 账套数据管理

在会计实务工作中，系统管理员与账套主管对账套数据的日常管理包括定期备份数据（或称数据输出），在需要时进行数据恢复（或称数据引入），其中数据恢复是数据备份的逆过程。

1. 账套数据备份

定期对账套数据备份是系统管理员 admin 一项非常重要的账务工作，它是保障账套数据安全的有力措施之一。具体操作步骤如下：

第一步，系统管理员进行系统注册。方法同5.2.1.1 系统注册。

第二步，调用并实现“账套输出”。如图5-18a所示，单击“账套”菜单的“输出”选项，在弹出的账套输出对话框（见图5-18b）中选择将要备份的账套，再根据账套数据管理要求，选择是否勾选“删除当前输出账套”单选项，单击“确认”按钮，系统进行片刻的数据复制与压缩后（见图5-18c），弹出“选择备份目标”对话框，选择相应的备份目标文件夹（本例保存到 F:\data），直至目标文件夹为“打开”的状态（见图 5-18d）后单击“确认”按钮。随后会弹出“硬盘备份完毕”的提示框（见图 5-18e），单击“确定”按钮，完成账套数据备份。

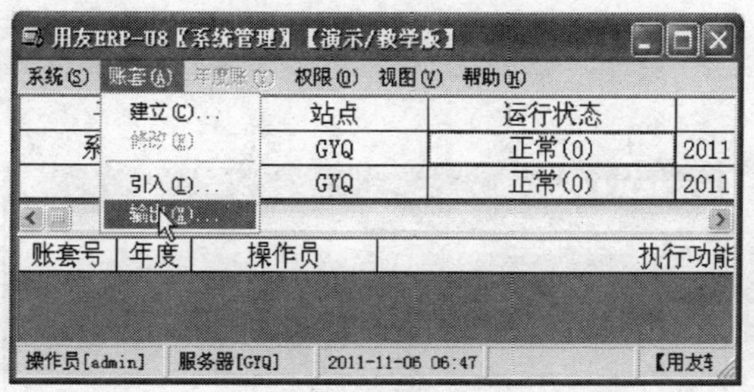

a）“账套”菜单的“输出”选项

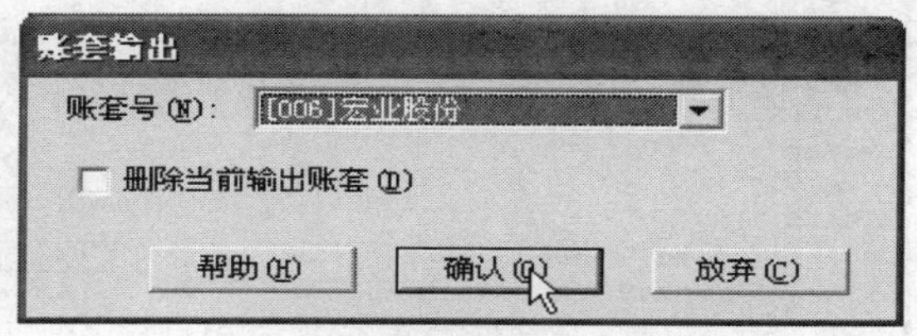

b）选择输出“账套”

c）数据复制与压缩进程

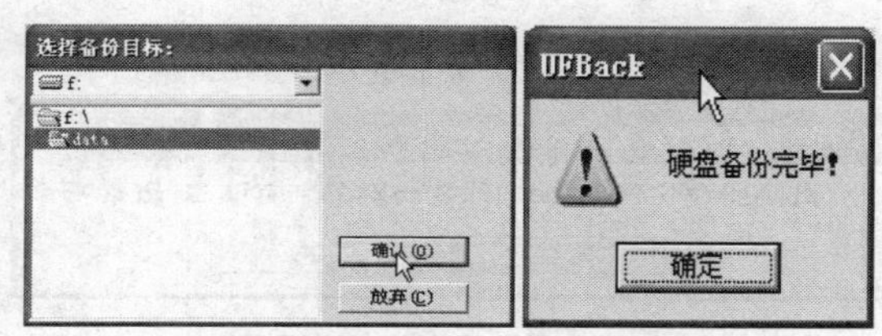

d）选择备份目标　　e）备份完毕提示框

图 5-18　账套数据输出过程

2. 账套数据引入

在账套数据备份后，根据账套数据管理要求，需要引入账套数据时，进行以下操作即可：

第一步，系统管理员进行系统注册，方法同 5.2.1.1（系统注册）。

第二步，调用并实现“账套引入”。如图 5-18a 所示，单击“账套”菜单的“引入”选项，在弹出的“引入账套数据”对话框（见图 5-19a）中选择将引入的账套数据文件（UfErpAct. Lst），单击“打开”按钮，弹出“重新指定账套路径”询问框（见图 5-19b），本例单击“否”按钮不修改账套默认路径（C:\U8SOFT\Admin），若单击“是”按钮，需重新指定账套路径。若财务系统中存在相同账套号的账套（本例的账套号为“006”），会弹出“覆盖原账套信息”提示框（见图 5-19c），接着弹出“恢复与解压进程”提示框（见图 5-19d）与“账套引入”提示框（见图 5-19e），随后会弹出“账套 006 引入成功”的提示框（见图 5-19f），单击“确定”按钮，完成账套数据引入。

5.2.2　基础档案设置

如图 5-20 所示，通过系统管理（5.2.1），构建了开展“专用”会计核算总账系统的财务人员与权限、账套及其编码规则等外环境后，再通过基础档案设置环节，构建部门、人员、供应商、客户、会计科目等总账业务核算的内环境，从而为日常业务核算奠定良好基础。

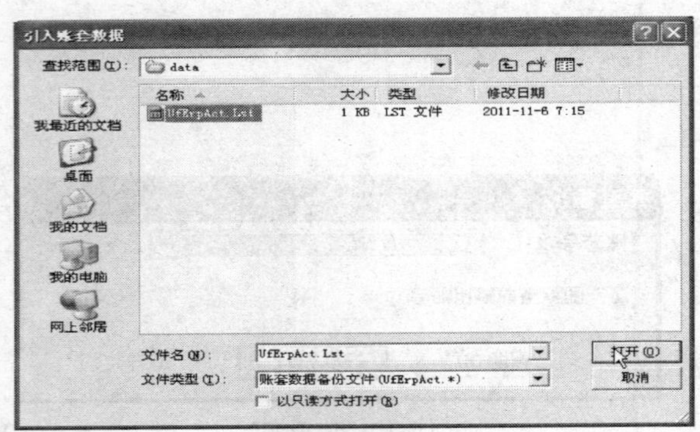

a）“引入账套数据”对话框

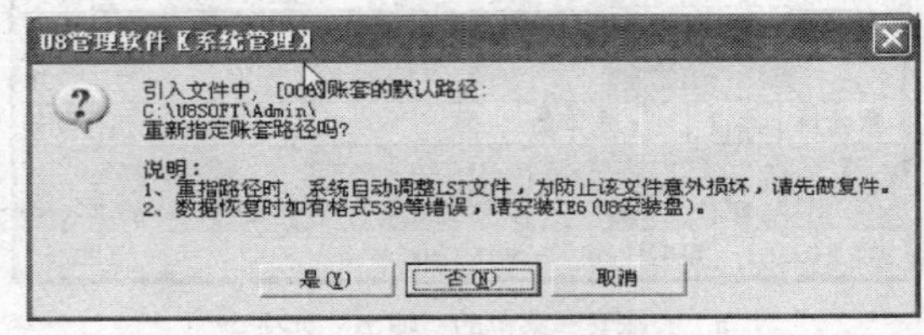

b）重新指定账套路径询问框

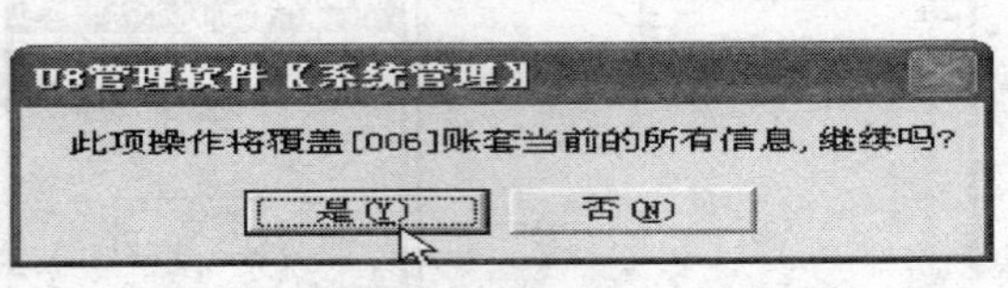

c）覆盖原账套信息提示框

d）数据恢复进程

e）账套引入等候提示框

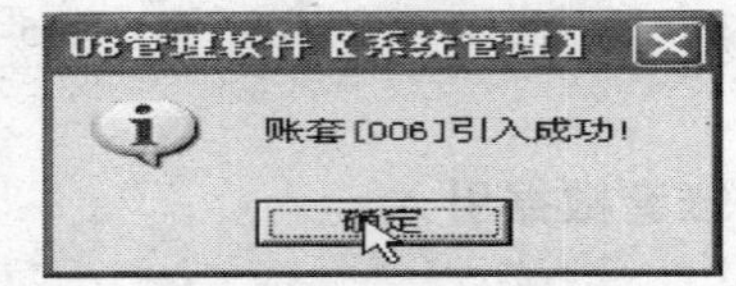

f）“账套引入完毕”提示框

图 5-19 账套数据引入过程

一般情况下，由账套主管进行基础档案设置。启动基础档案设置，可通过“企业门户”或“总账”两种界面对基础档案数据进行编辑。注意：编辑带“＊”号的信息项是必须填写的项目。

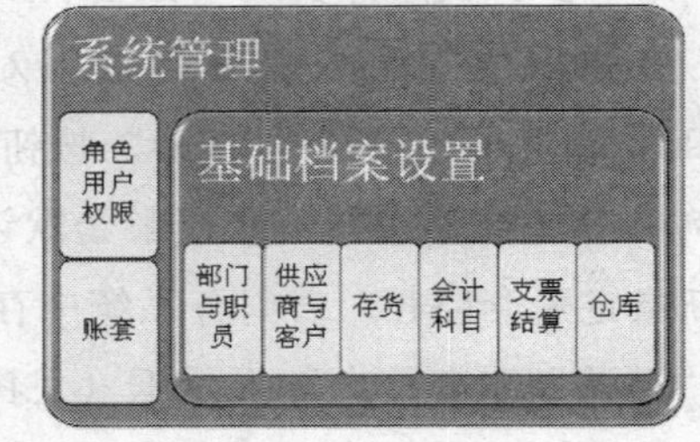

图 5-20 用户注册后的“系统管理”窗口

5.2.2.1 部门档案设置

“企业门户”界面以部门档案设置为例，通过逐步单击：“开始菜单→程序→用友 ERP－U8→企业门户”，在弹出的如图 5-21 所示的企业门户对话框中输入账套主管的用户名或编号、密码与操作日期，在下拉列表中选择创建好的账套号、会计年度，运行如图 5-22 所示的“用友 ERP－U8 门户”窗口，单击其左边窗格的“基本信息”菜单，双击右边工作区中的“基础档案”图标，弹出有机构、往来单位、存货、财务、收付结算、业务 6 个大类的部门、职员等 18 个小类档案的“基础档案”窗口，单击某项小类（如“部门档案”），在其后的说明窗格中即显示该类档案的当前状态。双击该小类（如“部门档案”），即可进入该类档案的编辑窗口（如“部门档案”窗口）。通过单击工具栏的“增加”、“保存”等快捷按钮，可对该类档案进行增、删、修改、保存等基本档案设置操作（按表4-2 部门档案及其编码规则，增加宏业股份公司的部门档案）。

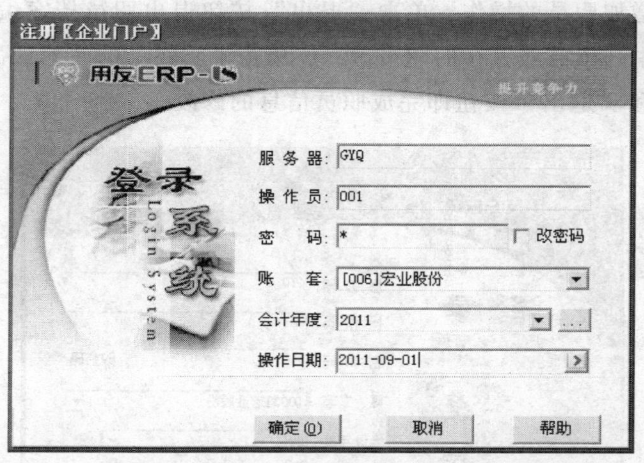

图 5-21　注册［企业门户］对话框

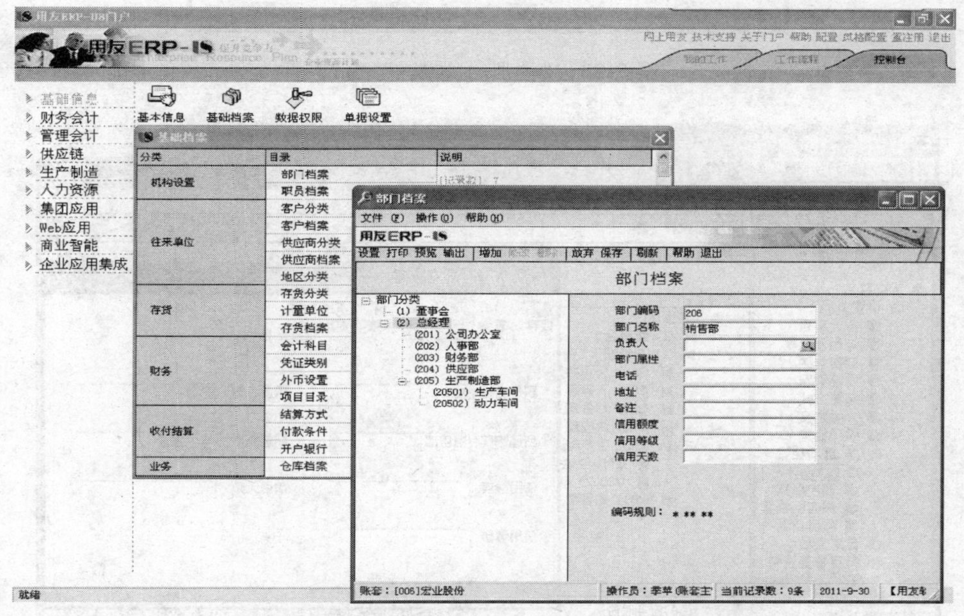

图 5-22　在“用友 ERP－U8 门户”窗口中编辑部门等基础档案

5.2.2.2　职员档案设置

“总账”界面以增加职员档案为例，通过逐步单击：“开始菜单→程序→用友 ERP－U8→财务会计→总账”，在弹出如图 5-23 所示的“总账”注册窗口中输入与账套主管登录“企业门户”相似的信息，单击“确定”按钮后登录如图 5-24 所示的总账窗口，依次单击左窗格“我的工作→系统菜单→设置→编码档案→职员档案”，单击弹出的职员档案窗口左窗格中相应部门（如“销售部”），再单击工具栏上的“增加”按钮，在弹出的“增加职员档案”窗口中按表4-3及编码规划，输入职员编码、名称、属性等信息，单击工具栏上“保存”按钮即可完成增加职员的操作，单击“退出”按钮退出职员档案编辑。返回的“职员档案”窗口右窗格中列出已经保存的职员信息，单击工具栏上的“修改”按钮进行修改后，依次单击“保存”和“退出”按钮即完成职员信息的修改。

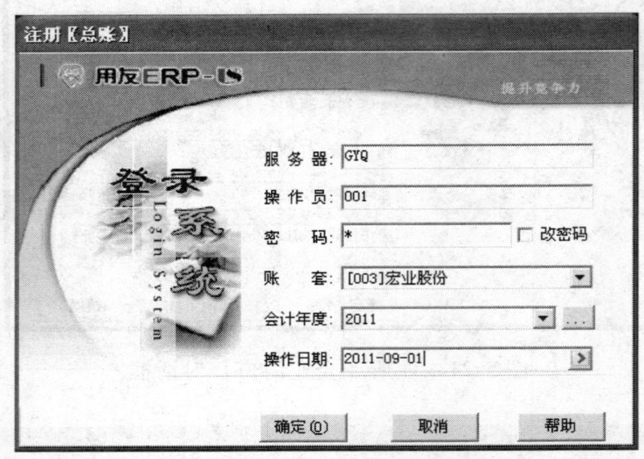

图5-23 “注册［总账］”窗口

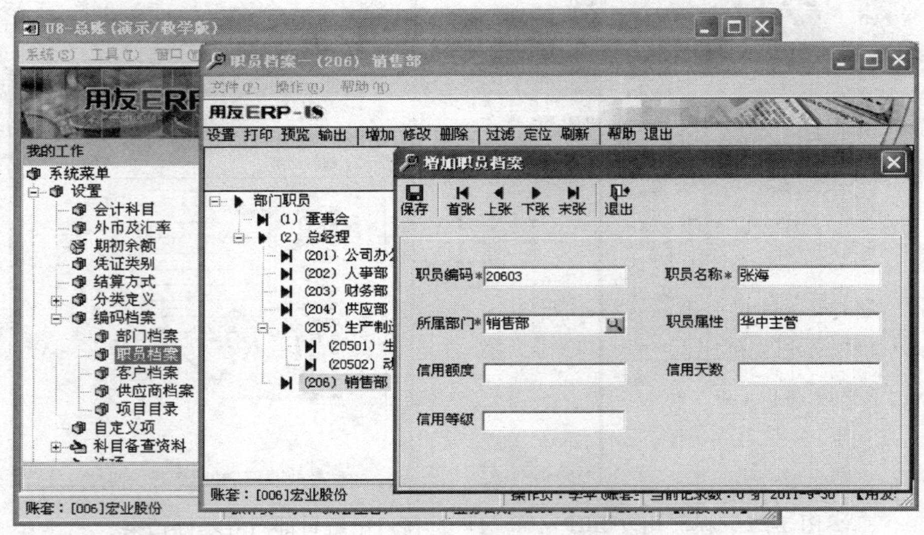

图5-24 在“总账”窗口中编辑职员等基础档案

5.2.2.3 客户档案设置

与部门、职员档案设置方法相同，编辑客户档案的步骤如下。

(1) 运行“企业门户”或“总账”窗口界面，用与部门与职员档案设置相同的方法，启动如图 5-25 所示的“客户档案”窗口。

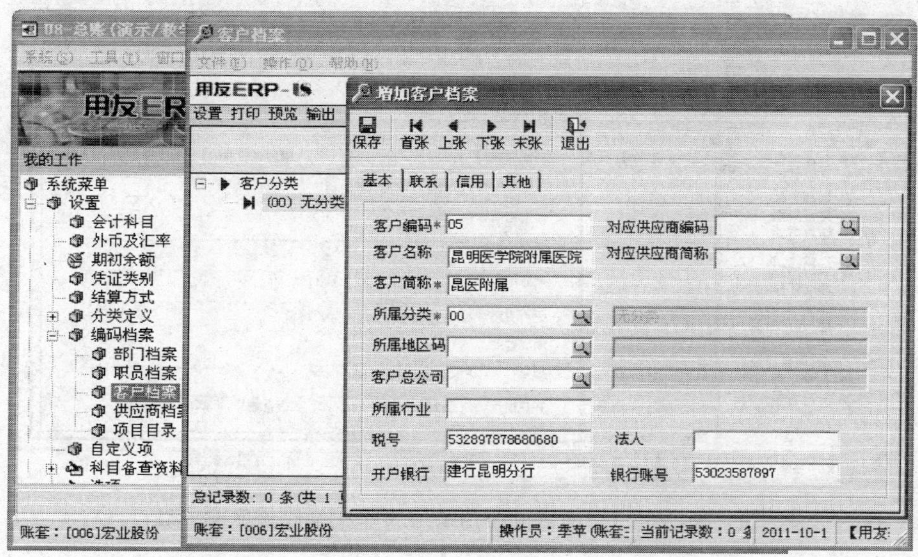

图 5-25　在“客户档案”窗口中编辑客户信息

（2）单击工具栏上的“增加”按钮，按表 4-5 客户档案及编码规则，在“增加客户档案”窗口的相应标签页中输入适当的内容。如在“基本”标签页中录入客户编号、名称、简称、税号、开户银行、银行账号等信息；单击“保存”按钮，则保存当前客户信息进入下一个客户信息的编辑。单击“退出”按钮，返回的“客户档案”窗口右窗格中列出已经保存的客户信息。

（3）在已存客户列表中单击要修改的客户，单击工具栏上的“修改”按钮进行修改后，依次单击“保存”和“退出”按钮即完成客户信息的修改。

5.2.2.4　供应商档案设置

与部门、职员、客户档案设置方法相同，编辑供应商档案的步骤如下。

（1）运行“企业门户”或“总账”窗口界面，用与部门、职员、客户档案设置相同的方法，启动如图 5-26 所示的“供应商档案”窗口。

（2）单击工具栏上的“增加”按钮，按表 4-4 供应商档案及编码规则，在“增加供应商档案”窗口的相应标签页中输入适当的内容。如在“基本”标签页中录入供应商编码、名称、简称、税号、开户银行、银行账号等信息；单击“保存”按钮，则保存当前供应商信息进入下一个供应商信息的编辑。单击“退出”按钮，返回的“供应商档案”窗口右窗格中列出已经保存的供应商信息。

（3）在已存供应商列表中单击要修改的供应商，单击工具栏上的“修改”按钮进行修改后，依次单击“保存”和“退出”按钮即完成供应商信息的修改。

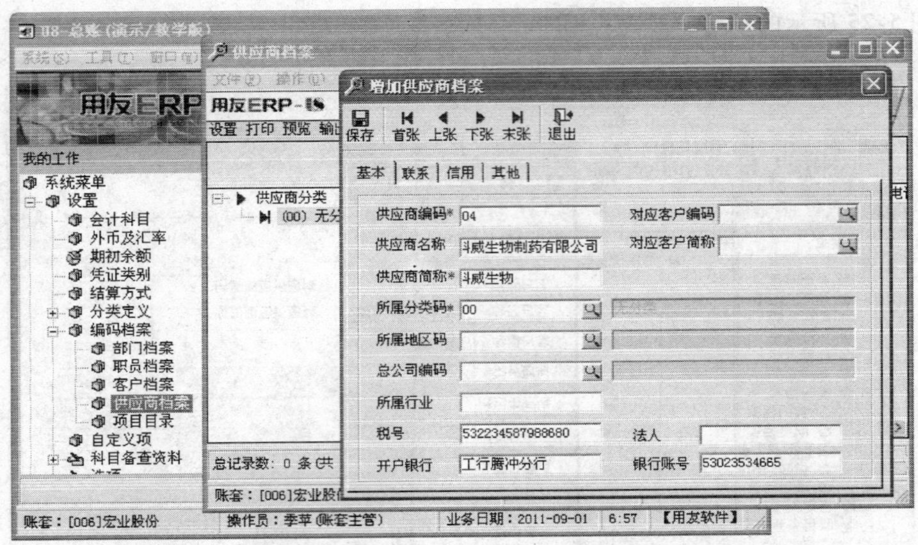

图 5-26 在“增加供应商档案”窗口中修改供应商信息

5.2.2.5 会计科目设置

与部门、职员、客户、供应商档案设置方法相同，编辑会计科目的步骤如下。

（1）运行“企业门户”或“总账”窗口界面，用与部门、职员、客户、供应商档案设置相同的方法，启动如图 5-27 所示的“会计科目”窗口；该窗口有“文件”、“编辑”、“查看”、“工具”菜单，工具栏上有“增加”、“删除”、“查找”、“修改”等快捷按钮，在科目编辑区有科目级长、科目个数等显示，有“全部”、“资产”、“负债”、“权益”、“成本”、“损益”6 个科目选项卡。

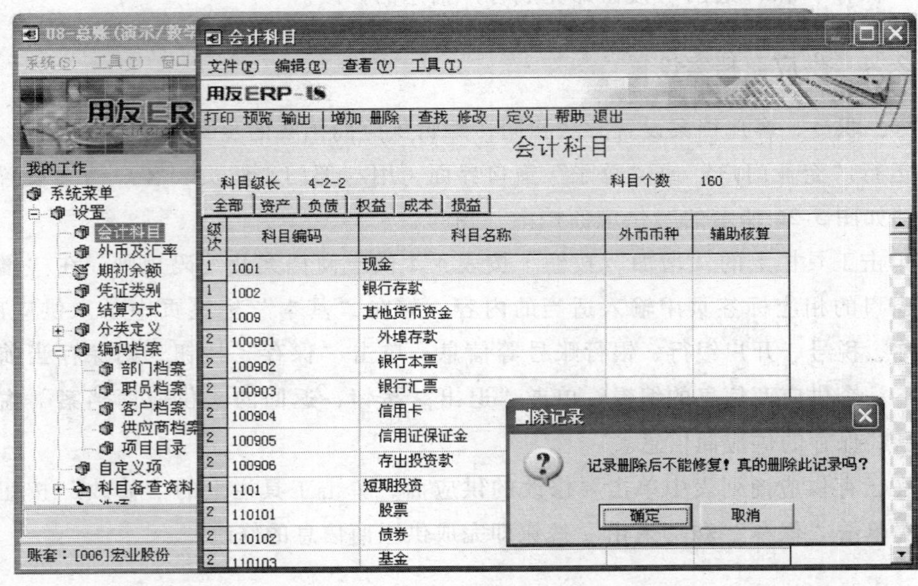

图 5-27 总账的“会计科目”设置窗口

（2）选择相应的会计要素选项卡（如“资产”等），也可选择“全部”选项卡，按表 4-6 期初余额中会计科目的设置（102 个科目），对创建账套（见图 5-9）时按新会计制度预置的 160 个会计科目的编码、名称、辅助核算类型进行核对，进行相应的增加、删除与修改。增加与删除科目，分别遵循由上级到下级与由下级到上级的顺序，双击欲修改的科目即可按要求进行修改，必须做到科目名称与编码唯一。

例如：由于“1001　现金”的科目名称及辅助核算类型不符，应修改为“库存现金、日记账”，则单击“现金”科目再单击工具栏上的“修改”按钮，或双击“现金”科目，再单击弹出的如图 5-28 左侧的“会计科目 - 修改”对话框中的“修改”按钮，按要求修改后单击图 5-28 右侧的“会计科目 - 修改”对话框中“确定”按钮后完成会计科目的修改，若单击左侧图中的“返回”或右侧图中的“取消”按钮，则放弃修改。

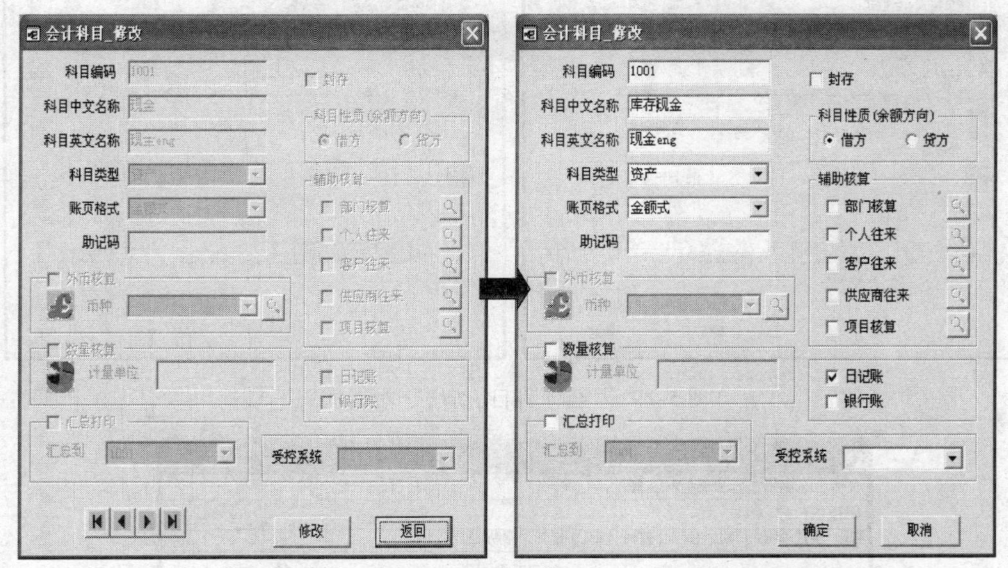

图 5-28　按企业要求对预置会计科目进行修改对话框

例如增加“1522　持有至到期投资减值准备”科目，单击如图 5-27 中工具栏上的“增加”按钮，在弹出的如图 5-29 左侧所示的“会计科目 - 新增”对话框，填写该科目的相关信息后，单击“确定”按钮后弹出如图 5-29 右侧所示的“会计科目 - 新增”对话框，单击“增加”按钮继续增加会计科目，单击“关闭”按钮退出新增会计科目的编辑。

例如删除“1009　其他货币资金”科目，先删除科目“100901 ~ 100906 ”，然后才能删除“1009”，删除科目时会弹出如图 5-27 中删除记录的提示对话框。

按表 4-6 的要求，会计科目完成增加、修改与删除后的结果如图 5-30 所示（资产类科目 38 个、负债类科目 22 个、成本类科目 7 个、权益类科目 10 个、损益类科目 25 个）。

在上述会计科目的设置中应特别注意的是会计科目的辅助核算类型与数量金额式核算科目的设置，因为这涉及系统初始化后的会计核算与操作会计信息的分类与提供。

认真按表 4-6 中会计科目的“辅助核算”类型（如图 5-28 所示，分别有部门核算、个人往来、客户往来、供应商往来、项目核算 5 种类型）进行设置，这将关系到期初余额的录入及其后的业务核算，如应收票据、应收账款按“客户往来”核算，应付票据、应付账款、预付账款按“供应商往来”核算，其他应收款按“个人往来”核算，在建工程与生产成本按“项目核算”，管理费用按“部门核算”。原材料、库存商品、主营业务收入与主营业务成本等科目须勾选“数量核算”复选项并输入计量单位，账页格式设置为“数量金额式”。

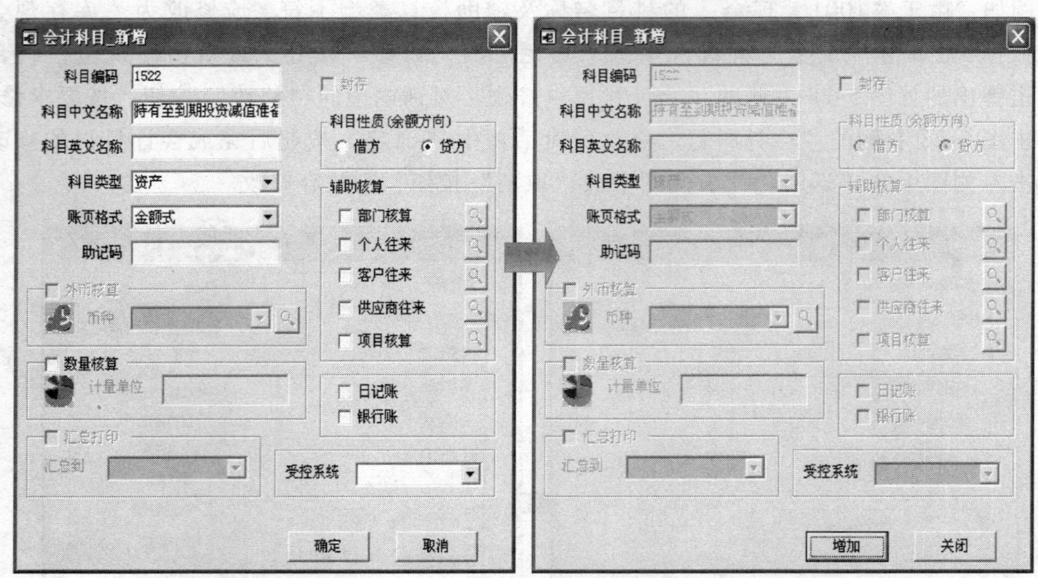

图 5-29 “会计科目_新增”对话框

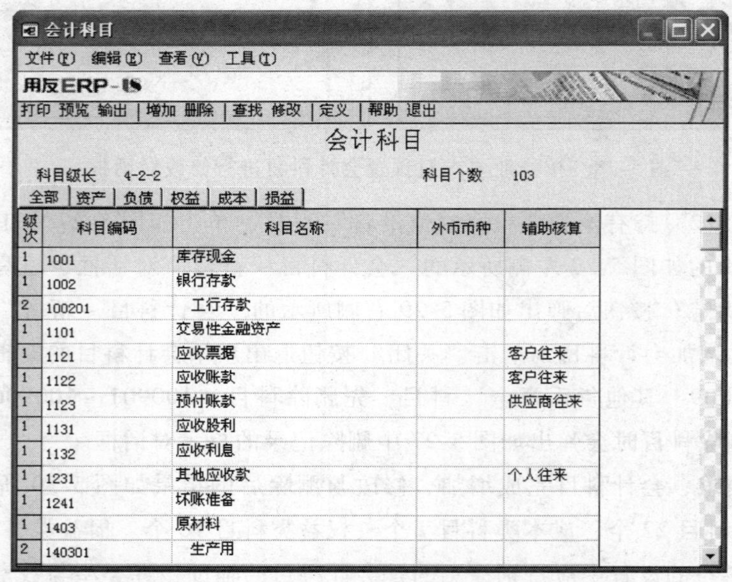

级次	科目编码	科目名称	外币币种	辅助核算
1	1001	库存现金		
1	1002	银行存款		
2	100201	工行存款		
1	1101	交易性金融资产		
1	1121	应收票据		客户往来
1	1122	应收账款		客户往来
1	1123	预付账款		供应商往来
1	1131	应收股利		
1	1132	应收利息		
1	1231	其他应收款		个人往来
1	1241	坏账准备		
1	1403	原材料		
2	140301	生产用		

图 5-30 按要求对会计科目设置后的结果

（3）指定科目。在会计科目的基础档案设置环节，还需要指定现金与银行总账科目、现金流量科目，以利于日常业务处理中的票据登记管理、凭证管理（出纳签字）、账簿管理

（现金与银行存款日记账）、现金流量管理。操作方法如下。

第一步，调用“指定科目”对话框，如图 5-30 所示，单击“编辑”菜单的“指定科目”选项，弹出如图 5-31 所示的“指定科目”对话框。

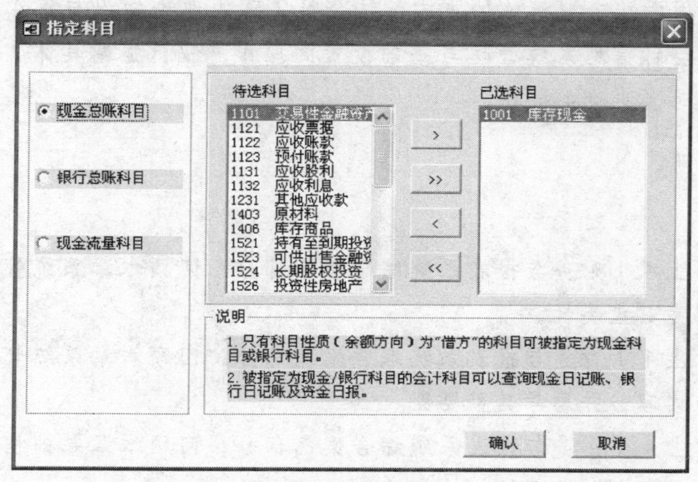

图 5-31 “指定科目”对话框

第二步，指定现金总账、银行总账、现金流量科目。在“指定科目”对话框中，分别选中左边窗格中的“现金总账科目”、“银行总账科目”、“现金流量科目”单选项，如表 5-5 所示，通过“添加”按钮从“待选科目”窗格添加到“已选科目”窗格。

表 5-5 指定科目一览表

指定科目类别	已选科目
现金总账科目	库存现金
银行总账科目	银行存款
现金流量科目	库存现金、工行存款

实验小结

如图 5-32 所示，本章以用友 ERP－U8 会计软件为例，介绍系统管理和基础档案设置的应用。系统管理和基础档案设置是各个子系统正常运行的基础，所以做好该项工作至关重要，用户应结合单位实际情况建立一个新的核算账套，正确设置操作员和权限以及基础档案相关信息，为下一步的业务核算奠定基础。

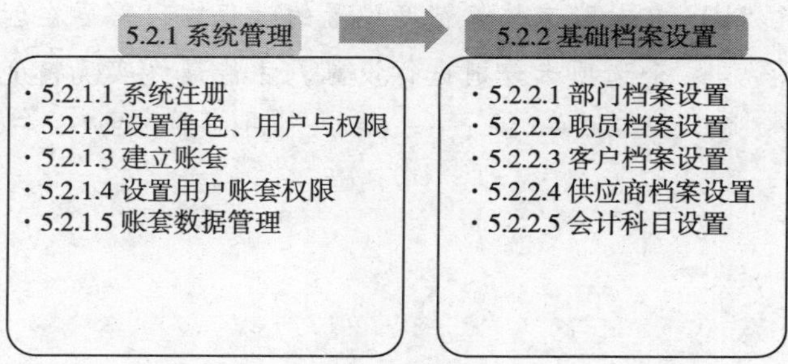

图 5-32 第 5 章实验内容简图

【重点与难点】

重点是掌握建立与设置账套及其信

息与参数，设置操作员及其权限；难点是系统安装与调试，理解操作员及其权限的设置，部门等基础档案设置在总账系统中的作用。

【实验学时建议】

建议教师先利用课堂模拟演练的方式，结合第2章的理论知识与第4章的相关案例内容，带领学生熟悉会计信息系统管理与基础设置的操作流程，强调具体实验中应注意的问题，建议讲授2学时、实验4学时。

实验思考

1. 结合第4章上4.1财务与报表系统综合案例部分，回顾本章系统管理实验的流程与内容，并思考其重要性。
2. 结合第4章上4.1财务与报表系统综合案例部分，回顾本章系统管理实验中创建账套的流程与内容，并思考其重要性。
3. 结合第4章上4.1财务与报表系统综合案例部分，回顾本章基础档案设置实验的流程与内容，并思考其重要性。
4. 结合本章实验与所学的会计学知识，说明设置角色、用户及其权限的过程与意义，并思考与手工会计信息系统中会计岗位职责分工及设置的联系与区别。
5. 结合本章实验，思考系统注册（包括用户注册）的目的与意义，用户权限设置与密码保管的必要性与重要性。
6. 结合本章实验与数据库基础知识，思考部门、职员、客户与供应商档案设置的目的与意义，并思考如何实现前述档案设置中各项编码的“唯一性”。
7. 结合本章实验与所学的会计学知识，思考会计科目设置的目的与意义，为什么会计科目编码与名称必须唯一？为什么往来核算科目（如应收账款、应付账款等）要设置辅助核算？这与通过应收或应付系统核算的区别是什么？
8. 比较在“系统管理”窗口系统注册过程中“系统管理员admin”与“账套主管”两个角色注册后的异同，并思考为什么有这样的异同。
9. 通过“角色”与“权限”两种方式，均可赋予某用户“账套主管”的权限，比较这两种方式在操作流程方面的异同。
10. 在对账套核算精度设置的过程中，需要在创建账套的哪个环节与账套选项设置的哪个选项卡分别进行设置，才能最终实现精度设置？

Chapter 6

第6章 账务系统实验

学习目标

- 掌握凭证类别、结算方式、账套选项设置、期初余额录入等期初业务处理方法与操作流程；
- 掌握记账凭证、账簿、出纳管理等本期日常业务处理方法与操作流程；
- 掌握转账、对账、结账等期末业务处理方法与操作流程。

6.1 实验目标、要求及实施

1. 实验目标与要求

根据第2章“账务系统的功能结构与应用”（2.2）的理论，第4章“账务与报表系统综合案例”（4.1）案例资料，在第5章实验的基础上，利用“用友 ERP－U8”财务软件的总账系统实施本章的实验，要求掌握总账系统中录入期初余额、设置凭证类别及账套选项与本期、期末账务处理操作方法，理解设置凭证类别设置的意义、科目辅助核算的作用。

2. 实验实施

根据账务与报表系统综合案例（4.1）的实验资料，完成如表6-1所示的实验内容，为以后的报表系统实验奠定扎实基础。

表6-1 实验内容与学时安排

实验名称	实验内容	学时安排
6.2.1 期初业务操作	6.2.1.1 设置凭证类别 6.2.1.2 设置结算方式 6.2.1.3 设置账套选项 6.2.1.4 录入期初余额并试算平衡	讲授1学时 实验2学时

（续）

实验名称	实验内容	学时安排
6.2.2 本期业务操作	6.2.2.1 凭证管理 6.2.2.2 账表管理 6.2.2.3 出纳管理	讲授 1 学时 实验 2 学时
6.2.3 期末业务操作	6.2.3.1 转账 6.2.3.2 对账 6.2.3.3 结账	讲授 2 学时 实验 2 学时

说明：6.2.1 的内容是首次启用新建账套时才需进行的操作，已启用并设置好的账套，则可以直接进行本期业务的操作。

6.2 账务系统操作与处理

以第4章账务与报表系统综合案例资料为基础，以相关财务人员的身份登录总账系统进行各项操作。

6.2.1 期初业务操作

首次启用新建账套时，需要设置凭证类别（见表4-16）、结算类型（见表4-17）与账套选项，并按会计科目期初余额明细资料（见表4-6至表4-15）录入期初余额，为本期与期末的账务处理奠定良好的账套核算基础。本例以账套主管（李宾，004）身份进行系统注册（登录企业门户或总账系统，方法同5.2.1.1），登录总账系统进行下列期初业务操作。

6.2.1.1 设置凭证类别

如图6-1左侧图所示，在总账窗口依次选择："系统菜单→设置→凭证类别"，根据核算

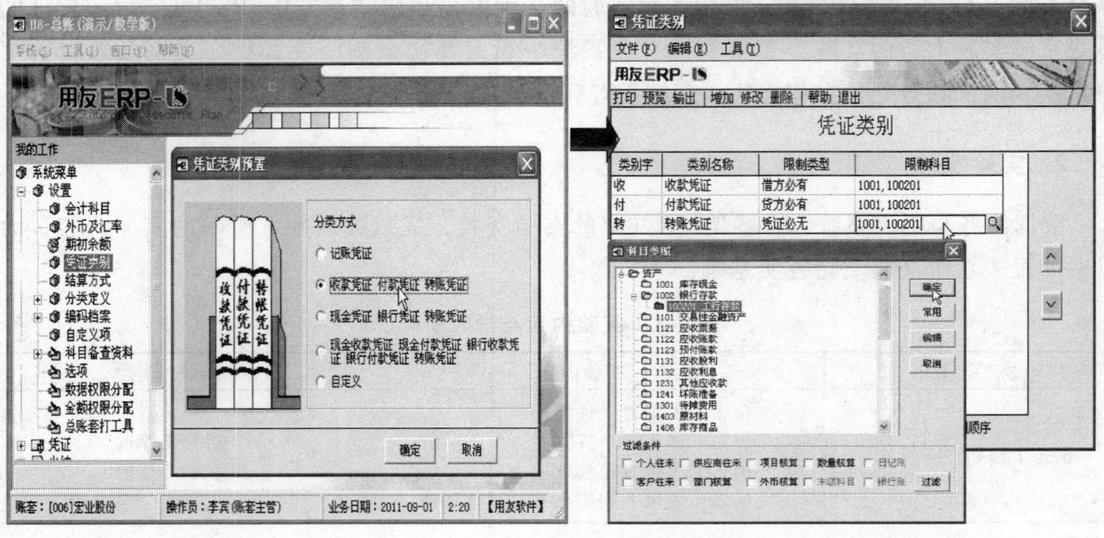

图6-1 凭证类别设置

要求，在弹出的“凭证类别预置”对话框中选中相应的类别单选项（本例设置为“收款凭证　付款凭证　转账凭证”）后单击“确定”按钮，系统会根据选择的类别弹出如图6-1右侧图所示的“凭证类别”对话框，可以定义在各类凭证中限制使用的科目及类型（本例按表4-16进行设置），在定义“限制科目”单元格时，可以双击该单元格激活“放大镜”按钮，再单击该按钮，再在弹出的“科目参照”对话框的树状科目目录中选择相应限制科目后，单击“确定”按钮，然后单击工具栏上的“退出”按钮，便完成了凭证类别的设置。

6.2.1.2　设置结算方式

如图6-2所示，在总账窗口依次选择：系统菜单→设置→结算方式，根据财务结算要求，单击弹出的“结算方式”窗口中工具栏上“增加”、“保存”、“退出”等按钮，增加相应的结算方式后退出（本例按表4-17进行设置）。

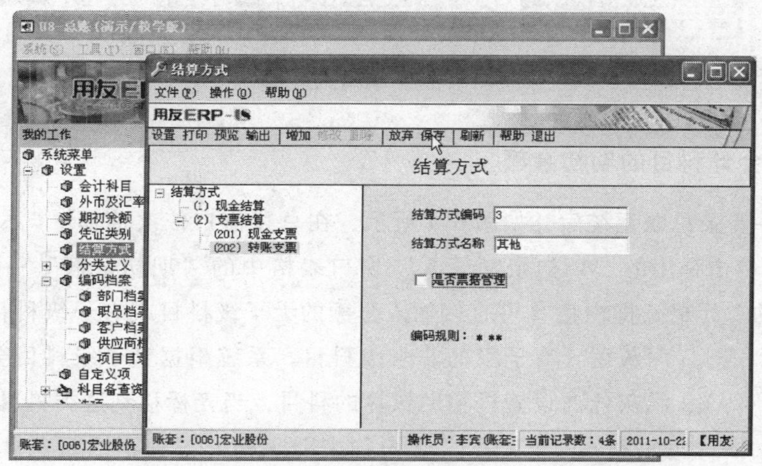

图6-2　结算方式设置及结果

6.2.1.3　设置账套选项

如图6-3所示，在总账窗口中依次选择：“系统菜单→设置→选项”，弹出的“选项”对话框中有“凭证”、“账簿”、“会计日历”、“其他”4张选项卡，可以设置制单控制、凭证编号方式、凭证控制，账簿的打印位数宽度等打印方式，数据精度等账套参数，设置完毕后，单击“编辑”按钮激活并单击“确定”按钮即可完成账套选项的设置。

6.2.1.4　录入期初余额并试算平衡

在会计科目设置（5.2.2.5）、凭证类别等项账套期初设置的基础上，根据表4-6至表4-15期初余额资料，录入各会计科目的期初余额，操作方法及注意事项如下。

1. 权限用户系统注册

权限操作员登录企业门户或总账系统，方法同5.2.1.1内容所示。

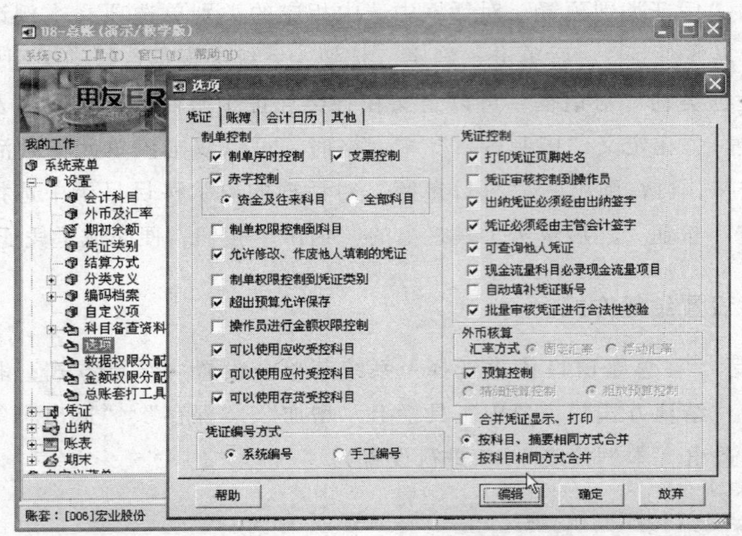

图 6-3 账套选项设置

2. 录入各会计科目的期初余额

系统注册并登录总账系统后，如图 6-4 所示，在总账窗口依次选择："系统菜单→设置→期初余额"，单击弹出的"期初余额录入"窗口表格中的"期初余额"一列相应有三种不同颜色显示的单元格，即白色（可直接输入金额的无子级科目或有子级科目的末级科目，如"库存现金"等）、深灰色（有子级的非末级科目，系统根据其子级科目金额自动加总，如"银行存款"等）、浅灰色（设置过辅助核算的科目，当光标移到这类科目上时，会显示辅助核算类型，如"应收账款"显示了"客户往来"字样）三种不同颜色显示，按"白色单击直接输入、深灰色无须输入自动计算、浅灰色双击输入明细资料"的原则录入各会计科目的期初余额。

操作建议：先按表 4-6 录入没有辅助核算的白色科目，然后再按表 4-7 至表 4-15 录入有辅助核算的浅灰色科目。

【例 6-1】

以"库存商品"科目（共有两个二级科目且均有数量核算）为例进行白色与灰色科目金额的输入。单击选中并分别输入其二级"A 产品"与"B 产品"科目（白色）的金额 15 000 000元、4 468 000 元与数量 300 吨、2 234 盒，由系统自动计算出一级科目"库存商品"（灰色）的金额 19 468 000 元。

【例 6-2】

以"应收票据"科目（已经设置为客户往来核算）为例进行黄色科目金额的输入。在如图 6-4 所示的窗口中，双击"应收票据"期初对应的单元格，单击弹出的"客户往来期初”窗口工具栏上的“增加”按钮（见图 6-5a），按表 4-7 录入各项明细资料后单击“退出”按钮，返回到期初余额录入窗口（如图 6-5b 所示），即可显示该科目汇总余额。

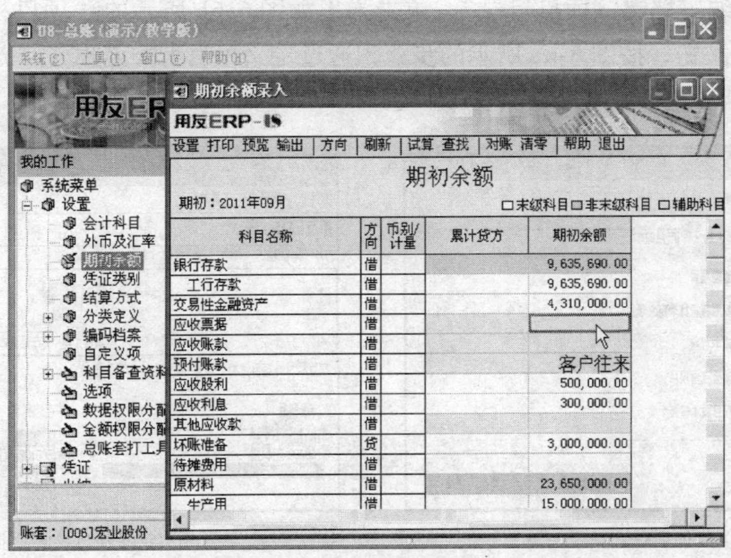

图 6-4 录入期初余额

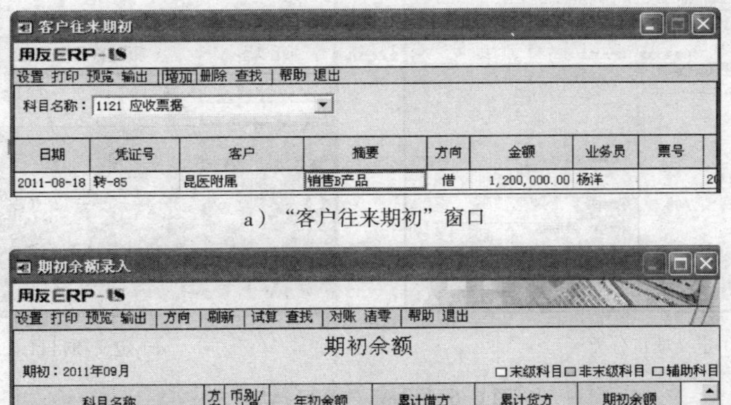

a）“客户往来期初”窗口

b）返回“期初余额录入”窗口

图 6-5 录入“应收票据”期初余额

【例 6-3】

以“生产成本”科目（设置为项目核算）为例进行黄色科目金额的输入。在录入设置为“项目核算”的科目期初余额，首先应创建项目档案（此步骤可以在账套基础档案设置时完成，亦可在录入期初余额或新增项目时完成，本例按表 4-11 中产品成本、在建工程项目分类设置资料进行设置），即完成“增加项目大类、添加核算科目、进行项目分类、编辑项目目录”等项目档案的设置（即下文的前四步），其次再按辅助核算明细资料录入期初余额（即第五步，本例按表4-12期初余额明细资料输入）。具体操作如下。

第一步，添加项目大类，本例为添加“产品成本”项目，在总账窗口，依次单击：“系统菜单→设置→编码档案→项目目录”，单击弹出如图6-6b所示的“项目档案”窗口工具栏上的“添加”按钮，按图6-6a所示的步骤，通过定义项目大类名称（“产品成本”）、级次（1级）、栏目（默认）三步即可完成设置。

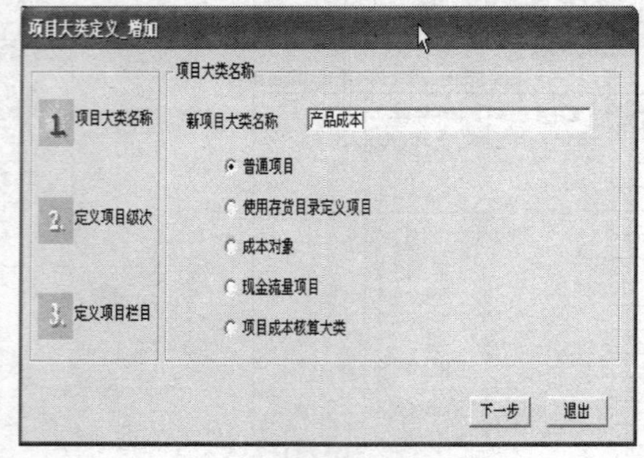

a）添加项目大类

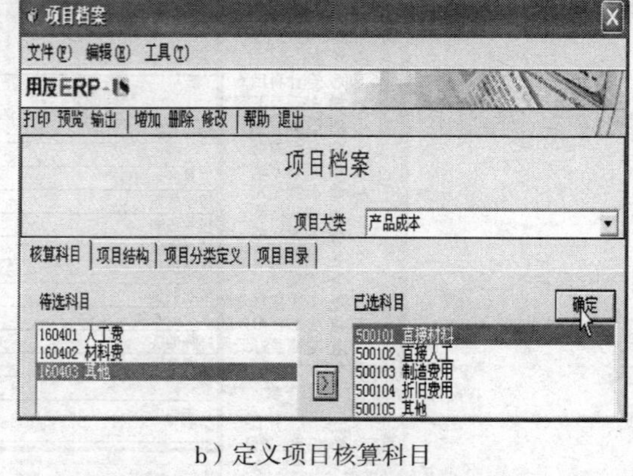

b）定义项目核算科目

c）定义项目分类

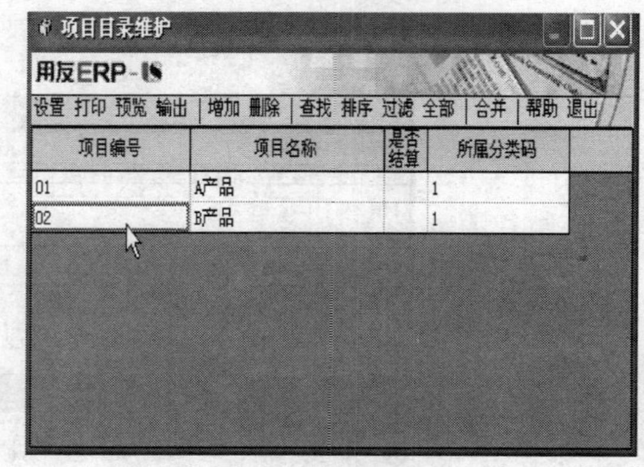

d）定义项目目录

图6-6 设置“项目档案”

第二步，定义项目大类的核算科目，将设置为核算项目的会计科目添加进具体的核算项目中。在“项目档案”窗口，本例首先在项目大类下拉列表中选中“产品成本”大类，然后选中“核算科目”选项卡（见图6-6b），通过“添加”按钮将待选科目列表中生产成本的5个二级科目添加到已选科目列表中，即完成核算科目的定义。

第三步，定义项目分类（即项目小类，若无项目小类，本步可省略）。如图6-6c所示，选中“产品成本”大类及“项目分类定义”选项卡，按照设置的项目编码规则输入分类编号与名称，单击“增加”按钮完成项目分类定义，本例是在“产品成本”项目下定义“1 自行开发”和“2 委托开发”两个小类。

第四步，定义项目目录（即定义具体项目）。选中“产品成本”大类及“项目目录”选项卡，单击“维护”按钮，单击弹出的“项目目录维护”窗口（见图6-6d）工具栏上的

“添加”按钮，输入“项目名称”小类下的“A 产品”、“B 产品”相应信息。

第五步，录入项目核算科目期初余额。以“生产成本”科目下“直接材料”期初余额为例，首先双击如图 6-7a 所示的“直接材料”期初余额对应的黄色单元格，单击弹出的如图 6-7b 所示的“项目核算期初”窗口工具栏上的“增加”按钮，按表 4-12 期初余额明细资料，分别输入“A 产品”或“01”及其金额 4 527 960 元，再单击“增加”按钮输入“B 产品”或“02”及其金额 3 018 640 元（其余 4 个科目输入方法相同），单击“退出”按键返回如图 6-7c 所示的“期初余额录入”窗口，系统会自动计算出各级科目的余额。

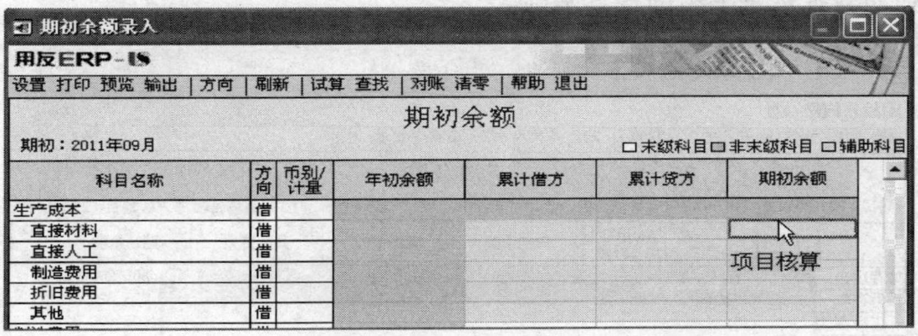

a）双击“直接材料”科目期初余额单元格

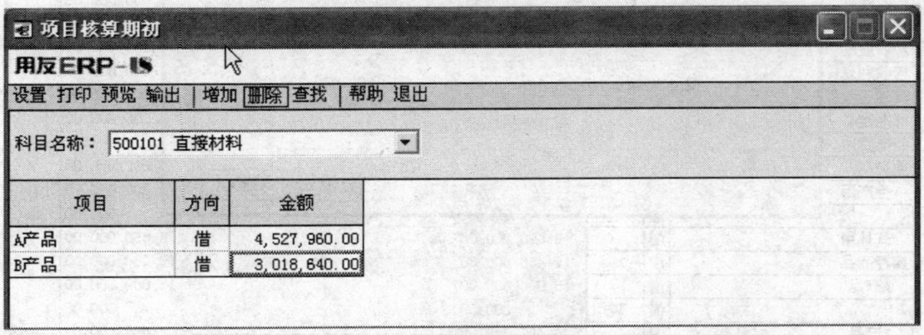

b）录入“直接材料”科目期初余额

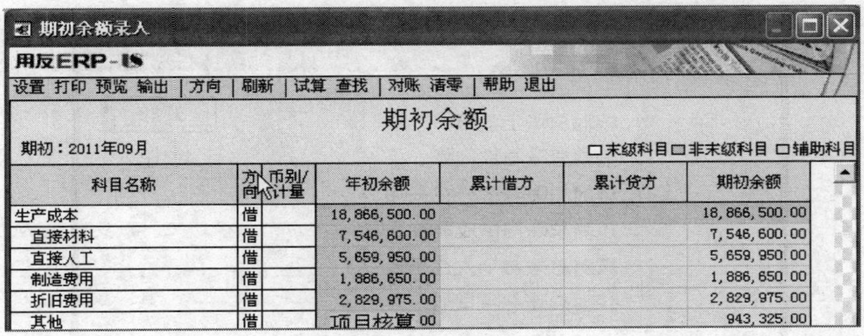

c）返回“期初余额录入”窗口

图 6-7　录入“生产成本”科目期初余额

通过数字键盘和“↓”光标移动键能提高数据录入的速度。

3. 试算平衡与对账

通过参照例6-1至例6-3的方法将所有会计科目的期初余额输入完毕后，在“期初余额录入”窗口单击工具栏上“试算”按钮弹出如图6-8a所示的“期初试算平衡表”对话框，分别将对话框显示的资产、成本、负债、权益小计数与表4-6中各会计要素合计数核对（注意资产小计数为借方减贷方后的余额），从而实现借贷双方相等的试算平衡。单击该窗口工具栏上“对账”按钮后，再单击弹出的如图6-8b所示的“期初对账”对话框的“开始”按钮，对期初余额进行对账，在账账核对前做出“Y”标记和期初对账完毕的提示，从而为本期业务奠定期初数据借贷平衡的核算基础。

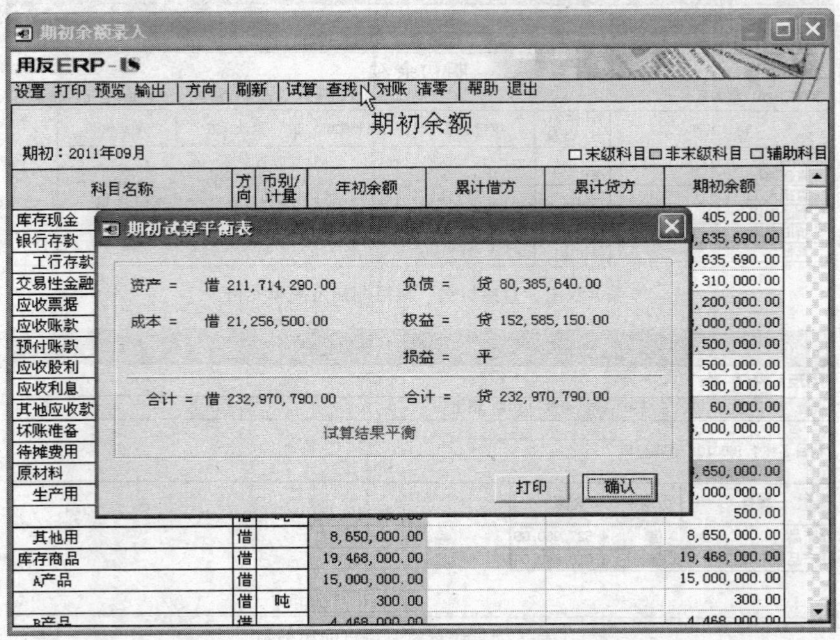

a）期初余额的试算平衡

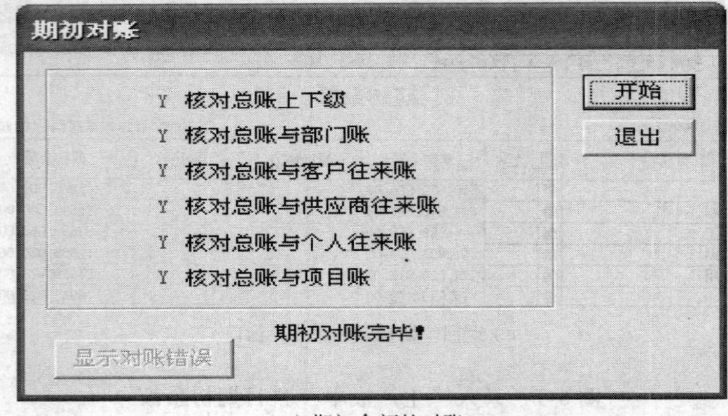

b）期初余额的对账

图6-8 期初余额的试算平衡与对账

6.2.2　本期业务操作

本期业务操作涉及凭证管理、账表管理、出纳管理。

6.2.2.1　凭证管理

对表 4-18 涉及的 36 笔业务进行处理。用户杨柳（会计）对本期的凭证进行填制、查询，用户张东（出纳）对本期的凭证进行出纳签字，用户李宾（财务与账套主管）对凭证进行审核和主管签字、记账等凭证管理工作。每位用户进行系统注册后，进行相应权限内的操作。

1. 填制与修改凭证

依次单击："系统菜单→凭证→填制凭证"，单击弹出的"填制凭证"窗口工具栏的"增加"按钮或"制单"菜单的"增加凭证"选项或功能键 F5，即可进入"填制凭证"窗口（见图 6-9），根据经济业务的性质与核算需要，逐日逐笔依次录入各类凭证的各项凭证要素（如表 6-2 至表 6-4 所示，在凭证各要素中输入后按 Enter 键确认后，顺序移动到下一要素，亦可单击所需输入和修改的要素，下文不再赘述）。笔者选择本期经济业务中的典型业务（第 1 笔至第 6 笔），各以两张收款、付款和转账凭证为例（例 6-4 至例 6-9）讲解三类凭证的填制。

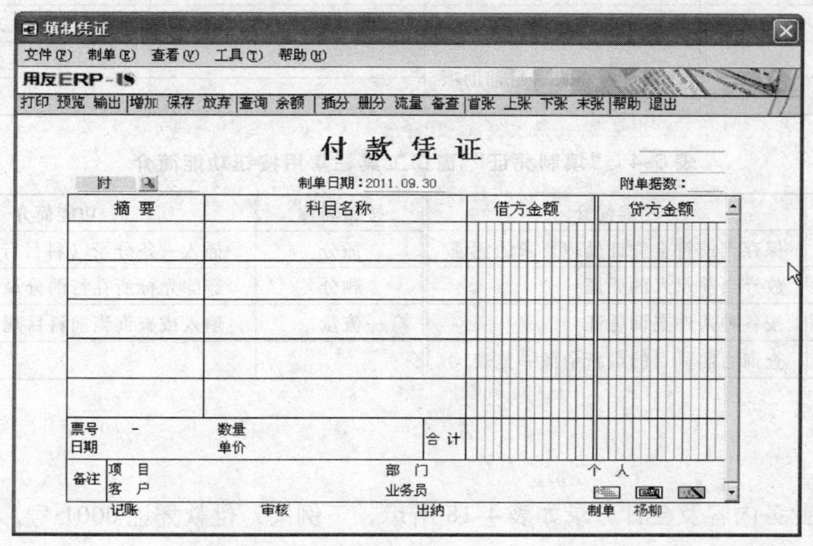

图 6-9　"填制凭证"窗口

表 6-2　凭证填制主要要素简介

凭证要素	要素内容概要	注意事项
类别	单击类别"放大镜"按钮，按凭证类别设置选择凭证类别（本例为收款、付款、转账）	凭证填制完毕保存后，类别不能更改

（续）

凭证要素	要素内容概要	注意事项
编号	设置为“系统编号”则按凭证类别自动编号，否则手工编号	当凭证超过一页时，系统自动在凭证号后标上几分之一，如“0001 号 0002/0003”（表示当前凭证员为第 1 号凭证的 3 张凭证中的第 2 页）。
制单日期	填制凭证的日期	按凭证类别依序逐日逐笔排列（同类别凭证不允许超前与滞后）
附单据数	原始凭证的张数	
摘要	业务摘要	将经办人写进摘要，可提高查账效率
科目名称	输入末级科目名称或科目代码	通过科目名称片段及参照放大镜，科目设置为辅助核算的，输入末级科目后须完成弹出的辅助核算对话框
借贷金额	输入科目借方或贷方发生额，金额不能为零，红字金额以负数形式输入。当设置了辅助核算的科目有多个发生额需要输入时，可单击弹出的辅助核算对话框的“辅助明细”按钮，在“分录合并录入”对话框中完成	如果方向不符，可按空格键调整金额方向（输入设置了辅助核算的科目金额，一般是默认方向）

表 6-3 凭证填制辅助要素简介

要素名称	要素内容概要	要素名称	要素内容概要
票号	支票等票据管理的编号及日期	部门	显示部门核算信息
日期		个人	显示个人往来核算信息
项目	显示项目核算信息	客户	显示客户往来核算信息
数量	数量金额式科目辅助项	业务员	显示业务经办人员信息
单价			

表 6-4 “填制凭证”窗口工具栏常用按钮功能简介

按钮名称	功能简介	按钮名称	功能简介
保存	保存当前符合凭证处理要求的凭证	插分	插入一条分录（科目行）
放弃	放弃当前录入的凭证	删分	删除光标所在行的分录
查询	按各种条件查询凭证	流量	输入或查询当前科目现金流量明细
余额	查询当前科目的最新余额一览表		

【例 6-4】

业务 1（业务内容及会计分录如表 4-18 所示，下例同，付款凭证 0001 号，涉及数量金额核算、供应商往来核算、票据管理与现金流量管理）。

第一步，定义凭证类别、制单日期与附单据张数。单击“填制凭证”窗口中工具栏的“增加”按钮，光标在凭证类别处闪烁。单击类别“放大镜”并双击弹出对话框中的“付款凭证”或单击后按 Enter 键确认，系统自动在“付字”后编号“0001”，在“制单日期”处直接输入“2011. 09. 01”或单击日历图标并在“日期”对话框中选择“2011 年 9 月 1 日”后确认，在附单据数处输入“4”。

第二步，输入摘要与会计分录各行（分录涉及的每个会计科目即为凭证的一行）及其金额，同时完成各科目所属的辅助核算。

输入凭证第一行摘要“王志刚向丹阳科技购进生产用原材料”，在科目名称处输入末级科目“生产用”（下例中采用此方法）或科目代码“140301”或单击“放大镜”并在“科目参照”对话框显示的“科目树”中依次找到“资产—原材料—生产用”后确认，在弹出如图6-10所示的数量金额“辅助项”对话框中输入购入原材料的数量20吨与单价31 000元，单击“确认”按钮后，系统自动计算出该科目借方（默认方向）的发生额620 000元后确认（按键盘的“空格”键可输入与默认方向相反的发生额）。

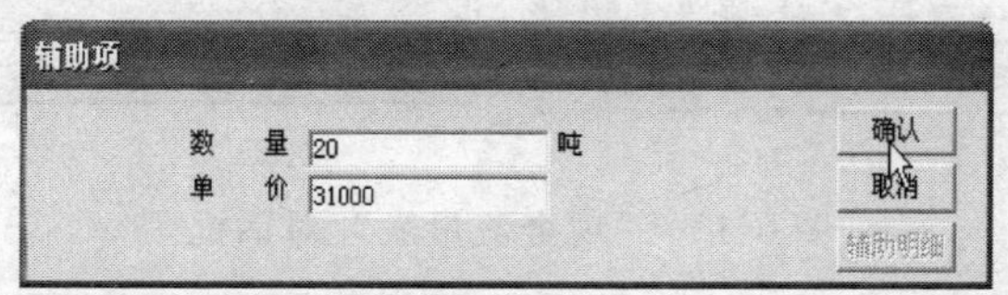

图6-10 “数量金额辅助核算”对话框

依次输入凭证第二行的摘要（同上，亦可自行修改）、末级科目“进项税额”及金额后确认。

依次输入凭证第三行摘要、“预付账款”科目（设置了辅助核算的科目即为末级科目）确认，在弹出如图6-11所示的供应商往来“辅助项”对话框中输入“丹阳科技”、“王志刚”、“2011. 08. 15”后确认。

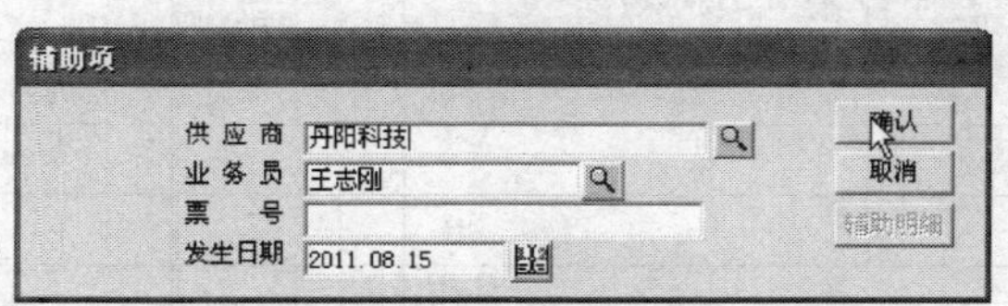

图6-11 “供应商往来辅助核算”对话框

依次输入凭证第四行摘要、“工行存款”科目及其金额或按键盘的“=”键（其功能为自动计算借贷发生额的差额，一般在输入多借多贷的末笔分录或一借一贷分录的相反方向金额时使用）后确认，在弹出如图6-12所示的结算方式“辅助项”对话框中输入“202”（转账支票）、“0001”（支票编号，如表4-19所示）、“2011. 09. 01”后确认，再单击系统自动弹出的“现金流量表”对话框（见图6-13a）中“增加”按钮和“项目编码”放大镜，在弹出的“参照”对话框左边窗格中依次单击：“经营活动→现金流出”，在该对话框的右边窗格中选择“购买商品、接受劳务支付的现金”子项后确认，输入金额后（见图6-13b）单击“确认”按钮保存并退出后形成如图6-14所示的付款凭证。

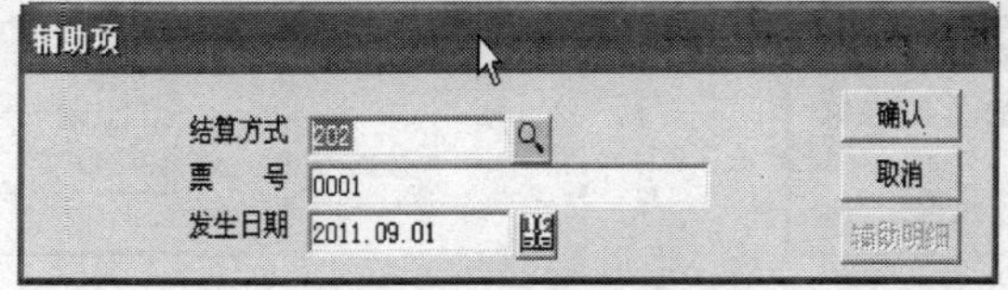

图6-12 “结算方式辅助核算”对话框

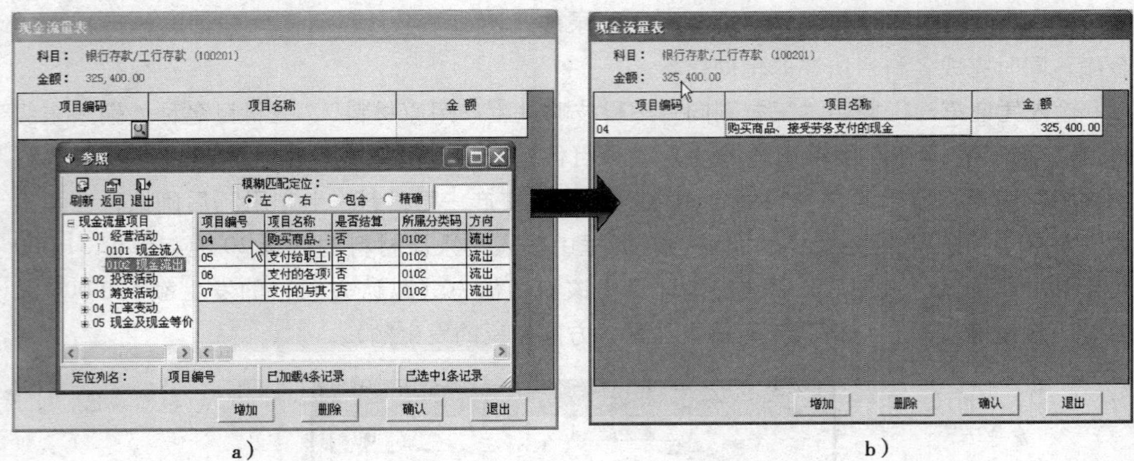

图 6-13 “现金流量表”对话框

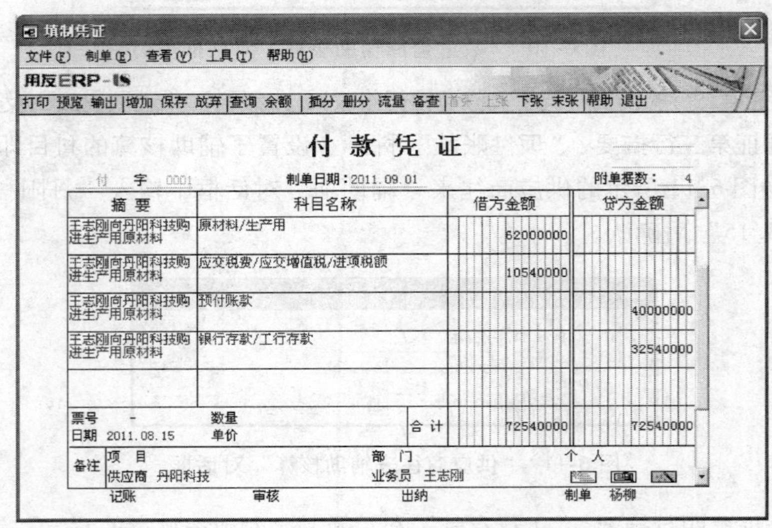

图 6-14 付款凭证的填制

第三步，保存凭证并完善票据管理。

单击工具栏上的“保存”或“增加”按钮（后者能起到保存并增加新凭证的功能），单击弹出的凭证提示框（见图 6-15）中“是”按钮，再填列如图 6-16 所示的“票号登记”

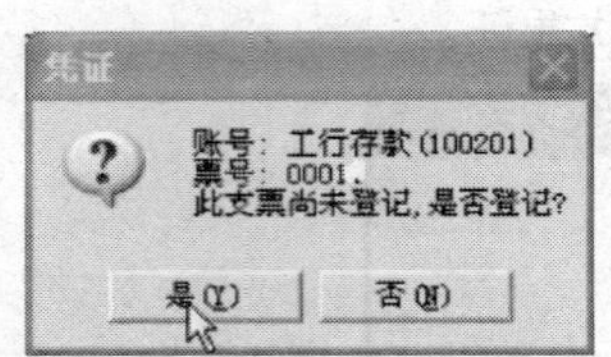

图 6-15 “支票登记”提示框

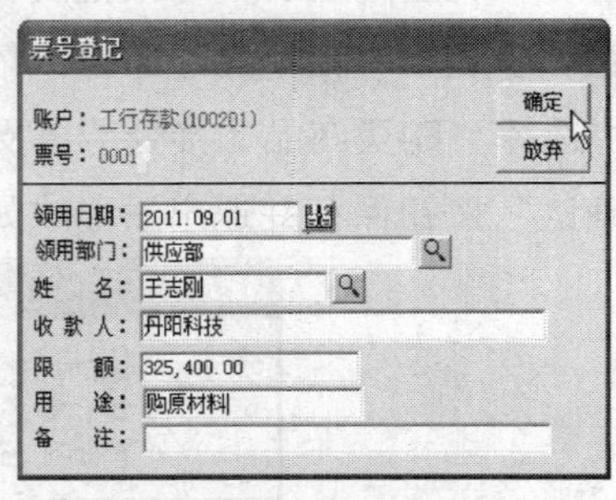

图 6-16 “票号登记”对话框

对话框中领用部门、姓名、收款人与限额信息后，单击“确定”按钮。

【例 6-5】

业务编号 2（转账凭证 0001 号，涉及数量金额核算、项目核算）。

第一步，定义凭证类别、制单日期与附单据张数。

选择“转账凭证”，输入日期“2011. 09. 02”和“2”张单据数（方法同例 6-4）。

第二步，输入摘要与会计分录各行及其金额，同时完成各科目所属的辅助核算。

如图 6-17 所示，分别输入凭证第一行摘要“生产车间许飞领用原材料 60 吨”、“直接材料”科目，单击其“项目核算”辅助项对话框的项目名称放大镜按钮，打开“参照”窗口中“产品成本”→“自行开发”，双击“A 产品”后，单击“确认”按钮后输入金额。

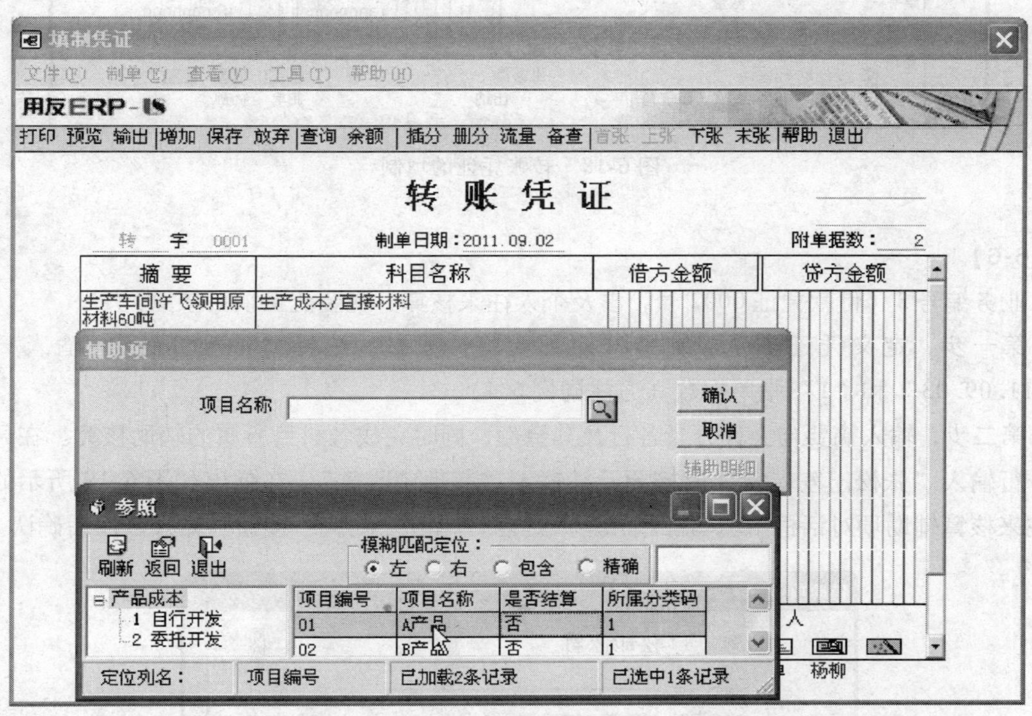

图 6-17　凭证填制中的项目辅助核算

依次输入凭证第二行的摘要、“生产用”科目并确认后，调出数量金额辅助项对话框，方法同例 6-4 凭证第一行，不同的是金额方向不是默认的借方，而要通过按键盘“空格”键改为贷方金额。

第三步，保存如图 6-18 所示的转账凭证 0001 号。方法同例 6-4（无支票登记提示及票号登记）。

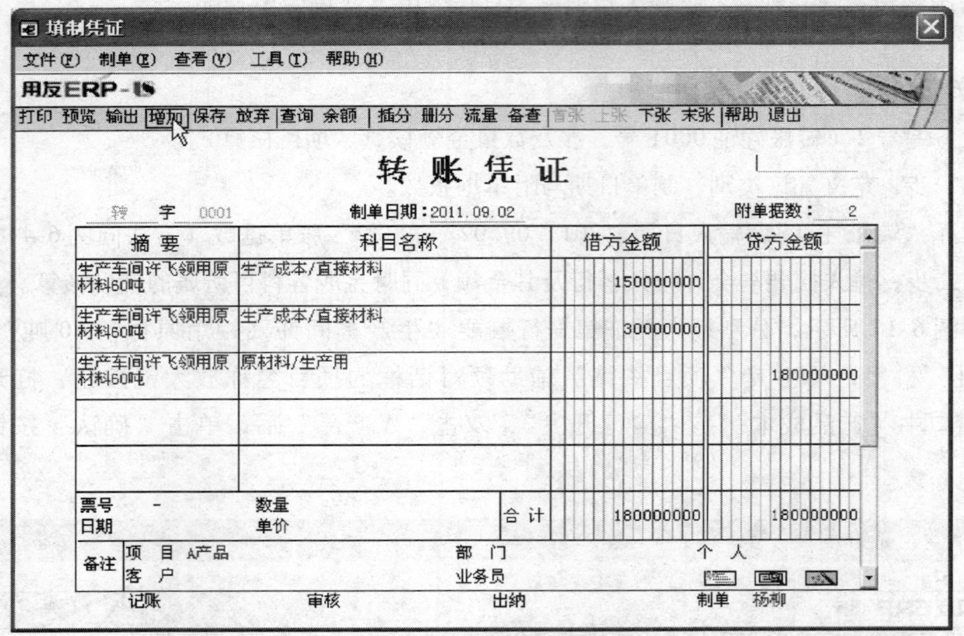

图 6-18 转账凭证的填制

【例 6-6】

业务编号 3（付款凭证 0002 号，涉及个人往来核算、现金流量项目核算）。

第一步，定义凭证类别、制单日期与附单据张数。选择“付款凭证”，输入日期“2011.09.03”和“1”张单据数（方法同例 6-4）。

第二步，输入摘要与会计分录各行及其金额，同时完成各科目所属的辅助核算。在凭证第一行输入“张松出差借款”的摘要，并输入“其他应收款”，在弹出如图 6-19 所示的个人往来核算辅助项对话框中填写部门和个人姓名，单击“确认”按钮并输入金额后确认。

图 6-19 “个人往来核算”辅助项对话框

在凭证第二行输入“1001”科目及其金额或键盘“=”键，再按例 6-4 第二步凭证第四行“工行存款”及与图 6-13 所示同样的方法，增加“经营活动现金流出量（07 支付的其他与经营活动有关的现金 12 000 元）。

第三步，保存如图 6-20 所示的付款凭证（0002 号）。方法同例 6-4（无支票登记提示及票号登记）。

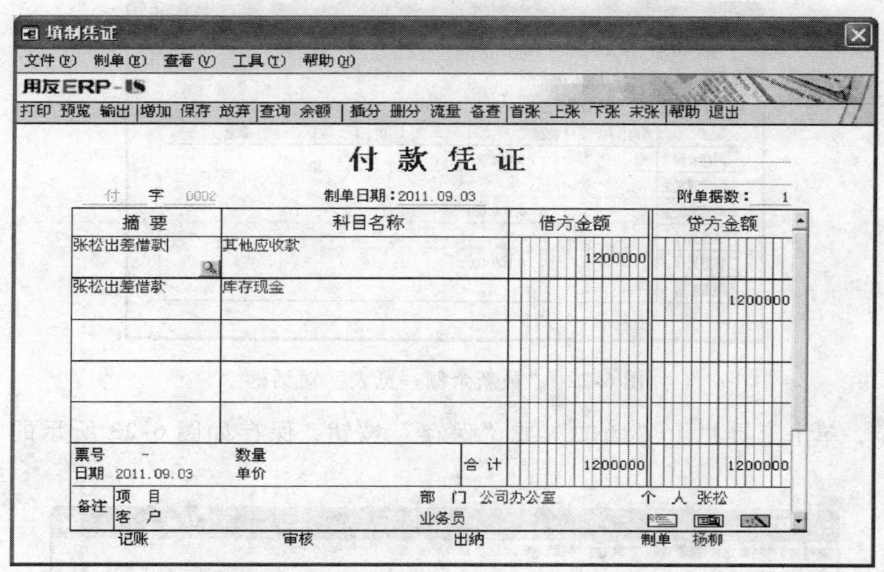

图 6-20　填制凭证 - 付款凭证（0002 号）

【例 6-7】

业务编号 4（收款凭证 0001 号，涉及部门核算、个人往来核算、现金流量项目核算）。

第一步，定义凭证类别、制单日期与附单据张数。选择“收款凭证”，输入日期“2011. 09. 04”和“3”张单据数（方法同例 6-4）。

第二步，输入摘要与会计分录各行及其金额，同时完成各科目所属的辅助核算。在凭证第一行输入“吴强报销差旅费“的摘要，并输入末级科目“差旅费”，在弹出如图 6-21 所示的“部门核算”辅助项对话框中填写“公司办公室”，单击“确认”按钮并输入金额后确认。

图 6-21　“部门核算”辅助项对话框

用例 6-4 第二步凭证第四行“工行存款”及与图 6-13 所示同样的方法，输入本凭证第二行科目“1001”及其金额、现金流量表项目（增加 03，即“收到其他与经营活动有关的现金”，1 000 元）。

用例 6-6 第二步凭证第一行及图 6-19 同样的方法，输入本凭证第三行科目“其他应收款”及其金额或利用键盘“＝”键输入。单击工具栏上的“余额”按钮，将显示如图 6-22 所示的截止到本笔业务为止的“最新余额一览表”对话框，可以进行实时的期初、本期与期末账务查询。

最新余额一览表

科 目：其他应收款(1231)

辅助项：公司办公室 吴强

时 间：2011.09 计量单位： 币种：

	方向	金额	外币	数量
期初余额	借	8,000.00		
本期借方发生				
本期贷方发生		8,000.00		
借方累计				
贷方累计		8,000.00		
期末余额	平			

图 6-22 “最新余额一览表”对话框

第三步，单击工具栏上“增加”或“保存”按钮，保存如图 6-23 所示的收款凭证 0001 号。

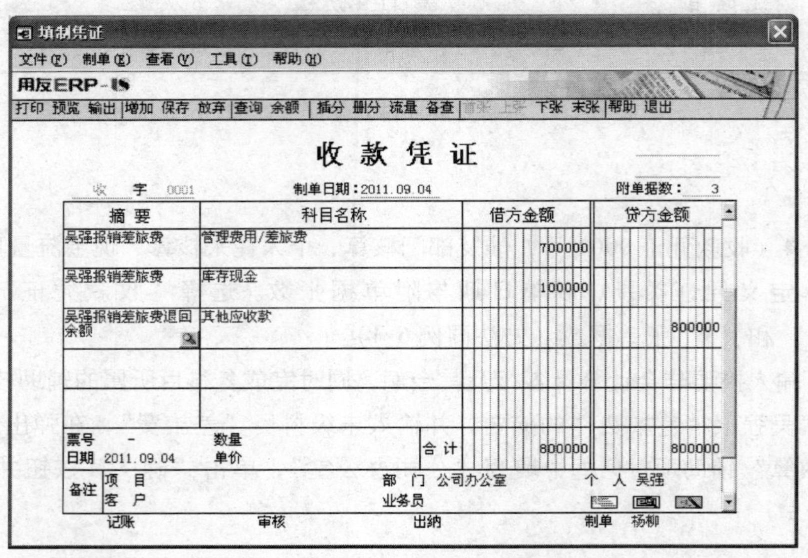

图 6-23 填制凭证－收款凭证（0001 号）

【例 6-8】

业务编号 5（转账凭证 0002 号，涉及客户往来核算、数量金额核算）。

第一步，定义凭证类别、制单日期与附单据张数。选择“转账凭证”，输入日期“2011.09.05”和“4”张单据数（方法同例 6-4）。

第二步，输入摘要与会计分录各行及其金额，同时完成各科目所属的辅助核算。在凭证第一行输入“杨洋销售 A 产品给华西附属”的摘要，并输入末级科目“应收账款”，单击弹出的“客户往来核算”辅助项对话框（见图 6-24a）中的“辅助明细”按钮，在弹出的“分录合并录入”对话框（见图 6-24b）中，首先选中“借方金额”单选项，再单击“增加”按钮，在客户列单元格中直接输入客户简称“华西附属”或客户编号“04”或单击“客户”列放大镜并选中调用的“客户参照”中的“华西附属”，输入业务员“杨洋”、发生日期“2011. 09. 05”与金额 4 680 000 元后按 Enter 键或再单击“增加”按钮，用同样的方法输入“昆医附属”与金额 9 360 000 元（业务员与发生日期相同），单击“确定”按钮返回凭证编辑窗口，除凭证第一行外，合并生成了凭证第二行，将摘要中“华西”修改为“昆医”，完成凭证第二行的输入。

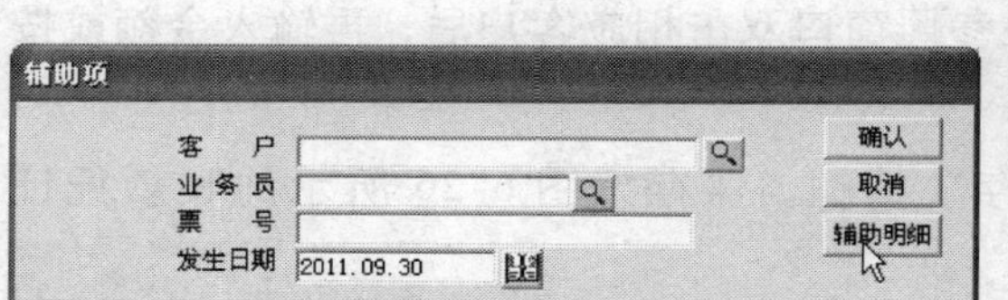

a）“客户往来核算”辅助项对话框

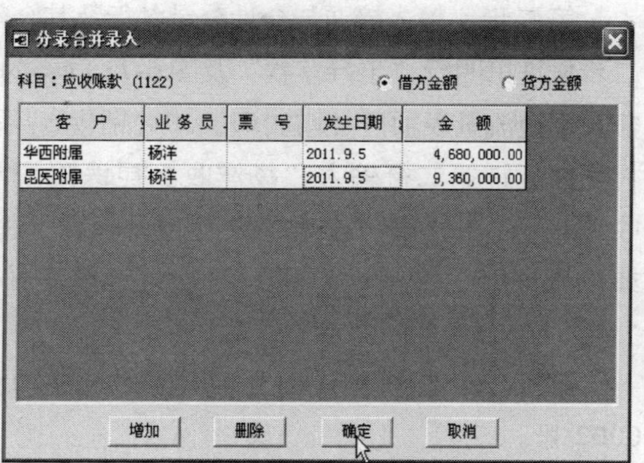

b）“分录合并录入”对话框

图 6-24 “客户往来核算”辅助项与“分录合并录入”对话框

在凭证第三行输入末级科目代码“600101”确认后，在弹出的数量金额辅助对话框（如图 6-10 所示）中输入 150 吨、单价 80 000 元，单击“确认”按钮后，系统将自动计算出的销售额显示在凭证的借方，按“空格”键改为贷方金额。

在凭证第四行输入“销项税额”科目及其贷方金额或按“=”键。

第三步，单击工具栏上“增加”或“保存”按钮，保存如图 6-25 所示的转账凭证 0002 号。

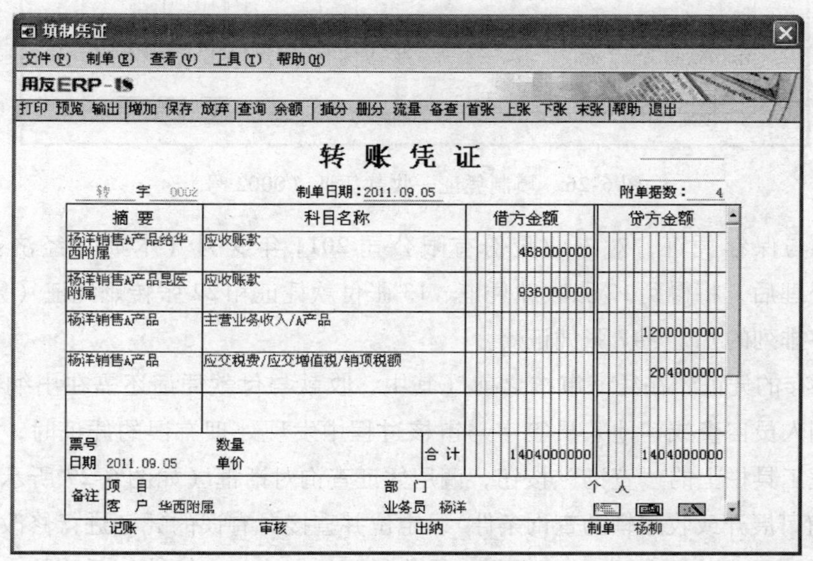

图 6-25 填制凭证—转账凭证（0002 号）

【例 6-9】

业务编号 6（收款凭证 0002 号，涉及客户往来核算、现金流量项目核算）。

第一步，定义凭证类别、制单日期与附单据张数。选择“收款凭证”，输入日期“2011. 09. 06”和“1”张单据数（方法同例 6-4）。

第二步，输入摘要与会计分录各行及其金额，同时完成各科目所属的辅助核算。用例 6-4 第二步凭证第四行“工行存款”及图 6-13 同样的方法，输入本凭证第一行“工行存款”科目与金额及现金流量表项目（增加 01，即“销售商品、提供劳务收到的现金，1 200 000 元）。

在凭证第二行输入“杨洋收到昆医附属承兑前欠货款”的摘要，并输入末级科目“应收票据”，在“客户往来核算”辅助项对话框（见图 6-24a）中直接输入简称“昆医附属”或编码“05”或单击“客户”放大镜按钮并在参照窗口双击相应客户后，再输入金额或按“＝”键。

第三步，单击工具栏上“增加”或“保存”按钮，保存如图 6-26 所示的收款凭证 0002 号。

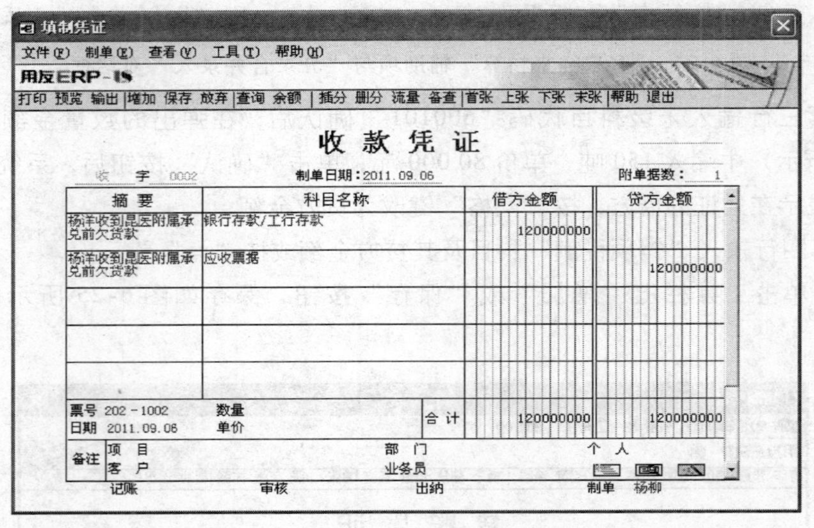

填制凭证

文件(F)　制单(E)　查看(V)　工具(T)　帮助(H)

用友ERP-U8

打印　预览　输出　增加　保存　放弃　查询　余额　插分　删分　流量　备查　首张　上张　下张　末张　帮助　退出

收款凭证

收　字 0002　　制单日期：2011. 09. 06　　附单据数：1

摘要	科目名称	借方金额	贷方金额
杨洋收到昆医附属承兑前欠货款	银行存款/工行存款	120000000	
杨洋收到昆医附属承兑前欠货款	应收票据		120000000
票号 202 - 1002　日期 2011. 09. 06　数量　单价	合计	120000000	120000000

备注	项目	部门	个人
	客户	业务员	

记账　　审核　　出纳　　制单 杨柳

图 6-26　填制凭证—收款凭证（0002 号）

通过填制与保存凭证，对宏业股份有限公司 2011 年 9 月（本期）经济业务（见表 4-18）进行处理后，将得到 12 张收款凭证、13 张付款凭证和 22 张转账凭证（凭证是按收、付、转的顺序排列的），共 47 张凭证。

对已经保存的凭证，在凭证审核之前（其中，收款与付款凭证还需在出纳签字之前），通过凭证填制人员自查或其他人员签字与审核过程中发现处理有误的凭证时，可以通过填制凭证对话框工具栏上的“查询”按钮，调用凭证查询对话框（如图 6-27 所示，其中“辅助条件”按钮可展开或收缩辅助查询条件），定位并直接对有误的凭证进行修改并保存，系统将显示“凭证已成功保存！”的提示框，修改凭证的方法与上述填制凭证的方法相同。需对凭证填制要素中的其他要素（即辅助信息，如表 6-2 所示）进行修改，首先将光标定位在该要素所在的分录行上，其次双击凭证显示的辅助信息，调用相关的辅助项对话框，即可进行修改并确认，保存凭证后就完成了对辅助信息的修改。

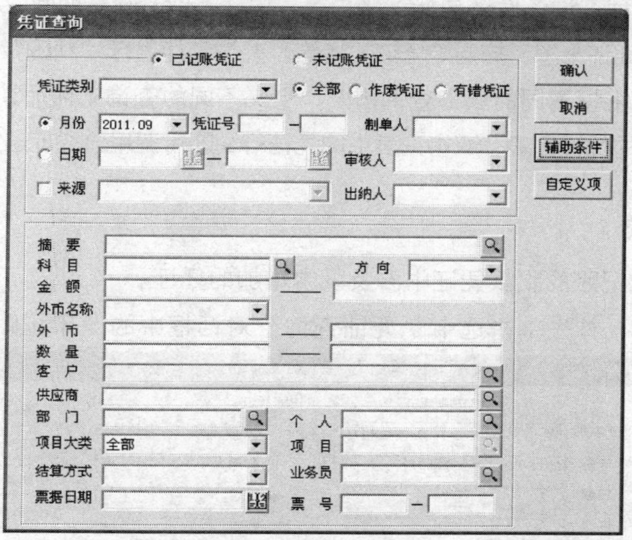

图 6-27　查询凭证对话框

2. 查询凭证

拥有查询凭证权限的用户通过系统注册后，可以对总账系统中已经保存的凭证进行精确与模糊查询。通过查询凭证功能，对已经发生的经济业务的会计处理进行查询，起到了解业务处理、便于及时发现与更正错误的业务处理、提高业务处理正确性的作用，具体操作方法与步骤如下。

第一步，调用“凭证查询”对话框。如图 6-28 所示，在总账系统窗口，依次单击：“系统

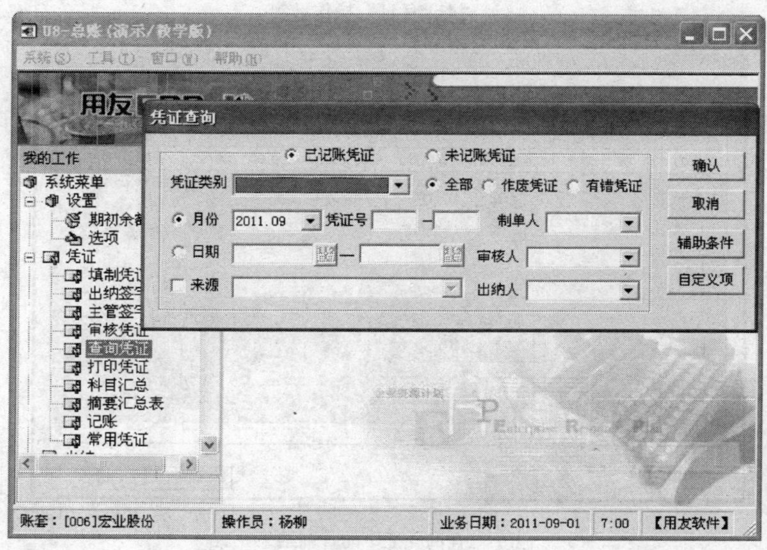

图 6-28　调用“查询凭证”对话框

菜单→凭证→查询凭证”，在弹出的“凭证查询”对话框中单击“辅助条件”按钮可展开或收缩如图6-27所示的辅助查询条件。

第二步，定义各种查询条件（包括记账与否、凭证类别、归属期间、填制日期、制单与审核等相关操作人员、凭证来源、摘要等凭证要素等）并按条件进行“精确”查询或不定义查询条件的“模糊”查询。根据不同的业务查询需要，定义不同的查询条件后，单击“确认”按钮，得到按查询条件查询的凭证列表，双击列表中的凭证行，即可调用该凭证进行详细查询。

【例6-10】

查询9月所有未记账的收款凭证中涉及股本增加的凭证。

如图6-29a所示，首先单击选中“凭证查询”对话框中的“未记账凭证”单选项，其

凭证查询

○ 已记账凭证 ⊙ 未记账凭证

凭证类别 收 收款凭证 ⊙ 全部 ○ 作废凭证 ○ 有错凭证

⊙ 月份 2011.09 凭证号 — 制单人

○ 日期 — 审核人

□ 来源 出纳人

摘 要

科 目 股本 方 向

金 额

外币名称

外 币

数 量

客 户

供应商

部 门 个 人

项目大类 全部 项 目

结算方式 业务员

票据日期 票 号 —

确认 取消 辅助条件 自定义项

a）“查询凭证”操作示例

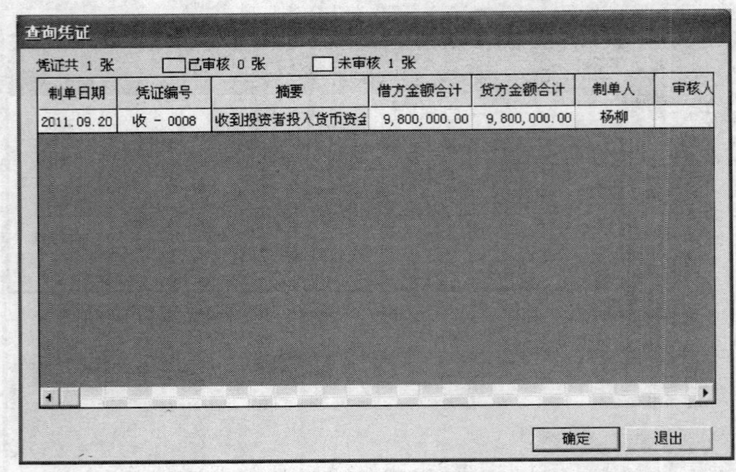

查询凭证

凭证共 1 张 已审核 0 张 未审核 1 张

制单日期	凭证编号	摘要	借方金额合计	贷方金额合计	制单人	审核人
2011.09.20	收 - 0008	收到投资者投入货币资金	9,800,000.00	9,800,000.00	杨柳	

确定 退出

b）“查询凭证”的查询结果

图6-29 “查询凭证”操作示例及其查询结果

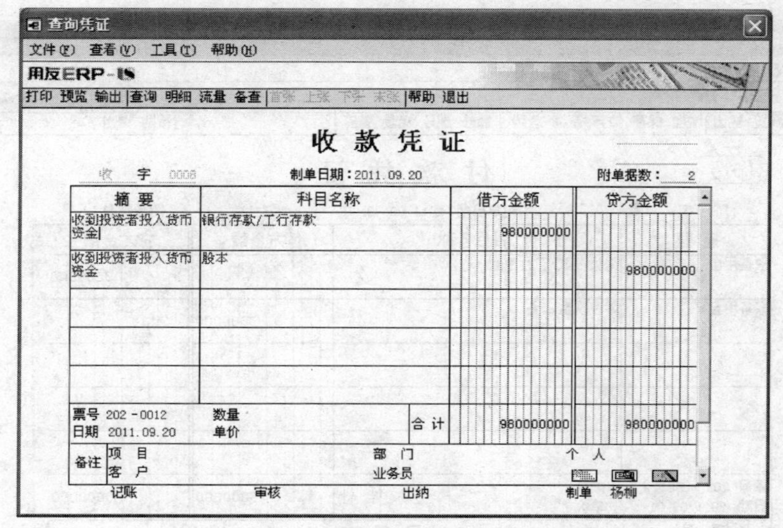

c）“查询凭证”对话框

图6-29 （续）

次单击凭证类别下拉三角，在列表中选中“收款凭证”，然后单击“辅助条件”按钮，展开凭证辅助条件查询对话框，在科目文本框中输入“股本”（或用科目参照选择），单击“确认”按钮，得到如图6-29b所示的凭证查询结果列表（包括摘要、凭证编号、借方与贷方合计金额、制单与审核人员、凭证来源系统信息），双击其中“收－0008”所在行，可调出该凭证（见图6-29c）进行更详细的查询（与执行“填制凭证”对话框中查询凭证不同的是，此处查询出的凭证不可以修改与保存）。

3. 作废与删除凭证

由于对某笔经济业务重复处理或凭证经修改后也不能保留等原因，结合例6-11，通过以下步骤对某张或某些已经填制且尚未签字、审核与记账的凭证进行删除。

【例6-11】

假设用户杨柳错误的填制了一张取备用金的付款凭证（0014号），将该凭证删除的步骤如下。

第一步，作废凭证。在“填制凭证”窗口通过工具栏上的“查询”按钮与查询凭证对话框，定位到将删除的0014号付款凭证。单击“制单”菜单的“作废/恢复”选项，如图6-30a所示，该凭证便标注了“作废”字样。再次重复上述操作可对已经作废的凭证进行恢复。

第二步，整理凭证，即删除作废凭证并整理凭证断号。单击“制单”菜单的“整理凭证”选项，选择如图6-30b所示的整理凭证的期间后，再双击“作废凭证表”对话框（见图6-30c）所示中删除单元格或“全选”按钮后单击“确定”按钮，再对“凭证”提示框（如图6-30d）的“是否还需整理凭证断号”选择“是”按钮，清除被删除凭证占用的编号，再对已保存的凭证进行顺序编号，完成凭证的删除与整理。

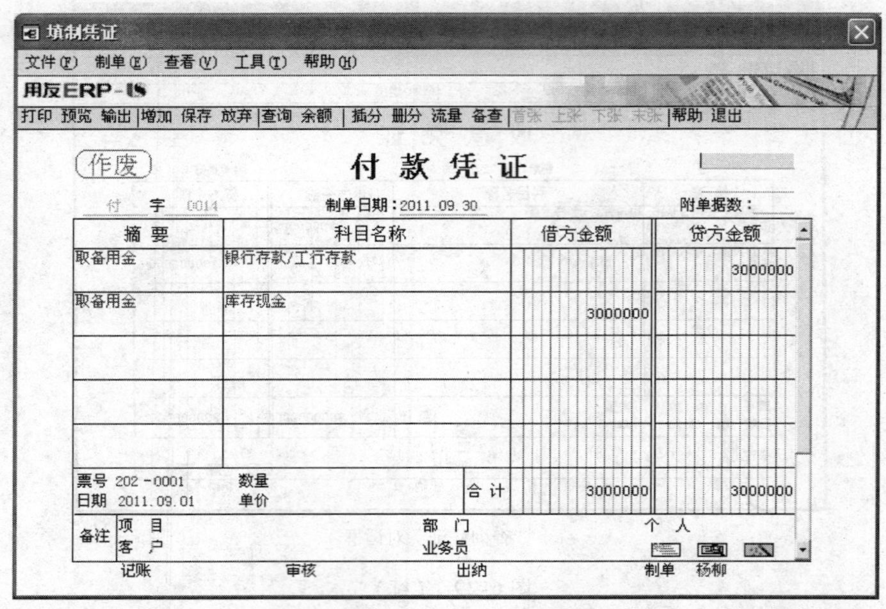

a）标记“作废”

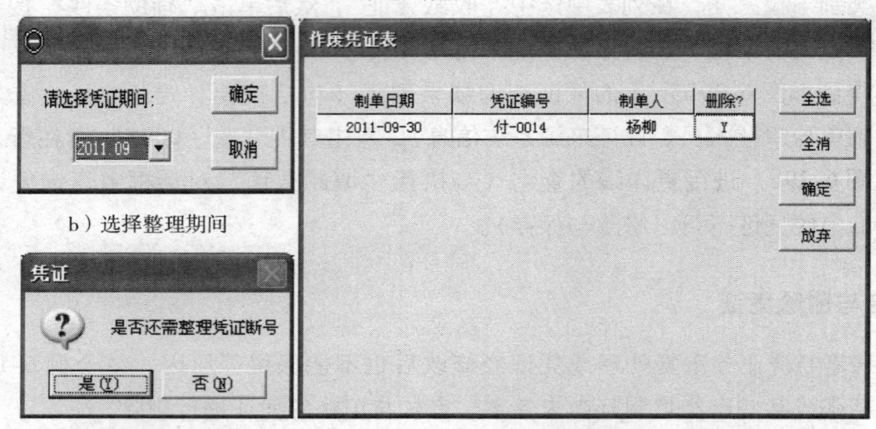

b）选择整理期间

d）整理凭证断号　　c）选择删除凭证

图6-30 “作废凭证”操作示例

4. 冲销凭证

冲销凭证，即对已经记账的有误凭证作红字冲销，再做正确的凭证处理的过程。其操作方法是：

单击“填制凭证”窗口“制单”菜单的“冲销凭证”选项，定义“冲销凭证”对话框（见图6-31）中待冲销凭证各项信息后单击“确定”按钮，便生成了一张红字冲销凭证，在此基础上，对冲销的业务再做正确的“蓝字”凭证（即正确的凭证）。

图6-31 “冲销凭证”对话框

5. 出纳签字

出纳签字是出纳人员对记账凭证中涉及库存现金与银行存款的经济业务予以确认并签章的过程。结合例 6-12，通过以下步骤对某笔或全部已经填制的凭证进行出纳签字。

【例 6-12】

出纳张东对本期所有收款与付款凭证进行出纳签字。

第一步，权限用户系统注册。出纳人员张东（编号：003）登录“总账”系统，方法详见 5. 2. 1. 1。

第二步，查询并调阅需要出纳签字的凭证。如图 6-32a 所示，依次单击：“系统菜单→凭证→出纳签字”，调用“出纳签字”对话框，输入出纳签字凭证的相关信息单击“确认”按钮后（内容、操作方法与查询凭证类似，此处不再赘述），弹出所需出纳签字的凭证信息列表（如图 6-32b 所示，若不输入任何信息，则列出所有需要出纳签字的凭证信息，本例采用此方法），双击某张凭证信息所在行或单击后单击“确定”按钮。弹出如图 6-32c 所示的“出纳签字”窗口。

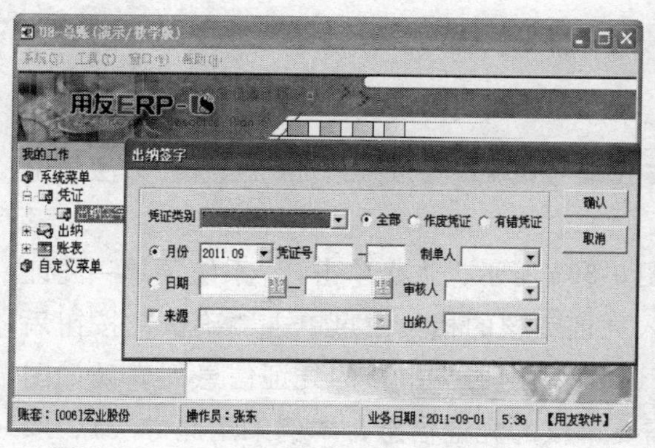

a）“出纳签字”功能的调用

出纳签字

凭证共 25 张　已签字 0 张　未签字 25 张

制单日期	凭证编号	摘要	借方金额合计	贷方金额合计	制单人	签
2011.09.04	收 - 0001	吴强报销差旅费	8,000.00	8,000.00	杨柳	
2011.09.06	收 - 0002	杨洋收到昆医附属承兑首	1,200,000.00	1,200,000.00	杨柳	
2011.09.09	收 - 0003	李宾收到全资子公司支付	500,000.00	500,000.00	杨柳	
2011.09.11	收 - 0004	张松出售为交易目的持有	2,884,000.00	2,884,000.00	杨柳	
2011.09.11	收 - 0005	王茜出售不需用设备收到	3,000,000.00	3,000,000.00	杨柳	
2011.09.13	收 - 0006	张松出售持有至到期投资	4,756,000.00	4,756,000.00	杨柳	
2011.09.19	收 - 0007	杨洋收到华西医科大学附	2,000,000.00	2,000,000.00	杨柳	
2011.09.20	收 - 0008	收到投资者投入货币资金	9,800,000.00	9,800,000.00	杨柳	
2011.09.21	收 - 0009	收到应收利息	300,000.00	300,000.00	杨柳	
2011.09.21	收 - 0010	出售无形资产	1,560,000.00	1,560,000.00	杨柳	
2011.09.21	收 - 0011	出售可供出售金融资产	3,250,000.00	3,250,000.00	杨柳	
2011.09.26	收 - 0012	季苹处置长期股权投资	8,020,000.00	8,020,000.00	杨柳	

确定　退出

b）“出纳签字”查询结果列表

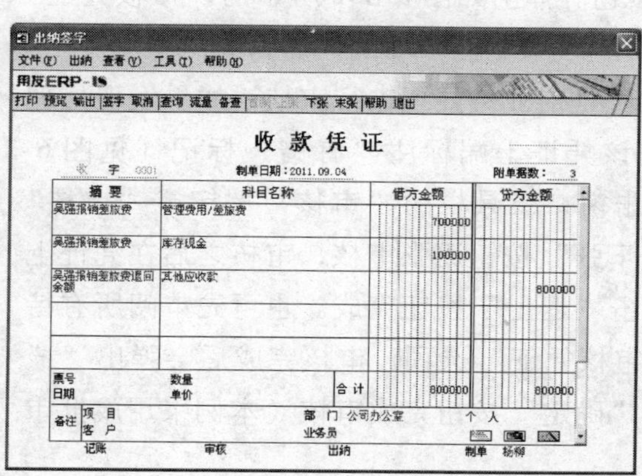

c）“出纳签字”窗口

记账　审核　出纳　张东　制单　杨柳

d）“出纳签字”结果

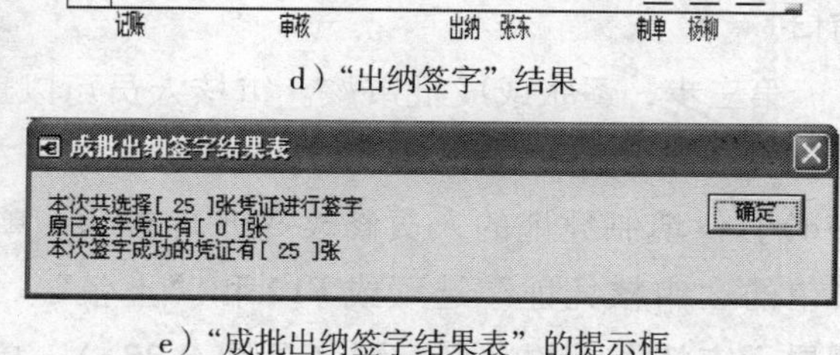

e）“成批出纳签字结果表”的提示框

f）“成批取消出纳签字结果表”的提示框

图 6-32　“出纳签字”示例

第三步，逐张或成批进行出纳签字。出纳人员可以逐一地对业务核对无误后，单击窗口工具栏的“签字”按键或“出纳”菜单的“出纳签字”选项和“下张”按钮逐张签字，之后在凭证下端“出纳”处显示出纳人员的姓名标记（见图6-32d），单击“退出”按钮完成。也可先审阅所有待签字的凭证，然后单击“出纳”菜单的“成批出纳签字”选项，签字完成后会弹出“成批出纳签字结果表”的提示框（见图6-32e），单击“确定”按钮完成签字（本例采用成批签字的方法）。

若要取消出纳签字，可单击窗口工具栏的“取消”按键或“出纳”菜单的“取消签字”选项和“下张”按钮逐张取消签字，除去凭证上出纳人员的姓名标记，也可单击“出纳”菜单的“成批取消出纳签字”选项，取消签字完成后会弹出“成批取消出纳签字结果表”的提示框（见图6-32f），单击“确定”按钮成批取消签字。

6. 审核凭证

安排其他财务人员对凭证填制人员填制的凭证进行纠错等审核，是会计工作内部控制中不可或缺的环节，与出纳签字类似，结合例6-13，审核凭证采用权限用户系统注册、查询并调阅需审核的凭证、逐张或成批审核3步。

【例6-13】

财务经理李宾对本期所有凭证进行审核。

第一步，权限用户系统注册。审核人员李宾（编号004）登录“总账”系统，方法详见5.2.1.1。

第二步，查询并调阅需要审核的凭证。如图6-33a所示，依次单击：“系统菜单→凭证→审核凭证”，调用“凭证审核”对话框，输入凭证审核的相关信息单击“确认”按钮后（内容、操作方法与查询凭证类似，此处不再赘述），弹出所需审核的凭证信息列表（如图6-33b所示，若不输入任何信息，则列出所有需要审核的凭证信息，本例采用此方法），双击某张凭证信息所在行或单击后单击“确定”按钮。弹出如图6-33c所示的“审核凭证”窗口。

第三步，逐张或成批审核。审核人员可以逐一地对业务处理进行审核，如果发现处理有误，可单击窗口工具栏的“标错”按钮，在该凭证上端标注“有错”标记（见图6-33d），供填制凭证的人员修改凭证时参考；单击窗口工具栏的“审核”按钮或“审核”菜单的“审核凭证”选项或F12和“上张”、“下张”按钮逐张审核，审核之后在凭证上即显示审核人员的姓名标记（见图6-33e），单击“退出”按钮完成。也可先审阅所有待审核的凭证，然后单击“审核”菜单的“成批审核凭证”选项，审核完成后会弹出“成批审核结果表”的提示框（见图6-33f），单击“确定”按钮完成审核（本例采用成批审核的方法）。

若要取消审核，可单击窗口工具栏的“取消”按键或“审核”菜单的“取消审核”选项和“下张”按钮逐张取消审核，除去凭证上审核人员的姓名标记，也可单击“审核”菜单的“成批取消审核凭证”选项，取消审核完成后会弹出“成批取消审核结果表”的提示框（见图 6-33g），单击“确定”按钮成批取消审核。

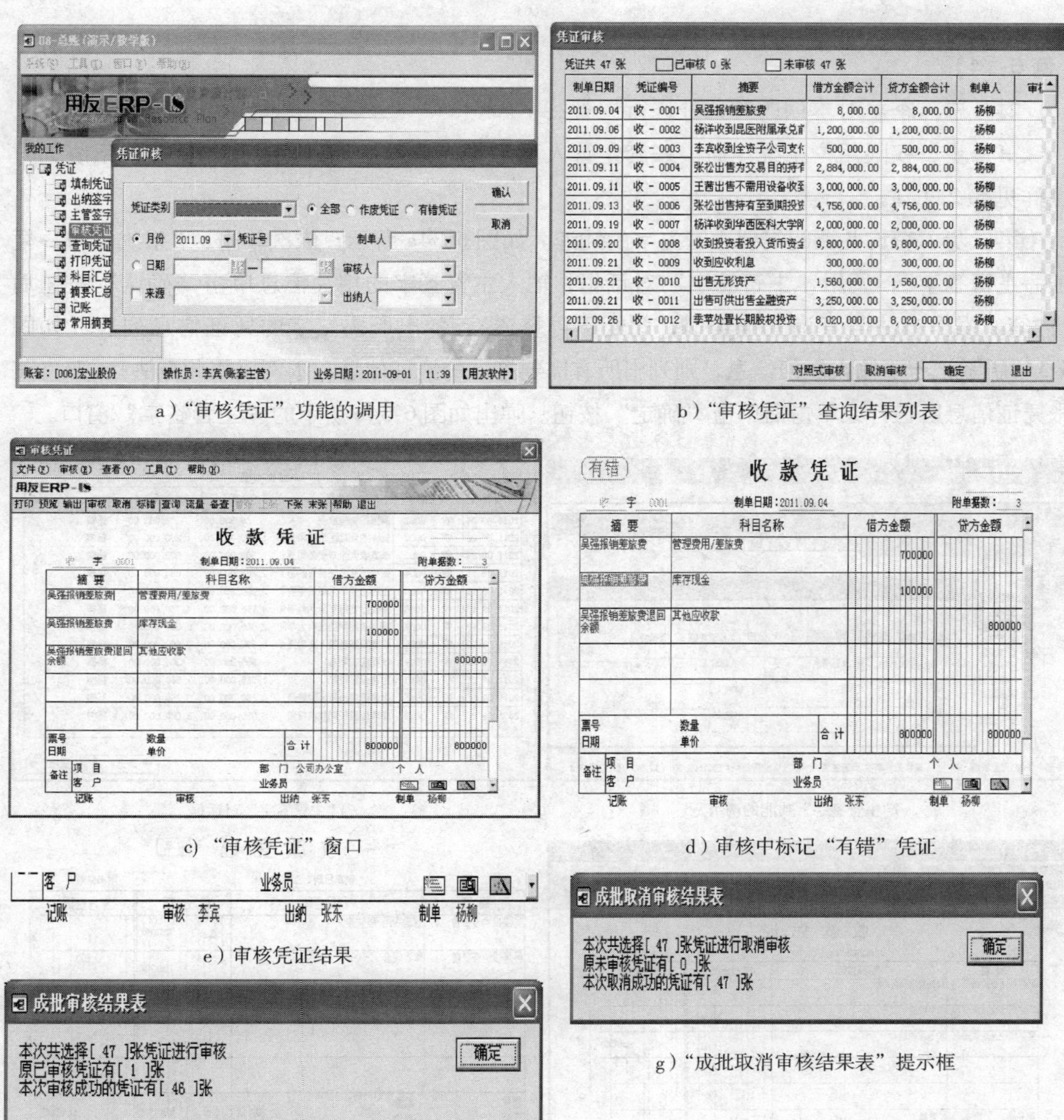

a）“审核凭证”功能的调用　　b）“审核凭证”查询结果列表

c）“审核凭证”窗口　　d）审核中标记“有错”凭证

e）审核凭证结果

f）“成批审核结果表”提示框　　g）“成批取消审核结果表”提示框

图 6-33　“审核凭证”示例

7. 主管签字

当账套选项的凭证控制模块设置了“凭证必须经由会计主管签字”，财务主管或账套主管对凭证填制人员填制的凭证进行纠错等主管签字就成为会计工作内部控制中不可或缺的环节，与出纳签字类似，主管签字也采用权限用户系统注册、查询并调阅需签字的凭证、逐张或成批签字3步（结合例6-14讲解）。

【例6-14】

财务总监季苹对本期所有凭证进行主管签字。

第一步，权限用户系统注册。账套主管人员季苹（编号：001）登录“总账”系统，方法详见5.2.1.1。

第二步，查询并调阅需要主管签字的凭证。如图6-34a所示，依次单击：“系统菜单→凭证→主管签字”，调用“主管签字”对话框，输入主管签字的相关信息单击“确认”按钮后（内容、操作方法与查询凭证类似，此处不再赘述），弹出所需签字的凭证信息列表（如图6-34b所示，若不输入任何信息，则列出所有需要签字的凭证信息，本例采用此方法），双击某张凭证信息所在行或单击后单击“确定”按钮。弹出如图6-34c所示的“主管签字”窗口。

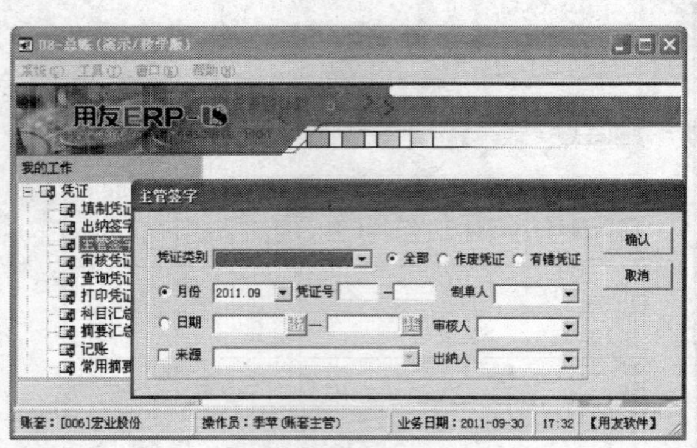

a）“主管签字”功能的调用

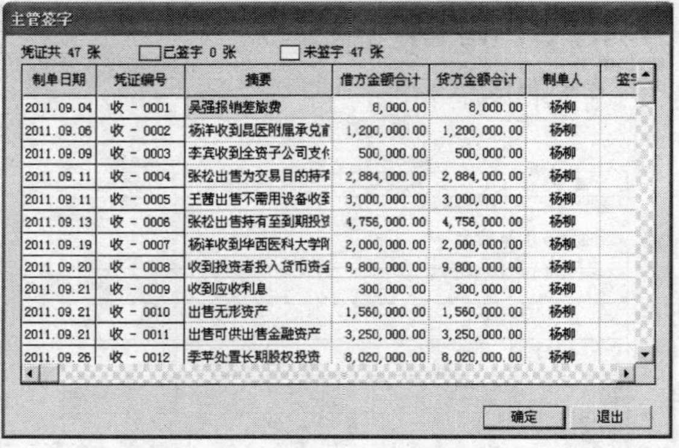

b）“主管签字”对话框

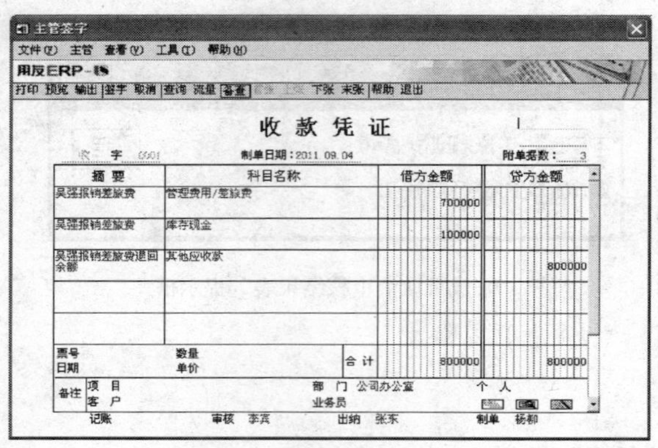

c）“主管签字”窗口

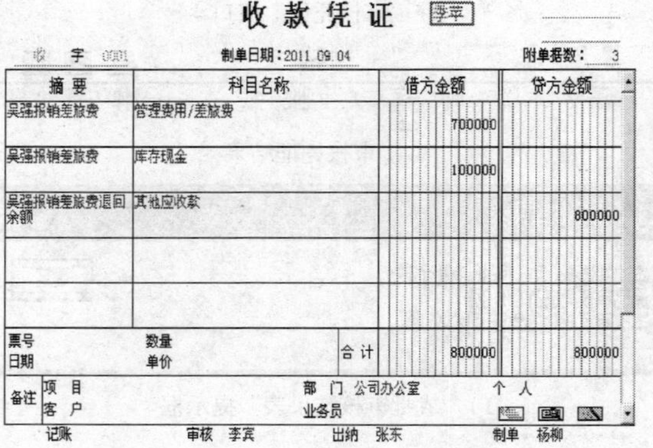

d）“主管签字”结果

e）“成批主管签字结果表”提示框

f）“成批取消主管签字结果表”提示框

图6-34 “主管签字”示例

第三步，逐张或成批签字。主管人员可以逐一地对业务处理进行签字，单击窗口工具栏的“签字”按钮或“主管”菜单的“主管签字”选项和“上张”与“下张”按钮逐张签字，签字之后在该凭证上端标注主管签字人员“季苹”的印记（见图6-34d），单击“退出”按钮完成签字。也可先审阅所有待签字的凭证，然后单击“主管”菜单的“成批主管签字”选项，签字完成后会弹出“成批主管签字结果表”的提示框（见图6-34e），单击“确定”按钮完成签字（本例采用成批主管签字的方法）。

若要取消主管签字，可单击窗口工具栏的“取消”按键或“主管”菜单的“取消签字”选项和“下张”按钮逐张取消签字，除去凭证上签字人员的姓名标记，也可单击“主管”菜单的“成批取消签字”选项，取消签字完成后会弹出“成批取消主管签字结果表”的提示框（见图6-34f），单击“确定”按钮成批取消签字。

8. 科目汇总

科目汇总，是在填制凭证的基础上，对一定期间内各科目的本期借贷发生额（含外币与数量的发生额）进行汇总的过程，它是实现从记账凭证汇总登记到总账的必经阶段。下面结合例6-15讲解其具体操作步骤。

【例6-15】

会计人员杨柳（编号002）对2011. 9. 1 ~ 2011. 9. 10期间填制的未记账凭证进行科目汇总。

第一步，调用并设置“科目汇总”对话框。如图6-35a所示，在总账系统窗口，依次单击：“系统菜单→凭证→科目汇总”，在弹出的“科目汇总”对话框中依次选择和输入以下项目：汇总月份（2011. 09）、凭证类别（全部）、科目汇总级次（1级）、未记账凭证、汇总日期（2011. 9. 1 ~ 2011. 9. 10），然后单击“汇总”按钮。

a）调用并设置“科目汇总”对话框

图6-35　“科目汇总”示例

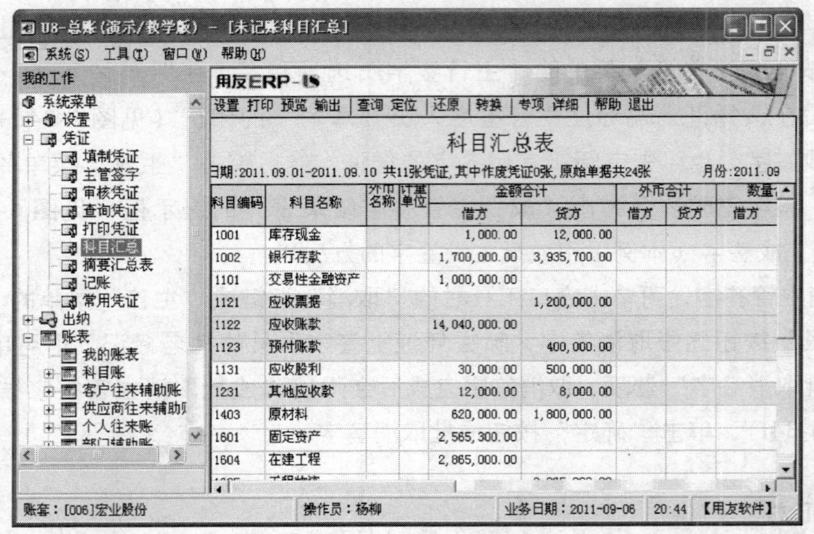

b）进行科目汇总

图 6-35 （续）

第二步，进行科目汇总。如图 6-35b 所示，弹出的“科目汇总”窗口中，对指定汇总期间的 11 张凭证 16 个科目的本期发生额进行了汇总。

9. 记账与恢复记账前状态

记账是将经审核无误的记账凭证依次登记到有一定账户结构的账簿中的过程。已经记账的凭证是不能再修改的，如需修改已经记账的凭证，则需要恢复记账前状态，取消审核与签字后方能修改。

恢复记账前状态是记账过程的逆过程，即“取消”记账，是将已经记账的凭证记录从账簿中取消登记的过程。

在用友 ERP－U8 中，凭证在记账之前就可以进行账表查询，但必须勾选各类查询对话框中的“包括未记账凭证”单选项，这项功能被称为“预记账功能”（详见 6. 2. 2. 2 账表管理）。恢复记账前状态与预记账等功能，是会计信息系统的电子数据处理功能较传统手工会计系统的数据处理效率得以提升的集中体现。

下面分别结合例 6-16、例 6-17，讲解“记账”、“恢复记账前状态”的操作及其步骤。

【例 6-16】

财务主管李宾对本期填制完毕并经审核签字的各类凭证（共 47 张）进行记账操作。

第一步，权限用户系统注册。财务主管李宾（编号 004）登录“总账”系统，方法详见 5. 2. 1. 1。

第二步，启动记账功能并定义记账范围。如图 6-36a 所示，依次单击：“系统菜单→凭证→记账”，调用“记账”对话框，在“选择本次记账范围”环节，可以查看记账期间、凭证类别、已审核凭证等记账前的信息，单击“全选”按钮，可将已审核未记账的所有凭证纳入本次记账范围并显示在“记账范围”列单元格（见本例图 6-36b），单击“全消”则取消已经定义好的记账范围，记账人员可以自定义记账范围（如要对前 10 张收款凭证进行记账操作，则在收款凭证行的“记账范围”单元格内输入“1－10”）。

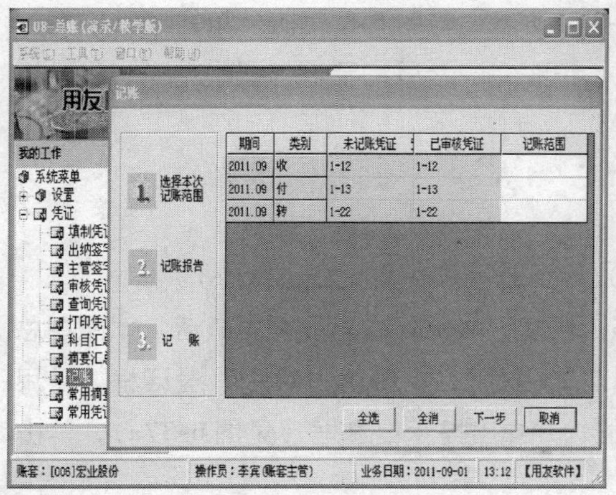

a）“记账”功能的调用

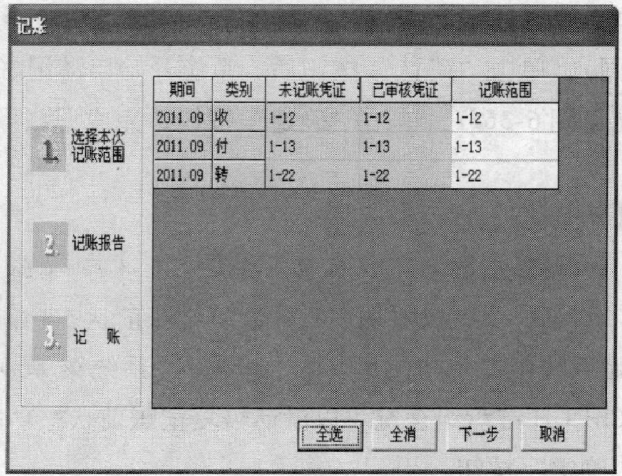

b）记账范围选择

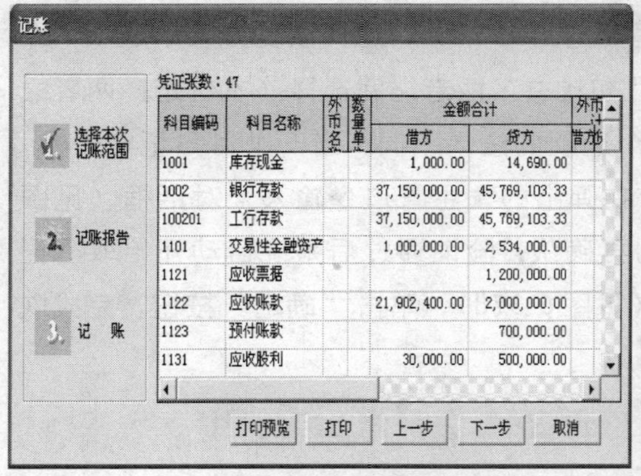

科目编码	科目名称	外币名称	数量单位	金额合计 借方	金额合计 贷方
1001	库存现金			1,000.00	14,690.00
1002	银行存款			37,150,000.00	45,769,103.33
100201	工行存款			37,150,000.00	45,769,103.33
1101	交易性金融资产			1,000,000.00	2,534,000.00
1121	应收票据				1,200,000.00
1122	应收账款			21,902,400.00	2,000,000.00
1123	预付账款				700,000.00
1131	应收股利			30,000.00	500,000.00

c）查阅记账报告

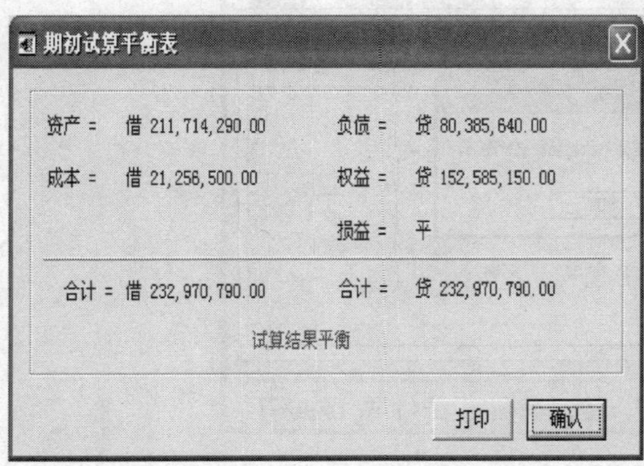

d）进入记账状态

e）记账前对期初进行试算平衡检查

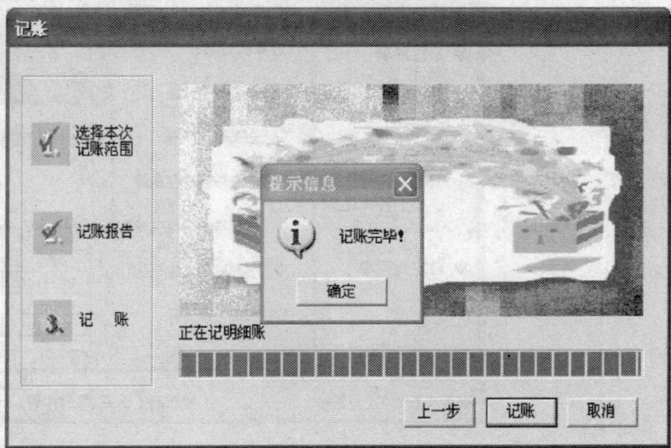

f）记账过程及记账完毕提示

图 6-36 “记账”示例

第三步，查阅记账报告、记账。如图6-36c所示的记账报告，查阅纳入本次记账范围的凭证所涉及的会计科目及其借贷发生额合计（即仅有本期发生额的科目汇总表，包含外币与数量的借贷发生额）。然后单击“下一步”按钮，进入记账状态（见图6-36d），单击“记账”按钮，将弹出期初试算平衡表（如图6-36e所示，与图6-8期初余额的试算平衡相同），单击“确认”按钮后，系统开始自动记账，记账完毕之后将显示“记账完毕”提示框（见图6-36f），单击“确定”按钮，完成记账操作。

【例6-17】

财务主管李宾取消本期各类凭证（共47张）的记账（即恢复记账前状态）。

第一步，权限用户激活恢复记账前状态功能。恢复记账前状态功能需要激活，才能在总账系统中显示与使用。依次单击：“系统菜单→期末→对账”，调用“对账”对话框，使用Ctrl + H键盘组合键可以激活恢复记账前状态功能，并弹出提示信息框（见图6-37a），单击“确定”按钮。

第二步，“恢复记账前状态”功能的调用与实现。依次单击：“系统菜单→凭证→恢复记账前状态”，调用“恢复记账前状态”对话框（见图6-37b），选择恢复方式单选项，即在恢复到“最近一次记账前状态”与恢复到“月初状态”两者之间选择（本例选择两者之一均可，当一个月的凭证是分多次记账的，两个选项的结果不同，当一个月只记账一次，两个选项结果相同）。然后单击“确定”按钮，在弹出的“主管口令输入”对话框（见图6-37c）中输入权限用户密码，进行权限用户的再确认，验证通过后系统自动开始取消记账，恢复完毕后弹出“恢复记账完毕”提示框（见图6-37d），单击“确定”按钮，完成恢复记账操作。

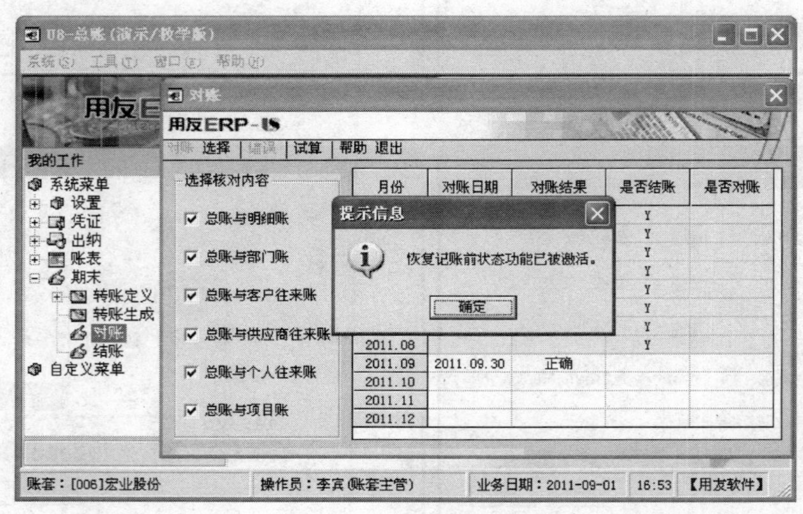

a）激活“恢复记账前状态”功能

图6-37 “恢复记账前状态”示例

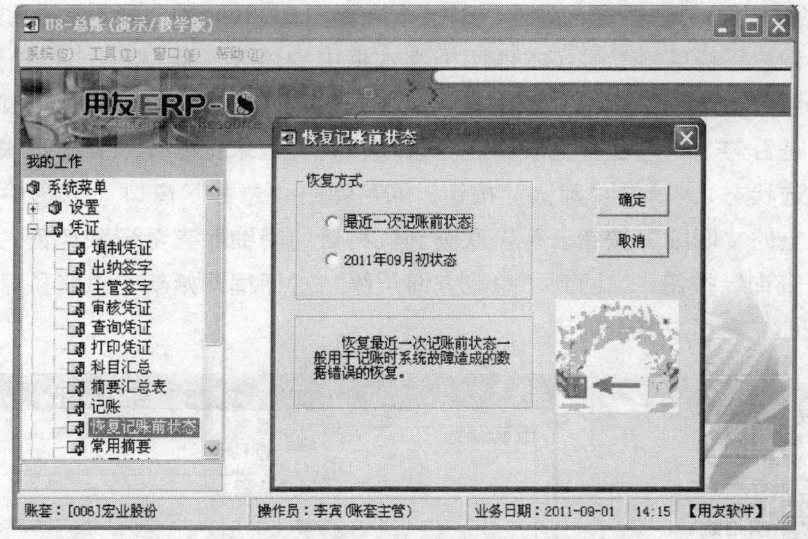

b）"恢复记账前状态"功能的调用

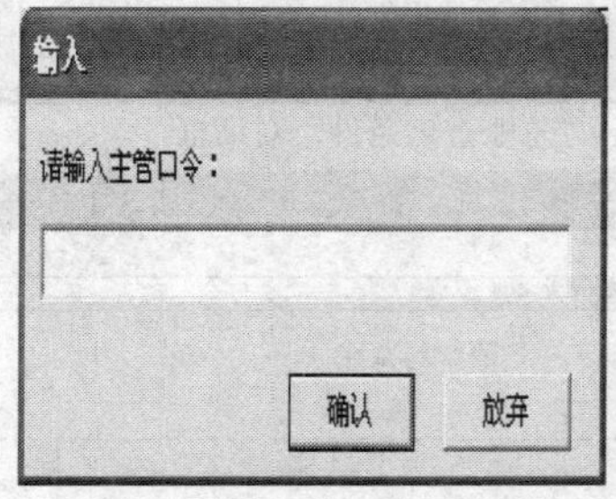

c）主管口令—权限用户再确认

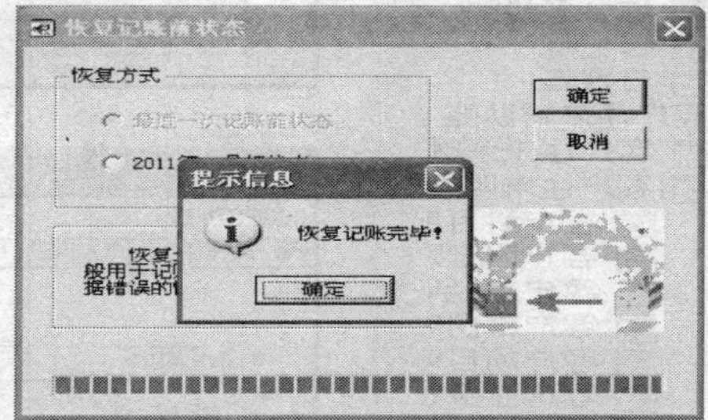

d）恢复记账前状态的过程与结果

图 6-37　（续）

6.2.2.2　账表管理

企业发生的经济业务，经记账凭证的填制、审核、签字等处理后，在凭证记账前，可以通过后台数据库的数据采集功能，形成"未记账的账簿"，即凭证的"预记账功能"；在凭证记账后，形成了正式的会计账簿。如图 6-38a 所示，权限用户在总账系统中依次单击："系统菜单→账表"，可以展开账表日常管理（子项），即对总账、明细账、客户往来等辅助账进行查询、打印与统计分析等日常管理，也可以进行用户自定义的高级查询。

1. 总账查询

【例 6-18】

财务主管李宾查询本期"原材料（1403）"科目总账及其余额。

第一步，权限用户系统注册。财务主管李宾（编号004）登录"总账"系统，方法详见 5.2.1.1。

第二步，总账查询条件设置并查询。见图 6-38a，依次单击："系统菜单→账表→科目账→总账”，在弹出的“总账查询条件”对话框（见图6-38b）的“科目”至“科目”文本框中输入需查询总账科目的范围（本例两个文本框中均输入“原材料”或其代码“1403”或单击科目参照“放大镜”按钮并双击科目树中找到的“原材料”科目）。根据凭证处理的情况，选择是否勾选“包含未记账凭证”选项（在凭证未记账或未完全记账的情况下勾选，本例为勾选状态），单击“确认”按钮，即可弹出“总账”窗口（见图6-38c），单击该窗口工具栏上的“明细”按钮，可以联查到该科目的明细账直至记账凭证。单击该窗口工具栏上的“查询”按钮，又回到“总账查询条件”对话框开始新的总账科目的查询。单击“退出”按钮，退出总账查询。

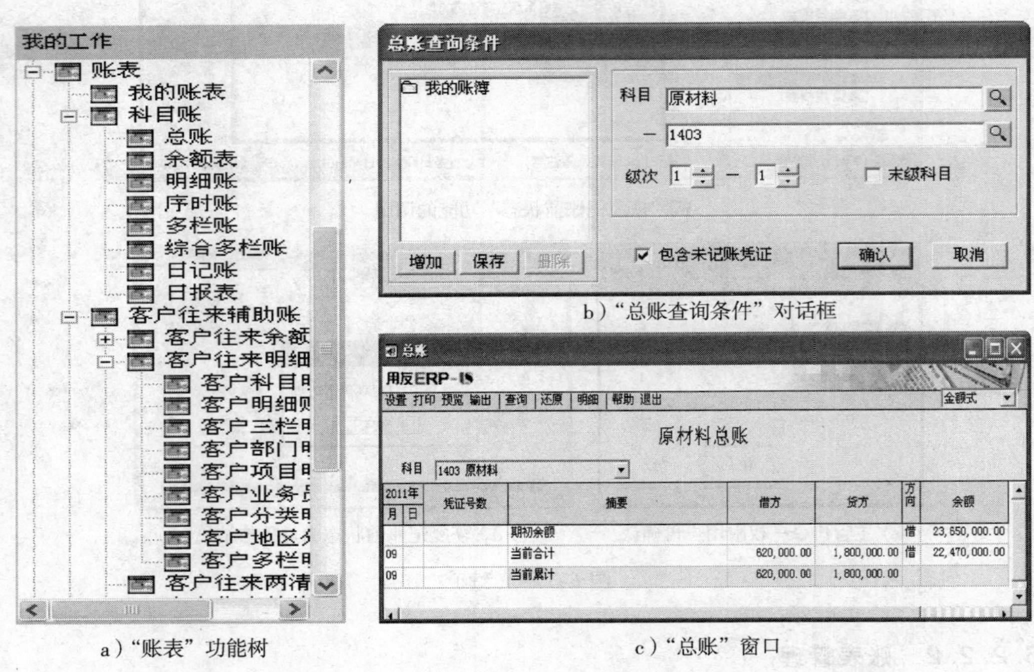

a）“账表”功能树　　b）“总账查询条件”对话框　　c）“总账”窗口

图6-38 “账表查询”功能树与总账查询示例

2. 明细账查询

【例6-19】

会计杨柳查询本期“原材料—生产用（140301）”科目明细账及其余额。

第一步，权限用户系统注册。会计人员杨柳（编号002）登录“总账”系统，方法详见5.2.1.1。

第二步，明细账查询条件设置并查询。如图6-38a所示，依次单击：“系统菜单→账表→科目账→明细账”，勾选弹出的“明细账查询条件”对话框（见图6-39a）中的“按科目范围查询”或“月份综合明细账”单选项（前者侧重按科目范围且能与对方科目展开查询，后者侧重按时间并可对其上级科目的总账数据展开查询，本例采用前者，请同学们在实验时，同时也采用后者进行查询，并比较两者的异同），在“科目 - 科目”文本框中输入需查明细账科目的范围（本例两个文本框中均输入“生产用”或其代码“140301”或单击科目参照“放大镜”按钮并双击科目树中找到的“生产用”科目）。并根据凭证处理的情况，选择是否勾选“包含未记账凭证”选项（在凭证未记账或未完全记账的情况下勾选，本例为勾选状态），单击“确认”按钮，即可弹出“明细账”窗口（见图 6-39b 至图 6-39d），可通过如表 6-5 所示的该窗口工具栏上的多个常用按钮，对窗口显示及查询条件进行设置与查询，单击“退出”按钮，退出明细账查询。

明细账查询条件

我的账簿

◉ 按科目范围查询　　确认

○ 月份综合明细账　1001 库存现金　　取消

科目　140301

—　140301

月份　2011.09　—　2011.09

增加　保存　删除

☐ 是否按对方科目展开　◉ 一级科目　○ 末级科目

☑ 包含未记账凭证　☐ 按科目排序

a）“明细账查询条件”对话框

明细账

用友ERP-IS

设置 打印 预览 输出 | 查询 过滤 摘要 | 锁定 还原 | 凭证 总账 | 帮助 退出　金额式

原材料明细账

数量单位：吨

科目　140301 生产用　　月份：2011.09-2011.09

2011年 月	日	凭证号数	摘要	对方科目	借方	贷方	方向	余额
			期初余额				借	15,000,000.00
09	01	付-0001	*王志刚向丹阳科技购进生产用原材料	预付账款(1123)，工行存款(100201)	620,000.00		借	15,620,000.00
09	02	转-0001	*生产车间许飞领用原材料60吨_A产品	直接材料(500101)		1,500,000.00	借	14,120,000.00
09	02	转-0001	*生产车间许飞领用原材料60吨_B产品	直接材料(500101)		300,000.00	借	13,820,000.00
09			当前合计		620,000.00	1,800,000.00	借	13,820,000.00
09			当前累计		620,000.00	1,800,000.00	借	13,820,000.00

b）按对方科目展开的明细账查询结果

明细账

用友ERP-IS

设置 打印 预览 输出 | 查询 过滤 摘要 | 锁定 还原 | 凭证 总账 | 帮助 退出　金额式

原材料明细账

数量单位：吨

科目　140301 生产用　　月份：2011.09-2011.09

2011年 月	日	凭证号数	摘要	借方	贷方	方向	余额
			期初余额			借	15,000,000.00
09	01	付-0001	*王志刚向丹阳科技购进生产用原材料	620,000.00		借	15,620,000.00
09	02	转-0001	*生产车间许飞领用原材料60吨		1,800,000.00	借	13,820,000.00
09			当前合计	620,000.00	1,800,000.00	借	13,820,000.00
09			当前累计	620,000.00	1,800,000.00	借	13,820,000.00

c）按“科目范围”的明细账查询结果

图 6-39　明细账查询示例

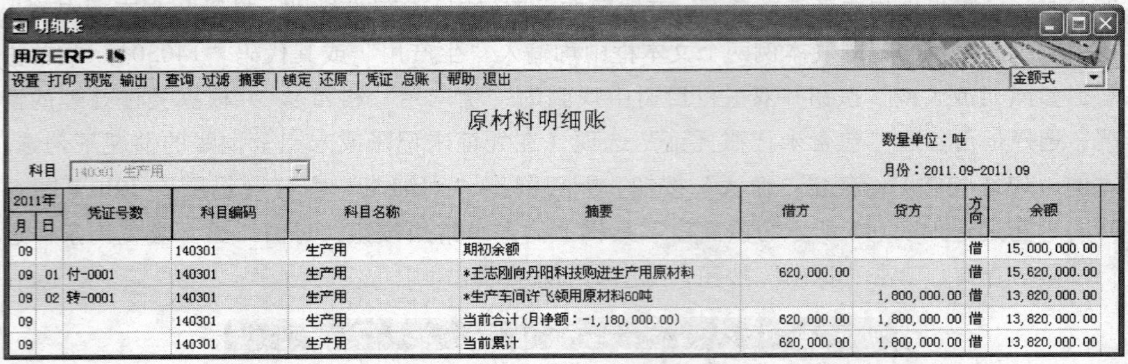

明细账

用友ERP-U8

设置 打印 预览 输出 | 查询 过滤 摘要 | 锁定 还原 | 凭证 总账 | 帮助 退出 金额式

原材料明细账

数量单位：吨

科目 140301 生产用

月份：2011.09-2011.09

2011年		凭证号数	科目编码	科目名称	摘要	借方	贷方	方向	余额
月	日								
09			140301	生产用	期初余额			借	15,000,000.00
09	01	付-0001	140301	生产用	*王志刚向丹阳科技购进生产用原材料	620,000.00		借	15,620,000.00
09	02	转-0001	140301	生产用	*生产车间许飞领用原材料60吨		1,800,000.00	借	13,820,000.00
09			140301	生产用	当前合计(月净额：-1,180,000.00)	620,000.00	1,800,000.00	借	13,820,000.00
09			140301	生产用	当前累计	620,000.00	1,800,000.00	借	13,820,000.00

d）按“月份综合”的明细账查询结果

图 6-39 （续）

表 6-5 “明细账”窗口工具栏常用按钮功能简介

按钮名称	功能简介
摘要	设置摘要显示内容
过滤	如何进行明细账组合条件查询
查询	调用查询条件界面，重新设置查询条件，进行新的查询
锁定	可锁定（或取消锁定）列宽
还原	还原本次或上次设定的列宽
凭证	查询光标所在行凭证
总账	查询当前查询科目的总账

3. 辅助账查询

【例 6-20】

会计杨柳查询本期“应收账款（1122）”中“昆医附属”科目明细账及其余额。

第一步，权限用户系统注册，同例6-18。

第二步，辅助明细账查询条件设置并查询。如图6-40a所示，依次单击：“系统菜单→账表→客户往来辅助账→客户明细账”，在弹出的“客户明细账”对话框“查询条件”窗格的“客户”文本框中输入需查明细账的客户名（本例输入“昆医附属”或其代码“05”或单击客户“放大镜”按钮并双击“昆医附属”所在行）。并根据凭证处理的情况，选择是否勾选“含未记账凭证”选项（在凭证未记账或未完全记账的情况下勾选，本例为勾选状态），单击“确定”按钮，即可弹出“客户明细账”窗口（如图6-40b所示，工具栏常用按钮功能参见表6-5），通过该窗口工具栏上的多个常用按钮，可对总账、记账凭证进行联查，单击该窗口工具栏上的“查询”按钮可对客户明细账进行周而复始的查询。单击“退出”按钮，退出明细账查询。

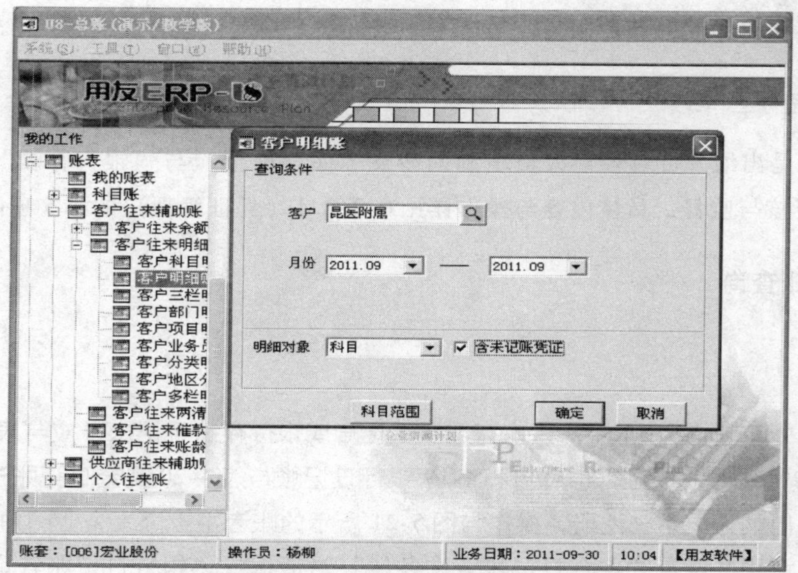

a）“客户明细账”查询对话框设置

用友ERP-U8

打印　预览　输出　查询　总账　凭证　摘要　帮助　退出　　金额式

客户明细账

客户　05　昆医附属　　　　月份：2011.09-2011.09

2011年		凭证号	客户	科目		摘要	借方	贷方	方向	余额
月	日		名称	编号	名称		本币	本币		本币
			昆医附属	1121	应收票据	期初余额			借	1,200,00
09	06	收-0002	昆医附属	1121	应收票据	*杨洋收到昆医附属承兑前欠货款_2011.09.06_杨洋		1,200,000.00	平	
			昆医附属	1121	应收票据	小计：		1,200,000.00	平	
09	05	转-0002	昆医附属	1122	应收账款	*杨洋销售A产品昆医附属_2011.09.05_杨洋	9,360,000.00		借	9,360,00
			昆医附属	1122	应收账款	小计：	9,360,000.00		借	9,360,00
						合计：	9,360,000.00	1,200,000.00	借	9,360,00

b）“客户往来”明细账查询结果

图 6-40　“客户往来”辅助核算明细账查询示例

4. 用户自定义账表查询

权限用户可通过“我的账表”自定义账夹，对系统所能提供的全部报表进行管理，初次进入本功能，自定义账夹内存放系统预置的“辅助明细表”和“科目备查资料”，用户可自定义所需的账夹和查询表，并对其进行管理。

6.2.2.3　出纳管理

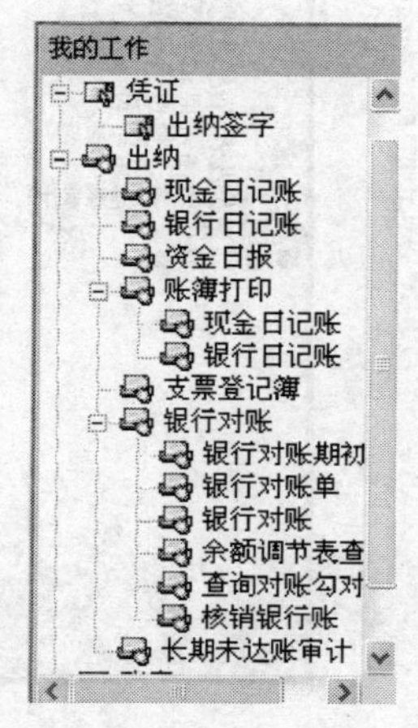

图 6-41　出纳人员系统菜单

如图 6-41 所示，出纳人员在日常业务处理中，涉及出纳签字、日记账查询、资金日报表查询、支票管理簿查询、银行对账、未达账项审计等。这些工作在财务工作中，能起到对账证相符、账实相符等的内部控制与监督。

1. 出纳签字

出纳签字是出纳人员对会计人员填制的涉及“库存现金”与“银行存款”两个科目的记账凭证的审核与监督，具体内容与操作详见6.2.2.1（凭证管理）的第5项内容。

2. 日记账查询

【例6-21】

出纳人员张东查询2011年9月库存现金日记账或银行存款日记账（应与表4-18经济业务中的收款与付款凭证核对，也可与表4-19银行日记账与表4-20现金日记账进行核对）。

第一步，出纳人员系统注册，操作与图5-21所示的账套主管登录企业门户对话框类似。

第二步，调用并设置“现金日记账查询条件”对话框或“银行日记账查询条件”对话框。依次单击：系统菜单→出纳→现金日记账或银行日记账，在弹出的“现金日记账查询条件”对话框或“银行日记账查询条件”对话框中设置查询的条件，本例勾选“按月查”和“包含未记账凭证”两个选项，单击“确认”按钮。

第三步，查询“现金日记账”或“银行日记账”，了解与核对库存现金或银行存款的明细账务资料。在弹出如图6-42所示的“现金日记账”窗口或如图6-43所示的“银行日记账”窗口，可对现金或银行逐日逐笔的发生额及其余额进行查询，可通过窗口工具栏“凭证”等按钮联查凭证、总账及进行过滤查询（窗口工具栏常用按钮功能参见表6-5）。单击“退出”按钮完成查询。

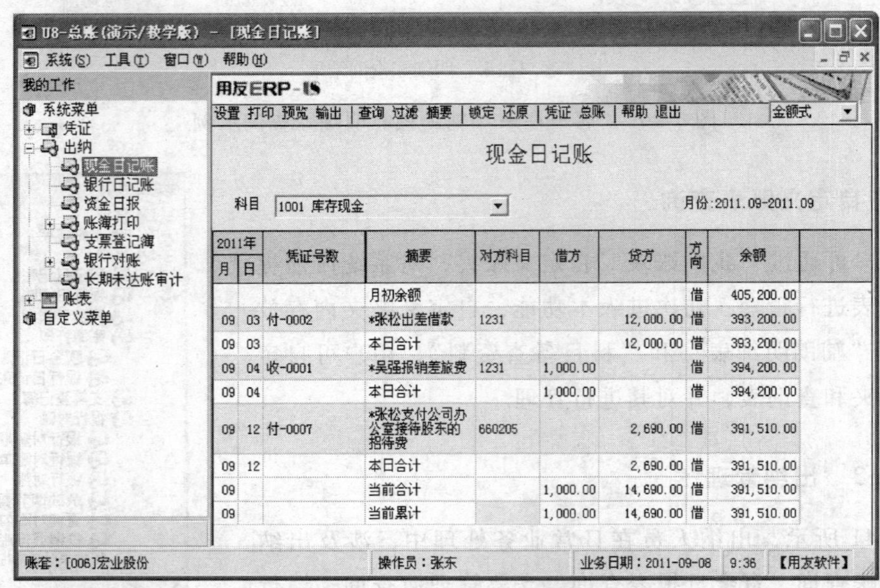

2011年 月	日	凭证号数	摘要	对方科目	借方	贷方	方向	余额
			月初余额				借	405,200.00
09	03	付-0002	*张松出差借款	1231		12,000.00	借	393,200.00
09	03		本日合计			12,000.00	借	393,200.00
09	04	收-0001	*吴强报销差旅费	1231	1,000.00		借	394,200.00
09	04		本日合计		1,000.00		借	394,200.00
09	12	付-0007	*张松支付公司办公室接待股东的招待费	660205		2,690.00	借	391,510.00
09	12		本日合计			2,690.00	借	391,510.00
09			当前合计		1,000.00	14,690.00	借	391,510.00
09			当前累计		1,000.00	14,690.00	借	391,510.00

图6-42 “现金日记账”窗口

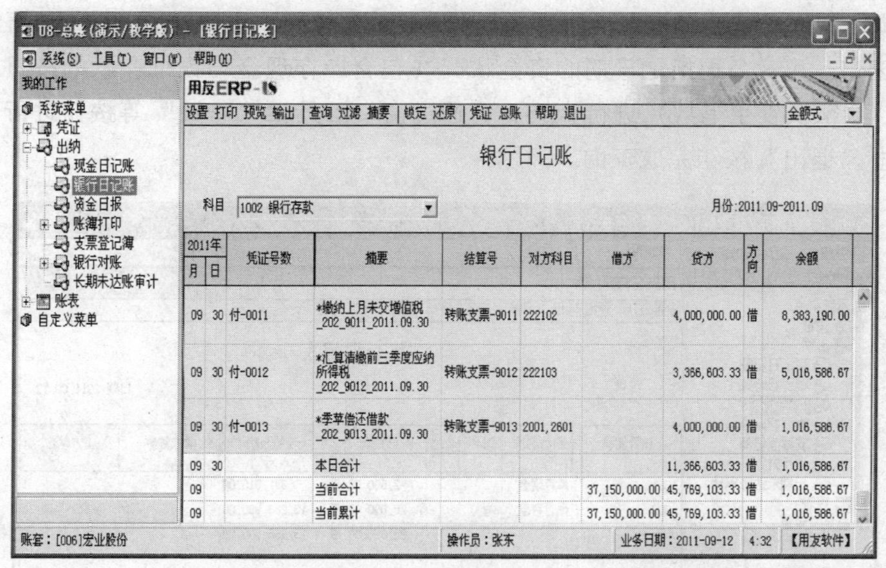

图 6-43　“银行日记账”窗口

3. 资金日报表查询

【例 6-22】

出纳人员张东查询 2011 年 9 月 12 日资金日报。

第一步，出纳人员系统注册，操作与图 5-21 所示的账套主管登录企业门户对话框类似。

第二步，调用并设置“资金日报表查询条件”对话框，如图 6-44 所示，依次单击：系统菜单→出纳→资金日报，在弹出的“资金日报表查询条件”对话框中设置查询日期、次级，并对“包含未记账凭证”、“有余额无发生也显示”两选项进行选择，单击“确认”按钮。

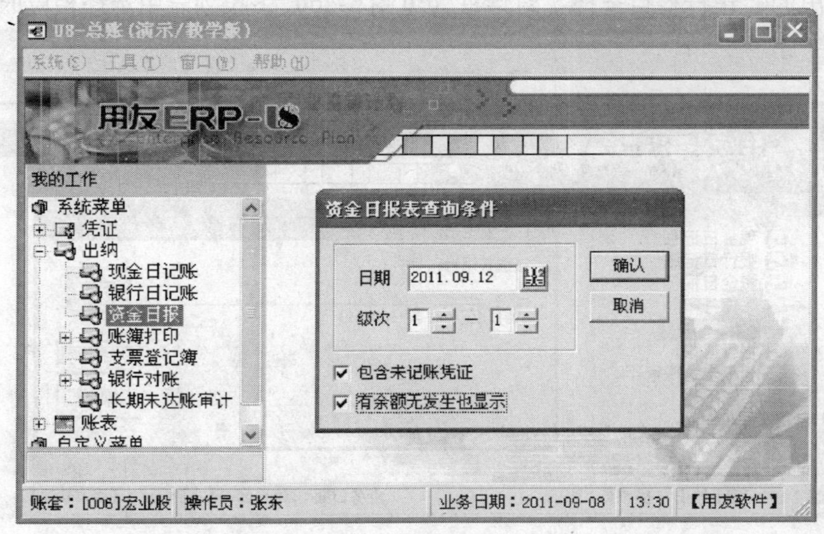

图 6-44　调用并设置“资金日报表查询条件”对话框

第三步，查询"资金日报"，了解与核对明细账务资料。在弹出如图 6-45 所示的"资金日报"窗口，可对公司指定日期的资金状况（包含库存现金与银行存款的按日累计的借贷发生额、余额及发生笔数）进行查询，可通过窗口工具栏"昨日"等按钮进行日报关联查询，单击"退出"按钮完成查询。

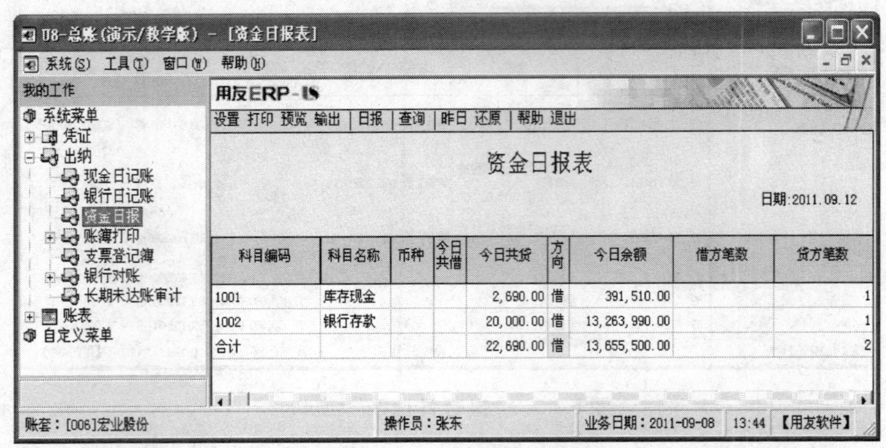

科目编码	科目名称	币种	今日共借	今日共贷	方向	今日余额	借方笔数	贷方笔数
1001	库存现金			2,690.00	借	391,510.00		1
1002	银行存款			20,000.00	借	13,263,990.00		1
合计				22,690.00	借	13,655,500.00		2

图 6-45 "资金日报表"窗口

4. 支票登记簿管理

【例 6-23】

出纳人员张东对 2011 年 9 月的支票进行管理。

第一步，出纳人员系统注册，操作与图 5-21 所示的账套主管登录企业门户对话框类似。

第二步，调用并设置"银行科目选择"对话框。依次单击："系统菜单→出纳→支票登记簿"，在弹出的"银行科目选择"对话框（见图 6-46）下拉列表中选择相应的银行存

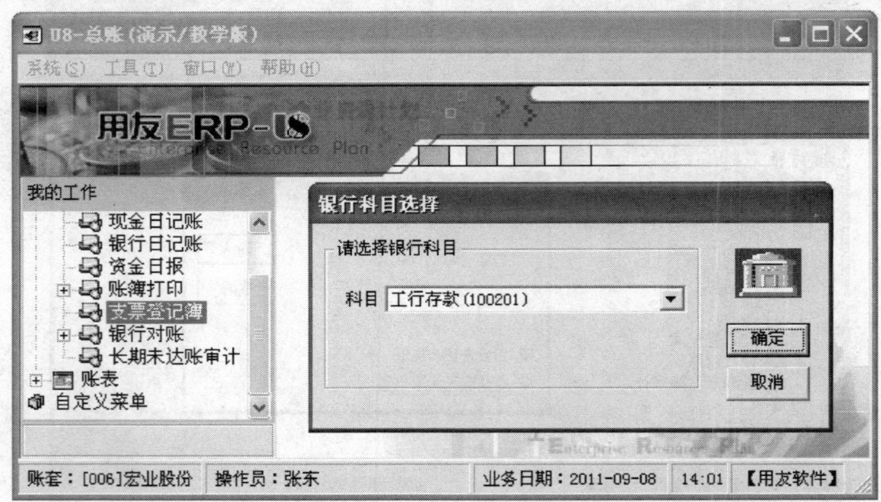

图 6-46 调用并设置"银行科目选择"对话框

款科目，单击“确定”按钮。

第三步，管理“支票登记簿”。在弹出如图6-47所示的“支票登记”窗口，可通过窗口工具栏“增加”、“删除”、“定位”等按钮，对公司指定存款账户支票的使用状况（包含领用、报销、预计金额与实际金额、科目余额、尚未报销支票所涉余额等信息）进行登记、报销等管理与定位查询，单击“退出”按钮完成管理与查询。

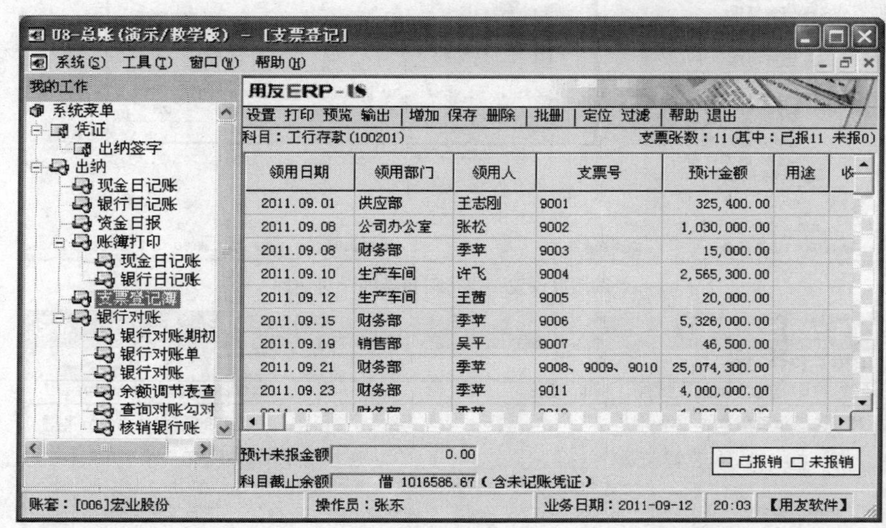

图 6-47 “支票登记”窗口

5. 银行对账

【例 6-24】

出纳人员杨柳按企业银行存款日记账与表4-21银行对账单进行银行对账，做到账账相符。

第一步，出纳人员杨柳（人员编号003）系统注册，操作与图5-21所示的账套主管登录企业门户对话框类似。

第二步，调用并设置“银行科目选择”对话框，依次单击：“系统菜单→出纳→银行对账”，弹出“银行科目选择”对话框（见图6-48a），设置方法同支票登记簿管理的第二步（例6-23）。

第三步，完成银行对账期初数据设置（即设置如图6-48b所示“银行对账期初”窗口数据）。首先，输入单位日记账与银行对账单“调整前余额”（见表4-21表注）。其次，若银行对账期初调整前余额不相等（即存在期初未达账项），则根据未达账项的性质，单击“对账单期初未达项”或“日记账期初未达项”按钮（本例单击前者），单击弹出的“银行方期初”窗口（见图6-48c）或“企业方期初”窗口工具栏上的“增加”按钮，输入期初未达账项（如表4-21的第二与第三行，为银行方期初已收或已付而企业未收或未付），然后单击“退出”按钮，返回“银行对账期初”窗口后，即可查看调整后相等的余额（见图6-48d）。

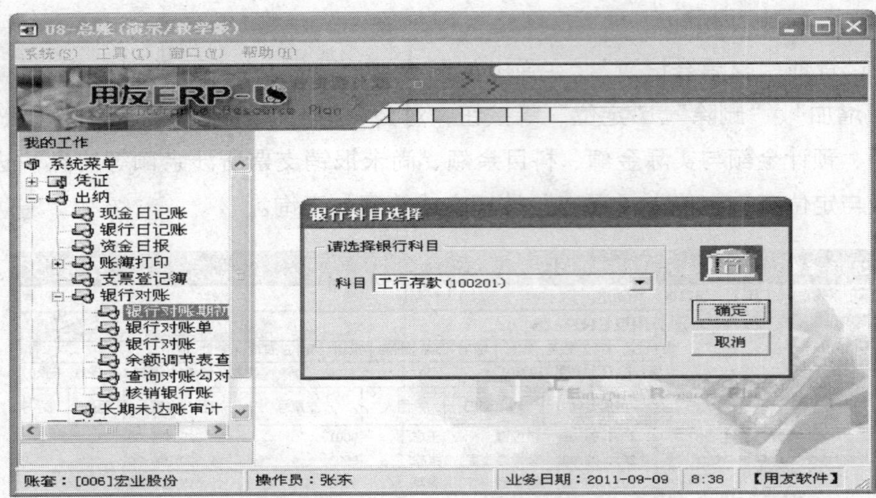

a）调用并设置“银行科目选择”对话框

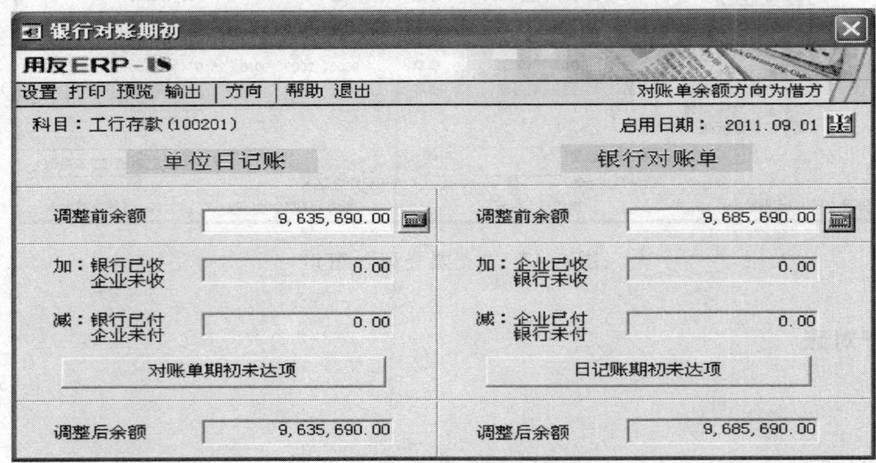

b）银行对账期初数据设置

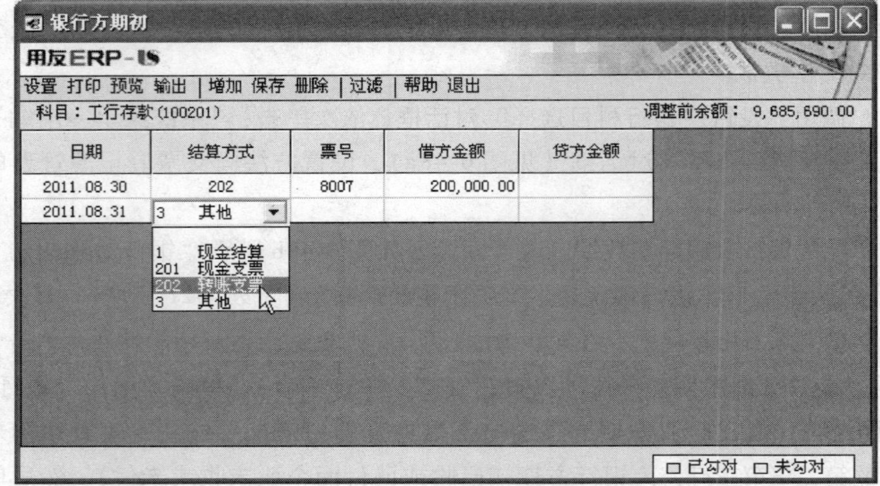

c）添加对账单期初未达项

图 6-48 “银行对账期初”设置

银行对账期初

用友ERP-U8

设置 打印 预览 输出 | 方向 | 帮助 退出　　对账单余额方向为借方

科目：工行存款(100201)　　启用日期：2011.09.01

单位日记账		银行对账单	
调整前余额	9,635,690.00	调整前余额	9,685,690.00
加：银行已收企业未收	200,000.00	加：企业已收银行未收	0.00
减：银行已付企业未付	150,000.00	减：企业已付银行未付	0.00
对账单期初未达项		日记账期初未达项	
调整后余额	9,685,690.00	调整后余额	9,685,690.00

d）银行对账期初数据设置完毕

图 6-48　（续）

第四步，银行对账单录入。出纳人员将从银行取回的对账单数据输入到总账系统，便于与企业银行日记账进行核对。依次单击："系统菜单→出纳→银行对账单"，在弹出的"银行科目选择"对话框（见图 6-49）的"科目"与"月份"下拉列表中选择相应的银行存款科目（工行存款）与月份（2011.9），单击"确定"按钮后，再单击弹出的"银行对账单"窗口（见图 6-50）工具栏上的"增加"或"引入"按钮，前者按银行对账单（见表 4-21）输入 2011 年 9 月的对账单数据，后者引入固定格式的数据，从而为银行对账做好数据准备。

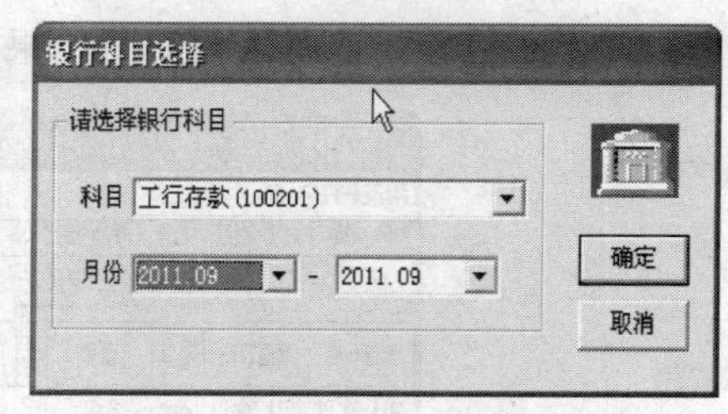

图 6-49　"银行科目选择"对话框

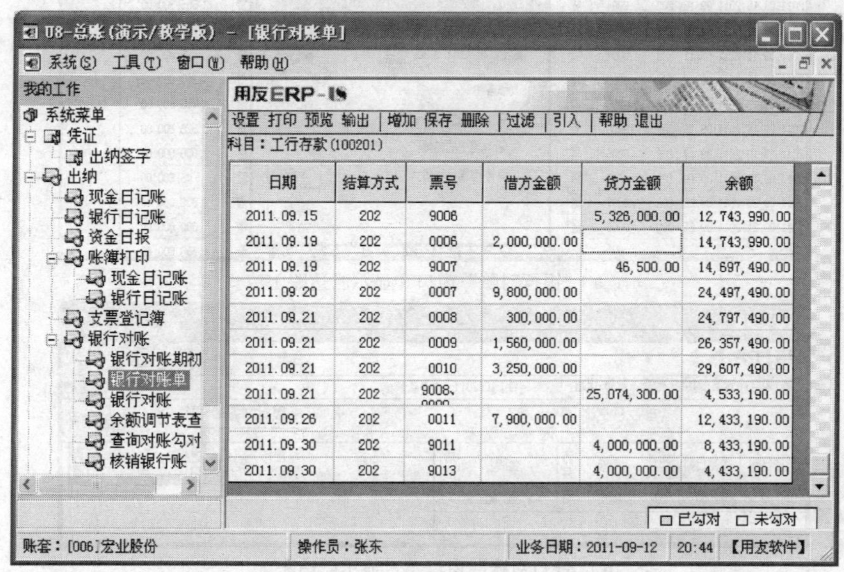

日期	结算方式	票号	借方金额	贷方金额	余额
2011.09.15	202	9006		5,326,000.00	12,743,990.00
2011.09.19	202	0006	2,000,000.00		14,743,990.00
2011.09.19	202	9007		46,500.00	14,697,490.00
2011.09.20	202	0007	9,800,000.00		24,497,490.00
2011.09.21	202	0008	300,000.00		24,797,490.00
2011.09.21	202	0009	1,560,000.00		26,357,490.00
2011.09.21	202	0010	3,250,000.00		29,607,490.00
2011.09.21	202	9008、0000		25,074,300.00	4,533,190.00
2011.09.26	202	0011	7,900,000.00		12,433,190.00
2011.09.30	202	9011		4,000,000.00	8,433,190.00
2011.09.30	202	9013		4,000,000.00	4,433,190.00

图 6-50　"银行对账单"窗口显示

第五步，银行对账。依次单击：系统菜单→出纳→银行对账。在弹出的“银行科目选择”对话框（见图6-51）的“科目”与“月份”下拉列表中选择相应的银行存款科目（工行存款）与月份（2011.9），若选择“显示已达账”单选项，单击“确定”按钮后，弹出如图6-52a所示的“银行对账”窗口（若不选择“显示已达账”单选项，单击“确定”按钮后，弹出如图6-52b所示的“银行对账”窗口），然后单击该窗口工具栏的“对账”按钮，在弹出的“自动对账”对话框（见图6-52a）中输入截止日期（本例为2011.9.30），并按对账需要设置日期相差天数、结算方式、结算票号等对账条件后单击“确定”按钮，则按设置和条件进行对账，核对相符的银行存款收付账项，在该窗口左边“单位日记账”窗格与右边“银行对账单”窗格表格的“两清”列中作出“○”标记（见图6-52c），若有未达账项，则“两清”列仍为空（本例在2011年9月增加了一项“企业已付而银行未付”的未达账项）。单击该窗口工具栏的“检查”按钮，会弹出“对账平衡检查”对话框（见图6-52c），会对本次对账范围内的收支进行平衡检查，并显示有助于出纳人员对账结果检验的“平衡”或“不平衡”的标记。

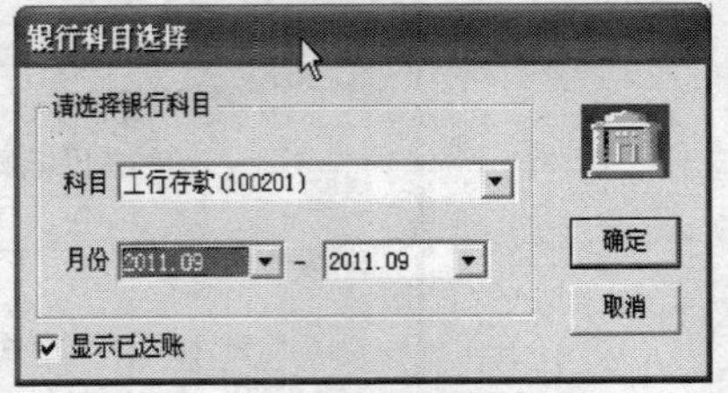

图6-51 “银行科目选择”对话框

银行对账

用友ERP-U8

对账 取消 | 过滤 对照 | 检查 | 帮助 退出　科目：100201(工行存款)

单位日记账

凭证日期	票据日期	结算方式	票号	方向	金额	两清
2011.09.01	2011.09.01	202	9001	贷	325,400.00	
2011.09.06	2011.09.06	202	0001	借	1,200,000.00	
2011.09.08	2011.09.08	202	9002	贷	1,030,000.00	
2011.09.08	2011.09.08	202	9003	贷	15,000.00	
2011.09.09	2011.09.09	202	0002	借	500,000.00	
2011.09.10	2011.09.10	202	9004	贷		
2011.09.11	2011.09.09	202	0003	借		
2011.09.11	2011.09.11	202	0004	借		
2011.09.12	2011.09.12	202	9005	贷		
2011.09.13	2011.09.13	202	0005	借		
2011.09.15	2011.09.15	202	9006	贷		
2011.09.19	2011.09.19	202	0006	借		
2011.09.19	2011.09.19	202	9007	贷		
2011.09.20	2011.09.20	202	0007	借		
2011.09.21	2011.09.21	202	0008	借		

银行对账单　显示方向

日期	结算方式	票号	方向	金额	两清
2011.09.01	202	9001	贷	325,400.00	
2011.09.06	202	0001	借	1,200,000.00	
2011.09.08	202	9002	贷	1,030,000.00	
2011.09.09	202	0002	借	500,000.00	
2011.09.10	202	9003	贷	15,000.00	
			贷	2,565,300.00	
			借	2,884,000.00	
			贷	20,000.00	
			借	3,000,000.00	
			借	4,756,000.00	
			贷	5,326,000.00	
			借	2,000,000.00	
			贷	46,500.00	
			借	9,800,000.00	
			借	300,000.00	
2011.09.21	202	0009	借	1,560,000.00	

自动对账

截止日期 2011.9.30

对账条件

☑ 日期相差 12 之内

☑ 结算方式相同

☑ 结算票号相同

☑ 方向相同，金额相同

确定　取消

a）“银行对账”窗口（显示已达账）

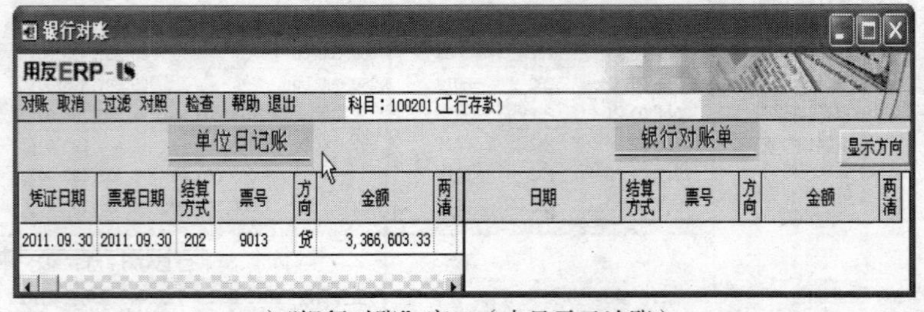

b）“银行对账”窗口（未显示已达账）

图6-52 “银行对账”示例

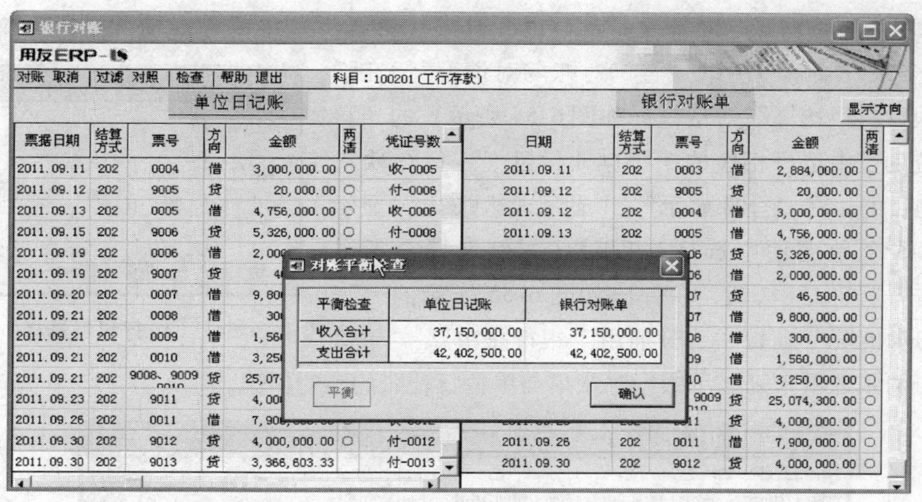

c）“银行对账”窗口显示对账结果

图 6-52　（续）

第六步，查询余额调节表。经过银行对账后，系统自动编制了“银行存款余额调节表”，依次单击：系统菜单→出纳→余额调节表查询，弹出的“银行存款余额调节表”窗口（见图 6-53a）将显示调整后存款余额等信息，单击该窗口的“查看”按钮，可以查看系统编制的“银行存款余额调节表”窗口（见图 6-53b）。单击该窗口的“详细”按钮，可以查看系统编制的“余额调节表详细”窗口（见图 6-53c）。

a）“银行存款余额调节表”窗口

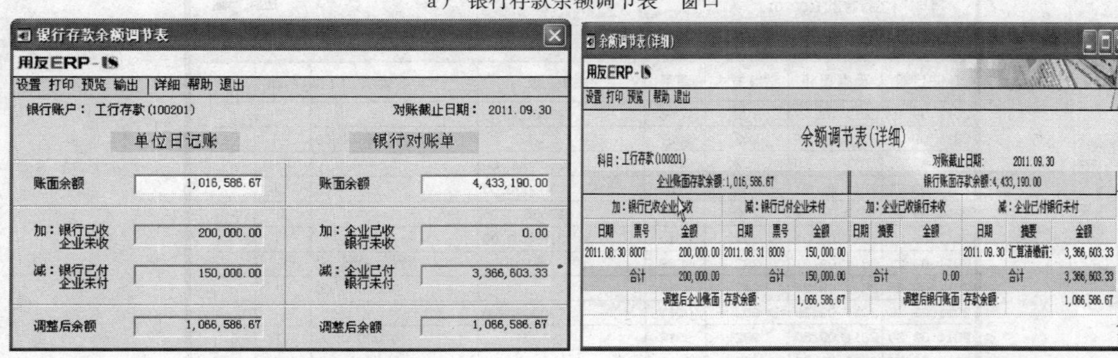

b）“银行存款余额调节表”　　c）“银行存款余额调节表”详细情况

图 6-53　“银行存款余额调节表”查询示例

第七步，查询对账勾对情况。要对银行对账（第五步）中的勾对情况进行查询，可依次单击："系统菜单→出纳→查询对账勾对情况"，在弹出的"银行科目选择"对话框（如图6-54所示）的"科目"下拉列表中选择相应的银行存款科目（工行存款），根据查询目的，在"全部显示"、"显示未达账"、"显示已达账"3个单选项中选择一项后（本例选择全部显示），单击"确定"按钮，在弹出如图6-55所示的"查询银行勾对情况"窗口中，分别用"银行账单"、"单位日记账"两张选项卡来显示银行对账单与单位日记账的勾对情况。

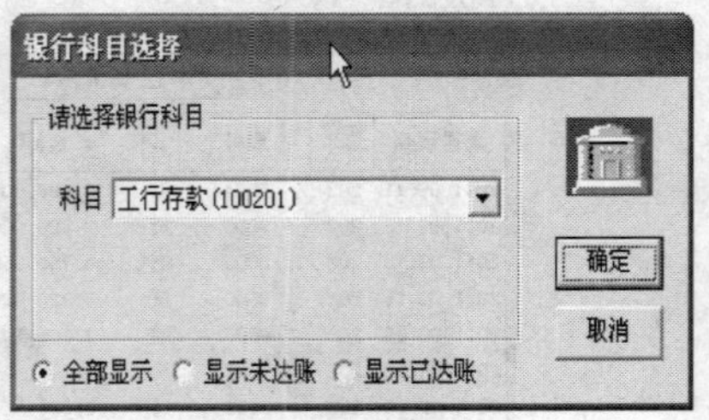

图6-54 "银行科目选择"对话框

查询银行勾对情况
用友ERP-U8
设置 打印 预览 输出 | 查询 定位 过滤 | 帮助 退出

银行对账单

科目：工行存款(100201)　　□已对账 □未对账

银行对账单 | 单位日记账

日期	结算方式	票号	借方金额	贷方金额	两清标志
2011.08.30	202	8007	200000.00		
2011.08.31	202	8009		150000.00	
2011.09.01	202	9001		325400.00	○
2011.09.06	202	0001	1200000.00		○
2011.09.08	202	9002		1030000.00	○
2011.09.09	202	0002	500000.00		○
2011.09.10	202	9003		15000.00	○
2011.09.10	202	9004		2565300.00	○
2011.09.11	202	0003	2884000.00		○
2011.09.12	202	9005		20000.00	○
2011.09.12	202	0004	3000000.00		○
2011.09.13	202	0005	4756000.00		○
2011.09.15	202	9006		5326000.00	○

查询银行勾对情况
用友ERP-U8
设置 打印 预览 输出 | 查询 定位 过滤 | 帮助 退出

单位日记账

科目：工行存款(100201)　　□已对账 □未对账

银行对账单 | 单位日记账

凭证日期	票据日期	结算方式	票号	借方金额	贷方金额	两清
2011.09.19	2011.09.19	202	0006	2000000.00		○
2011.09.19	2011.09.19	202	9007		46500.00	○
2011.09.20	2011.09.20	202	0007	9800000.00		○
2011.09.21	2011.09.21	202	0008	300000.00		○
2011.09.21	2011.09.21	202	0009	1560000.00		○
2011.09.21	2011.09.21	202	0010	3250000.00		○
2011.09.21	2011.09.21	202	9009		25074300.00	○
2011.09.23	2011.09.23	202	9011		4000000.00	○
2011.09.26	2011.09.26	202	0011	7900000.00		○
2011.09.30	2011.09.30	202	9012		4000000.00	○
2011.09.30	2011.09.30	202	9013		3366603.33	
合计				37,150,000.00	45,769,103.33	

图6-55 "银行对账勾对情况"窗口

第八步，核销已达银行账项。银行对账完毕后，出纳人员还应保留未达账项的记录，核销银行对账中两清的已达账项，依次单击："系统菜单→出纳→核销银行账"，如图 6-56 所示，在弹出的"核销银行账"对话框下拉列表中选择银行科目后（为保证银行对账数据的可追溯性，即做到"有据可查"，admin 可在核销银行账前做账套数据备份，方法参见 5.2.1.5 账套数据管理），单击"确定"按钮，即可核销已达银行账项。

6.2.3 期末业务操作

如图 6-57 所示，经过期初设置与完成本期账务处理后，再通过转账、对账、结账等期末业务操作，对本期各系统的业务处理画上圆满的句号，又为下一期业务循环奠定良好的基础。

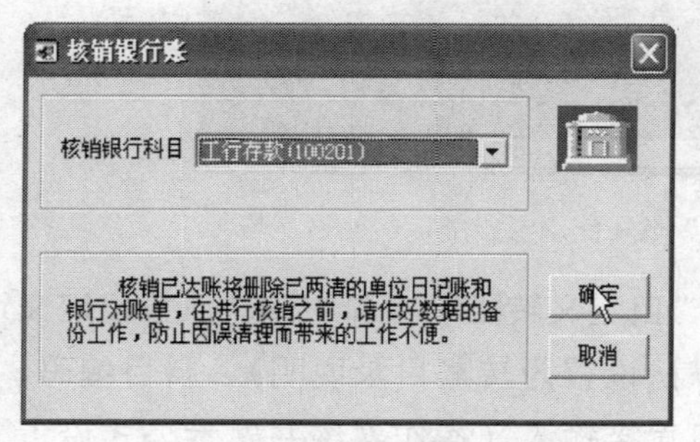

图 6-56 "核销银行账"对话框

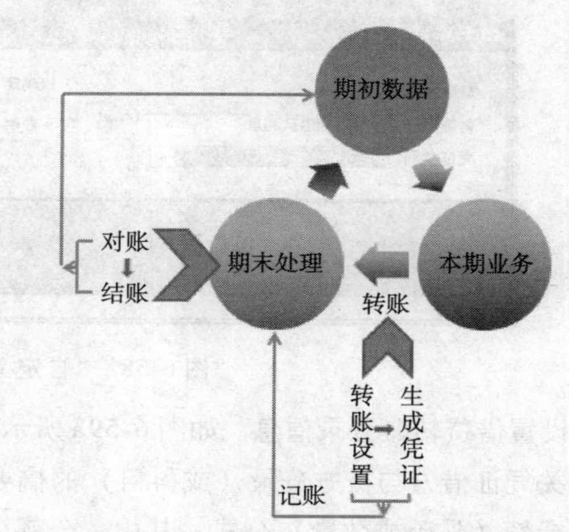

图 6-57 期初、本期与期末业务处理的"数据流"

6.2.3.1 转账

在表 4-18 所示的日常业务处理完毕（包括记账等）的基础上，通过各项费用的计算、提取、分配及辅助核算账户的自定义结转，销售成本与期间损益的结转等期末转账业务及其记账操作，利用会计信息化技术提高本期业务处理的效率，为期末对账与结账奠定良好的数据结转基础。转账操作分为下述的"定义"与"生成"两个配对环节，由财务主管李宾进行转账设置与生成凭证，以财务总监季苹对生成的凭证进行审核和主管签字，再由李宾进行记账工作（以表 4-22 中六笔业务为例进行讲解）。

1. 定义转账凭证

（1）自定义转账（共四笔业务）

【例 6-25】

财务主管季苹利用自定义转账功能，为计提短期借款利息进行转账设置（短期借款月利息 = 短期借款期初余额 × 年利率 ÷ 12，年利率为 10%，即 4.1 账务与报表系统综合案例中表 4-22 第 1 笔业务），操作步骤如下。

①设置转账目录。依次单击："系统菜单→期末→转账定义→自定义转账"，弹出"自定义转账"窗口（见图 6-58），单击其工具栏上增加按钮，分别对转账序号、说明与凭证类别等转账目录进行设置后，单击"确定"按钮。

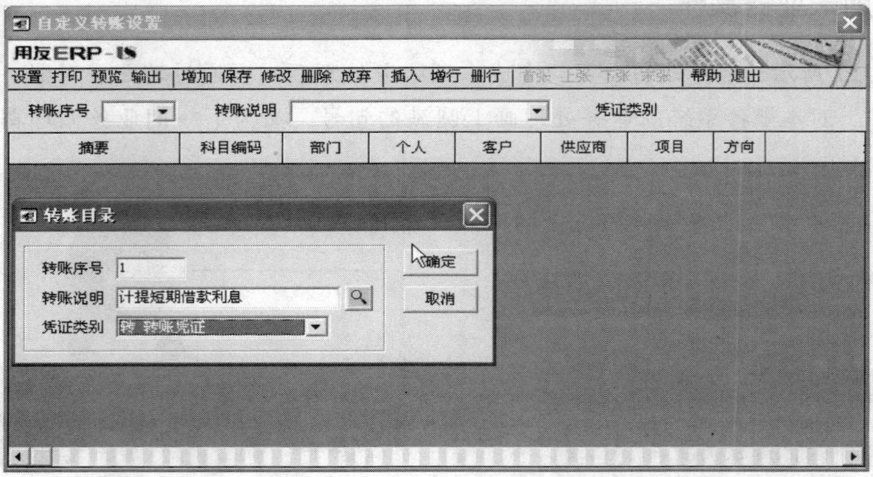

图 6-58 "自定义转账"窗口

②设置借贷转账分录信息。如图 6-59a 所示，在"自定义转账"窗口中依次设置自定义转账相关凭证借方与贷方分录（或科目）的摘要（默认设置为转账目录说明）、科目编码、方向与金额（外币或数量）公式。其中，金额公式可直接输入（操作熟练并熟悉公式设置的人员），也可在双击"金额公式"单元格后，单击"放大镜"按钮，通过"公式向导"对话框（如图 6-59b 至图 6-59f 所示，亦可参考 7.2.4 UFO 报表系统的基本概念中应用服务和业务函数格式和附录 C 用友函数简表），按表 6-6 所示期末第 1、4、5、6 共 4 笔转账业务的内容与步骤为本例借方与贷方设置计算公式。

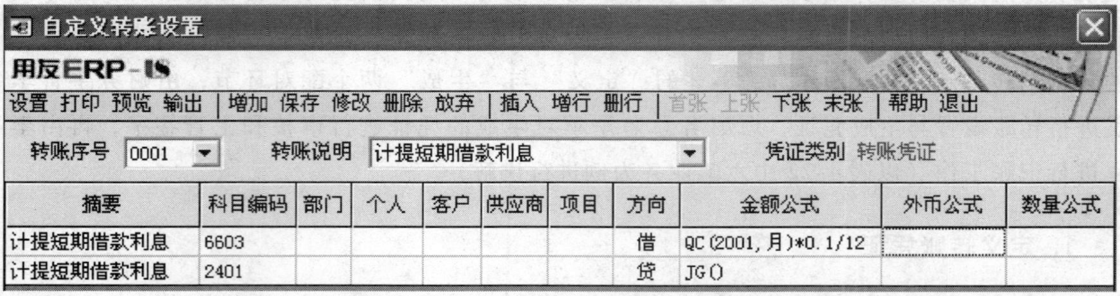

摘要	科目编码	部门	个人	客户	供应商	项目	方向	金额公式	外币公式	数量公式
计提短期借款利息	6603						借	QC(2001,月)*0.1/12		
计提短期借款利息	2401						贷	JG()		

a）"自定义转账"的借贷方定义的结果

图 6-59 "自定义转账"示例

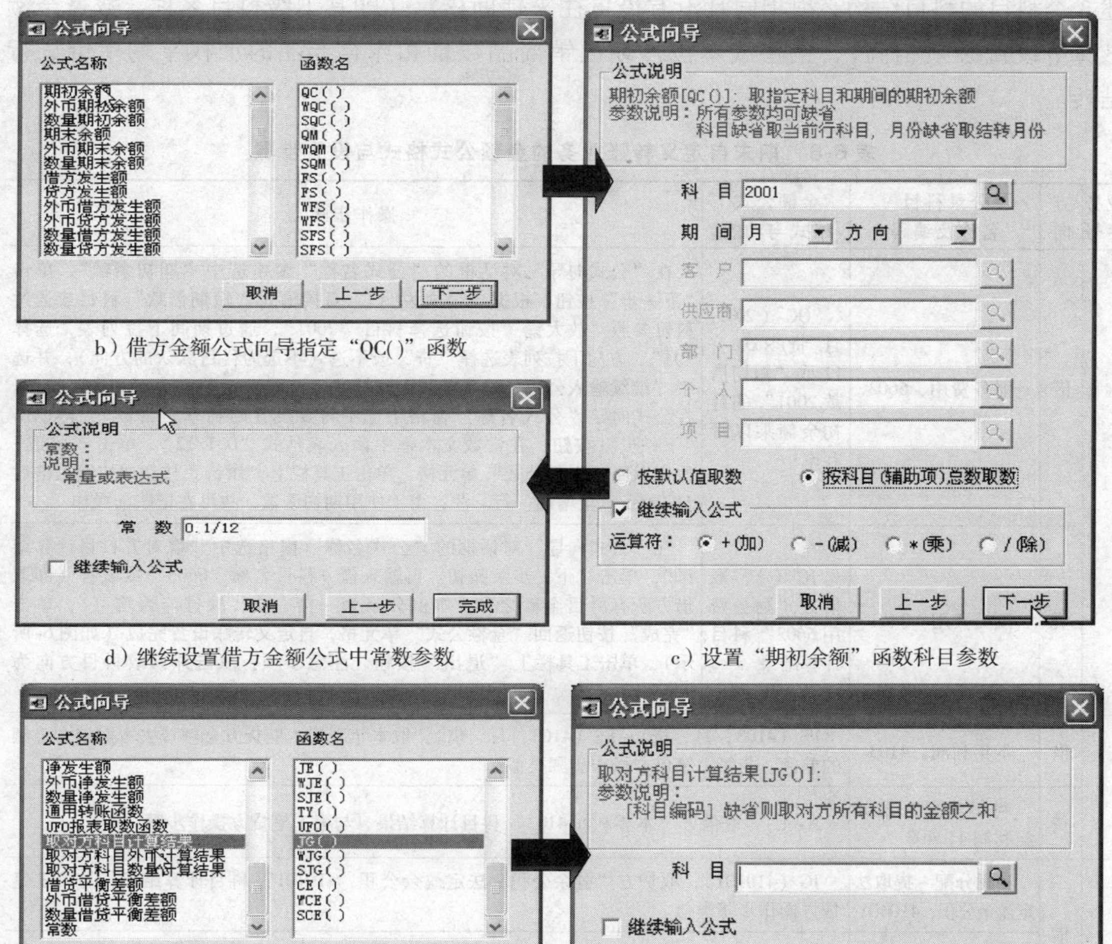

b）借方金额公式向导指定“QC()”函数

d）继续设置借方金额公式中常数参数　　c）设置“期初余额”函数科目参数

e）贷方金额公式向导指定“JG()”函数　　f）设置“JG()”函数科目参数

图 6-59　（续）

（2）销售成本结转

【例 6-26】

财务主管李宾利用销售成本结转定义，为结转公司各期销售成本进行转账设置（4.1 财务与报表系统综合案例中表 4-22 第 2 笔业务）。

李宾在系统注册的状态，依次单击：“系统菜单→期末→转账定义→销售成本结转”，在弹出的如图 6-60 所示的“销售成本结转设置”对话框中定义“转账凭证”类别，直接输入需结转销售成本的科目名称或编码，或通过科目参照“放大镜”按钮进行选择，本例就库存商品科目、商品销售收入科目、商品销售成本科目、分别设置为库存商品（或 1406）、主营业务收入（或 6001）、主营业务成本（或 6401），的销售成本的结转。须注意的是，上述3个科目的科目结构必须相同且没有设置往来辅助核算（即其下级科目名称、数量金额核算等设置必须相同），销售成本按本期已销商品数量和库存商品的加权平均单价进行结转。

表6-6 期末自定义转账业务的金额公式格式与设置步骤

<table>
<tr><th>业务序号</th><th>方向</th><th>分录科目名称及编码</th><th>金额公式格式与功能</th><th>操作步骤</th></tr>
<tr><td rowspan="2">1</td><td>借</td><td>财务费用，6603</td><td>QC（2001，月，贷）×10%÷12 取“短期借款2001”的月初余额乘以月利率</td><td>在“公式向导”对话框的“公式名称”窗格选中“期初余额”，单击“下一步”按钮。根据“公式说明”，直接输入“短期借款”科目或通过科目参照“放大镜”按钮选择科目“2001”，通过期间下拉列表，选择“月”、方向下拉列表选择“贷”或不选（不选为科目默认的方向），并选中“继续输入公式”选项及其运算符“*（乘）”，单击“下一步”按钮。在公式向导“公式名称”窗格中选中将要设置的利率“常数”，再单击“下一步”按钮，在常数文本框中输入表达式“0.1/12”。单击“完成”按钮返回“金额公式”单元格，单击工具栏上“增行”按钮或连续敲击键盘Enter直至增加一行。注：由于使用期初函数，故可在记账前操作</td></tr>
<tr><td>贷</td><td>预提费用，2401</td><td>JG（），取借方“财务费用6603”科目计算结果</td><td>在“公式向导”对话框的“公式名称”窗格选中“取对方科目计算结果”，单击“下一步”按钮。再输入借方科目名称“6603”或缺省（即取借方所有科目金额之和，本例分录为一借一贷，缺省与否均可），单击“完成”按钮返回“金额公式”单元格，自定义转账设置完成（如图6-所示），单击工具栏上“退出”按钮，注意事项：双击并修改科目方向为“贷”方</td></tr>
<tr><td rowspan="2">4</td><td>借</td><td>本年利润，4103</td><td colspan="2">FS（4103，月，贷）-FS（4103，月，借），取本年利润本期贷方金额减去本期借方金额的差额。与第1笔借方操作步骤类似</td></tr>
<tr><td>贷</td><td>利润分配-未分配利润410403</td><td colspan="2">JG（），取借方“本年利润4103”科目计算结果，与第1笔贷方操作步骤类似</td></tr>
<tr><td rowspan="4">5</td><td rowspan="2">借</td><td>利润分配-提取法定盈余公积，410401</td><td colspan="2">JG（410101），取贷方“盈余公积-法定盈余公积，410101”科目计算结果，与第1笔贷方操作步骤类似</td></tr>
<tr><td>利润分配-提取任意盈余公积，410402</td><td colspan="2">JG（410102）取贷方“盈余公积-任意盈余公积，410102”科目计算结果，与第1笔贷方操作步骤类似</td></tr>
<tr><td rowspan="2">贷</td><td>盈余公积-法定盈余公积，410101</td><td colspan="2">FS（410403，月，贷）-FS（410403，月，借）*0.1，取记账后“利润分配-未分配利润”贷方与借方发生额之差再乘以10%</td></tr>
<tr><td>盈余公积-任意盈余公积，410102</td><td colspan="2">FS（410403，月，贷）-FS（410403，月，借）*0.05，取记账后“利润分配-未分配利润”贷方与借方发生额之差再乘以5%</td></tr>
<tr><td rowspan="3">6</td><td>借</td><td>利润分配-未分配利润，410403</td><td colspan="2">JG（），取贷方科目计算结果合计数（包括“利润分配-提取法定盈余公积，410401”、“利润分配-提取任意盈余公积，410402”科目合计），与第1笔贷方操作步骤类似</td></tr>
<tr><td rowspan="2">贷</td><td>利润分配-提取法定盈余公积，410401</td><td colspan="2">FS（410401，月，借），取“利润分配-提取法定盈余公积，410401”科目本期借方发生额</td></tr>
<tr><td>利润分配-提取任意盈余公积，410402</td><td colspan="2">FS（410402，月，借），取“利润分配-提取任意盈余公积，410402”科目本期借方发生额</td></tr>
</table>

注：业务序号参照表4-22，第1、4、5、6笔属于自定义转账，第2笔属于销售成本结转，第3笔属于期间损益结转。第1笔金额公式中由于使用期初函数，故可在记账前操作。其余5笔必须在表4-18所列36笔业务与本表第1笔记账后方能生成相应的转账凭证，才能完成相应的转账环节的财务工作。本表中不含工资系统与固定资产系统中的数据，当工资与固定资产管理系统中生成相应的凭证，也应进行相应的凭证管理与期末转账业务处理。

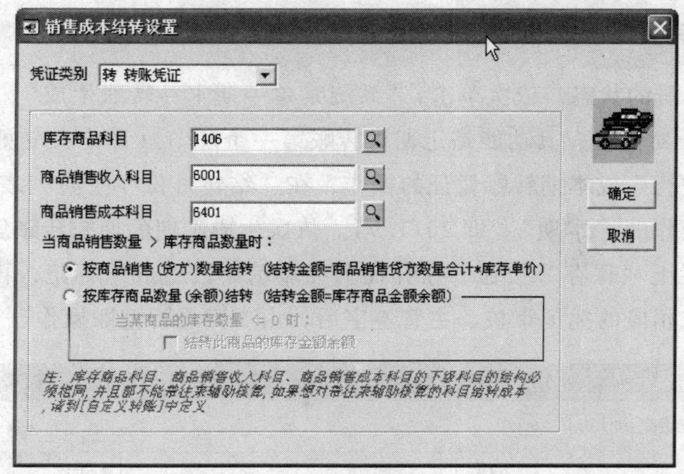

图 6-60　“销售成本结账设置”示例

(3) 期间损益结转

【例 6-27】

财务主管李宾利用期间损益结转定义，为结转公司各期期间损益进行转账设置（案例一表4-22第 3 笔业务）。

李宾在系统注册的状态，依次单击：“系统菜单→期末→转账定义→期间损益”，弹出如图 6-61 所示的“期间损益结转设置”对话框，在该对话框的表格中只列出了“被结转”的所有损益类科目，首先定义期间损益结转将生成的“转账凭证”类别，再定义损益“结转到”的目标科目：“本年利润”科目，视操作人员的熟悉程度，直接输入“本年利润”或“4103”或单击“放大镜”按钮调用科目参照选择“本年利润”科目，对话框表格的“本年利润科目编码”与“本年利润科目名称”两列，即显示出损益结转到的目标科目，最后单击“确定”按钮，完成期间损益的结转定义。

期间损益结转设置

凭证类别 转 转账凭证　本年利润科目 4103

损益科目编号	损益科目名称	损益科目账类	本年利润科目编码	本年利润科目名
600101	A产品		4103	本年利润
600102	B产品		4103	本年利润
6051	其他业务收入		4103	本年利润
6101	公允价值变动损		4103	本年利润
6111	投资收益		4103	本年利润
6301	营业外收入		4103	本年利润
640101	A产品		4103	本年利润
640102	B产品		4103	本年利润
6402	其他业务支出		4103	本年利润
6405	营业税金及附加		4103	本年利润
6601	销售费用		4103	本年利润
660201	工资	部门核算	4103	本年利润

确定　取消　打印　预览

每个损益科目的期末余额将结转到与其同一行的本年利润科目中

若损益科目与之对应的本年利润科目都有辅助核算，那么两个科目的辅助账类必须相同。
本年利润科目为空的损益科目将不参与自动结转收支

图 6-61　“期间损益结转设置”示例

2. 生成转账凭证

李宾在系统注册的状态，依次单击：“系统菜单→期末→转账生成”，弹出如图 6-62 所示的“转账生成”对话框，其功能是定期对转账第一个环节（即定义转账凭证环节）已设置好的转账凭证进行生成本期转账凭证的操作，在“结转月份”下拉列表中选择相应期间，即定义转账生成操作的“本期”（即 2011.9）。依次生成本期的期末转账凭证后单击“转账生成”窗口工具栏上“保存”按钮，在凭证上会显示“已生成”标记，再单击“退出”按钮，随后季苹完成相应的凭证审核、主管签字后，由李宾进行记账操作。

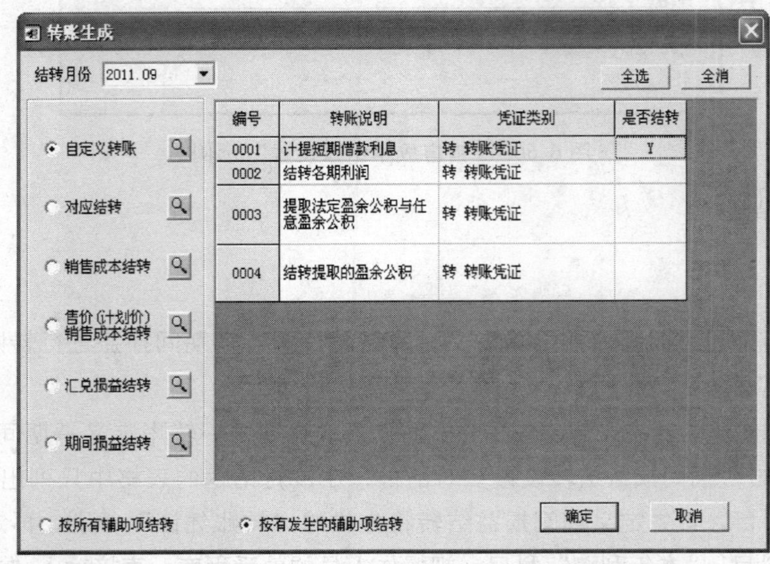

图 6-62　转账生成“自定义转账”凭证示例

（1）自定义转账凭证的生成。

【例 6-28】

续例 6-25，生成 2011 年 9 月计提短期借款利息的转账凭证。

选择“转账生成”对话框左边单选项列表中的“自定义转账”选项，若单击该选项后的“放大镜”按钮，可返回“自定义转账设置”窗口对原定义进行修改（其他选项后的“放大镜”按钮功能相同，下文不再赘述）。在右边窗格列表中显示的每一行，对应已经定义好的每一张“自定义转账”凭证。双击要生成的自定义转账凭证行的“是否结转”单元格，即显示“Y”标记，如果要一次生成或取消生成所有已定义的凭证，则单击“全选”或“全消”按钮，即弹出“转账生成”窗口（如图 6-63 所示，与图 6-9“填制凭证”窗口功能相同），经检查无误并修改制单日期与原始单据数后，单击该窗口工具栏上的“保存”按钮，显示“已生成”字样，再单击“退出”按钮，便完成了本期计提短期借款利息的自定义转账凭证的操作。

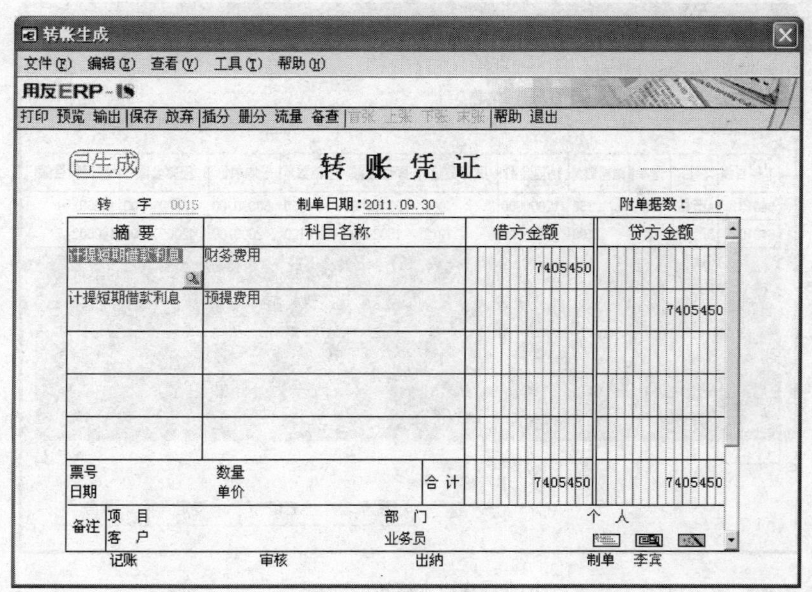

图 6-63 转账生成“自定义转账”凭证示例

（2）销售成本结转凭证的生成。

【例 6-29】

续例 6-26，生成结转 2011 年 9 月销售成本的转账凭证。

选择“转账生成”对话框左边单选项列表中的“销售成本结转”选项，在右边表格中列出待进行成本结转的 A 与 B 两种商品（见图 6-64a）。在“开始月份”与“结束月份”

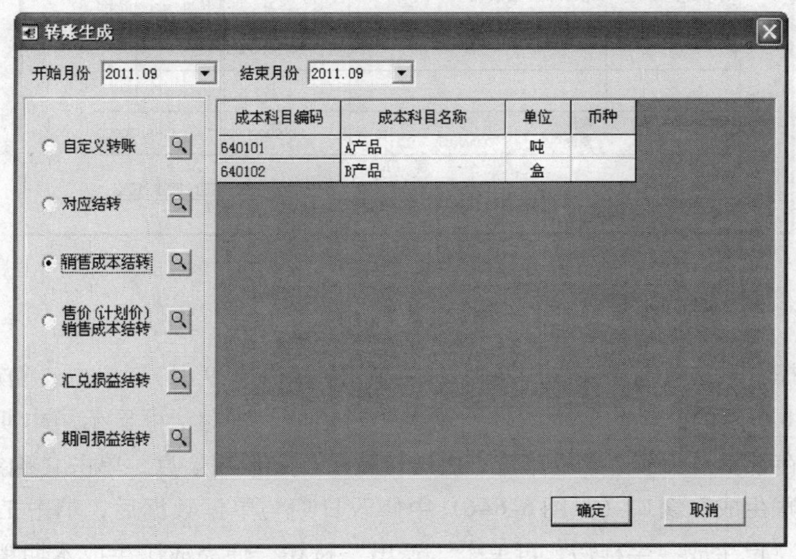

a）调用“转账生成”并选择“销售成本结转”选项

图 6-64 转账生成“销售成本结转”凭证示例

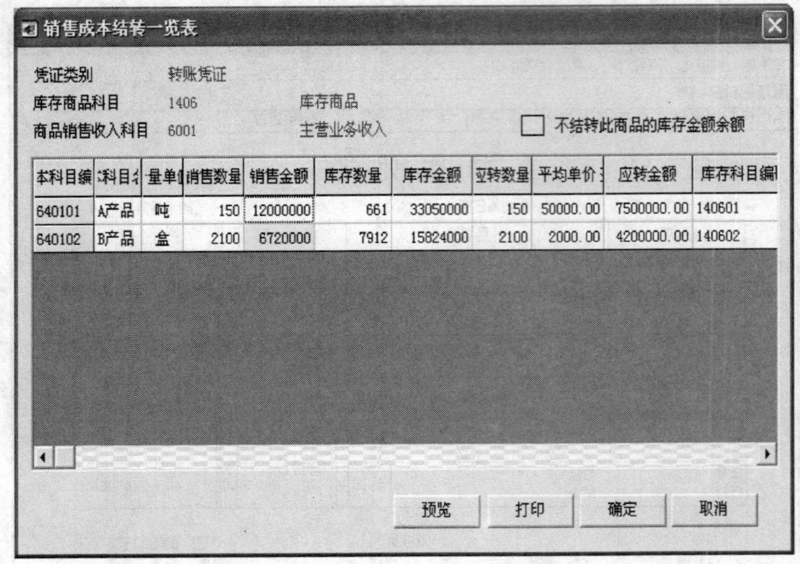

凭证类别	转账凭证	
库存商品科目	1406	库存商品
商品销售收入科目	6001	主营业务收入

不结转此商品的库存金额余额

本科目编	科目名	量单	销售数量	销售金额	库存数量	库存金额	应转数量	平均单价	应转金额	库存科目编
640101	A产品	吨	150	12000000	661	33050000	150	50000.00	7500000.00	140601
640102	B产品	盒	2100	6720000	7912	15824000	2100	2000.00	4200000.00	140602

预览 打印 确定 取消

b)“销售成本结转一览表”

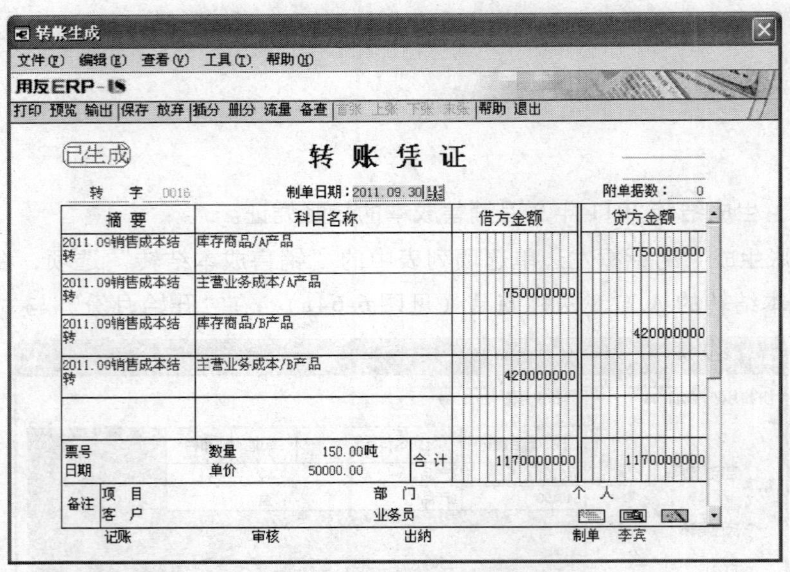

转账凭证

已生成

转 字 0016 制单日期：2011.09.30 附单据数：0

摘要	科目名称	借方金额	贷方金额
2011.09销售成本结转	库存商品/A产品		750000000
2011.09销售成本结转	主营业务成本/A产品	750000000	
2011.09销售成本结转	库存商品/B产品		420000000
2011.09销售成本结转	主营业务成本/B产品	420000000	
票号 日期	数量 150.00吨 单价 50000.00 合计	1170000000	1170000000

备注 项目 部门 个人 客户 业务员

记账 审核 出纳 制单 李宾

c) 生成“销售成本结转”凭证

图6-64 （续）

下拉列表中选择本次结转销售成本的期间（本例均为2011年9月），单击“确定”按钮后，弹出如图6-64b所示的“销售成本结转一览表”对话框，该对话框显示了本期销售商品数量与金额、库存数量与金额、平均单价、应结转数量与金额等信息，单击“确定”按钮后，在弹出的“转账生成”窗口（见图6-64c）中修改日期与单据数据后，单击工具栏上“保存”按钮显示“已生成”字样后，再单击“退出”按钮，便完成了生成本期销售成本结转转账凭证的操作。随后季苹完成相应的凭证审核、主管签字后，由李宾进行记账操作。之后便可以进行期间损益的操作。

（3）期间损益结转凭证的生成。

【例 6-30】

续例 6-27，生成结转 2011 年 9 月期间损益的转账凭证。

在本期全部经济业务处理完毕后，选择“转账生成”对话框左边单选项列表中的“期间损益结转”选项（见图 6-65a），在“结转月份”下拉列表中选择本次结转期间损益的期间（本例均为 2011 年 9 月），在“类型”下拉列表的“全部”、“收入”、“支出”选择结转损益大类（本例选择“全部”选项）。双击各损益科目对应的“是否结转”列单元格，可逐个选择需要结转的科目，“全选”、“全消”两个按钮可一次性选择或取消本次所选大类的所有科目，然后单击“确定”按钮后，在弹出的“转账生成”窗口（见图 6-65b）中修改日期与单据数后，单击工具栏上“保存”按钮显示“已生成”字样后，再单击“退出”按钮，完成生成期间损益结转转账凭证的操作。随后季苹完成相应的凭证审核、主管签字后，由李宾进行记账操作，之后便可以进行生成自定义转账中第 4 笔至第 6 笔业务凭证的操作（如表 6-6 所示，方法与自定义转账类似，不再赘述），再对上述凭证由季苹审核与签字，并由李宾记账后，即可进行对账与结账操作。

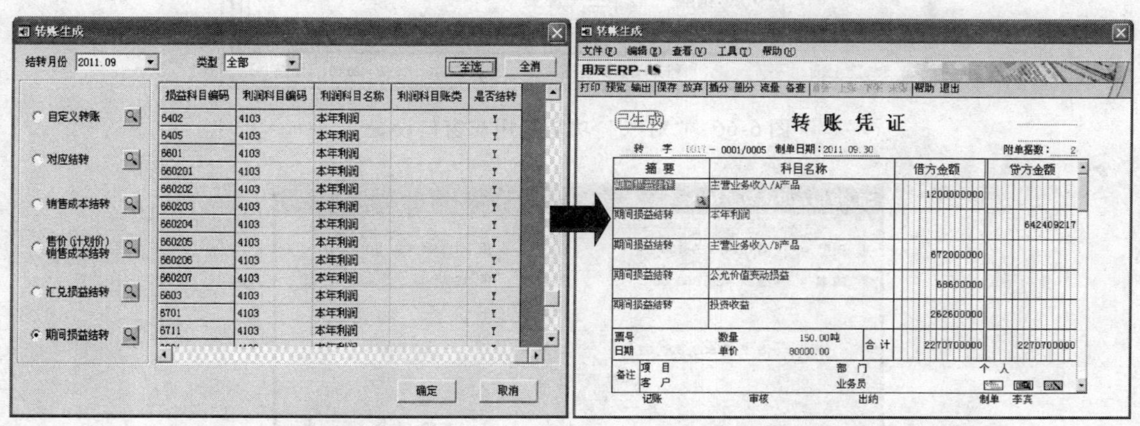

a）选择“期间损益结转”损益科目　　　b）转账生成“期间损益结转”转账凭证

图 6-65　转账生成“期间损益结转”凭证示例

6.2.3.2　对账

对账是总账与明细账（含辅助账）进行核对，实现“账账相符”的过程，在此基础上才能进行结账操作。在本期业务的凭证、账簿与期末业务处理的基础上，与期初余额的对账类似，展开如图 6-66 所示的对账操作，方法如下。

第一步，调用并设置“对账”窗口。权限用户依次单击：“系统菜单→期末→对账”，首先在弹出如图 6-66 所示的“对账”窗口中单击所需对账月份所在行，然后勾选所需对账的内容复选项。再单击工具栏“选择”按钮，便设置了对账的期间与内容。

第二步，进行“对账”与“试算平衡”操作。单击“对账”按钮，系统自动在勾选的

（默认全选）总账与明细账等账簿间进行核对，如若无误，在“对账结果”列显示“正确”标记，如若有误，则会显示“错误”，单击工具栏“错误”按钮，可以查询错误的缘由并对其进行相应的处理。单击工具栏“试算”按钮，可以对如图 6-67 所示的本期各类会计要素及借贷方合计发生额进行试算平衡。

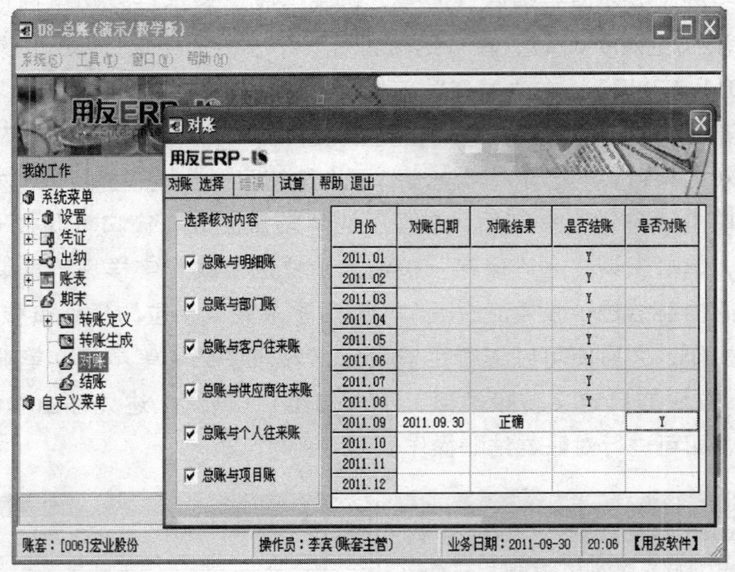

图 6-66 “对账”功能调用与窗口设置

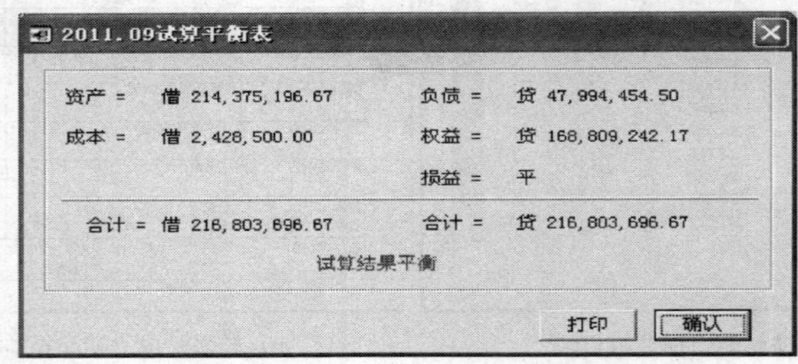

图 6-67 本期业务的“试算平衡”操作

6.2.3.3 结账

结账是根据“会计分期假设”，在每一会计期间结束时对本期期间损益与账簿进行处理的过程，它是对“本期”业务处理的一个“了结”，同时又为下一期的业务核算奠定良好的基础。结账时应按会计期间的先后顺序进行结账，即上期尚未结账的，下期不能结账。其操作步骤如下。

第一步，权限用户调用并设置“结账”对话框。权限用户依次单击：“系统菜单→期末→结账”，弹出如图 6-68a 所示的“结账”对话框，在其左边区域显示了结账的步骤，在其中间有表示会计期间的“月份”及其结账的状态，在其右边有待结账月份与结账注意事项。首先在中间表格中单击所需结账月份所在行（本例为 2011 年 9 月），在结账操作时，应将账套业务操作状态与该对话框右侧的结账提示逐一核对，符合结账条件后再单击“下一步”按钮。

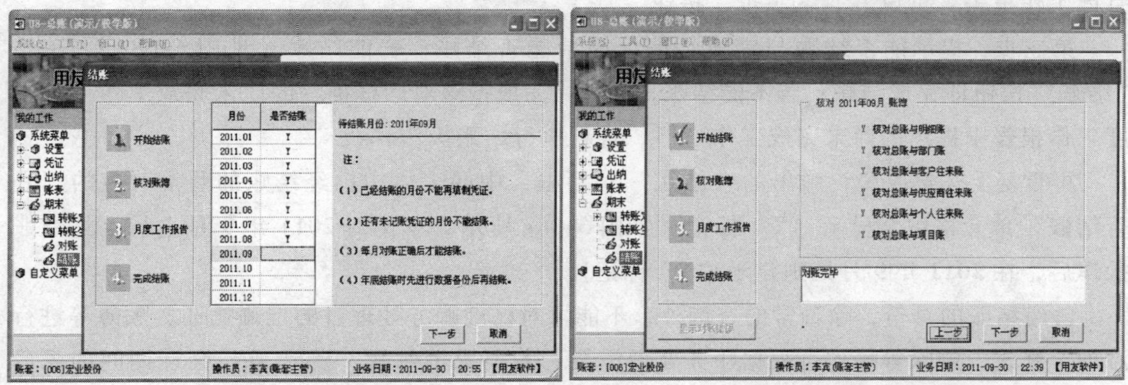

a）调用并设置“结账”对话框　　b）启动核对账簿及核对结果显示

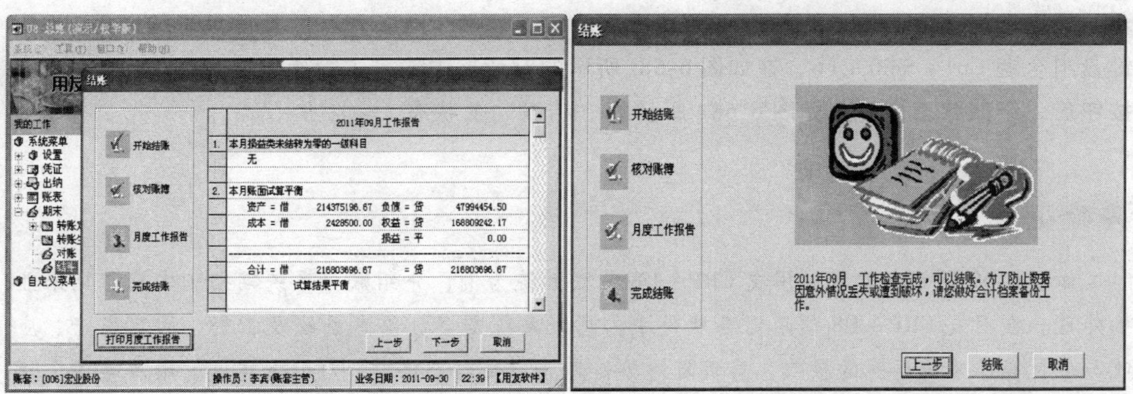

c）生成、浏览月度工作报告　　d）完成结账前的提示

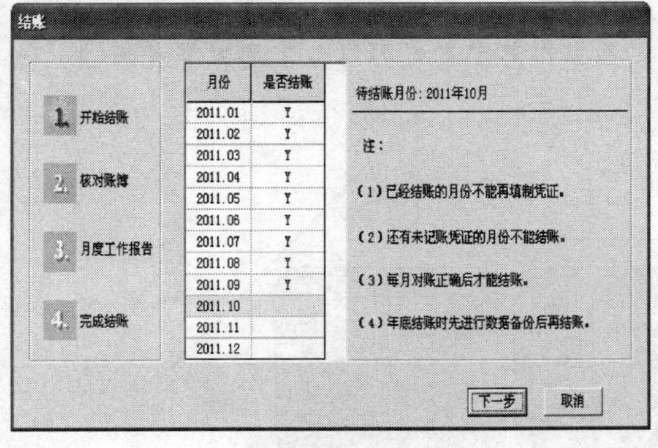

月份	是否结账
2011.01	Y
2011.02	Y
2011.03	Y
2011.04	Y
2011.05	Y
2011.06	Y
2011.07	Y
2011.08	Y
2011.09	Y
2011.10	
2011.11	
2011.12	

e）结账后状态显示

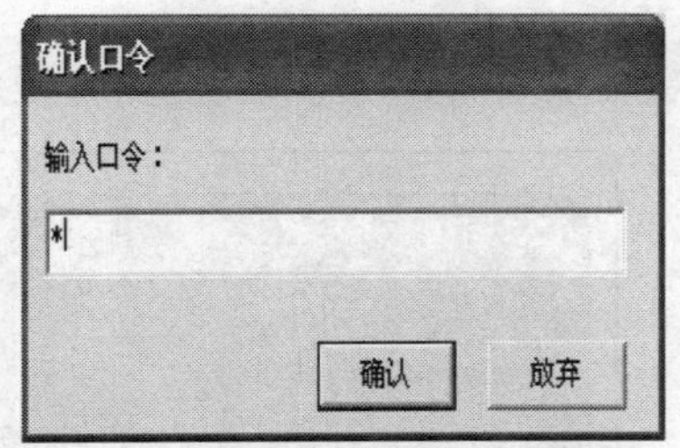

f）取消结账输入主管口令对话框

图 6-68　“结账”操作示例

第二步，核对账簿并生成月度工作报告。系统随后核对总账与明细账，总账与部门与项目账，总账与客户、供应商、个人往来账，核对无误后显示“对账完毕”并在账与账列表前显示“Y”标记（见图 6-68b），随后生成包括“有无损益类一级科目未结转为零”、“本

月账面试算平衡情况”、“本月账目核对”、“本月工作量”、“其他系统结账状态”5项内容的月度工作报告（见图6-68c），单击“打印月度工作报告”按钮即可打印涵盖上述内容的月度工作报告，再单击“下一步”按钮。

第三步，提示能否结账与完成结账。提示能否结账，若能结账（见图6-68d），单击“结账”按钮即完成结账；若不能结账，则逐一完成按该对话框提示的尚未完成工作（或月度工作报告中提示的尚未完成工作）后，重新执行结账操作。

再重复上述第一步，弹出的“结账”对话框，中间表格中已经结账的月份对应的“是否结账”单元格中会显示“Y”标记（如图6-68e所示，本例对2011年9月进行上述结账操作后，在2011年9月处则显示“Y”标记）。

已经结账的月份，除日常的查询外，不能再对已经账务处理过的记账凭证、账簿等进行添加、修改、删除等操作。根据账务处理需要，若要取消结账，要“逆”会计期间的先后顺序，即先取消最后一期的结账，才能取消其上一期的结账。操作方法为：重复上述第一步，按序选择要取消结账的月份（若其后月份已经结账，则应先取消其后月份的结账），按键盘组合键Ctrl + Shift + F6，在如图6-68f所示的对话框中输入主管操作密码，单击“确定”按钮后，结账状态恢复到如图6-68a所示的“结账”前状态。

实验小结

如图6-69所示，本章以用友ERP－U8总账系统为例，介绍账务系统期初、本期与期末业务处理。在用友ERP－U8通用财务软件中，总账系统是会计信息系统及工资、固定资产、应收与应付等子系统运行的核心，肩负着财务信息业务处理流程中，对记账凭证、账簿等多项簿记进行业务处理的工作，它的正确有序的运行，是做好财务报表的基础，所以做好该项工作是财务工作的重中之重，用户应结合单位实际情况，在第5章实验基础上，做好本章期初、本期与期末的财务处理，为下一步的报表系统实验与实务工作奠定良好的财务信息数据基础。

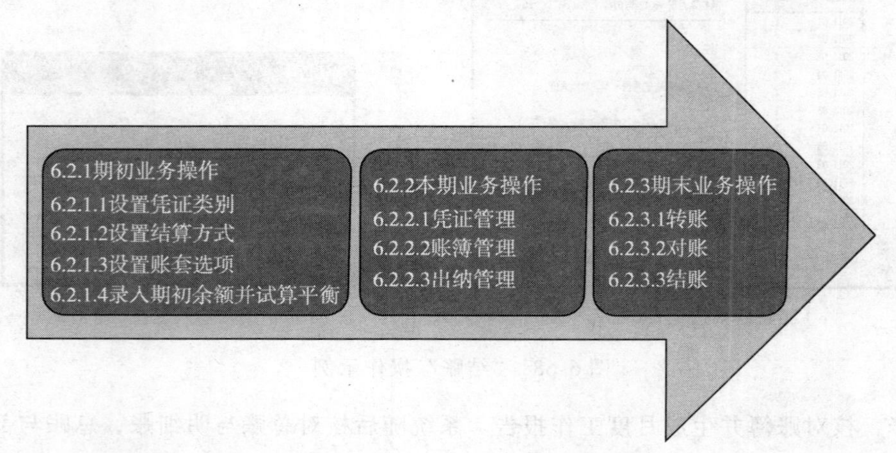

图6-69 第6章实验内容简图

【重点与难点】

重点是掌握期初余额及其试算平衡、本期与期末日常业务处理与操作；难点是理解凭证类别设置的意义、辅助核算形式的类型及其设置的原因与作用。

【实验学时建议】

建议教师先利用课堂模拟演练的方式，结合第 2 章的理论知识、第 4 章的相关案例内容与第 5 章的系统初始化实验，带领学生熟悉总账系统的操作流程，强调具体实验中应注意与常出现的问题与对策。建议讲授 4 学时、实验 6 学时，共 10 学时。

实验思考

1. 凭证类别设置过程中，定义限制类型与限制科目的目的与意义是什么？
2. 结合本章实验，思考账套选项设置的功能与作用。
3. 结合本章实验与所学会计学知识，思考对期初余额进行试算平衡的作用是什么？如何实现试算平衡？在执行哪项操作时会自动对期初余额进行试算平衡？
4. 结合本章实验与所学会计学知识，思考凭证管理包含哪些内容及其在财务处理系统管理中的地位与作用。
5. 比较填制凭证中的“查询”功能与查询凭证功能的异同。
6. 结合本章实验与所学会计学知识，思考账簿管理包含哪些内容及其在财务处理系统管理中的地位与作用。
7. 比较记账凭证填制后未记账前的账表、记账后的账表、结账后的账表三者的异同。
8. 结合本章实验与所学会计学知识，思考出纳管理包含哪些内容及其在财务处理系统管理中的地位与作用。
9. 在建立账套时对账务系统的计量精度进行设置外，是否还需要在账套选项中对计量精度进行设置后才能最终实现精度设置？
10. 结合本章实验与所学会计学知识，期末业务操作包含哪些内容？自动转账包含哪些内容及其实现的步骤？期末对账的目的与意义，包含哪些内容及其实现的步骤？结账的目的与意义，包含哪些内容及其实现的步骤？

Chapter 7

第7章 报表系统实验

学习目标

- 掌握报表系统的界面、功能、基本概念；
- 掌握利用报表模板与自定义报表生成报表的操作流程；
- 掌握报表格式定义过程中公式与函数的定义；
- 掌握报表数据生成的各项操作流程；
- 掌握对报表数据进行图表分析的方法与操作流程。

7.1 实验目标、要求及实施

1. 实验目标与要求

根据第2章“工资系统功能结构与应用（2.4）”的理论，第4章“账务与报表系统综合案例”（4.1）案例资料，在第5、6章实验的基础上，利用“用友ERP－U8”财务软件的UFO报表系统实施本章的实验，要求掌握报表系统的启动、界面与功能、基本概念与操作流程。达到通过实验的练习，能独立编制企业常用报表的目的。

2. 实验实施

根据4.1总账务与报表系统综合案例的实验资料，完成如表7-1所示的实验内容，为以后的报表熟练编制奠定扎实的操作基础。

表 7-1　实验内容与学时安排

实验名称	实验内容	学时安排
7.2 报表系统操作与处理	7.2.1 UFO 报表系统的操作流程 7.2.2 UFO 报表系统的启动与关闭 7.2.3 UFO 报表系统的界面与功能 7.2.4 UFO 报表系统的基本概念 7.2.5 UFO 报表系统的编报实例	讲授 2 学时 实验 4 学时

7.2　报表系统操作与处理

报表系统是会计信息系统中，编制对外报送与经营管理自用的资产负债表等常用报表与自定义报表的子系统，它通过与总账等各个系统间完善的接口，实现会计数据与信息的共享。企业财务会计报告是企业会计信息的主要载体，在正确核算经济业务的基础上，能对报表系统进行熟练操作，生成有用的企业报表，就显得至关重要。下面以财务总监季苹为权限用户，讲解“用友 ERP - U8”中的 UFO 报表系统及其操作。

7.2.1　UFO 报表系统操作流程

如图 7-1 所示，报表系统的操作分为以下几步。

第一步，启动 UFO 报表系统，建立报表文件（此步与第七步详见 7.2.2UFO 报表系统的启动与关闭）。

第二步，设计报表文件的格式（第二步至第六步详见 7.2.3 至 7.2.4）。

第三步，定义各类公式。

第四步，报表数据处理。

第五步，报表图形处理。

第六步，保存并打印报表。

第七步，退出 UFO 报表系统。

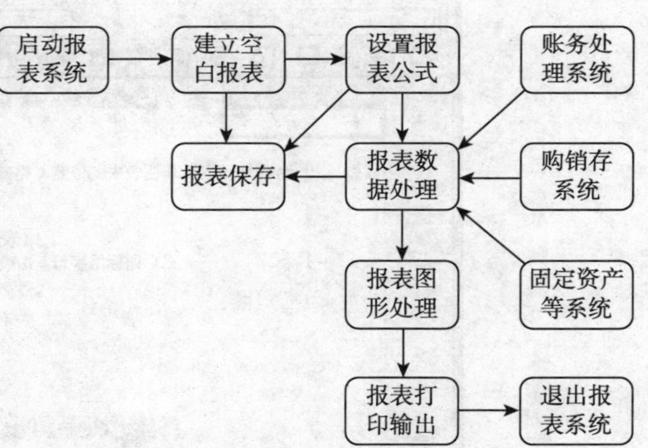

图 7-1　报表系统的操作流程

在一般的报表处理中，一定要有启动系统、建立报表、设计格式、数据处理、退出系统这些基本过程。所以上述步骤中第一、二、四、七步是必需的，在完成实际应用时，第三、五、六步应视报表编制的具体要求和情况而定。

7.2.2　UFO 报表系统的启动与关闭

权限用户依次单击：“开始菜单→程序→用友 ERP - U8→财务会计→UFO 报表”，在弹出的如图 7-2 所示的“注册 UFO 报表”对话框，在该对话框的文本框中分别输入权限用户的编号或姓名、密码、与操作日期，在下拉列表中选择账套、会计年度，单击“确定”按钮，就进入了如图 7-3 所示的“UFO 报表”窗口（在第一次启用时会弹出“日积月累”对话框，供初学者学习用，使用者根据需要选择是否勾选“在开始时启用”选项后单击“下一个”继续学习或“关闭”按钮退出学习）。

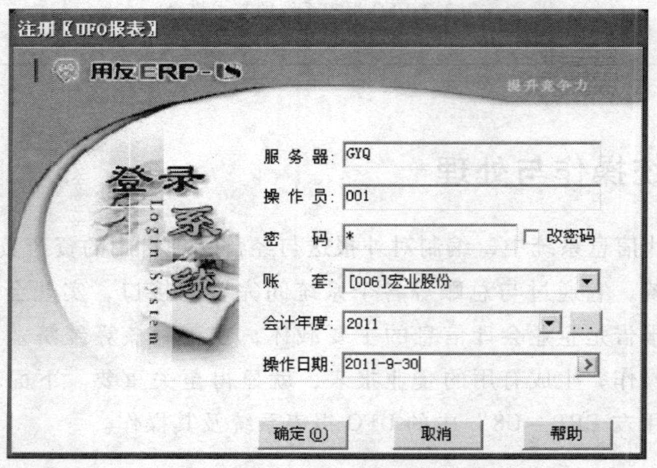

图 7-2 注册 UFO 报表对话框

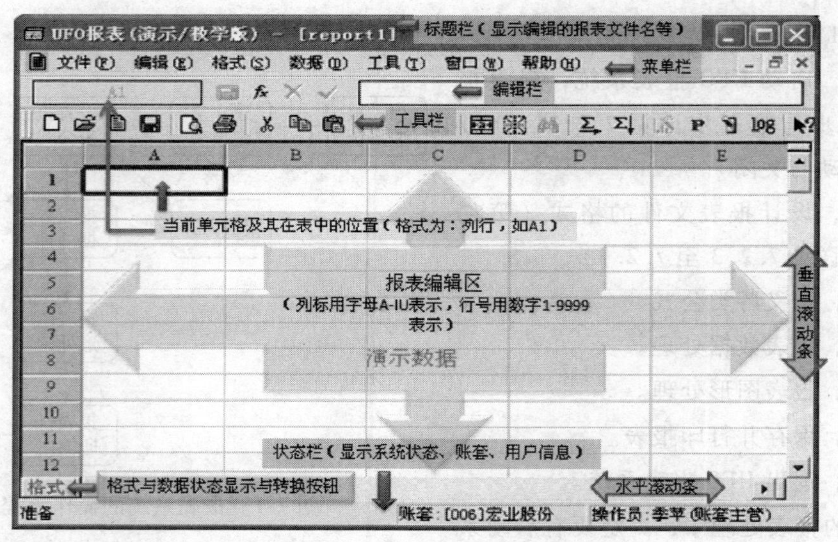

图 7-3 UFO 报表系统窗口

可通过以下方法之一，并单击“确认退出 UFO 系统”提示框“是”按钮，并保存正在编辑的报表文件后，即可退出 UFO 报表系统。

（1）单击标题栏上“关闭”按钮。

（2）单击“文件”菜单“退出”选项。

（3）按键盘组合键 Alt + F4。

7.2.3　UFO 报表系统的界面与功能

单击“UFO 报表”窗口“文件”菜单“新建”选项，或单击该窗口工具栏的“新建”按钮，或按键盘组合键 Ctrl + N，在窗口标题栏上便显示新建了一个系统自动命名为“report1. rep”的报表文件（见图 7-3）。该窗口由标题栏、菜单栏、编辑栏、工具栏、报表编辑区、状态栏、格式与数据状态显示与转换按钮、垂直与水平滚动条构成。我们可通过 7.2.5 中对“资产负债表”、“公司资本结构现状分析表”的编制，进一步学习报表系统的界面与功能。

UFO 报表系统具有的功能有以下几项。

1. 报表模板及其管理功能

通过窗口“格式”菜单的“报表模板”、“自定义模板”、“生成常用报表”选项，为用户提供“工业企业”等 20 多个行业的“资产负债表”、“利润表”等常用报表模板（见图 7-4），用户也可以自定义报表模板和生成常用报表，这些功能大大提高了报表编制的效率。

2. 多种类型文件管理功能

通过窗口“文件”菜单的“打开”选项，弹出的如图 7-5 所示“打开”对话框的文件类型列表，可以对报表文件（＊. rep）、文本文件（＊. txt）、Access 文件（＊. mdb）、dBase 数据库文件（＊. dbf）、Excel 文件（＊. xls）、Lotus1-2-3 文件进行管理及相互间文件格式的转换。

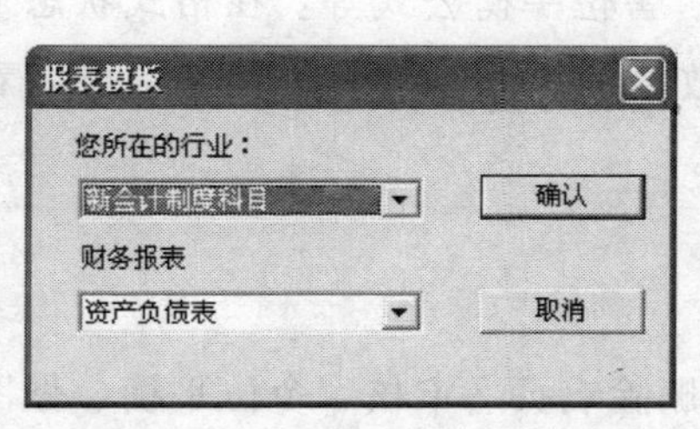

图 7-4　“报表模板”对话框

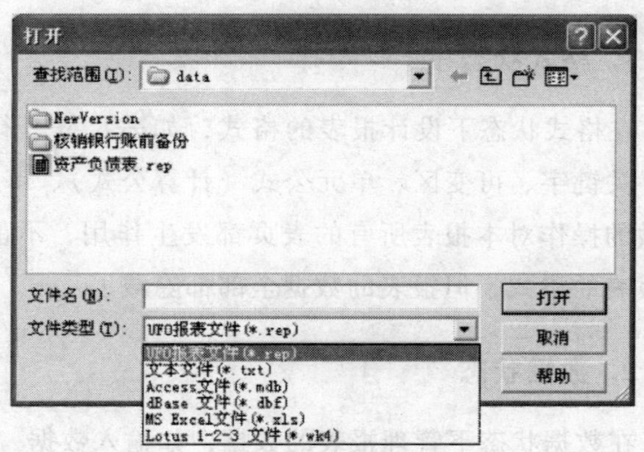

图 7-5　“打开”对话框的文件类型列表

3. 报表格式、数据、图表管理功能

在格式状态下，通过窗口“格式”菜单（见图 7-6）的“表尺寸”、“组合单元”等选项，可以满足制作各种样式的报表文件。在报表格式设计中，提供计算公式、审核公式与舍位平衡公式的定义，并可利用统计函数等在内的 55 个函数和 170 个业务函数，通过业

务函数从总账、工资、固定资产等系统中提取报表所需数据。而且可根据需要对报表数据生成直观的直方图、拆线图等 4 大类 10 种格式的图表（见图 7-30）。

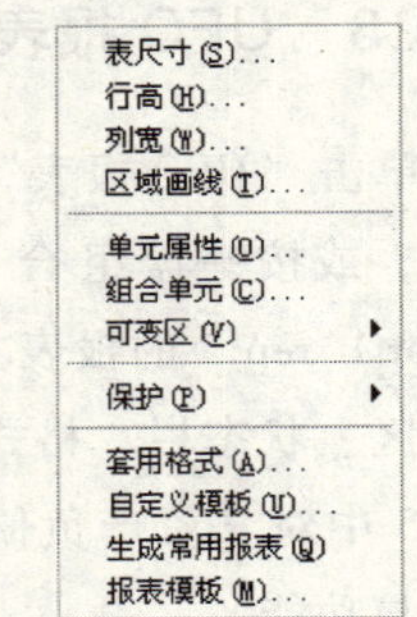

图 7-6 窗口“格式”菜单选项列表

4. 二次开发功能

通过窗口“工具”菜单的“二次开发”选项，UFO 报表系统为用户提供了由函数、命令、变量和语句组成的二次开发语言，通过命令窗、批命令文件和自定义菜单文件等形式，在熟练使用的基础上，进行适合本企业的专用系统的二次开发。

5. 打印输出功能

通过窗口“文件”菜单的“打印设置”、“打印预览”和“打印”选项，对已编制待打印输出的文件，提供视窗界面下的“所见即所得”的打印设置（如报表的缩放等）、预览与打印输出。

7.2.4 UFO 报表系统的基本概念

UFO 将含有数据的报表分为两大部分来处理，即报表格式设计工作与报表数据处理工作。报表格式设计工作和报表数据处理工作是在不同的状态下进行的。实现状态切换的是一个特别重要的按钮——“格式/数据”按钮（见图 7-3），点取这个按钮可以在格式状态和数据状态之间切换。

1. 格式状态

在格式状态下设计报表的格式，如表尺寸、行高列宽、单元属性、单元风格、组合单元、关键字、可变区、单元公式（计算公式）、审核公式、舍位平衡公式等。在格式状态下所做的操作对本报表所有的表页都发生作用，不能进行数据的录入、计算等操作，可以看到报表的格式，但报表的数据全部都隐藏了。

2. 数据状态

在数据状态下管理报表的数据，如输入数据、增加或删除表页、审核、舍位平衡、做图形、汇总、合并报表等，可以看到报表的全部内容，包括格式和数据，但不能修改报表的格式。

3. 单元

单元是组成报表的最小单位，单元名称由所在列、行标志。列标用字母 A-IU 表示，行号用数字 1～9999 表示。用鼠标单击某个单元，该单元即为当前单元，如图 7-3 中的 A1，表示第 A 列第 1 行的单元。单元有以下 3 种类型。

（1）数值单元，在数据状态下输入的报表数据。数值单元的内容可以是 1.7＊（10E－308）~1.7＊（10E＋308）之间的任何数，数字可以直接输入或由单元中存放的单元公式运算生成。新增报表文件的所有单元，在格式状态下，如果未输入任何内容，则默认为数值单元。

（2）字符单元，在数据状态下输入的报表数据。字符单元的内容可以是汉字、字母、数字及各种键盘可输入的符号组成的一串字符，一个单元中最多可输入 63 个字符或 31 个汉字。字符单元的内容也可由单元公式生成。

（3）表样单元，在格式状态下输入和修改的报表格式，是定义一个没有数据的空表所需的所有文字、符号或数字。一旦单元被定义为表样，那么在其中输入的内容对所有表页都有效，在数据状态下不允许修改。一个单元中最多可输入 63 个字符或 31 个汉字。

组合单元由相邻的两个或更多的单元组成，这些单元必须是同一种单元类型，UFO 在处理报表时将组合单元视为一个单元。可以组合同一行或同一列相邻的几个单元，也可以把一个多行多列的平面区域设为一个组合单元。组合单元的名称可以用区域的名称或区域中的单元的名称来表示。例如把 A2 到 A5 定义为一个组合单元，这个组合单元可以用“A2”、“A5”、或“A2: A5”表示。

4. 区域

区域由一张表页上的一组单元组成，自起点单元至终点单元是一个完整的长方形二维矩阵。最大的区域是一个二维表的所有单元（整个表页），最小的区域是一个单元。

5. 表页

一个 UFO 报表文件（＊. rep）最多可容纳 99 999 张表页，每一张表页是由许多单元组成的。所有表页具有相同的格式，但其中的数据不同。表页在报表中的序号在表页的下方以标签的形式出现，称为“页标”。页标用“第 1 页”~“第 99 999 页”表示，它标明表页在报表文件中的顺序。在不同报表文件间引用数据时用在表页前加“@”符号，如@ 2，表示第 2 张表页。

6. 二维表、三维表与四维运算

确定某一数据位置的要素称为“维”（俗称“坐标”）。通过行（横轴，X 轴）和列（纵轴，Y 轴）来描述一个数的位置，这些纵横交错的坐标描述的即是二维表，在二维表中能找到任何数据的位置。如果将多个相同的二维表叠在一起，找到某一个数据的要素需增加一个 Z 轴，便形成了一个三维表。如果将多个不同的三维表放在一起，要从这多个三维表中找到一个数据，又需增加一个要素，即表名。三维表中的表间操作即称为“四维运算”。

7. 报表及其大小指标

报表是有一定格式的表格文件，如果将它比喻为一本“书（book）”，表页是书中的

“页（page）”，在表达式中表示报表需用双引号括起来，在报表间引用数据时，在报表后和表页前需增加“->”符号，如“资产负债表”->D2@2”表示当前文件夹下，资产负债表的第2张表页的D2单元格。衡量一个报表大小的指标（及其数值范围）见表7-2所示。

表7-2 报表大小的指标及其数值范围一览表

指标名称	指标值范围	默认值
行	1~9 999行	50行
列	1~255列	7列
行高	0~160毫米	5毫米
列宽	0~220毫米	26毫米
表页	1~99 999页	1页

8. 固定区与可变区

固定区是组成一个区域的行数和列数的数量是固定的数目。一旦设定好以后（例如通过“表尺寸”定义），在固定区域内其单元总数是不变的。可变区是屏幕显示一个区域的行数或列数是不固定的数字，在一个报表中只能设置一个可变区，在格式设计中设定了可变区的最大行数或最大列数，或是行可变区或是列可变区，行可变区是指可变区中的行数是可变的，列可变区是指可变区中的列数是可变的。设置可变区后，屏幕只显示可变区的第一行或第一列，其他可变行列隐藏在表体内。在以后的数据操作中，可变行列数随着需要而增减。含有可变区的报表称为可变表，没有可变区的表称为固定表。

9. 关键字

关键字是游离于单元之外的特殊数据单元，是表页的唯一标志，用于在大量表页中快速选择表页。UFO共提供了以下六种常用关键字及可以用于业务函数中的自定义关键字功能，关键字的显示位置在格式状态下设置，关键字的值则在数据状态下录入，每个报表可以定义多个关键字。

（1）单位名称：字符型（最大28个字符），为该报表表页编制单位的名称。

（2）单位编号：字符型（最大10个字符），为该报表表页编制单位的编号。

（3）年：数字型（1980~2099），该报表表页反映的年度。

（4）季：数字型（1~4），该报表表页反映的季度。

（5）月：数字型（1~12），该报表表页反映的月份。

（6）日：数字型（1~31），该报表表页反映的日期。

10. 筛选

筛选是为了在大量数据中找出符合条件的数据，从定义条件到找到相应数据的过程。与总账系统明细账查询中的过滤功能相似。在执行UFO的命令或函数时，根据用户指定的筛选条件（分为表页筛选条件和可变区筛选条件，前者指定要处理的表页；后者指定要处理的可变行或可变列），对报表中每一个表页或每一个可变行（列）进行判断，只处理符合筛选条件的表页或可变行（列），不处理不符合筛选条件的表页或可变行（列）。

筛选条件跟在命令、函数的后面，用“FOR <筛选条件>”来表示。

11. 关联

报表间的数据不是孤立存在的，一张报表中不同表页的数据或多个报表中的数据可能存在着这样或那样的经济关系或钩稽关系，要根据这种对应关系找到相关联的数据进行引用，就需要定义关联条件。UFO 在多个报表之间操作时，主要通过关联条件来实现数据组织。关联条件跟在命令、函数的后面，用“RELATION <关联条件>”来表示。如果有筛选条件，则关联条件应跟在筛选条件的后面。

12. 应用服务和业务函数

U8 应用服务用于从用友公司的管理软件系列产品中提取数据。通过定义“业务函数”来提取符合条件的数据。以下是使用函数的规范：

FUNCTION（ <para> [，<para>] * ）

说明：

（1）“FUNCTION”，即函数名，即函数关键字，如 PTOTAL 等，可以简写成前 4 个字母，如 PTOT。

（2）“ [ ]”，表示该参数可选，可以省略。

（3）“ * ”，表示其前面括号内的内容可以有 0 到多个。

（4）“ <para> ”，函数参数。

（5）“，”逗号，用于隔开各参数。

（6）注意：函数中使用到的字母和符号，如：函数名、括号（（））、引号（“”）、逗号（，）、等号（=）等均为半角符号。

例如函数 QC（“1001”，“全年”，“借”，006，借），表示提取用友账务系统中 006 账套的 1001 科目的年初借方余额。这些函数可以使用在单元公式、命令窗、批命令中。各“业务函数”（取数函数）的功能、详细格式和用法可参阅附录 C。

7.2.5　UFO 报表系统编报实例

编制报表遵循先定义报表格式、后按期生成当期报表的顺序，即报表格式一旦定义好，当期与以后各期的报表可利用该格式“自动”生成，从而产生“一劳永逸”的提高财务人员工作效率的功效。

【例 7-1】

结合表 4-30 的格式，利用报表模板设置“资产负债表”格式，并生成 2011 年 9 月 30 日的资产负债表。

第一步，运行 UFO 报表系统，方法详见 7.2.2（略）。

第二步，调用报表模板，并将报表文件保存为“资产负债表”（默认的 *. rep 文件格式）。运行 UFO 报表系统并新建 report1. rep 文件后，单击报表系统窗口“格式”菜单的“报表模板”选项，在弹出的“报表模板”对话框（见图 7-4）中选择所在行业与财务报表种类（本例为“新会计制度科目”、“资产负债表”），单击“确认”按钮后，弹出“资产负债表”报表编辑窗口（处于格式状态）。再单击“文件”菜单“保存”选项，或单击工具栏的“保存”按钮，或按键盘“F6”，把该报表文件的主名命名为“资产负债表”，然后保存到指定的位置后的窗口显示如图 7-7 所示（窗口标题栏上显示正在编辑的“资产负债表”报表文件名）。

	A	B	C	D	E	F	G	H
1					资产负债表		演示数据	
2								会企01表
3	编制单位:		xxxx 年	xx 月	xx 日			单位:元
4	资 产	行次	年初数	期末数	负债和所有者权益（或股东权益）	行次	年初数	期末数
5								
6	流动资产:				流动负债:			
7	货币资金	1	公式单元	公式单元	短期借款	68	公式单元	公式单元
8	短期投资	2	公式单元	公式单元	应付票据	69	公式单元	公式单元
9	应收票据	3	公式单元	公式单元	应付账款	70	公式单元	公式单元
10	应收股利	4	公式单元	公式单元	预收账款	71	公式单元	公式单元
11	应收利息	5	公式单元	公式单元	应付工资	72	公式单元	公式单元
12	应收账款	6	公式单元	公式单元	应付福利费	73	公式单元	公式单元

图 7-7 “资产负债表”编辑窗口

第三步，设置报表格式。报表格式设置涉及：设置表头与报表项目文字及其格式；设置报表项目对应公式单元；设置关键字。

（1）对报表除“关键字”外的表头与项目文字及其格式进行审阅，对不符合的内容进行修改（以修改表头文字和“短期投资”项目改为“交易性金融资产”项目为例进行讲解）、增删等操作。将模板生成的资产负债表与表 4-30 的资产负债表逐一核对，双击需要修改的文字的单元格，直接输入正确的文字，或单击单元格，再单击编辑栏对其进行修改。单击列标或行标（或再拖动鼠标），可选中一行或一列（多行或多列），通过“编辑”菜单的“插入”、“追加”、“删除”、“交换”选项以及“格式”菜单的“行高”、“列宽”、“区域画线”选项，对行、列、区域进行增加、删除、交换等操作，并设置行高、列宽，画表格线。

例如将“短期投资”改为“交易性金融资产”（其余项目修改方法与此相同）。通过窗口“格式”菜单的各选项（见图 7-6）可对表尺寸、单元格边框、合并单元格（组合单元）、单元类型等进行设置与修改。例如为使表头文字“资产负债表”位居整个报表顶端中部（无论报表如何调整），可将其所在行设置为组合单元并居中，单击 A1 或 H1 拖动鼠标左键选中区域 A1:H1，单击工具栏上的组合单元按钮或“格式”菜单的“组合单元”选项，再单击弹出的“组合单元”对话框（见图 7-8）的“整体组合”按钮，输入“资产负债表”表头文字，单击“格式”菜单的“单元属性”选项，再单击弹出的“单元格属性”对话框（见图 7-9）的“对齐”选项卡，水平与垂直方向均设置为“居中”单元项，单击“确定”按钮完成设置（对文字太多的单元格可勾选“文字拆行显示”的选项）。

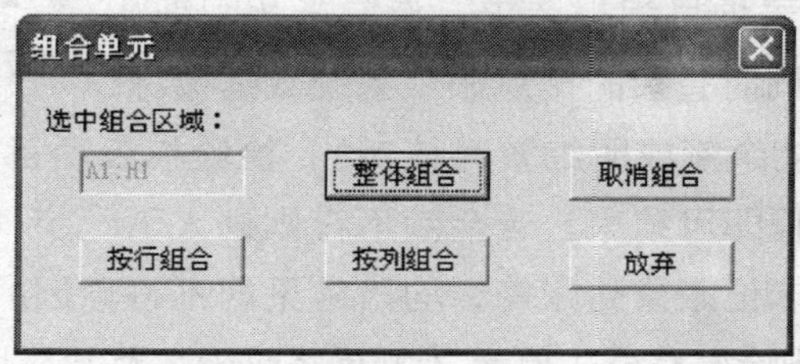

图 7-8　“组合单元”对话框

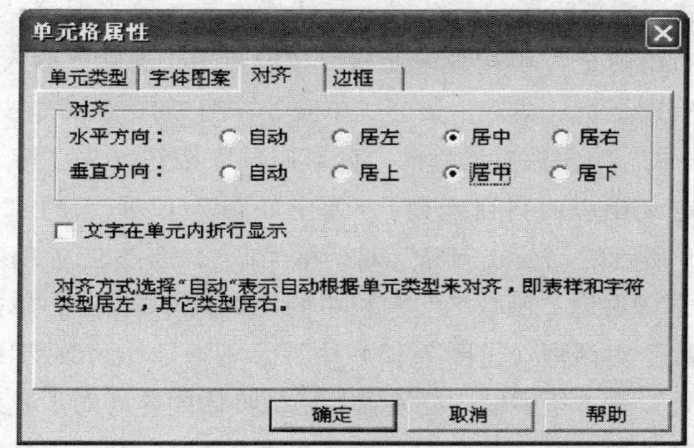

图 7-9　“单元格属性”对话框

（2）对报表项目对应的“年初数”与“期末数”公式单元进行审阅与修订（以“货币资金”与“流动资产合计”两个报表项目对应的“年初数”与“期末数”公式单元为例进行讲解），双击“货币资金”项目对应的“年初数”单元格，审阅弹出的“定义公式”对话框（见图 7-10）中报表模板公式“QC（“1001”，全年，，，年，，）+QC（“1002”，全年，，，年，，）+QC（“1009”，全年，，，年，，）”（即货币资金项目年初金额等于库存现金、银行存款与其他货币资金年初金额的合计数，本例无其他货币资金科目，期末数原理相同）。

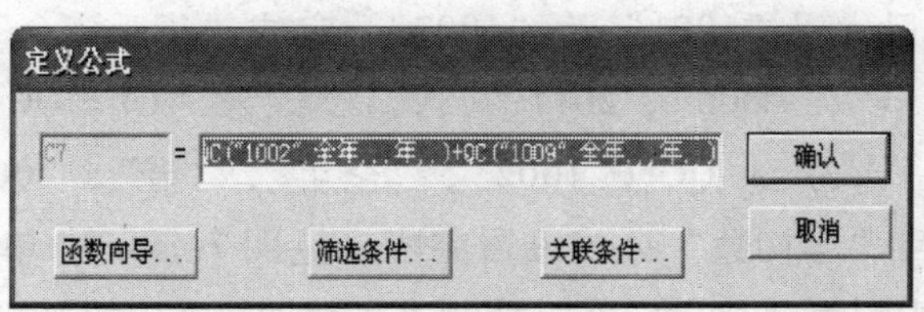

图 7-10　“定义公式”对话框

要审阅上述公式，我们对初学者介绍，一种“公式及函数”设置的高效方法，即先验证“数据”，再设置“格式”，再次验证“数据”的方法。

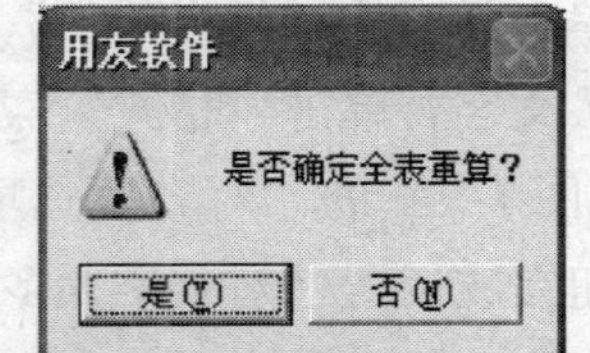

图 7-11 “整表重算”提示框

①先验证“数据”。单击报表“格式状态”按钮进入数据状态，单击如图 7-11 所示的“全表重算”提示框“是”按钮，报表将显示所有项目（包括“货币资金”项目）的期初余额，按会计学资产负债表项目编报要求，与总账及明细账期初余额逐一核对（即与同时登录的“总账”系统数据核对，或与表 4-6 中各科目的期初余额或明细资料核对），检验模板项目公式取数结果是否正确。若金额相符，报表编制流程即可结束。若金额不符则进入下一步（单元公式中科目代码有误，或总账等系统凭证尚未记账或结账等，均为常见的不符原因）。②数据不符的前提下，再设置“格式”：修改或删除原有公式单元（侧重修改函数及其科目代码或删除原有公式重新定义公式）。经过上步验证，假设金额不符，一种最简单也是有益积累报表操作经验的方法，就是删除原有公式，重新设置单元公式。具体操作为：单击报表“数据状态”按钮返回格式状态，单击“货币资金”年初数单元格，按键盘 Del 键后再输入键盘“=”符号进入空白的“定义公式”对话框，或双击该公式单元，在图 7-10 的“定义公式”对话框中按键盘 Del 键删除原有公式。单击该对话框的“函数向导”按钮（先了解“QC（）函数”的格式与说明，再重新定义相应的科目函数），弹出如图 7-12 所示的“函数向导”对话框（界面与使用与图 6-59 所示的“公式向导”对话框类似），选择左边“函数分类”窗格中的“用友财务函数”，再选择右边“函数名”窗格中的“期初 QC（）”，单击“下一步”按钮，在弹出“用友财务函数”对话框（见图 7-13）中显示刚选择的函数及其格式与说明，参照上述格式在“函数录入”文本框中输入要设置的函数具体内容（对于熟悉的用户来讲），或单击“参照”按钮，进入“财务函数”对话框（见图 7-14），分别选择账套号、会计年度、方向、科目、截止日期或期间，其中前三项可以默认（前述公式中多个逗号并列的原因就是选择了默认项，科目文本框后的按钮可以调用如图 6-1 所示的科目参照对话框选择科目。若直接输入科目代码，比较快捷的定义科目的办法是打开总账系统的“会计科目”窗口进行参照），然后单击“确定”按钮，返回图 7-13 所示的对话框，在函数录入文本框中即显示刚设置的函数参数值（见图 7-15），单击“确定”按钮，返回“定义公式”对话框（见图 7-16a），得到公式“C7 = QC（“1001”，“全年”，“借”，“006”，2011，，，，，，）”且为选中的状态，按键盘组合键 Ctrl + C 或右击在弹出式菜单中选择“复制”选项，单击公式末尾，输入键盘“+”符号，再按键盘组合键 Ctrl + V 或右击在弹出式菜单中选择“粘贴”选项，改粘贴公式中的科目代码“1001”为“1002”，完成“货币资金”项目公式“C7 = QC（“1001”，“全年”，“借”，“006”，2011，，，，，，）”改为“C7 = QC（“1001”，“全年”，“借”，“006”，2011，，，，，，）+ QC（“1002”，“全年”，“借”，“006”，2011，，，，，，）”，至此，“货币资金”项目“年初数”公式设置完毕（见图 7-16b），单击“确认”按钮。③再次验证“数据”：单击报表“格式状态”按钮进入数据状态，检验刚设置公式的取数是否正确。

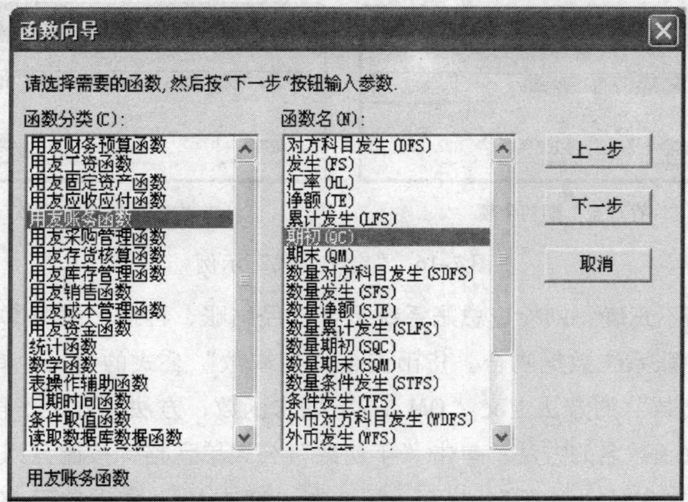

图 7-12　"函数向导"对话框

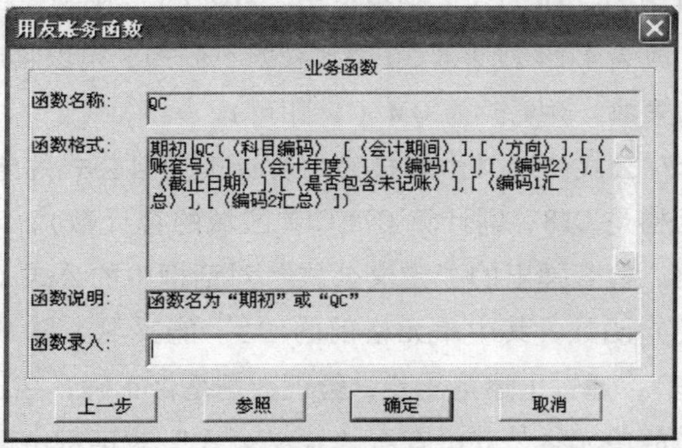

用友账务函数
业务函数
函数名称: QC
函数格式: 期初|QC(<科目编码>,[<会计期间>],[<方向>],[<账套号>],[<会计年度>],[<编码1>],[<编码2>],[<截止日期>],[<是否包含未记账>],[<编码1汇总>],[<编码2汇总>])
函数说明: 函数名为"期初"或"QC"
函数录入:
上一步　参照　确定　取消

图 7-13　"用友财务函数"对话框

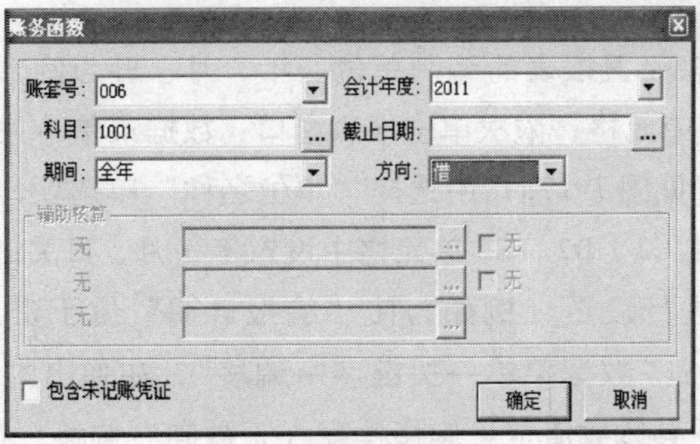

账务函数
账套号: 006　会计年度: 2011
科目: 1001　截止日期:
期间: 全年　方向: 借
辅助核算
无
无
无
包含未记账凭证
确定　取消

图 7-14　"财务函数"对话框

函数录入: "1001",全年,"借","006",2011,,,,,,

图 7-15　"函数录入"文本框返回值

a）先定义“库存现金”期初余额

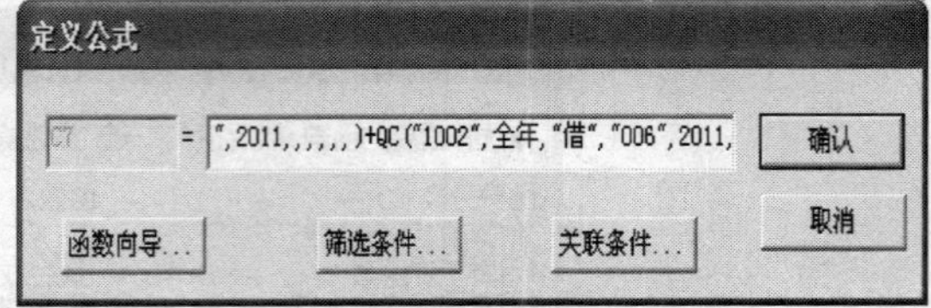

b）再定义“+银行存款”期初余额

图7-16 “定义公式”示例

若报表数据仍不正确，则检查总账系统是否已经结账，再按上述第②、③步重复操作，直至报表数据与总账系统数据吻合。货币资金“期末数”公式的定义，有两种方法，其一是采用上述“年初数”的方法定义“QM（）”期末函数，方法相同，不再赘述；其二是采用复制、粘贴再改函数名的方法：单击“年初数”公式单元格，按键盘组合键Ctrl+C或右击在弹出式菜单中选择“复制”选项，再单击“期末数”公式单元格，按键盘组合键Ctrl+V或右击在弹出式菜单中选择“粘贴”选项，双击“期末数”公式单元格，修改弹出的“公式定义”对话框中的“QC（）”函数名为“QM（）”函数，切换格式状态为数据状态，与总账数据核对（或表4-24或表4-30资料核对，同理，可以将所有项目的期初公式设置好后，复制粘贴到期末数，并更改为QM（）即可）。

以“流动资产合计”公式的定义讲解报表中合计类项目公式的定义（假设流动资产合计“年初数”对应单元格是C18，需计算C7：C17区域的合计数），双击“流动资产合计”项目“年初数”单元格，检查弹出的“定义公式”对话框中的公式“Ptotal（？C7：？C17）”（对固定区求和Ptotal（）函数，其中单元格前的“？”能实现类似MS-Excel公式复制粘贴后的“自动填充”功能），通过上述第①步，验证数据是否正确，在正确的基础上，复制该公式至“期末数”对应的单元格，双击查看“定义公式”对话框中的公式“Ptotal（？D7：？D17）”（单元格区域自动由“？C7：？C17”变更为“？D7：？D17”），再通过上述第①步，验证数据是否正确。

（3）设置关键字。以设置报表的编制单位、年、月、日为例，在格式状态下，选中欲放置编制单位名称的A3单元格，依次单击报表窗口：数据菜单→关键字→设置，在弹出的“设置关键字”对话框（见图7-17a）中选择“单位名称”单选项，单击“确定”按钮。用同样的方法，依次分别在C2、D2、E2单元格中设置年、月、日关键字。要对某个关键字在报表中的水平显示位置进行设置（例如为使“编报日期”位于资产负债表表头文字的下方），依次单击报表窗口：“数据菜单→关键字→偏移”，在弹出的“定义关键字偏移”对话框（见图7-17b）中用具体数值定义偏移程度（正数向右偏移，负数向左偏移），通过格式工具栏对关键字的字号、字体等格式进行设置。要取消关键字的设置，依次单击报表窗口：“数据菜单→关键字→取消”，勾选弹出的“取消关键字”对话框（见图7-17c）中相应的关键字选项，即可完成取消关键字的操作。

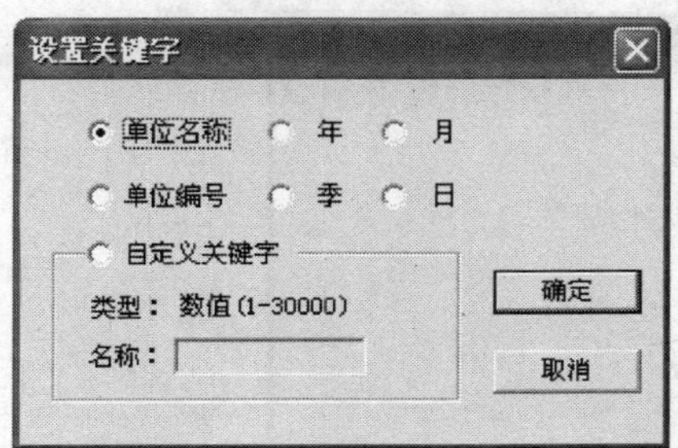

a）“设置关键字”对话框

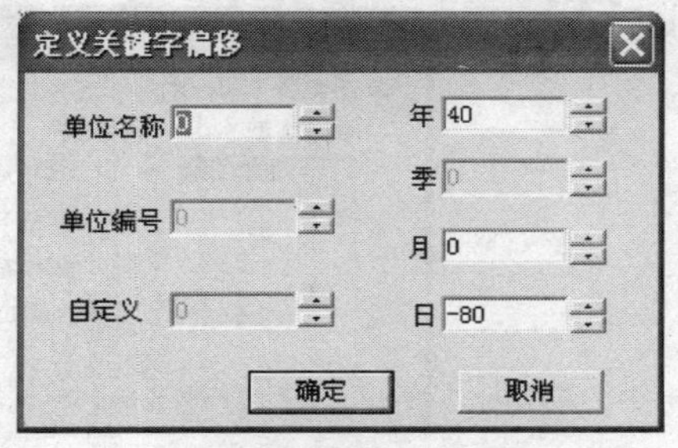

b）“定义关键字偏移”对话框

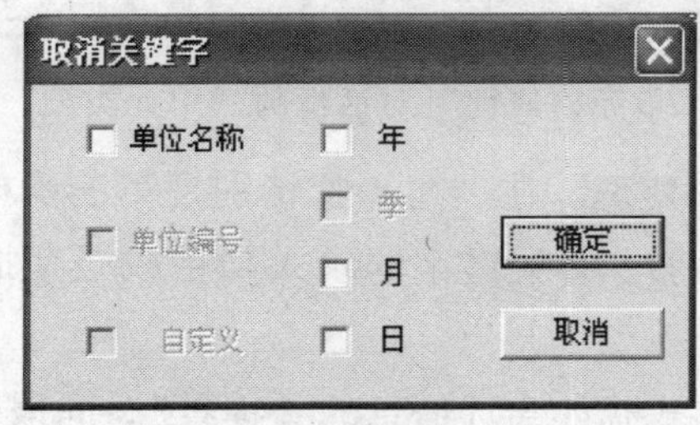

c）“取消关键字”对话框

图 7-17　“关键字”设置示例

（4）其他格式设置：单击 A4 或 H38（有表格线的左上角或右下角的单元格）拖动鼠标左键，选中 A4∶H38（要绘制表格线的区域），单击“格式”菜单“区域画线”选项弹出的对话框（见图 7-18）的“网线”选项。分别选中表格数字区域 C7∶D38 和 G7∶H38，单击“格式”菜单“单元属性”选项，设置弹出对话框的“对齐”选项卡（见图 7-19）水平“居右”、垂直“居中”，设置“单元类型”选项卡（见图 7-20）为数值型且有数值“逗号”的选项。

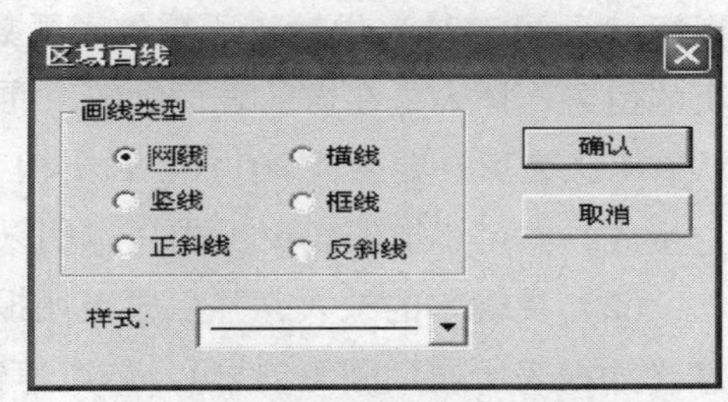

图 7-18　“区域画线”对话框

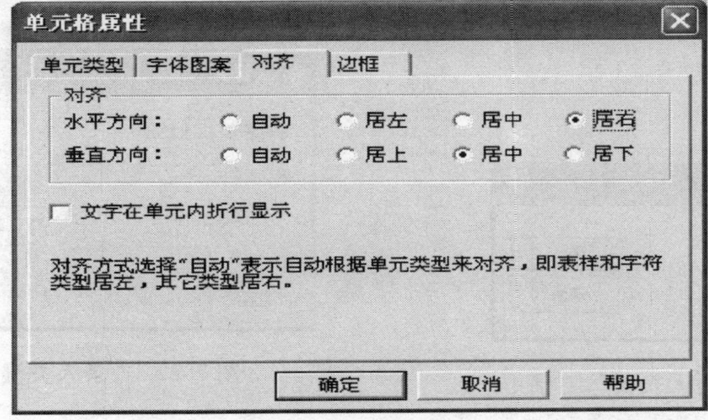

图 7-19　“单元格属性”对话框的“对齐”选项卡

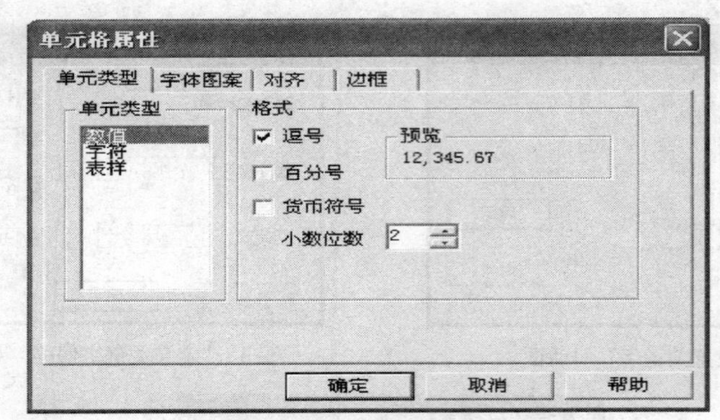

图 7-20 “单元格属性”对话框的“单元类型”选项卡

第四步，报表数据与图形处理。在上述步骤特别是第三步格式设置的基础上，对报表的数据处理包括：①表页的添加。②关键字的录入与生成当期报表。③进行数据的全面复核。④根据需要绘制图形。

（1）表页的添加。报表格式犹如会计信息的“模具”，而报表数据犹如会计信息的“正式产品”。在每期会计期末，要生成当期的报表（如第 4 章总账系统案例需要生成 2011 年 9 月 30 日的资产负债表），利用在格式状态设置的“模具”，添加或追加表页，生成当期报表“产品”。依次单击报表窗口：“编辑菜单→插入或追加→表页”，在弹出的“插入表页”对话框（见图 7-21）中输入所需的表页数量（“追加表页”对话框与此相似，不同的是新表页的位置，插入是在当前表页之前，而追加是在当前表页之后），由于报表系统数据状态默认有 1 张表页，要生成 2011 年 9 月 30 日的资产负债表，可以直接在默认的“第 1 页”表页上生成，亦可添加新表页生成（本例以后者为例，追加了第 2 张表页）。

（2）关键字的录入，并生成当期报表。关键字的功能是在每张表页上标记出其独特信息（如报表所属期间等信息）。依次单击报表窗口：“数据菜单→关键字→录入”，在弹出的“录入关键字”对话框（见图 7-22）相应文本框中输入“宏业股份”、“2011”、“9”、“30”的关键字值，单击“确认”按钮后弹出“全表重算”对话框（见图 7-11），然后单击“是”按钮后，便生成了本期的资产负债表（见图 7-23）。

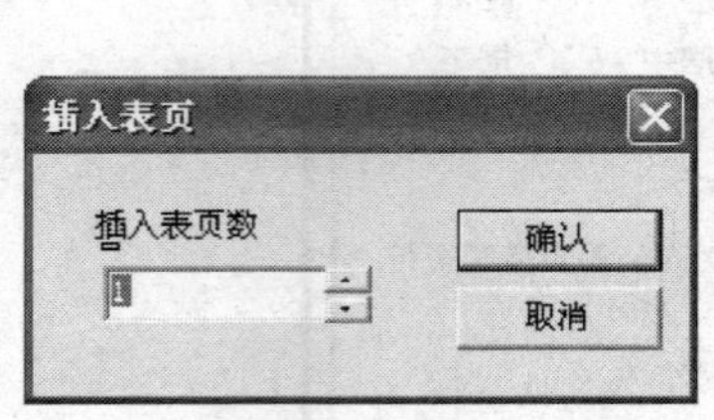

图 7-21 “插入表页”对话框

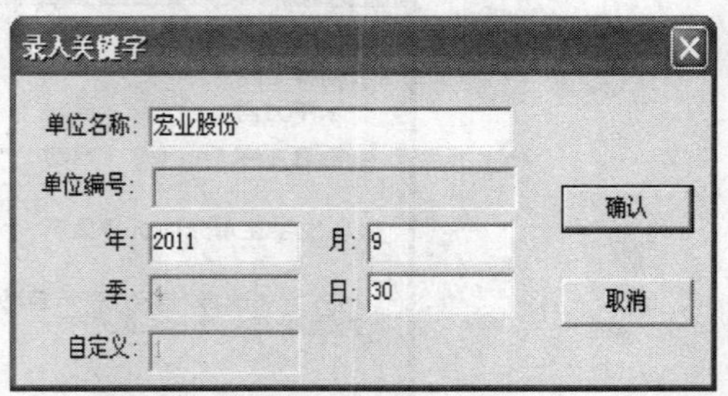

图 7-22 “录入关键字”对话框

（3）进行数据的全面复核。利用总账系统发生额与余额表与报表数据进行全面核对，这是一个保证报表数据与账务数据一致的过程，即账表相符。

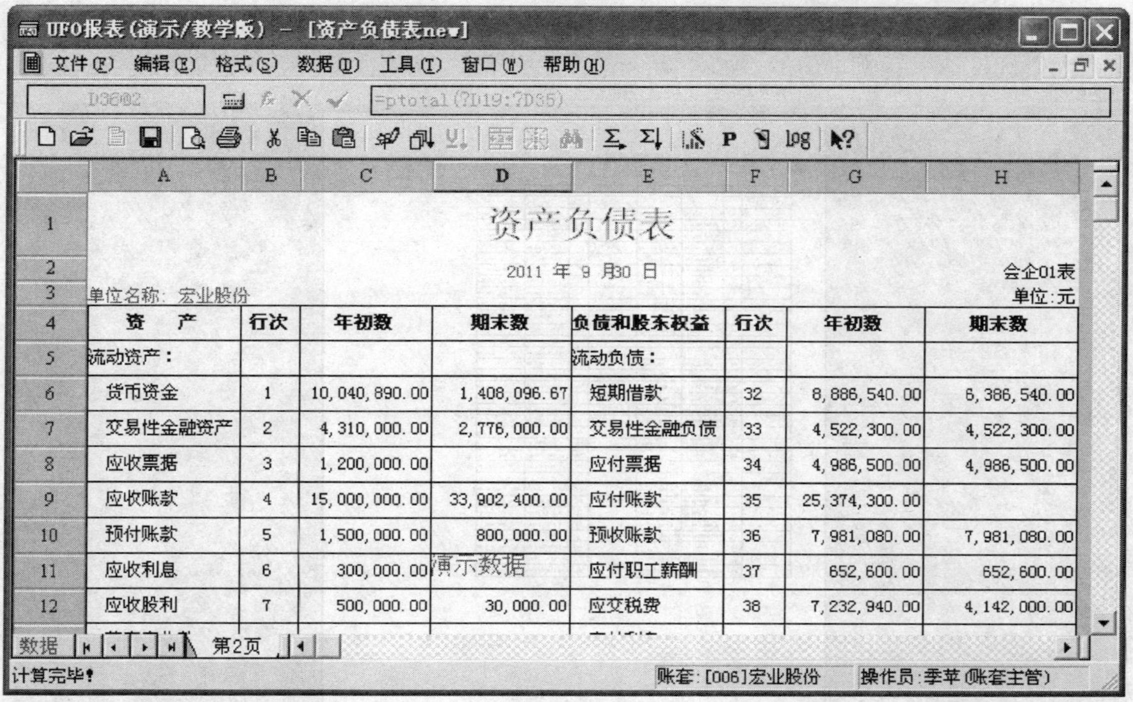

	A	B	C	D	E	F	G	H
1	资产负债表							
2	2011 年 9 月30 日							会企01表
3	单位名称：宏业股份							单位:元
4	资　产	行次	年初数	期末数	负债和股东权益	行次	年初数	期末数
5	流动资产：				流动负债：			
6	货币资金	1	10,040,890.00	1,408,096.67	短期借款	32	8,886,540.00	6,386,540.00
7	交易性金融资产	2	4,310,000.00	2,776,000.00	交易性金融负债	33	4,522,300.00	4,522,300.00
8	应收票据	3	1,200,000.00		应付票据	34	4,986,500.00	4,986,500.00
9	应收账款	4	15,000,000.00	33,902,400.00	应付账款	35	25,374,300.00	
10	预付账款	5	1,500,000.00	800,000.00	预收账款	36	7,981,080.00	7,981,080.00
11	应收利息	6	300,000.00	演示数据	应付职工薪酬	37	652,600.00	652,600.00
12	应收股利	7	500,000.00	30,000.00	应交税费	38	7,232,940.00	4,142,000.00

图 7-23 “资产负债表”数据状态窗口

（4）根据需要绘制图形。为直观地反映报表数据的变化及财务分析的需要，选择相应类型的图形来直观表现上述变化。例如对企业资本结构现状的分析，数据全部来源于本期的资产负债表（方法详见例7-2，该分析图也可在资产负债表中绘制）。

第五步，打印预览、打印设置与输出。通过单击报表窗口常用工具栏上的“打印预览”图标按钮，可进入“所见即所得”的“打印预览”窗口（见图7-24），通过“放大”或“缩小”、“下一页”或“上一页”或“显示两页”（如果有多页的话）、“关闭”、“打印”等按钮来预览即将打印的报表。若不满意当前的打印效果，可关闭打印预览，通过以下步骤来设置满意的打印效果。

（1）打印纸型与方向的设置。根据打印输出的需要，依次单击：“文件”→“打印设置”，在弹出的“打印设置”对话框中（见图7-25）设置纸张大小及方向。

（2）打印页边距等参数的设置。依次单击：“文件”菜单→“页面设置”，在弹出的“页面设置”对话框中（见图7-26）设置页边距、缩放比例、页首与页尾类型及其行列数量（此项是针对跨页或每页均有页尾的报表）进行设置。

设置好上述参数后，再进行打印预览，直到满意的效果（见图7-27），即可单击“文件”菜单的“打印”选项打印输出。

第六步，退出 UFO 报表系统（略）。

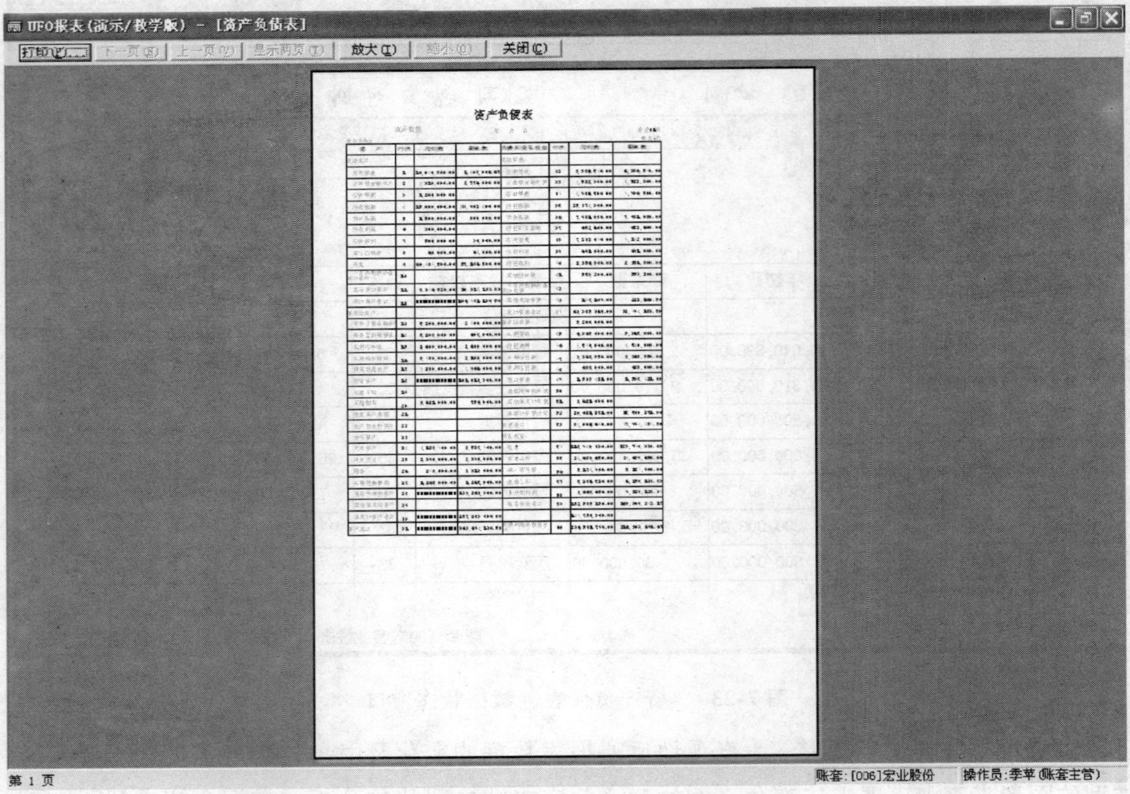

图 7-24 “打印预览”窗口初始状态

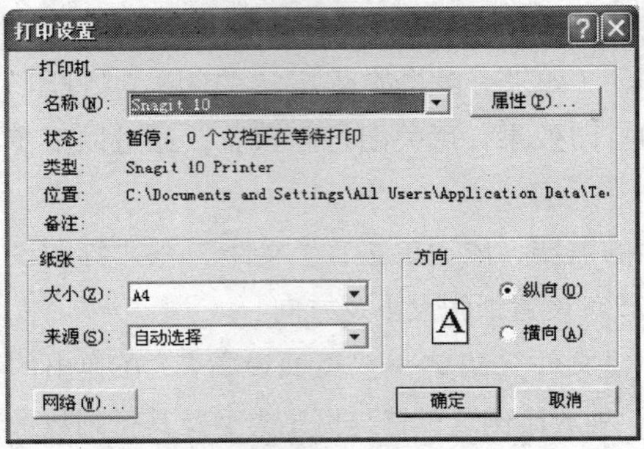

图 7-25 “打印设置”对话框

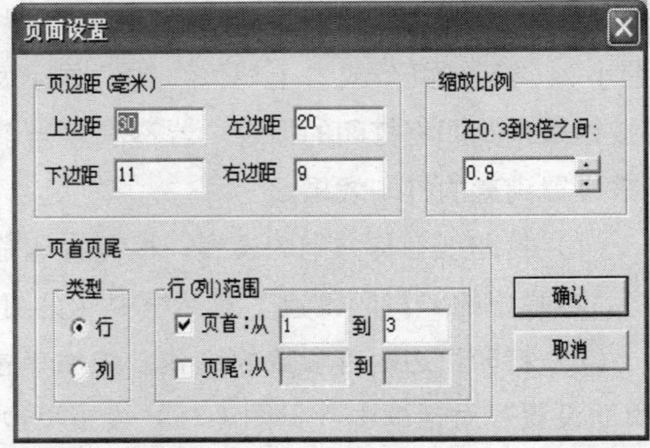

图 7-26 “页面设置”对话框

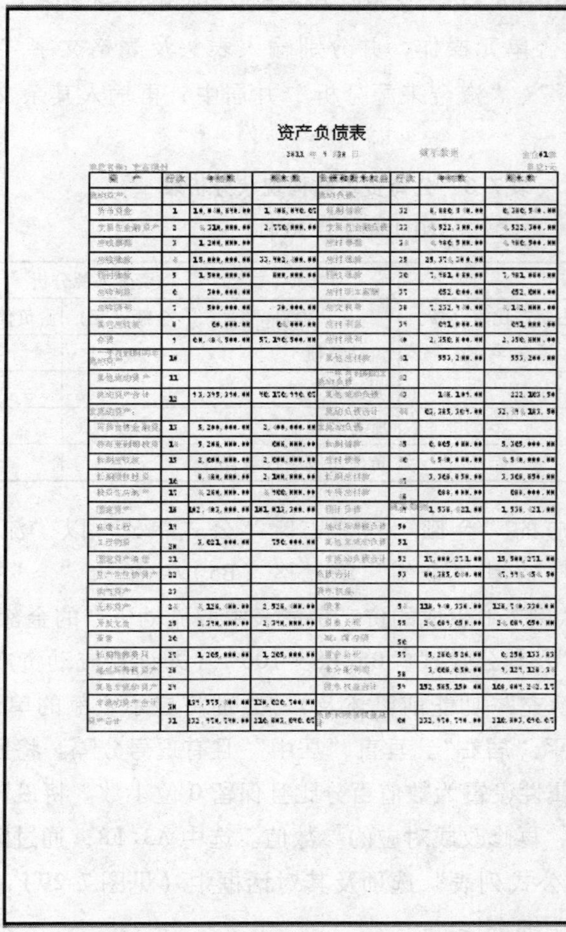

图 7-27　相对满意的打印输出效果

【例 7-2】

编制“公司资本结构现状分析表”（自定义方式），并通过创建饼图直观反映公司的资本结构状况（略去与例 7-1 操作步骤中相同的部分）。

第一步，运行 UFO 报表系统，方法详见 7. 2. 1. 2（略）。

第二步，自定义报表格式，并将报表文件保存为“公司资本结构现状分析表”（默认的 *. rep 文件格式）。运行 UFO 报表系统并新建 report1. rep 文件后，再将其保存为主名为“公司资本结构现状分析表”的报表文件。

第三步，参照表 7-3 设置报表格式。

首先，输入报表除“关键字”外的表头与项目文字，并设置其格式。依次单击报表窗口：“格式”菜单→“表尺寸”，在弹出的“表尺寸”对话框（见图 7-28）文本框

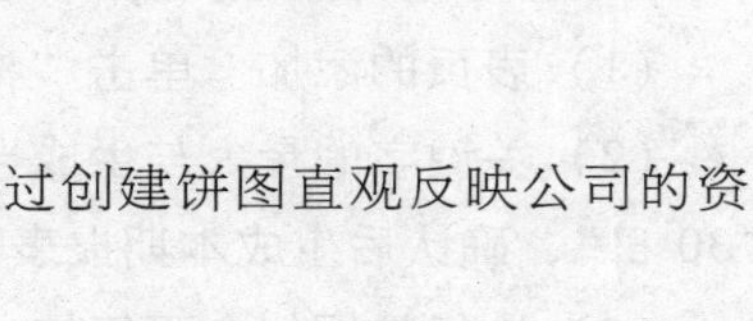

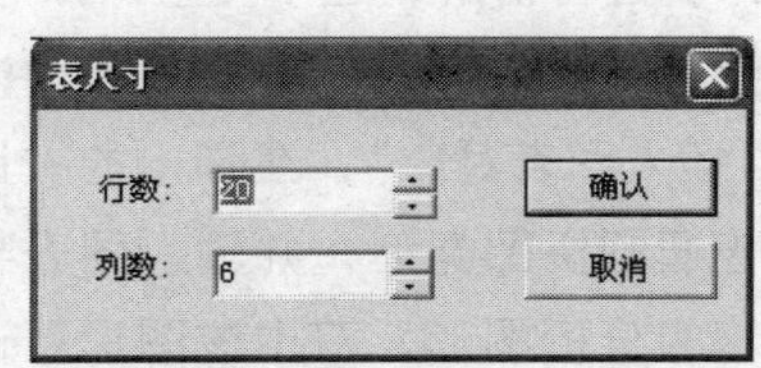

图 7-28　“表尺寸”对话框

中定义20行6列的报表（其中8行为报表，其余行为预留的绘图区）。分别对A1：F1、A3：C3、D3：F3区域进行组合单元操作，并分别输入表头及表格文字“公司资本结构现状分析表”、“资金去向分析”、“资金来源分析”并居中，再输入其余文字，并设置居中或左对齐。

表7-3 公司资本结构现状分析表

编制单位：宏业股份有限公司 2011年9月30日

资金去向分析			资金来源分析		
项目	金额（元）	占资产比重（%）	项目	金额（元）	占负债与股东权益比重（%）
流动资产			流动负债		
非流动资产			非流动负债		
其中，固定资产			所有者权益		
资产合计			负债与股东权益合计		

其次，设置报表项目对应的“金额”与“占比”公式单元。以“流动资产”的“金额”和“占比”单元格为例，在其“金额”单元格（B5）中输入“=”及其公式“资产负债表”->d17@2”（即从例7-1生成的资产负债表中取流动资产的金额），在其“占比”单元格（C5）中输入“=”及其公式“？B5/B8 * 100”（即计算流动资产占总资产的百分比，公式中“？”的“自动填充”功能前已述及）。分别将显示金额的单元格区域B5：B8、E5：E8的单元属性设置为水平“居右”、垂直“居中”且有逗号分隔。将显示占比的单元格区域C5：C8、F5：F8的单元属性设置为数值百分比且保留0位小数。将设置好的金额与占比公式，复制粘贴到其余项目，再修改成对应的参数值。选中A3：F8，通过区域画线绘制表格网线。通过“数据”菜单“公式列表”选项及其对话框中（见图7-29），可查看在本报表文件中所使用的各类公式的明细资料。

最后，设置关键字。设置编报单位、年、月、日的关键字。

第四步，报表数据与图形处理。

（1）表页的添加。单击“格式”按钮切换为“数据”状态，在默认的第1页上编制。

（2）关键字的录入与生成当期报表。录入关键字“宏业股份”和“2011年”、“9月”、“30日”，确认后生成本期报表表页。

（3）进行数据的全面复核。与总账系统或例7-1生成的资产负债表的数据核对，并复核占比公式计算结果是否正确。

（4）根据需要绘制资金来源与资金去向分析图（圆饼图或直方图）。以资金来源分析图为例进行讲解，选中资金来源的项目及金额单元格区域（D4：E7），按键盘组合键Ctrl+F2，或右击选中区域在弹出式菜单中选择“插入图表对象”选项，或依次单击：“工具”菜单→“插入图表对象”，在弹出的“区域作图”对话框（见图7-30）中选择“列”数据组、和普通圆饼图类型，并输入图表与坐标的标题。单击“确认”按钮，即生成了如图7-31所示的分析图形，双击该图形可进入编辑图形状态，在图形编辑状态下，可对图形进行以下编辑。

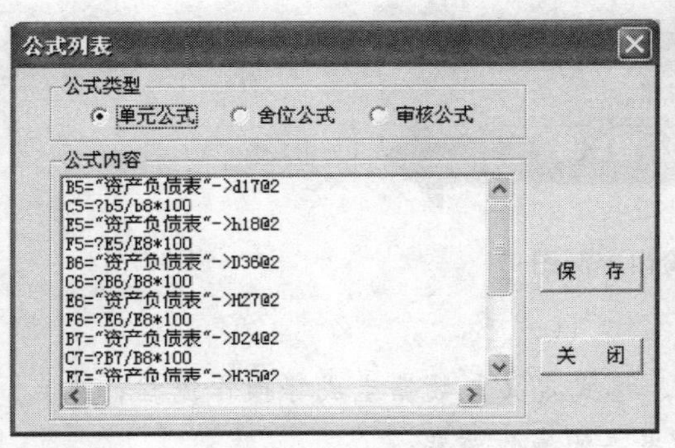

图7-29 “公式列表”对话框

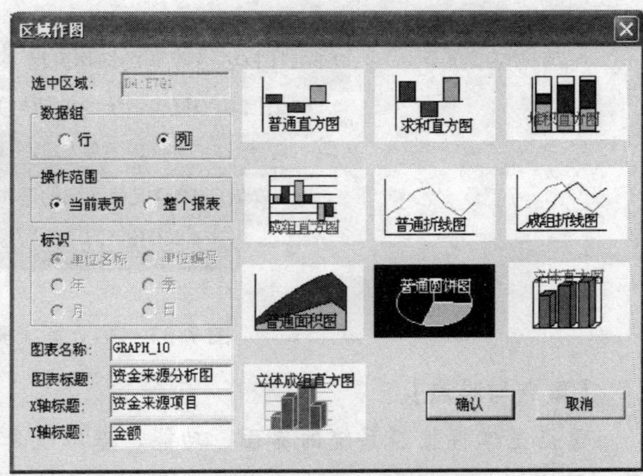

图7-30 “区域作图”对话框

①重新定义数据组、修改标题或调整标题字体：单击“编辑”菜单，选择相应的选项进行重新设置。②重新定义图形类别。右击图形区域，在弹出式菜单中（见图7-31）选择相应图形类型。例如将上述圆饼图改为堆积直方图，就选择“堆积直方图”选项，再对标题文字、字体进行设置后，就生成如图7-32所示的直方图分析图形。

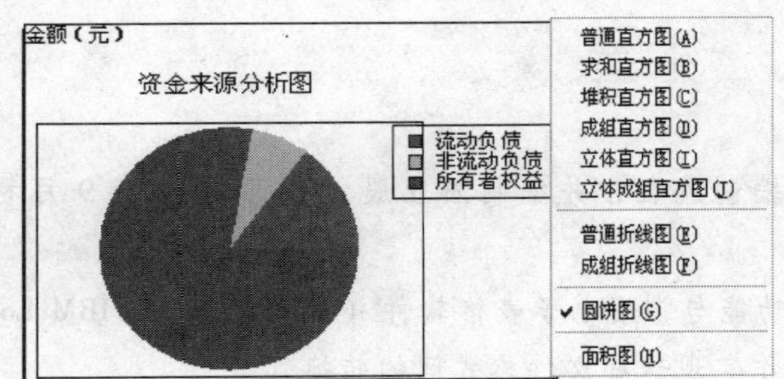

图7-31 “圆饼图”及其弹出式菜单

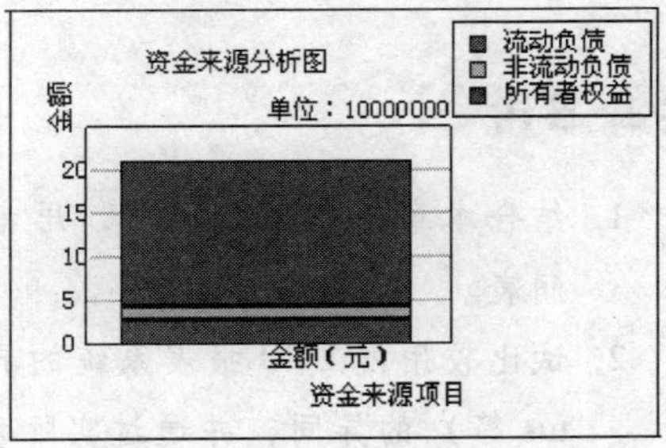

图7-32 “公式列表”对话框

第五步，打印预览、打印设置与输出（略）。

第六步，退出UFO报表系统（略）。

实验小结

如图7-33所示，在第6章实验基础上，本章根据4.1账务与报表系统综合案例中涉及的报表系统业务处理内容，运用用友ERP-U8报表系统，以“资产负债表”等报表的编制为实例，介绍UFO报表系统的操作流程、界面、功能、基本概念。报表系统肩负着承载报表等财务信息使用者使用相关财务信息载体的使命，它是会计工作的完美“谢幕”，用户应结合单位实际情况，在第5章、第6章的实验基础上，做好本章的报表处理，为下一步的财务分析与预警提供客观、有效、相关的财务信息奠定良好的数据基础。

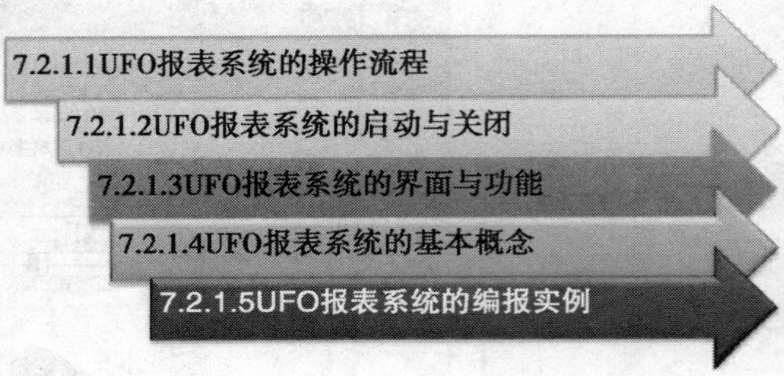

图 7-33 第 7 章实验内容简图

【重点与难点】

重点是掌握报表系统的界面、功能、基本概念、格式定义与数据生成等操作流程；难点是理解利用报表模板、账务函数生成报表与自定义报表的操作流程。

【实验学时建议】

建议教师先利用课堂模拟演练的方式，结合第 2 章的理论知识、第 4 章案例内容、第 5 章与第 6 章的实验，带领学生熟悉报表系统的操作流程，强调具体实验中应注意与常出现的问题与对策，建议在编制报表操作前复习会计实务中会计报表的相关内容。建议讲授 2 学时、实验 4 学时，共 6 学时。

实验思考

1. 结合本章报表编制实例，思考报表编制流程，并编制宏业股份公司 2011 年 9 月利润表。
2. 试比较用友 UFO 报表系统的界面、功能与常用电子表格软件（如 MS Excel、IBM Lotus 等）的异同，并通过实际动手操作实现这些文件格式间的转换。
3. 结合本章实验，对比“格式”状态与“数据”状态的功能差异，思考设置两种状态的目的与意义。
4. 结合本章实验，比较表样型与字符型单元的异同。
5. 结合本章实验，通过统计函数比较固定区与可变区的异同。
6. 结合本章实验与附录 B，通过财务函数理解业务函数规范。
7. 在结构分析中，试比较直方图与饼图各自的优势与劣势，及如何相互转换。
8. 结合本章实验，比较单元公式、审核公式、舍位平衡公式功能的异同。
9. 结合本章实验，理解关键字设置、偏移、录入的功能与意义。
10. 结合本章实验，比较利用模板与用户自定义两种方式，在创建报表过程中的优势与劣势。

Chapter 8

第 8 章 工资系统实验

学习目标

- 了解工资管理子系统的特点及其工作任务；
- 了解工资管理子系统数据流程、主要数据文件和基本编码的作用和特点；
- 掌握工资管理子系统的数据处理，特别是工资系统特有的数据处理的基本方法；
- 熟练掌握工资系统的基本使用方法。

8.1 实验目标、要求及实施

1. 实验目标与要求

熟悉工资账套初始设置的作用，掌握建立工资类别账套参数、基础设置的方法，掌握工资项目、工资计算公式方法，掌握日常工资处理的全部过程，了解工资数据录入过程，掌握工资分摊的作用及处理方法，掌握个人所得税的处理方法，掌握月末处理的方法。

2. 实验实施

本章的工资系统实验分别按启动工资管理系统、建立工资账套、基础信息设置、日常业务处理、期末处理展开（见表 8-1）。

表 8-1 实验内容与学时安排

实验名称	实验内容	学时安排
8.2 启动工资管理系统与建立工资账套	8.2.1 启动工资管理系统 8.2.2 建立工资账套	讲授 1 学时 实验 2 学时
8.3 基础信息设置	8.3.1 设置部门 8.3.2 设置人员类别 8.3.3 设置人员附加信息 8.3.4 设置工资项目 8.3.5 设置银行名称和账号长度 8.3.6 设置人员档案 8.3.7 设置工资计算公式	
8.4 日常业务处理	8.4.1 工资变动处理 8.4.2 工资分钱清单处理 8.4.3 银行代发工资处理 8.4.4 扣缴个人所得税处理	讲授 1 学时 实验 2 学时
8.5 期末业务处理	8.5.1 工资分摊 8.5.2 工资报表管理 8.5.3 汇总工资类别 8.5.4 期末结转	

8.2 启动工资管理系统与建立工资账套

8.2.1 启动工资管理系统

（1）在用友 ERP－U8“财务会计”中，单击“工资管理”子系统，进入注册“工资管理”窗口（已启动工资系统的前提下，若没有启用工资系统，则依次单击：“企业门户→基础信息→基本信息→系统启用→工资管理”）。

（2）选择账套、指定操作日期和操作员（注意：首次使用应选择由账套主管进行工资系统注册）后，进入如图 8-1 所示的“建立工资账套”向导窗口。

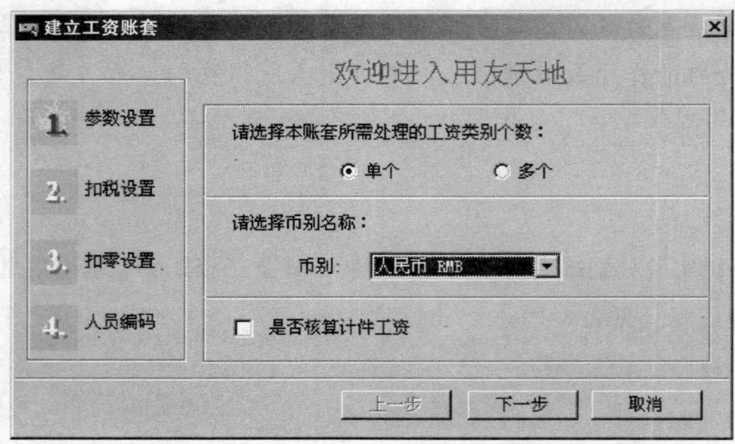

图 8-1 “建立工资账套”窗口

8.2.2 建立工资账套

（1）选择工资账套处理的工资类别个数为“单个”，记账本位币为“人民币”，如图 8-1 所示。

（2）单击“下一步”按钮，选择是否“从工资中代扣个人所得税”单选项，如图 8-2 所示。

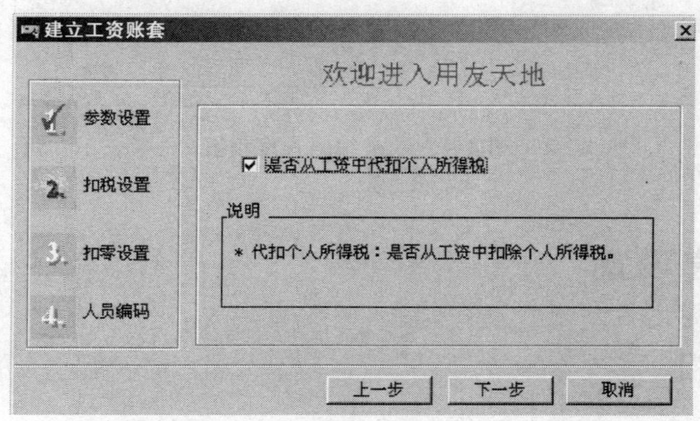

图 8-2 从工资中代扣个人所得税

（3）单击“下一步”按钮，如果采用“扣零”处理，应勾选“扣零”范围选项（见图 8-3），其中有三个单选项：扣零至元、扣零至角、扣零至分。该选项一般用于财务自行发放工资（现金发放形式），将零头扣下，积累取整，方便发放。

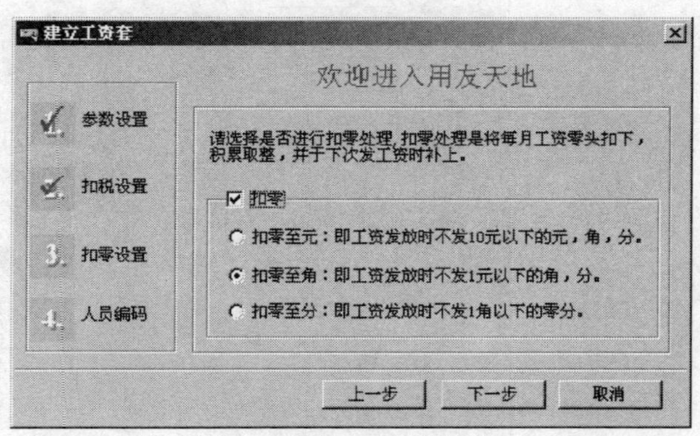

图 8-3 “扣零”设置

（4）单击“下一步”按钮，设置“人员编码”的长度。系统默认长度为 10 位（本案例设置为 3 位，如图 8-4 所示），指定本账套的启用日期（本案例为 2011 年 9 月）。

（5）单击“完成”按钮后，进入“工资管理”窗口，单击“取消”按钮，进入工资管理系统主菜单窗口。

（6）单击“设置”菜单下的“选项”命令，可以修改上述设置的工资账套参数。

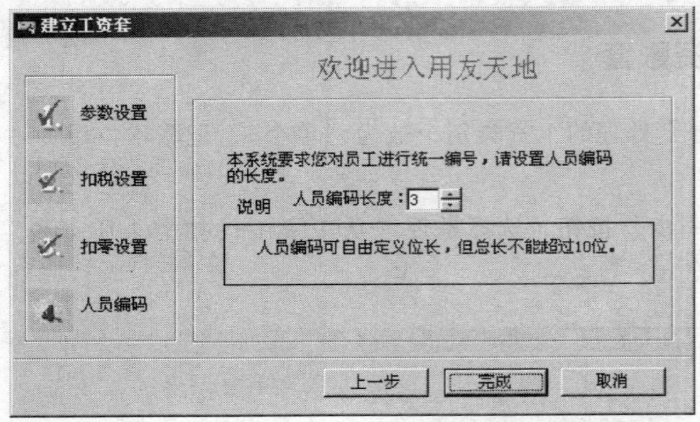

图 8-4 人员编码长度设置

8.3 基础信息设置

8.3.1 设置部门

如图 8-5 所示，设置部门是工资管理系统其他基础设置的基础，其设置方法与总账中“部门档案”的设置方法一致。

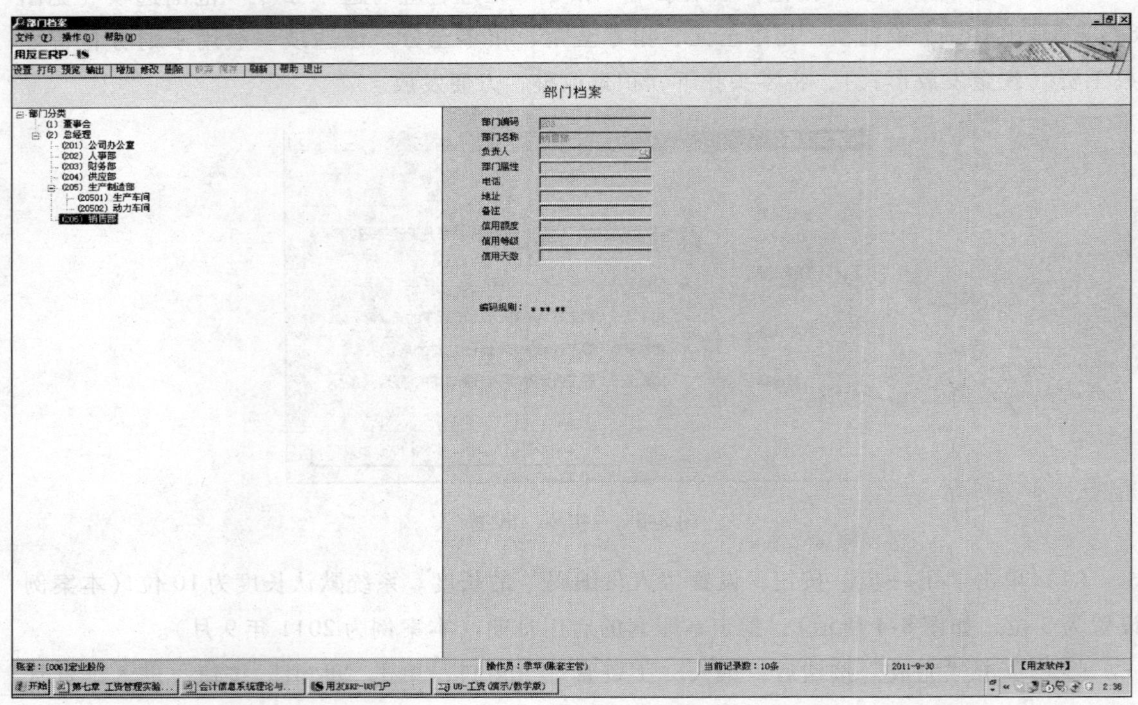

图 8-5 部门设置窗口

8.3.2　设置人员类别

（1）单击“设置”菜单下“人员类别设置”命令，进入如图 8-6 所示“类别设置”对话框。

（2）单击“增加”按钮，在类别编辑处输入本账套需管理的人员类别，单击“删除”按钮，可以删除未使用的人员类别，当人员类别只剩一个时将不允许删除。本案例设置了企业管理人员、经营人员、车间管理人员和生产人员四类人员（详见 4.2.2 基础信息设置）。不同类别的人员工资将分摊到不同的科目中。

（3）增加完毕后，单击“返回”按钮退出。

8.3.3　设置人员附加信息

（1）单击“设置”菜单下“人员附加信息设置”命令，进入“人员附加信息设置”窗口（见图 8-7）。

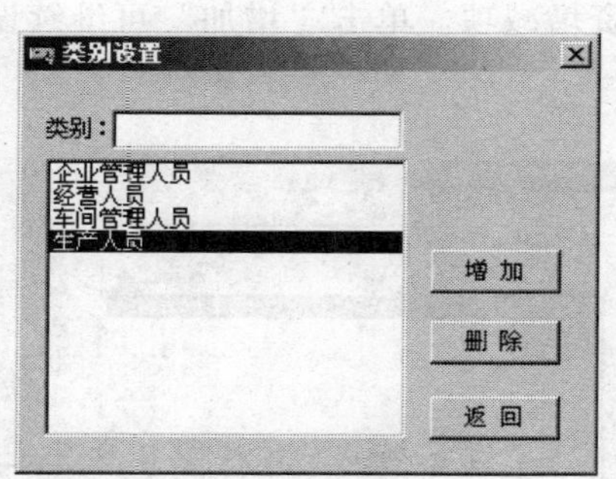

图 8-6　“人员类别设置”对话框

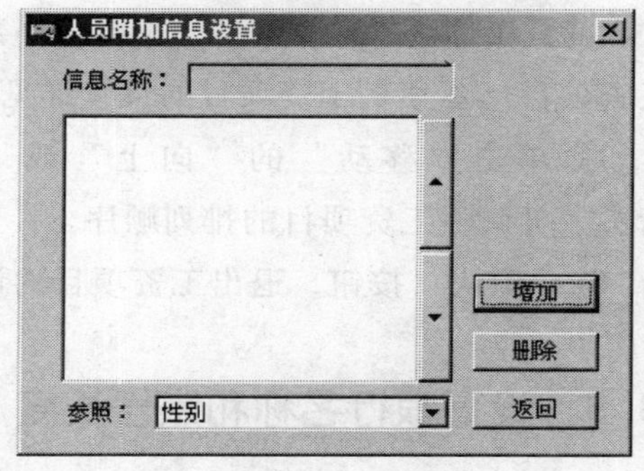

图 8-7 “人员附加信息设置”对话框

（2）单击“增加”按钮，在信息名称处，直接输入或从“参照”栏中选择系统提供的信息名称，如性别、职称、职务、学历和身份证号码等。

（3）单击“删除”按钮，可删除未使用人员的附加信息。

（4）单击“返回”按钮，确认退出。

8.3.4　设置工资项目

（1）单击“设置”菜单下“工资项目设置”命令，进入图 8-8 所示窗口。系统已预置了一部分固定工资项目。工资账套如果选择了“扣零设置”，则在工资项目中自动生成“本月扣零”和“上月扣零”两个项目；如果选择了扣税设置功能，则在工资项目中自动生成“代扣税”项目。

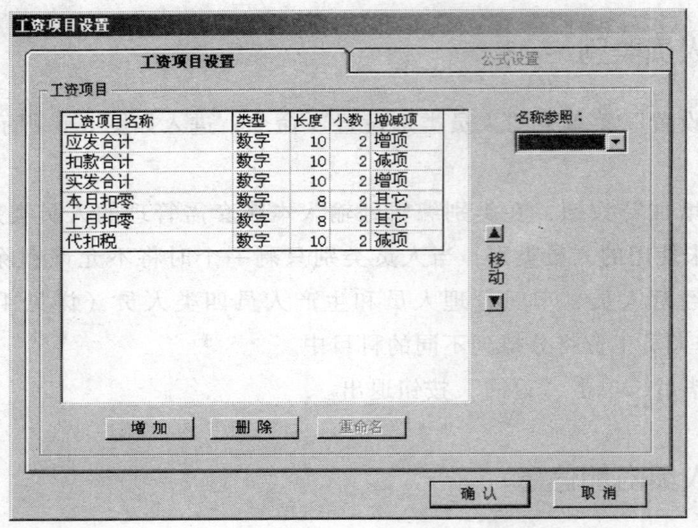

图 8-8 “工资项目设置”对话框

（2）单击“增加”按钮，在当前工资项目下面，可新增一个工资项目的名称（也可利用“参考”功能输入）、类型、长度、小数位数和工资增减项。单击“增加”可继续设置新的工资项目（本案例工资项目的设置详见表 4-32）。

（3）单击“移动”的“向上”或“向下”的箭头，可调整工资项目的排列顺序。

（4）“确认”按钮，退出工资项目的设置。

8.3.5 设置银行名称和账号长度

（1）单击“设置”菜单下“银行名称设置”命令，进入“银行名称设置”界面（见图 8-9）。

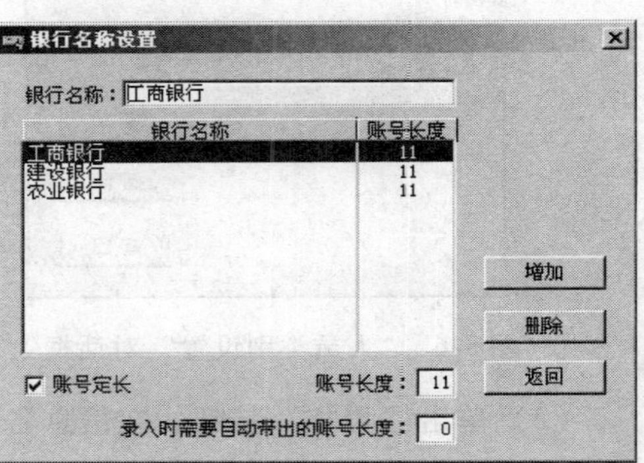

图 8-9 “银行名称和账号长度设置”对话框

（2）单击“增加”按钮，在银行名称栏处，可输入银行名称，并可选择银行账号长度是否为定长以及账号长度。系统默认账号定长为选中，且长度为“11”位。

（3）单击“删除”按钮，与此银行有关的所有设置将一同删除。

（4）单击“返回”按钮，确认退出。

8.3.6 设置人员档案

参照本书第 4 章工资管理案例表 4-33 的资料，按下列步骤进行人员档案的设置。

（1）单击“设置”菜单下“人员档案”命令，单击工具栏中“增加”按钮，进入图 8-10 所示的“人员档案”窗口。

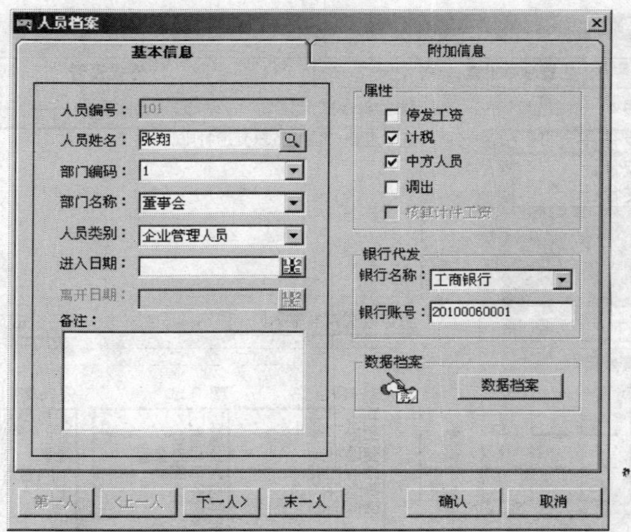

图 8-10 “人员档案设置”对话框

（2）输入人员编号和姓名，且必须一一对应（即保持唯一性），不能重复。（注意：调出人员的编码可以重复使用）

（3）选择该人员所在部门的编码和名称，且必须选到末级部门。

（4）选择该人员所属类别，如企业管理人员。

（5）该人员属于外方人员时，应选择属性栏中的“计税”项；如果属于中方人员且实行一般个人所得税扣缴时，应选择属性栏中的“中方人员”项；如果属于中方人员但实行特殊个人所得税扣缴时，应同时选择属性栏中的“计税”和“中方人员”项。

（6）如果单位采用银行代发工资，还应选择工资代发银行名称，并输入每一人员的工资银行账号。

（7）人员的辅助信息，既可在“备注”栏中录入，也可单击“附加信息”页签，录入自定义项目的辅助信息。

（8）单击“确认”按钮，保存当前人员的信息。

8.3.7 设置工资计算公式

参照本书第 4 章工资管理案例表 4-32 的资料，按下列步骤进行工资计算公式的设置。

（1）单击“设置”菜单下“工资项目设置”命令，打开“公式设置”页签，进入图 8-11所示的“工资项目设置”窗口。

其中应发合计、扣款合计、实发合计三个公式已根据工资项目设置的增减项默认设置好。

（2）单击“增加”按钮，在“工资项目”参照框内，选择一个工资项目后，在“公式定义”窗口中，录入该工资项目的计算公式。计算公式有两种表达方式。

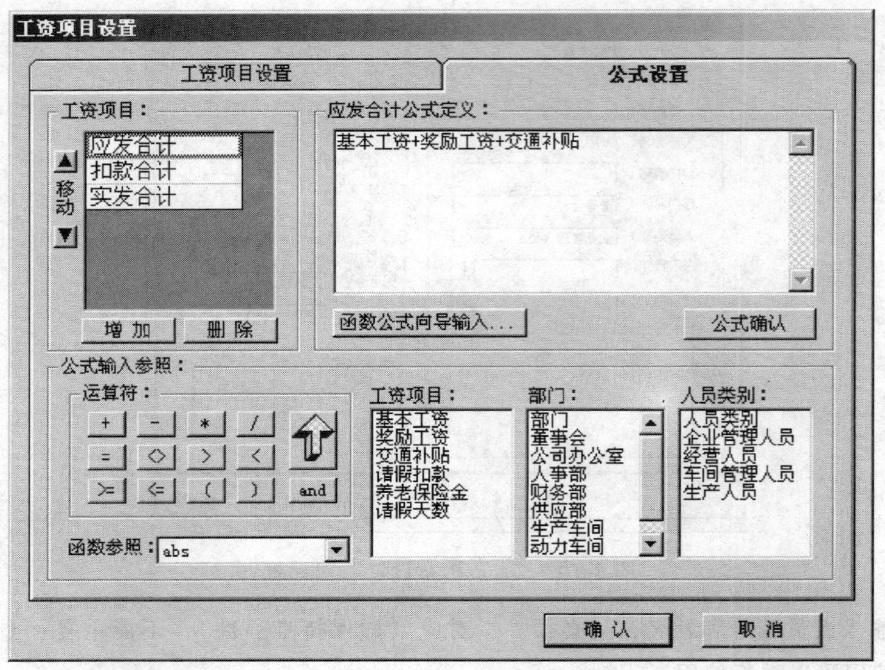

图 8-11 “工资项目公式设置”对话框

①直接写出算式表达式：可直接在下方窗口中选择需要的运算符、数字和工资项目，如应发合计 = 基本工资 + 奖励工资 + 交通补贴。根据公司人力资源管理相关规定，请假一天扣 50 元，则请假扣款 = 请假天数 × 50。②使用函数向导。先在“函数参照”框中（见图 8-12），选择需要的函数，然后按照该函数的格式（或单击“函数公式向导输入”按钮）选择需要的运算符、数字、工资项目、部门和人员类别，如图 8-13 所示的“交通补贴”项目计算公式 iff（人员类别 = “企业管理人员”，200，100）。其含义是：企业管理人员交通补贴是 200 元，其他人员的交通补贴均为 100 元。公式设置完毕后单击“完成”按钮。③单击“公式确认”按钮，将对已设置的计算公式进行语法判断，正确后，将保存所设的公式（见图 8-14）。④单击“确认”按钮，退出公式设置。

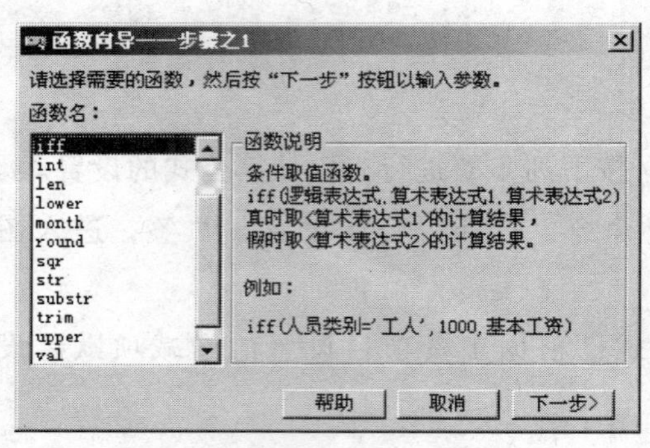

图 8-12 利用“函数向导”设置工资项目公式（1）

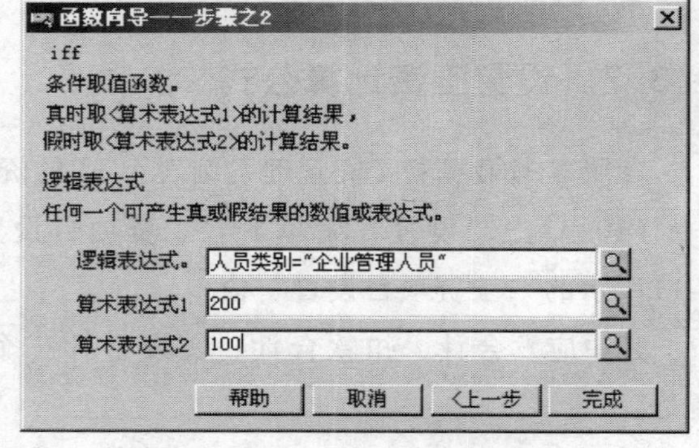

图 8-13 利用“函数向导”设置工资项目公式（2）

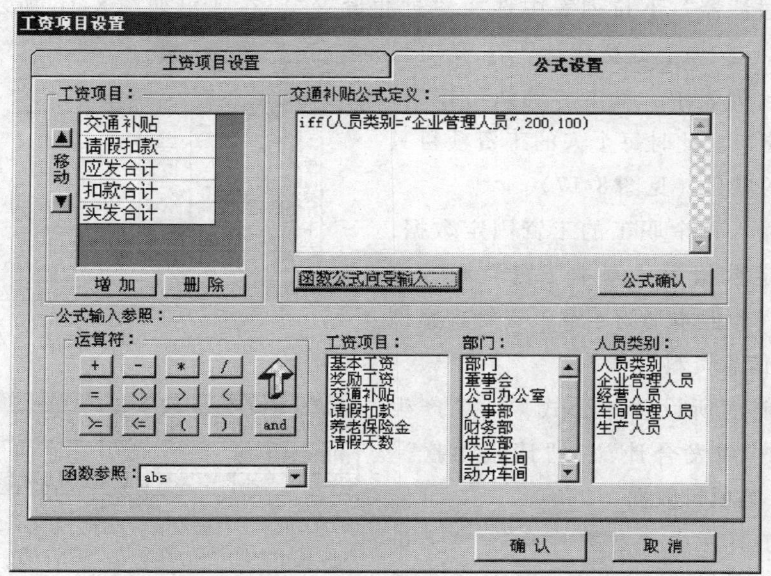

图 8-14　利用“函数向导”设置工资项目公式（3）

8.4　日常业务处理

8.4.1　工资变动处理

（1）单击“业务处理”菜单下“工资变动”命令，进入“工资变动”处理窗口（见图 8-15），系统默认显示所有工资项目以便查看或修改。

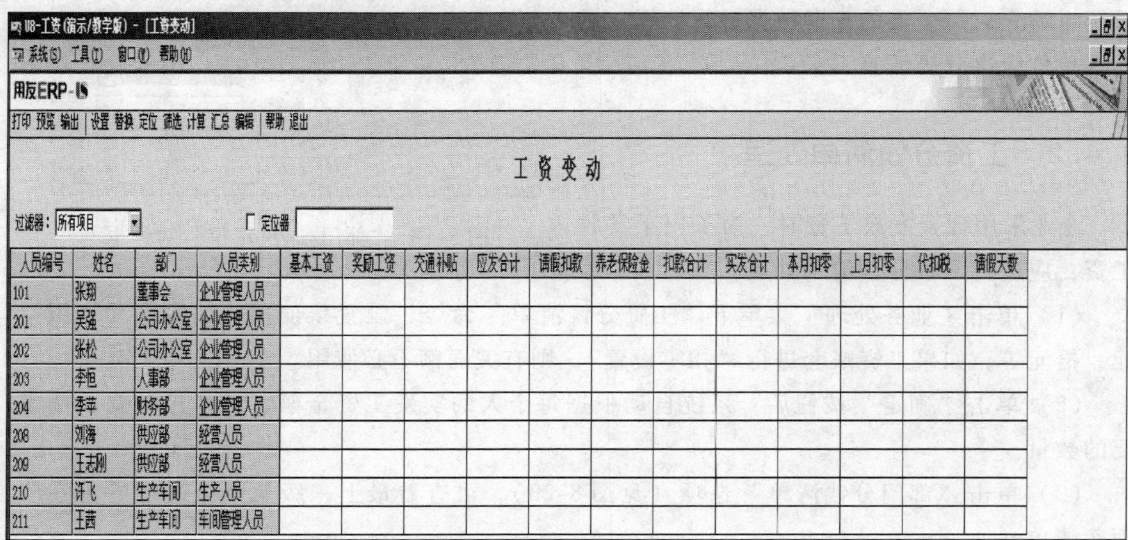

人员编号	姓名	部门	人员类别	基本工资	奖励工资	交通补贴	应发合计	请假扣款	养老保险金	扣款合计	实发合计	本月扣零	上月扣零	代扣税	请假天数
101	张翔	董事会	企业管理人员												
201	吴强	公司办公室	企业管理人员												
202	张松	公司办公室	企业管理人员												
203	李恒	人事部	企业管理人员												
204	李苹	财务部	企业管理人员												
208	刘海	供应部	经营人员												
209	王志刚	供应部	经营人员												
210	许飞	生产车间	生产人员												
211	王茜	生产车间	车间管理人员												

图 8-15　“工资变动”窗口

(2) 在“过滤器”下拉列表中选择“过滤设置”，在弹出如图 8-16 所示的“项目过滤”对话框中，选择“实发合计”工资项目到“已选项目”列表中，单击“确认”按钮，返回工资处理窗口。此时每个人的工资项目只显示上述所选的项目（见图 8-17）。

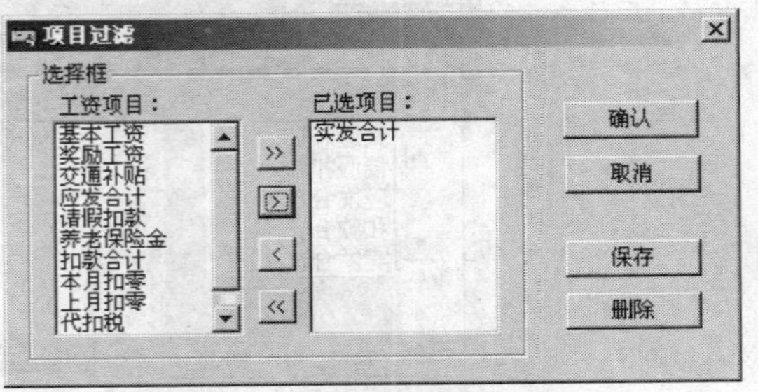

图 8-16 “项目过滤”对话框

(3) 直接输入每个职工的工资固定数据，本案例中的固定数据为“基本工资”和“奖励工资”项目（参照本书第 4 章工资管理案例表 4-33 的工资信息资料）。

(4) 利用前面所设置的公式，计算产生“交通补贴”、“应发合计”、“请假扣款”、“养老保险金”等项目数据。

(5) 利用工具栏中“数据替换”、“人员定位”和“数据筛选”等功能快速录入人员工资数据，或对工资数据进行管理。

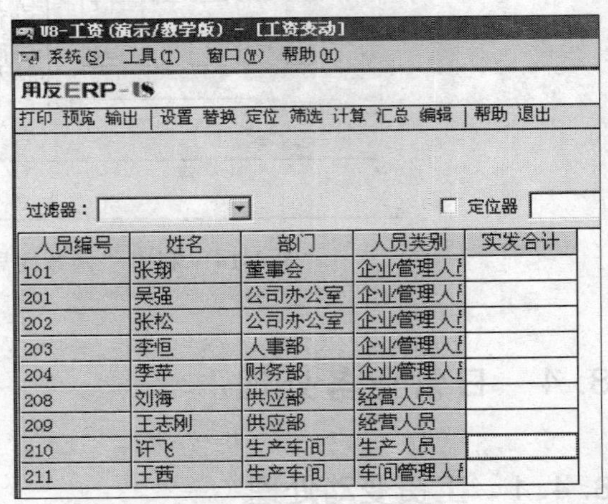

图 8-17 “工资变动过滤”功能的使用

①例如使用“定位”功能快速修改财务部季苹相关信息（见图 8-18、图 8-19）。②例如使用“替换”功能给财务部的人员本月“奖励工资”增加 200 元（见图 8-20）。③例如使用“数据筛选”功能查看“企业管理人员”的工资信息（见图 8-21、图 8-22）。

(6) 单击“重新计算”或“汇总”按钮，系统自动先对每个人的工资数据进行计算，然后按单位级次分级汇总工资。

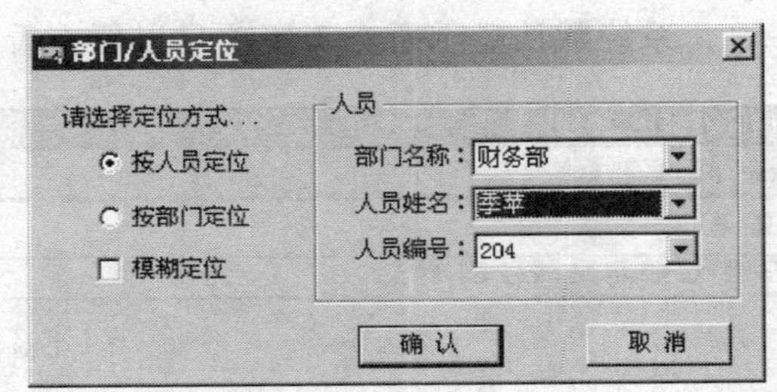

图 8-18 “部门/人员定位”对话框

8.4.2 工资分钱清单处理

企业采用现金发放工资时，为了便于发放工资，应进行工资分钱清单处理。

(1) 单击“业务处理”菜单下“工资分钱清单”命令，设置票面额，如壹佰元、伍拾元、拾元等，如果工资账套进行“扣零设置”，则有关面额不必使用。

(2) 单击“确定”按钮后，系统自动根据每个人的实发工资金额，计算各种票面额需要的数量。

(3) 单击“部门分钱清单”选项（见图 8-23），可查看最上一级至末级部门的分钱票面额清单。

(4) 单击“人员分钱清单”选项，可查看每个人的分钱票面额清单。

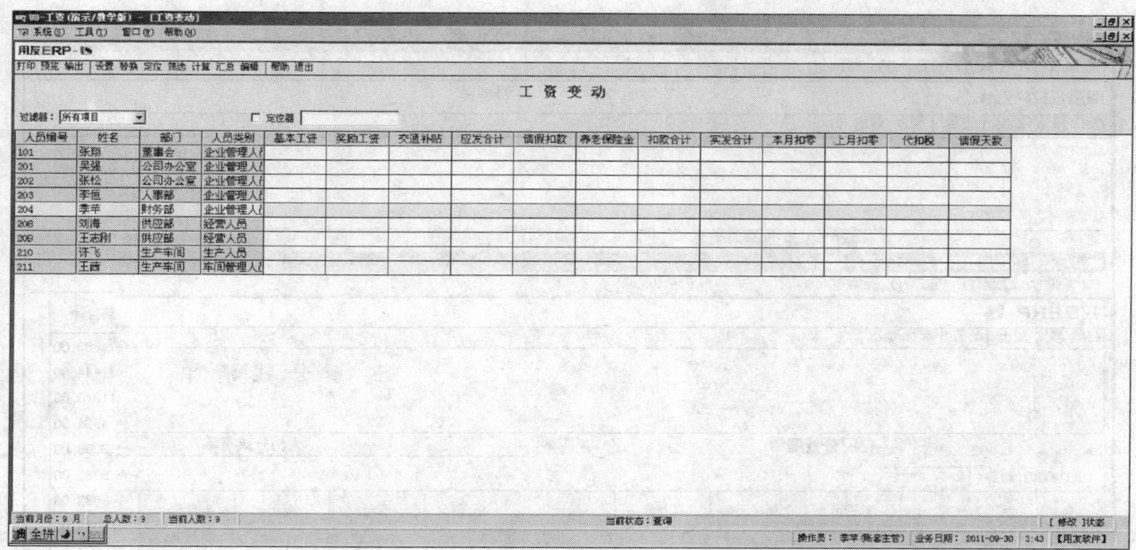

人员编号	姓名	部门	人员类别	基本工资	奖励工资	交通补贴	应发合计	请假扣款	养老保险金	扣款合计	实发合计	本月扣零	上月扣零	代扣税	请假天数
101	张翔	董事会	企业管理人												
201	吴强	公司办公室	企业管理人												
202	张松	公司办公室	企业管理人												
203	李恒	人事部	企业管理人												
204	季苹	财务部	企业管理人												
208	刘海	供应部	经营人员												
209	王志刚	供应部	经营人员												
210	许飞	生产车间	生产人员												
211	王茜	生产车间	车间管理人												

图 8-19　工资变动定位功能的使用结果

工资项数据替换

将工资项目：奖励工资

替换成：奖励工资+200

确认　取消　函数　帮助

替换条件

部门 = 财务部

且

且

且

且

图 8-20　工资变动“替换”功能的使用

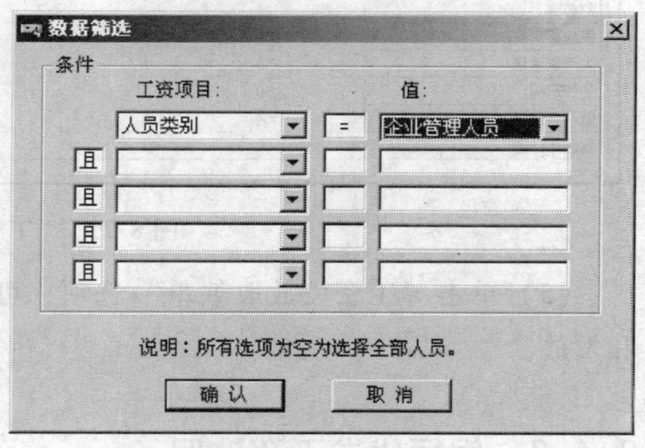

图 8-21　工资变动“数据筛选”对话框

U8-工资（演示/教学版）-［工资变动］

系统(S) 工具(T) 窗口(W) 帮助(H)

用友ERP-U8

打印 预览 输出 | 设置 替换 定位 筛选 计算 汇总 编辑 | 帮助 退出

工资变动

过滤器：所有项目　　定位器

人员编号	姓名	部门	人员类别	基本工资	奖励工资	交通补贴	应发合计	请假扣款	养老保险金	扣款合计	实发合计	本月扣零	上月扣零	代扣税	请假天数
101	张翔	董事会	企业管理人员												
201	吴强	公司办公室	企业管理人员												
202	张松	公司办公室	企业管理人员												
203	李恒	人事部	企业管理人员												
204	季苹	财务部	企业管理人员												

图 8-22　工资变动数据筛选功能的使用结果

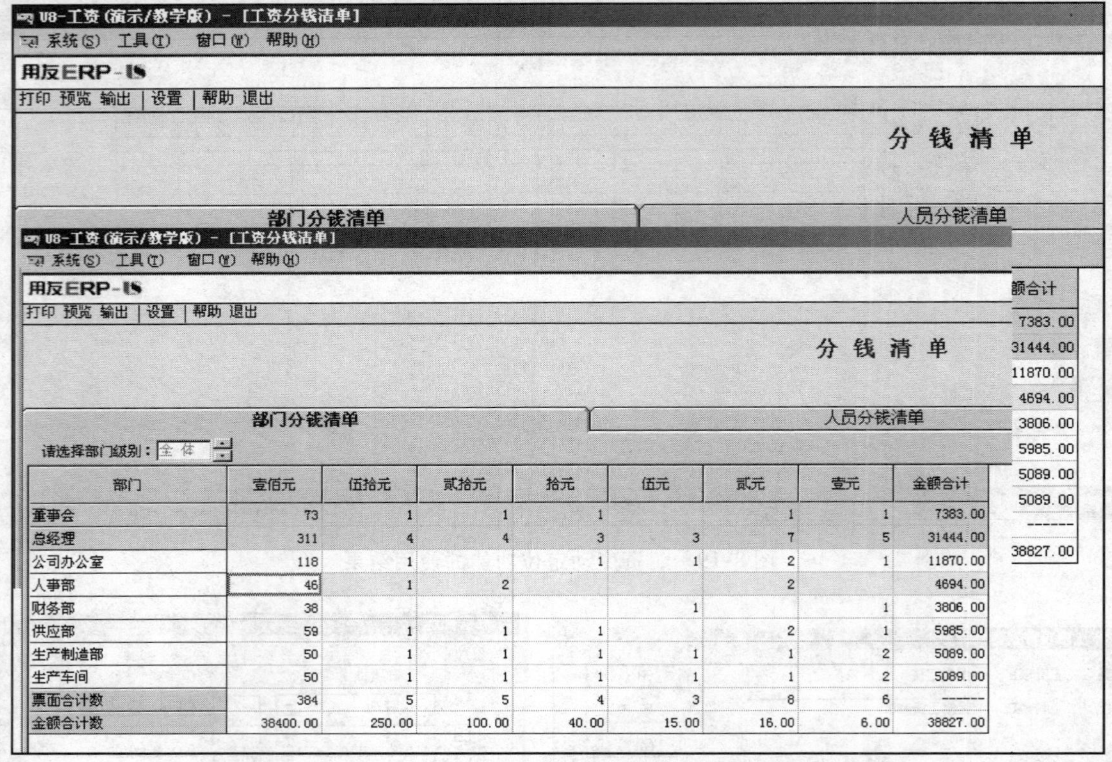

部门	壹佰元	伍拾元	贰拾元	拾元	伍元	贰元	壹元	金额合计
董事会	73	1	1	1		1	1	7383.00
总经理	311	4	4	3	3	7	5	31444.00
公司办公室	118	1		1	1	2	1	11870.00
人事部	46	1	2			2		4694.00
财务部	38				1		1	3806.00
供应部	59	1	1	1		2	1	5985.00
生产制造部	50	1	1	1	1	1	2	5089.00
生产车间	50	1	1	1	1	1	2	5089.00
票面合计数	384	5	5	4	3	8	6	------
金额合计数	38400.00	250.00	100.00	40.00	15.00	16.00	6.00	38827.00

图 8-23 “工资分钱清单”窗口

（5）单击“工资发放取款单”选项，可查看单位总的分钱票面额清单，以便出纳取款和发放。

8.4.3 银行代发工资处理

（1）单击“业务处理”菜单下“银行代发”命令，进入银行代发界面。

（2）单击工具栏中“格式”图标，进入图 8-24 的“银行文件格式设置”对话框。

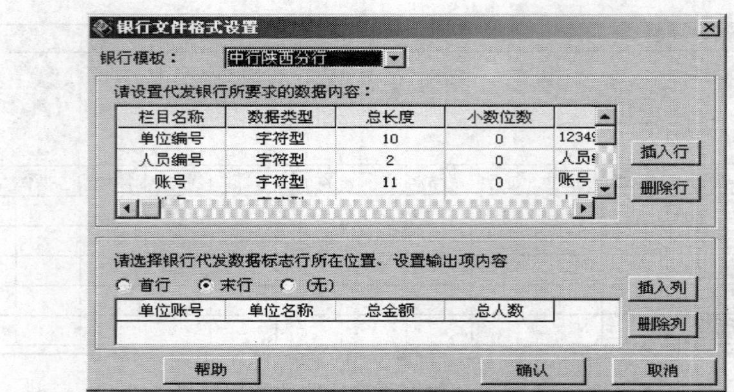

图 8-24 “银行文件格式设置”对话框

（3）从“银行模板”下拉列表中，首先选择代发工资银行，如：工商银行昆明高新分行。系统提供的模板格式主要包括：栏目名称、数据类型、总长度、小数位数、数据来源等内容。

（4）单击“插入行”或“删除行”按钮，可修改模板格式，已满足用户需要。

（5）单击“插入列”或“删除列”按钮，在“标志行”中可设置一些特定项目。

（6）单击工具栏中“文件”图标，按照代发银行的要求，设置文件磁盘输出格式，以便提交给银行代发工资。

8.4.4 扣缴个人所得税处理

（1）单击“业务处理”菜单下“扣缴个人所得税”命令，进入个人所得税“栏目选择”窗口（见图 8-25）。

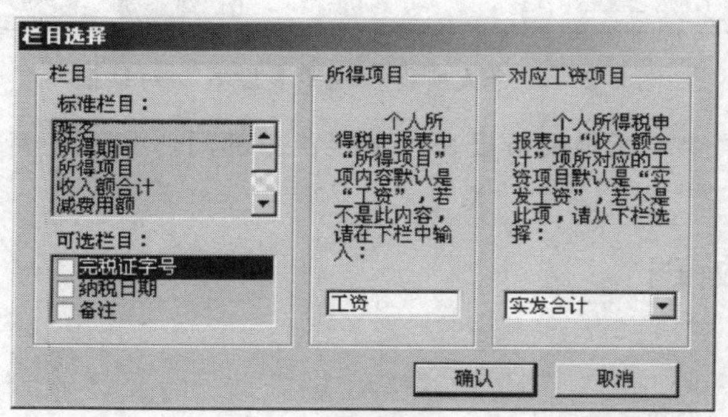

图 8-25 个人所得税“栏目选择”对话框

（2）默认申报表栏目、所得项目和对应工资项目的设置，单击“确认”按钮，即可查看个人所得税申报表格式及生成的数据（见图 8-26）。

U8-工资（演示/教学版）-［个人所得税］
系统(S) 工具(T) 窗口(W) 帮助(H)
用友ERP-U8
打印 预览 输出 | 栏目 税率 | 定位 过滤 | 帮助 退出

个人所得税扣缴申报表
2011年9月

姓名	所得期间	所得项目	收入额合计	减费用额	应纳税所得额	税率(%)	速算扣除数	扣缴所得税额
张翔	9	工资	8,560.00	800.00	7,760.00	20.00	375.00	1,177.00
吴强	9	工资	7,220.00	800.00	6,420.00	20.00	375.00	909.00
张松	9	工资	6,280.00	800.00	5,480.00	20.00	375.00	721.00
李恒	9	工资	5,235.00	800.00	4,435.00	15.00	125.00	540.25
季苹	9	工资	4,190.00	800.00	3,390.00	15.00	125.00	383.50
刘海	9	工资	3,420.00	800.00	2,620.00	15.00	125.00	268.00
王志刚	9	工资	3,045.00	800.00	2,245.00	15.00	125.00	211.75
许飞	9	工资	2,570.00	800.00	1,770.00	10.00	25.00	152.00
王茜	9	工资	2,855.00	800.00	2,055.00	15.00	125.00	183.25
合计	9	工资	43,375.00	7,200.00	36,175.00			4,545.75

图 8-26 “个人所得税扣缴申报表”窗口

（3）单击工具栏中“税率表”图标，可修改所得税纳税基数和个人所得税税率表（见图8-27）。单击“确认”按钮，系统将重新计算每个人员的应纳税所得额和应缴个人所得税。

级次	应纳税所得额下限	应纳税所得额上限	税率(%)	速算扣除数
1	0.00	1500.00	3.00	0.00
2	1500.00	4500.00	10.00	105.00
3	4500.00	9000.00	20.00	505.00
4	9000.00	35000.00	25.00	1005.00
5	35000.00	55000.00	30.00	2755.00
6	55000.00	80000.00	35.00	5505.00
7	80000.00		45.00	13505.00

图8-27 “个人所得税税率表设置”对话框

（4）打印编制的“个人所得税申报表”上报税务部门。

8.5 期末业务处理

8.5.1 工资分摊

（1）单击“业务处理”菜单下的“工资分摊”命令，选择需要分摊计提的月份和部门后，单击“工资总额及计提基数”按钮，进入图8-28所示的“工资总额构成设置”对话框。

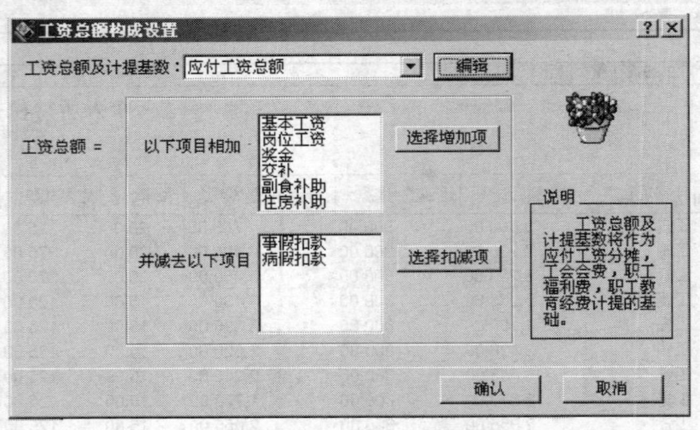

图8-28 “工资总额构成设置”对话框

（2）选择“工资总额”名称，如“应付工资总额”。也可“编辑”按钮自行设置名称。

（3）单击“选择增加项”或“选择扣减项”按钮，设置该工资总额的组成。单击“确认”按钮。工资三项附加费的计提基数，也必须一一设置。

（4）单击“确认”按钮，进入如图 8-29 所示的“工资分摊一览表”窗口。

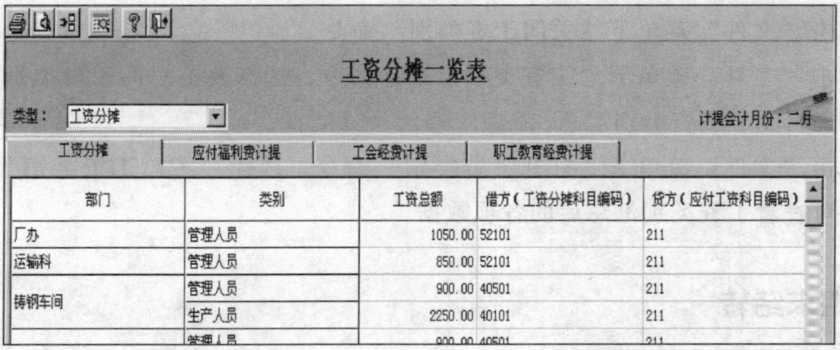

工资分摊一览表

类型：工资分摊　　计提会计月份：二月

工资分摊　应付福利费计提　工会经费计提　职工教育经费计提

部门	类别	工资总额	借方（工资分摊科目编码）	贷方（应付工资科目编码）
厂办	管理人员	1050.00	52101	211
运输科	管理人员	850.00	52101	211
铸钢车间	管理人员	900.00	40501	211
	生产人员	2250.00	40101	211
	管理人员	900.00	40501	211

图 8-29　工资分摊一览表

（5）单击“工资分摊”按钮，显示工资分摊数据。

①单击“借方”和“贷方”列，分别设置凭证各行的借方科目和贷方科目的编码。②设置好借贷方科目后，单击工具栏中“制单”图标，系统自动生成凭证，单击凭证左上角的“字”，选择“转账凭证”类型，输入附件张数后，单击“保存”按钮后，该凭证即可传递到“总账系统”中（该凭证与 4.1 账务与报表系统综合案例的表 4-18 本期业务处理中的第 17 笔业务凭证类似）。③单击“查询统计”菜单下“凭证查询”命令，可查看或修改与删除自动凭证。但在总账系统中只能查询，不得修改和删除。

（6）单击“应付福利费计提”、“工会经费计提”、“职工教育经费计提”和一些自定义工资项目按钮，将分别显示有关数据。

（7）制单等其他操作与应付工资分摊的操作相似。

8.5.2　工资报表管理

对录入的工资数据经过计算汇总后，就可生成工资管理所需要的各类工资表和工资分析表。

（1）单击“统计分析”菜单下的“工资表”命令，系统提供了用于本月工资发放和统计的各种工资表，如工资发放签名表、工资卡、部门工资汇总表和人员类别工资汇总表等。从中选择要查询的某一报表后，单击“查看”按钮，选择需要查看的部门、人员类别等条件后，即可进行有关查看。

（2）单击“统计分析”菜单下“工资分析表”命令，系统提供了各种工资分析表，如部门工资项目分析表、工资增长情况、员工工资项目统计表和按项目分类统计表等。从中选择要查询的某一报表后，单击“确认”按钮，选择需要查看的部门、人员类别等条件后，即可进行相关查看。

8.5.3 汇总工资类别

(1) 单击“文件”菜单下“关闭工资类别”命令。

(2) 单击“工具”菜单下“工资类别汇总”命令，选择要汇总的工资类别，单击“确认”按钮，即可完成工资类别汇总。

(3) 单击“文件”菜单下“打开工资类别”命令，选择“汇总工资类别”，单击“确认”按钮，可查看工资类别汇总后的各项数据。

8.5.4 期末结转

(1) 月末结转只有在当月工资数据处理完毕后才可进行，也只能在会计年度的1月~11月进行；如果本月工资数据未汇总，不能进行月末结转；月末处理功能只有账套主管才能执行。

①单击“业务处理”菜单下“月末处理”命令，系统提示进行月末结转。②项目是否清零选择：如果选择清零，应进一步选择清零项目，一般选择变动性工资项目。③单击“确认”按钮，系统将进行数据结转，并按用户设置将清零项目数据清空，其他项目继承当前月数据。

(2) 年末处理：年末处理也就是将上一年度工资数据经过处理后结转至新年度。

实验小结

如图8-30所示，在第5章、第6章实验的基础上，本章利用用友ERP－U8的工资系统，对工资账套的建立与参数设置、日常业务处理、期末业务处理等内容进行了实验，旨在熟练掌握工资日常管理及其系统的操作流程与方法，为进行良好的企业工资管理及提供工资管理数据与信息奠定良好的基础。

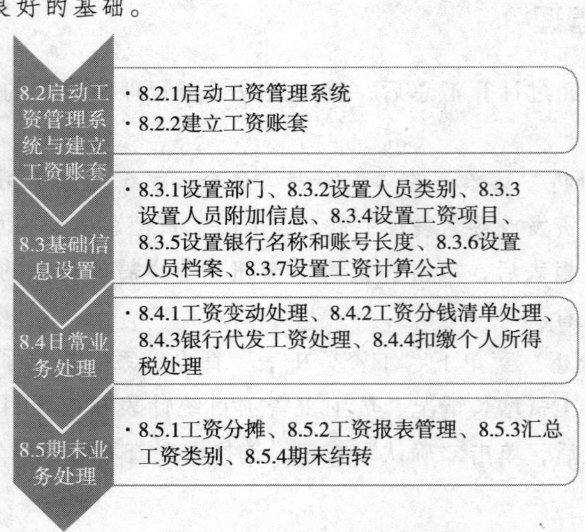

图8-30 第8章实验内容简图

【重点与难点】

重点是工资管理子系统的业务流程、数据流程及工资子系统的基本使用方法。其中数据处理的特点，特别是工资系统特有的数据处理的基本方法，如工资项目设置的作用等，既是本章的重点也是本章的难点。

【实验学时建议】

建议教师先利用课堂模拟演练的方式，结合第 2 章工资系统结构功能与流程、第 4 章工资管理系统案例等内容，带领学生熟悉工资系统的操作流程，强调具体实验中应注意与常出现的问题与对策。建议讲授 2 学时、实验 4 学时，共 6 学时。

实验思考

1. 结合本书工资系统功能结构与应用（2.4）教学内容、图 2-8（工资系统的功能结构）、图 2-9（工资系统的业务流程）、图 2-10（工资系统的数据流程）、图 4-1（教材实验体系与案例间逻辑关系）与本章的实验内容，思考工资系统及工资管理在会计信息系统中的地位与作用。
2. 工资系统及其日常业务处理包括哪些内容?
3. 简述工资系统与账务系统之间的数据传递过程及其两者之间的关系。
4. 结合本章实验，思考工资系统基础信息设置与账务系统基础档案设置的异同，以及如何提高企业基础信息设置的效率。
5. 结合第 6 章账务系统结账处理与本章期末业务处理，阐述两者之间的关系。

Chapter 9

第9章 固定资产系统实验

学习目标

- 了解固定资产管理的任务、处理流程；
- 了解固定资产核算系统的功能模块结构；
- 理解固定资产核算的基本操作过程；
- 掌握固定资产管理的增加、减少、变动操作方法和要求；
- 掌握固定资产折旧的处理方法，并对固定资产进行月末转账的操作。

9.1 实验目标、要求及实施

1. 实验目标与要求

要求掌握输入固定资产卡片的方法；掌握固定资产增加、减少、变动的操作方法和要求；掌握固定资产折旧的处理过程及操作方法。了解固定资产账套内容及作用，熟悉固定资产月末转账、对账及月末结账的操作方法。

2. 实验实施

本章实验内容包括：启用固定资产管理系统、建立固定资产账套、基础信息设置、日常业务处理、月末处理，如表9-1所示。

表9-1 实验内容与学时安排

实验名称	实验内容	学时安排
9.2 固定资产管理系统的启用及其系统初始化	9.2.1 启用固定资产管理系统 9.2.2 固定资产系统初始化 9.2.3 补充参数设置	讲授1学时 实验1学时

（续）

实验名称	实验内容	学时安排
9.3 基础设置	9.3.1 设置部门 9.3.2 设置部门对应折旧科目 9.3.3 设置资产类别 9.3.4 设置增减方式 9.3.5 设置使用状况 9.3.6 设置折旧方法 9.3.7 设置卡片项目 9.3.8 定义卡片样式 9.3.9 录入原始卡片	讲授1学时 实验1学时
9.4 日常业务处理	9.4.1 资产增加 9.4.2 资产减少 9.4.3 资产变动 9.4.4 计提折旧 9.4.5 批量制单 9.4.6 凭证查询、修改与删除	讲授1学时 实验1学时
9.5 期末业务处理	9.5.1 对账 9.5.2 结账 9.5.3 反结账	

9.2 固定资产管理系统的启用及其系统初始化

9.2.1 启用固定资产管理系统

（1）在用友“财务系统”中，单击“固定资产”子系统，进入注册“固定资产管理”窗口。

（2）选择账套、指定操作日期和操作员（注意首次使用应选择由账套主管），单击“确定”按钮后，选择“是”按钮，进入图9-1所示的“固定资产系统初始化”向导窗口。

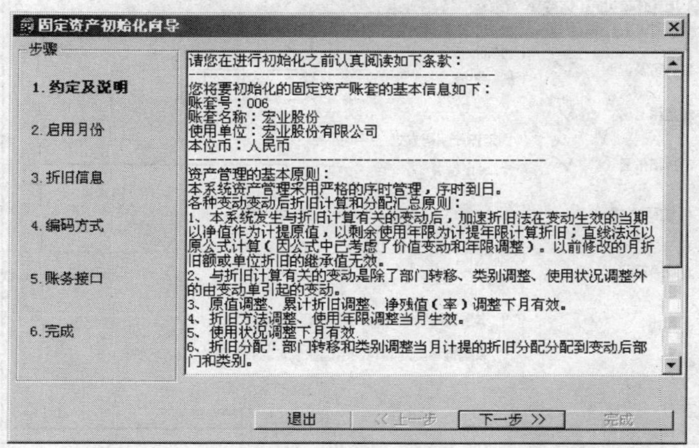

图9-1 “固定资产系统初始化”向导窗口

9.2.2 固定资产系统初始化

（1）了解了本系统管理固定资产的约定及说明后，选中“我同意”选项方能使用本系统。

（2）单击“下一步”按钮，选择账套启用月份，注意不得大于在系统管理中建立该套账的期间。

（3）单击“下一步”按钮，进入图9-2所示窗口，选中“本账套计提折旧”复选框，选择主要折旧方法：如平均年限法（一），选择折旧汇总分配周期：如1个月，选中“当（月初已计提月份=可使用月份-1）时将剩余折旧全部提足……”复选框。

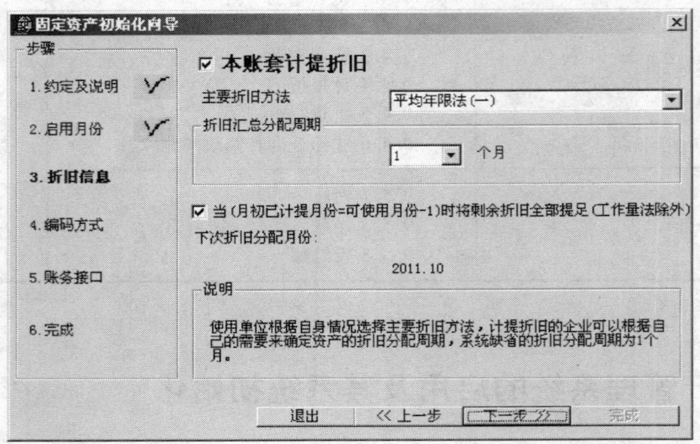

图9-2 计提折旧方法设置

（4）单击“下一步”按钮，进入图9-3所示窗口，确定资产类别编码方式：如2112；单击“自动编码”按钮后，选择自动编码的方式，如“类别编号+部门编号+序号”；选择序号长度：如5位。

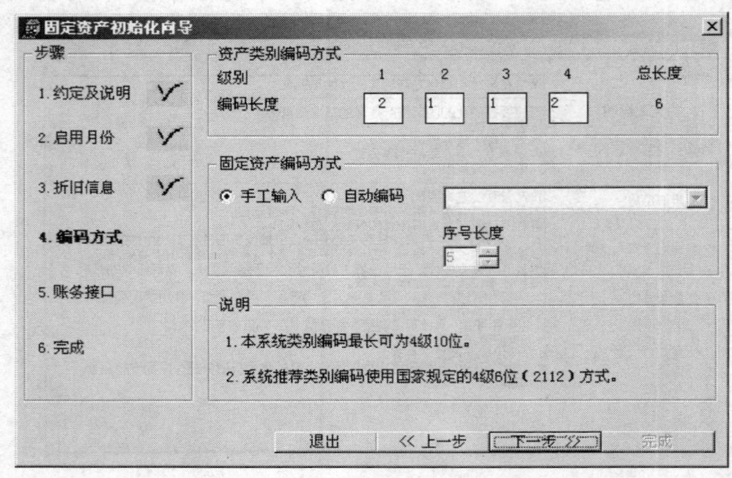

图9-3 资产类别编码方式设置

（5）单击“下一步”按钮，选中“与账务系统对账”复选框后，通过参照按钮或直接输入“1601 固定资产”和“1602 累计折旧”两个一级科目；选中“对账不平允许月末结账”复选框，也可不选择。

（6）单击“下一步”按钮，集中显示上述设置的所有参数。单击“完成”按钮，确认上述设置的参数后，选择“是”按钮，即可完成固定资产账套系统初始化工作，进入固定资产系统主菜单窗口。选择“否”按钮，返回再继续修改。

9.2.3　补充参数设置

（1）单击“设置”菜单下“选项”命令，选择“与账务系统接口”按钮。

（2）选中“业务发生后立即制单”、“月末结账前一定要完成制单登账业务”复选框，并选择默认入账科目为“1601 固定资产”和“1602 累计折旧”。

（3）单击“确定”按钮退出。

9.3　基础设置

9.3.1　设置部门

该账套在总账系统中设置的部门能够自动传递到固定资产系统中，以共享使用。

9.3.2　设置部门对应折旧科目

（1）单击“设置”菜单下“部门对应折旧科目”命令，进入“部门编码表”窗口。

（2）选择某一部门（如生产车间），单击“修改”按钮，参照选择或直接输入该部门折旧对应的科目编码（如 410501 制造费用—折旧费），单击“保存”按钮。

（3）按上述方法完成其他部门折旧科目的设置。

9.3.3　设置资产类别

（1）单击“设置”菜单下“资产类别”命令，进入如图 9-4 所示的“固定资产－类别编码”窗口：单击“增加”按钮，按要求输入或选择类别编码、类别名称、使用年限、净残值率、计量单位、计提属性、折旧方法、卡片样式等信息。

注意类别编码、类别名称、计提属性、卡片样式不能为空；其他各项内容缺省后，可以在输入卡片过程中设置。

（2）单击“保存”即可。同理，完成其他资产类别的设置。

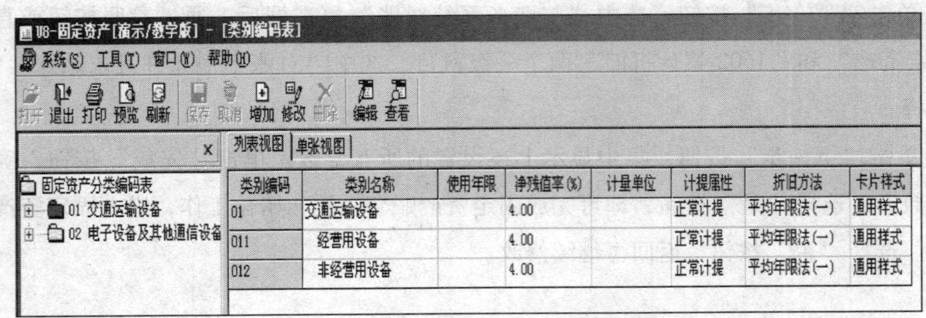

图 9-4 资产类别设置窗口

9.3.4 设置增减方式

(1) 单击“设置”菜单下“增减方式”命令，进入增减方式设置窗口，系统预置的增加方式有：直接购买、投资者投入、捐赠、盘盈、在建工程转入和融资租入；减少方式有：出售、盘亏、投资转出、捐赠转出、报废、毁损和融资租出。

(2) 单击“增加”按钮，可以新增“增加方式”或“减少方式”的名称，如其他增加或其他减少。

(3) 在“增减方式目录表”中，选择某一增减方式（如直接购入）后，单击“修改”按钮，输入（或修改）对应如账科目（如 100201 工行存款）。

(4) 单击“保存”按钮。以后当固定资产发生增减变动时，系统机制凭证时会默认采用这些科目。

(5) 单击“删除”按钮，即可删除所选的增减方式。

9.3.5 设置使用状况

(1) 单击“设置”菜单下“使用状况”命令，进入使用状况设置窗口。

(2) 系统预置的几种使用状况，即在用、季节性停用、经营性出租、大修理停用、不需用和未使用，可直接选用，但不能修改和删除。

(3) 如不能满足需求，单击“增加”按钮，可新增使用状态及其“是否计提折旧”。单击“保存”按钮。单击“放弃”按钮后退出。

9.3.6 设置折旧方法

(1) 单击“设置”菜单下“折旧方法”命令，进入折旧方法设置窗口。

(2) 系统预置的五种折旧方法及其计算公式，即不提折旧、平均年限法（一和二）、工作量法、年数总和法和双倍余额递减法，可直接选用，但不能删除和修改。

(3) 如不能满足需求，单击“增加”按钮，可新增折旧方法，并定义月折旧率和月折旧额的计算公式。单击“保存”按钮。

9.3.7 设置卡片项目

(1) 单击“卡片”菜单下“卡片项目”命令，进入卡片项目定义窗口。系统提供了卡片一些常用项目，可以对其修改和删除。

(2) 单击“增加”按钮，可新增卡片项目的各项内容：包括名称、数据类型、字符数（整数位长）、小数位长、是否参照常用字典、项目数据关系等。如果定义的是数值型项目，且不选用“参照常用字典”时，则要定义它与其他项目的数据关系。

(3) 单击“定义项目公式”，进入定义公式窗口，在左边项目列表中选择数值型项目并输入数字、运算符等组成计算公式。

(4) 输入完毕后，单击“确定”按钮退出，再单击“保存”按钮。

9.3.8 定义卡片样式

设计屏幕输入及打印输出的固定资产卡片格式。系统已设计了基本卡片格式，使用者可根据本单位管理需要自行设计。

(1) 单击“卡片”菜单下“卡片样式”命令，进入卡片样式定义窗口。系统默认了主卡片和辅助卡片的“通用样式”。

(2) 单击“增加”按钮，系统会提示“是否以当前卡片样式为基础建立新样式”，选择“是”按钮，即可在此卡片上进行操作；单击“格式”菜单下有关功能就可进行卡片样式的名称，项目设置、格式设置、文字格式设置和边框等设置。单击“保存”按钮后即可完成该样式的定义。

(3) 在左边“卡片样式目录”内选中已存在的卡片样式后，右边即可显示该样式。单击“修改”按钮，可以修改当前卡片样式。注意：修改一个使用过的样式，会影响已使用该样式录入的卡片。

9.3.9 录入原始卡片

原始卡片是指开始使用日期在录入系统之前的资产卡片记录。使用固定资产系统进行核算前，必须将原始卡片资料录入系统，以保持历史资料的连续性。原始卡片录入不限制在第一个期间结账前进行完毕，任何时候都可以录入原始卡片。

(1) 单击“卡片”菜单下“录入原始卡片”命令，选择要录入卡片所属的资产类别和查询方式后，按“确认”按钮，进入如图9-5所示的“录入原始卡片”窗口。

(2) 卡片编号和固定资产编号系统会自动产生不必录入。其中有的项目数据已经根据其他初始设置自动生成。其他空白项目的内容可以直接录入或参照选择。“月折旧率”和“月折旧额”可根据录入的与计算折旧有关项目数据自动产生。

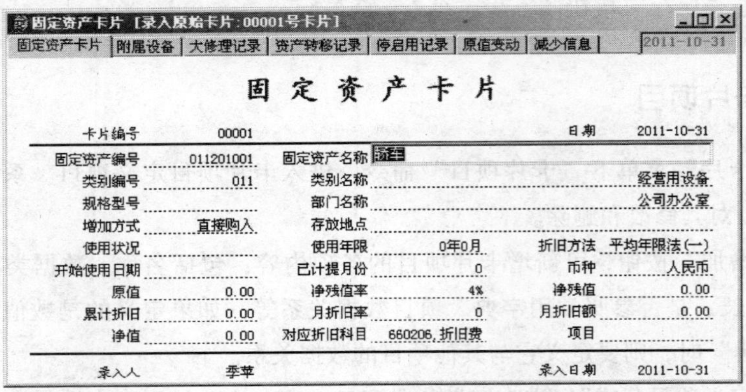

图9-5 “录入原始卡片”窗口

（3）录完资产主卡片后，单击辅助卡片按钮，可以进行“附属设备”和“大修理记录”等其他卡片的录入。这些内容只是为管理卡片设置，不参与计算，并且除附属设备外，其他内容在录入月结账后除“备注”栏内容外不能修改和输入，由系统自动生成。

（4）录入完毕后，单击“保存”按钮。

9.4 日常业务处理

9.4.1 资产增加

（1）单击“卡片”菜单下“资产增加”命令，选择资产类别后，单击“确认”按钮，进入固定资产卡片新增窗口。

（2）录入新卡片与录入原始卡片界面和方法相似，只是“新卡片录入”中，缺省了资产开始使用日期的年份和月份，且不能修改。注意：新卡片第一个月不提折旧，累计折旧为空或零；如果录入了累计折旧、累计工作量，则说明是旧资产。

（3）单击“保存”按钮，进入“填制凭证”窗口。

（4）选择凭证类型，修改制单日期、附件后，单击“保存”按钮。也可不立即制单，到月末再批量制单。

9.4.2 资产减少

（1）单击“卡片”菜单下“资产减少”命令。

（2）选择卡片编号（也可单击“条件”按钮，筛选出符合条件的资产进行成批减少）后，单击“增加”按钮，将资产添加到资产减少表中，在表内输入资产减少的信息：“减少日期、减少方式、清理收入、清理费用、清理原因”，其中清理收入和清理费用以后也可在该卡片的附表“清理信息”中输入。

（3）单击“确定”按钮，进入“填制凭证”窗口，选择凭证类型，修改其他内容，单击

"保存"按钮。

(4) 单击"卡片"菜单下"卡片管理"命令，从上边"卡片列表"下拉框中选择"已减少资产"，即可列示已减少的资产集合。双击任一行，可查看该资产的卡片。如需恢复已减少资产，可在查看"已减少的资产"时，在列表中选中要恢复的资产行，单击"卡片"菜单下"撤销减少"命令，选择"是"按钮后即可恢复，注意只有在减少的当月可以恢复。

(5) 单击"设置"菜单下"选项—其他"命令，已减少资产只有在定义的年限以后，才会自动删除。

9.4.3 资产变动

固定资产变动是指对与计算有关的项目所做的调整，包括固定资产原值变动、部门转移、使用状况变动、使用年限调整、折旧方法调整、净残值（率）调整、工作总量调整、累计折旧调整、资产类别调整等。

1. 资产原值增加

(1) 单击"卡片"菜单下"变动单—原值增加"命令，进入"固定资产变动单"窗口，系统自动产生变动单编号。

(2) 选择或输入变动资产的卡片编号，录入增加的金额，并输入变动原因（如增加配件等）。

(3) 单击"保存"按钮，进入"填制凭证"窗口。

(4) 选择凭证类型，修改制单日期、附件后，单击"保存"按钮。

2. 资产的其他变动

如原值减少、部门转移、使用状况变动、使用年限调整、折旧方法调整、净残值（率）调整、工作总量调整、累计折旧调整和类别调整等内容，其变动操作方法与资产原值变动相似，在此省略。注意变动后的净值应大于变动后的净残值。

3. 变动单管理

需要注意的是：变动单不能修改，只有当月可删除重做。

(1) 单击"卡片"菜单下"变动单—变动单管理"命令，屏幕显示全部变动单列表。

(2) 双击任一行，可查看该资产的卡片；也可从右边"变动单列表"的下拉框中选择变动单类型，在左边列表中选择查找条件（如部门、类别、卡片、自定义查询）来查找符合条件的变动单。

(3) 在列表中选中一行的变动单，单击"删除"按钮即可删除。

(4) 变动单不能修改，只能删除后重新制作。

9.4.4 计提折旧

系统每期计提折旧一次，根据使用者录入系统的资料自动计算每项资产的折旧，并自动生成折旧分配表，然后编制记账凭证，将本期的折旧费用自动登账。

（1）单击“处理”菜单下“计提本月折旧”命令，选择“是”按钮。

（2）系统提示“是否要查看折旧清单?”，选择“是”按钮（也可选择“否”按钮）。

（3）系统自动计提折旧完成后，显示“折旧清单”，以供查看，也可进行修改。

（4）单击“退出”按钮，进入“折旧分配表”窗口。其中的数据是编制记账凭证，把计提折旧额分配到成本和费用的依据。

（5）单击“退出”按钮，进入“填制凭证”窗口，选择凭证类型、修改其他内容，单击“保存”按钮。

（6）单击“处理”菜单下“折旧清单”命令，还可查看资产在本年各期和全年的折旧情况。

9.4.5 批量制单

如果在“设置”菜单下“选项—与账务系统接口”中设置了“不立即制单”。那么在资产增加、资产减少、制作变动单和计提折旧后，还应进行批量制单。

1. 使用“凭证”功能

（1）单击“卡片”菜单下“卡片管理”命令，在“在役资产”窗口中，选择某一增加资产业务后，单击“处理”菜单下“凭证”命令，即可生成凭证。选择凭证类型，修改其他信息后，单击“保存”按钮，同此，机制其他资产增加的凭证；进入“已减少资产”窗口，选择某一资产减少业务后，单击“处理”菜单下“凭证”命令，即可生成凭证。选择凭证类型，修改其他信息后，单击“保存”按钮，同此，机制其他资产减少的凭证。

（2）单击“卡片”菜单下“变动单—变动单管理”命令，显示所有变动资产的变动信息，选择某一资产变动业务后，单击“处理”菜单下“凭证”命令，即可生成凭证。选择凭证类型，修改其他信息后，单击“保存”按钮，用同样的方法，填制其他资产减少的凭证。

2. 使用“批量制单”功能

（1）单击“处理”菜单下“批量制单”命令，“批量制单表”中显示本月需要制单但还没有进行操作的所有资产业务。

（2）单击“全选”按钮，选中“批量制单表”中所有业务，单击“制单选择”按钮。

（3）对每一张凭证根据实际情况进行“科目”等设置后，单击“制单”按钮，进入填制凭证窗口。

（4）完善凭证内容后，单击“保存”按钮，提示“已生成”。

（5）单击“下张”按钮，继续机制其他业务的凭证。

固定资产系统生成凭证后，自动传递到总账系统。在总账系统中审核、记账（例如，第 4 章总账系统案例表 4-18 的第 11 笔固定资产增加业务、第 20 笔计提折旧业务均可在固定资产系统中生成并传递到总账系统中）。

9.4.6　凭证查询、修改与删除

（1）单击“处理”菜单下“凭证查询”命令，进入凭证查询窗口：显示系统机制并传输到总账系统中的所有凭证。

（2）双击任意一行，即可查看该凭证。也可单击“查询”按钮，只查询符合条件的凭证。

（3）单击“修改”按钮，可修改选中的未记账凭证，单击“保存”按钮。

（4）单击“删除”按钮，即可删除选中的未记账凭证。

（5）单击“红冲”按钮，可冲销选中的已记账凭证，单击“保存”按钮。

9.5　期末业务处理

9.5.1　对账

保证本系统管理的固定资产价值和总账系统中固定资产科目的数值相等。

（1）单击“处理”菜单下“对账”命令，显示“与财务对账结果”。

（2）如果固定资产的原值或累计折旧结果不平衡时，应检查修改至凭证。

（3）单击“确定”按钮退出。

9.5.2 结账

（1）单击“处理”菜单下“月末结账”命令，有两种情况不允许结账：①系统初始化时，选择了“月末结账前一定要完成制单登账业务”复选项，而账套还存在未制单的业务。②系统初始化时，没有选中“对账不平允许结账”复选项，如果对账不平，则不允许结账。

（2）满足结账条件后，单击“开始结账”按钮，系统自动进行结账。

（3）单击“确定”按钮退出。

9.5.3　反结账

（1）单击“工具”菜单下“恢复月末结账前状态”命令，即可恢复到结账前状态。这时本账套内对结账后所做的所有工作都无痕迹删除，单击“确定”按钮退出。

（2）如果账套已经年终结转，或者成本子系统提取了该期的数据，就不允许利用“恢复月末结账前状态”功能进行反结账。

实验小结

在第5章、第6章实验的基础上，如图9-6所示，本章利用用友ERP－U8的固定资产系统，对固定资产系统的系统初始化、基础设置、日常业务处理、期末业务处理等内容进行了实验，旨在熟练掌握固定资产日常管理及其系统的操作流程与方法。反映和监督固定资产的增加、调出、保管、使用以及清理报废等情况，能正确计算固定资产折旧并分析固定资产利用效果。

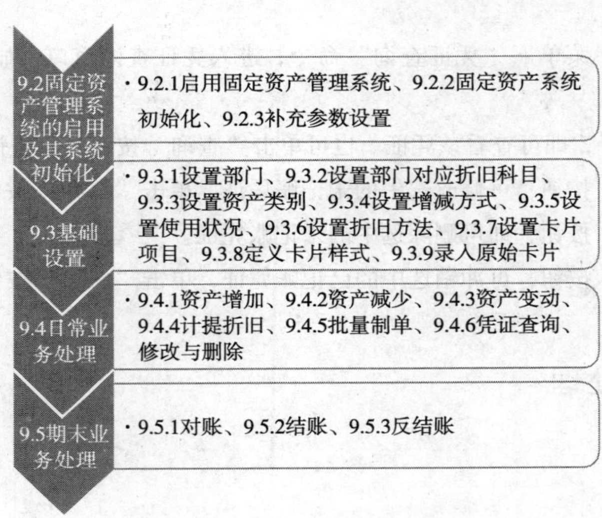

图9-6 第9章实验内容简图

【重点与难点】

本章重点是固定资产变更的操作方法、固定资产原始卡片的修改及计提折旧；难点是固定资产折旧的处理过程及操作方法和固定资产卡片的管理。

【实验学时建议】

建议教师先利用课堂模拟演练的方式，结合第2章固定资产系统功能与结构、第4章固定资产管理的相关案例内容，带领学生熟悉固定资产系统的操作流程，强调具体实验中应注意与常出现的问题与对策。建议讲授2学时、实验2学时，共4学时。

实验思考

1. 结合教材2.5固定资产系统功能结构与应用部分的教学内容、图2-11（固定资产系统的功能结构)、图2-12（固定资产系统的数据流程)、图4-1（教材实验体系与案例间逻辑关系）与本章的实验内容，思考固定资产系统及固定资产管理在会计信息系统中的地位与作用。
2. 固定资产系统及其日常业务处理包括哪些内容？
3. 简述固定资产系统与账务系统之间的数据传递过程及其两者之间的关系。
4. 结合本章实验，思考固定资产系统基础信息设置与账务系统基础档案设置的异同，以及如何提高企业基础信息设置的效率。
5. 结合第6章账务系统结账处理与本章期末业务处理，阐述两者之间的关系。

第 10 章 实现管理型会计信息系统的实验

学习目标

- 理解从财务管理、财务分析等角度实现构建简单、实用的管理型会计信息系统的方法；
- 熟练掌握常见的 Microsoft Excel 2010 等电子表格软件的数据分析、财务函数分析等功能。

10.1 实验目标及实施

1. 实验目标与要求

根据第 3 章“管理型会计信息系统的实现”的思路、价值评估与分析指标体系的理论研究基础上，利用 Microsoft Excel 2010 电子表格软件（或该软件的较低版本）对项目价值评估、资本结构分析实施本章的实验，要求掌握 MS Excel 等表格软件的有关函数、公式及表格等数据与图形分析与管理功能在实现管理型会计信息系统中的应用。

2. 实验实施

根据项目价值评估、资本结构分析相关实验资料，完成如表 10-1 所示的实验内容。

表 10-1 实验内容与学时安排

实验名称	实验内容	学时安排
10. 2. 1 项目价值评估与决策	1 建立项目现金流量一览表 2 建立复利现值与普通年金现值系数表 3 项目净现值（*NPV*）计算与项目抉择 4 项目净现值（*NPV*）的图形分析	讲授 1 学时 实验 2 学时
10. 2. 2 资本结构分析	1 建立资本结构数据表 2 建立财务分析指标 3 资本结构的图形分析	讲授 1 学时 实验 2 学时

10.2 管理型会计信息系统的实现

如图 10-1 所示，利用 Microsoft Excel 2010 电子表格软件（或该软件的较低版本）实现管理型会计信息系统的总体思路是：对会计核算系统提供的核算信息（如资产、负债等会计要素与现金流量等，假设本章的相关实验资料均来自相关公司的会计核算系统），进行计算与分析（如资本结构指标计算及其结构或趋势分析），在时间价值与风险价值模型或其他决策方法计量的基础上，进行投资与融资决策，实现核算、管理与预测决策目标。

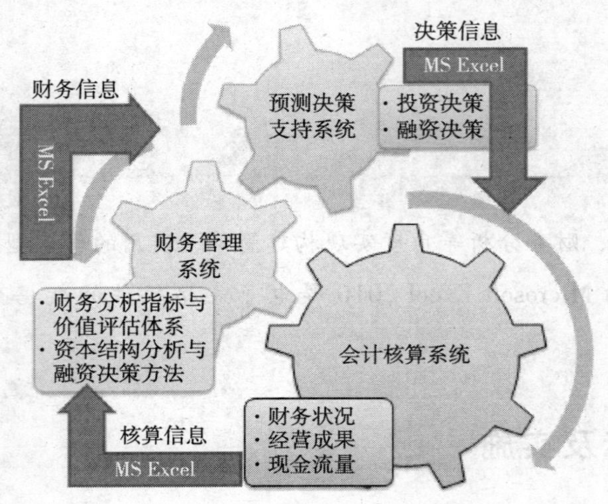

图 10-1 财务分析指标体系的应用思路

10.2.1 项目价值评估与决策

【例 10-1】

甲公司现有三个互斥投资项目，该公司要求投资项目的最低报酬率为 10%，有关数据如表 10-2 所示，要求用项目现金流量的净现值（NPV）进行决策。

表 10-2 甲公司投资项目会计核算信息一览表 （单位：万元）

期间	A 项目		B 项目		C 项目	
	净收益	现金净流量	净收益	现金净流量	净收益	现金净流量
0		-20 000		-9 000		-12 000
1	1 800	11 800	-1 800	1 200	600	4 600
2	3 240	13 240	3 000	6 000	600	4 600
3			3 000	6 000	600	4 600
合计	5 040	5 040	4 200	4 200	1 800	1 800

启动 MS Excel 任意版本软件（本例使用的版本是 2010），单击“保存”按钮或文件菜

单的“保存”选项或按 Ctrl + S 组合键，在“另存为”对话框（见图 10-2）中选择相应的保存路径，在其文件类型下拉列表中选择“Excel 97 – 2003 工作簿”（保存为较低版本的工作簿有利于较低版本软件的兼容），在“文件名”文本框中输入“项目投资评估与决策”，单击“保存”按钮，即可生成名为“项目投资评估与决策 . xls”的 Excel 电子表格文件。

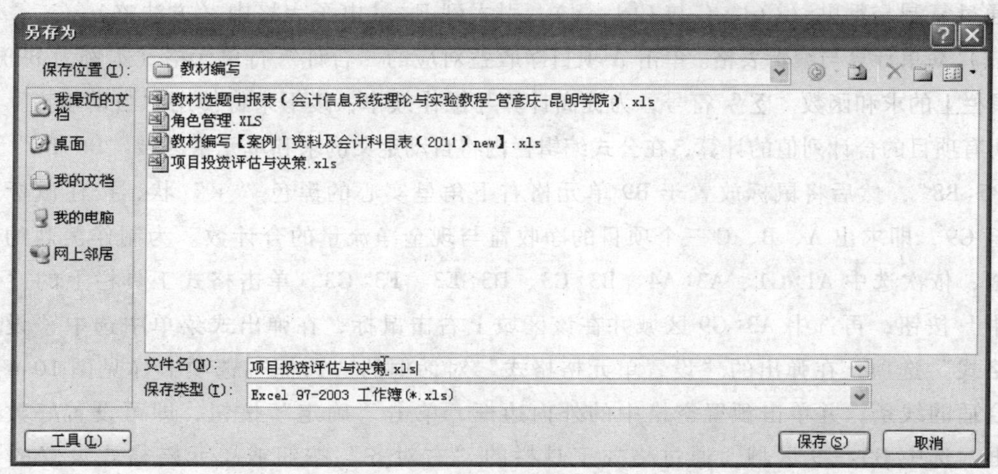

图 10-2 Excel“另存为”对话框

如图 10-3 所示，依次双击新建文件“项目投资评估与决策 . xls”默认的 3 张工作表标签 sheet 1、sheet 2、sheet 3，将 3 张工作表分别命名为“项目数据”、“复利现值系数”、“项目指标与抉择”，为接下来的基础数据录入、函数或公式设置、项目抉择奠定了工作表环境。若还需要增加工作表，则单击工作表标签显示栏最右边的“插入工作表”按钮即可生成新的工作表。

项目投资评估与决策.xls [兼容模式] - Microsoft E...

B9 =SUM(B5:B8)

甲公司投资项目会计核算信息一览表

单位：万元

期间	A项目		B项目		C项目	
	净收益	现金净流量	净收益	现金净流量	净收益	现金净流量
0		-20000		-9000		-12000
1	1800	11800	-1800	1200	600	4600
2	3240	13240	3000	6000	600	4600
3			3000	6000	600	4600
合计	5040	5040	4200	4200	1800	1800

项目数据 复利现值系数 项目指标与抉择

图 10-3 Microsoft Excel 2010 软件窗口

1. 建立项目现金流量一览表

（1）引入或输入项目投资及决策的基础数据。在“项目数据”工作表中单击A1，依次输入表10-2中的表头等文字与A、B、C项目0至3期各期的净收益与现金净流量数据。若这些数据是在报表系统中生成的报表文件（第7章已述及）或MS Word文档等电子数据，则可通过复制与粘贴（Ctrl+C与Ctrl+V），引入到Excel电子表格中（方法略）。

（2）简单计算与编辑表格。单击A项目净收益对应的“合计”行单元格（本例为B9），单击工具栏上的求和函数“Σ”符号，为提高计算与操作效率，接下来将使用“自动填充”功能完成所有项目的合计列值的计算，在公式编辑栏内将自动定义的求和单元格区域“B6:B8”修改为“B5:B8”，然后将鼠标放置于B9单元格右下角呈实心的黑色“+”状，按住鼠标左键拖动至G9，即求出A、B、C三个项目的净收益与现金净流量的合计数。为制作美观的表头与表格，依次选中A1:G1、A3:A4、B3:C3、D3:E3、F3:G3，单击格式工具栏上的“合并并居中”按钮，再选中A3:G9区域并在该区域上右击鼠标，在弹出式菜单中选中“设置单元格格式”选项，在弹出的“设置单元格格式”对话框的“边框”选项卡（见图10-4）上选择合适的线条，并单击预置空格中的外内边框，单击“确定”按钮，即可设置好数据表格边框。选中B5:G9区域，通过格式工具栏的“右对齐”按钮或单元格格式设置的“对齐”选项卡，将该区域对齐方式设置为右对齐。

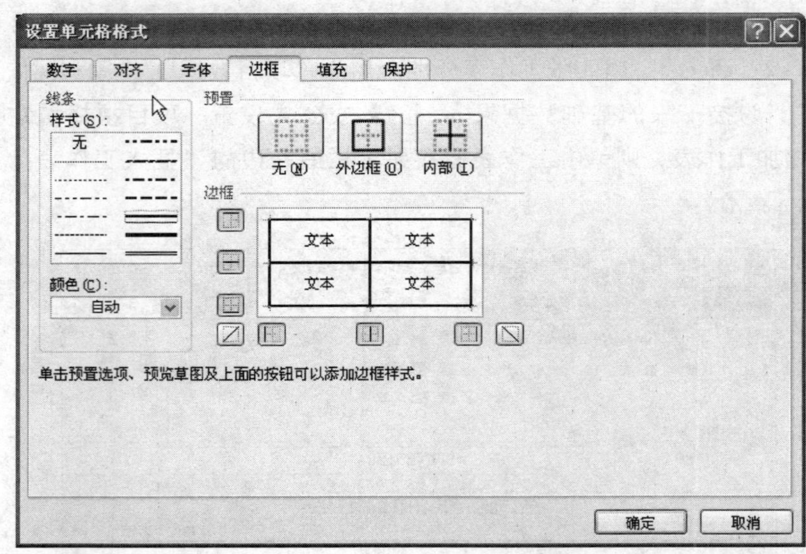

图10-4 “设置单元格格式”对话框的“边框”选项卡

2. 建立复利现值与普通年金现值系数表

单击“复利现值系数”工作表，通过以下步骤在该工作表中建立复利现值与普通年金现值系数表[以建立期间n（1~10期）、利率i（1%~10%）的复利现值与普通年金现值系数表为例]。

（1）建立复利现值系数表。如图 10-5 所示，按下列步骤，逐步实现复利现值系数表的创建。

复利现值系数表

期间(n) 利率(i)	1%	2%	3%	4%	5%	6%	7%	8%	9%	10%
1	0.9901	0.9804	0.9709	0.9615	0.9524	0.9434	0.9346	0.9259	0.9174	0.9091
2	0.9803	0.9612	0.9426	0.9246	0.9070	0.8900	0.8734	0.8573	0.8417	0.8264
3	0.9706	0.9423	0.9151	0.8890	0.8638	0.8396	0.8163	0.7938	0.7722	0.7513
4	0.9610	0.9238	0.8885	0.8548	0.8227	0.7921	0.7629	0.7350	0.7084	0.6830
5	0.9515	0.9057	0.8626	0.8219	0.7835	0.7473	0.7130	0.6806	0.6499	0.6209
6	0.9420	0.8880	0.8375	0.7903	0.7462	0.7050	0.6663	0.6302	0.5963	0.5645
7	0.9327	0.8706	0.8131	0.7599	0.7107	0.6651	0.6227	0.5835	0.5470	0.5132
8	0.9235	0.8535	0.7894	0.7307	0.6768	0.6274	0.5820	0.5403	0.5019	0.4665
9	0.9143	0.8368	0.7664	0.7026	0.6446	0.5919	0.5439	0.5002	0.4604	0.4241
10	0.9053	0.8203	0.7441	0.6756	0.6139	0.5584	0.5083	0.4632	0.4224	0.3855

图 10-5　复利现值系数表创建过程

①表头：单击 A1，输入文字“复利现值系数表”，选中 A1: K1，将该区域合并居中。②建立横向（利率）与纵向（期间）的表格标题行。单击 A2 分别输入文字“利率（i）”、按键盘组合键 Alt + Enter 分行符号、文字“期间（n）”（输入分行符号的目的可使期间与利率在同一单元格中分行显示），单击“插入”菜单“形状”按钮弹出的“直线”形状，从 A2 单元格左上角至右下角画出斜线表头，单击编辑栏，用鼠标单击或按 Home 键，将光标插入点置于单元格行首，通过敲击空格键输入空格，将文字“利率（i）”移至斜线的左侧。在中依次输入 1%、2%，在 A3 和 A4 中依次输入 1、2，用自动填充功能，分别选中 B2: C2 和 A3: A4，横向拖动生成 1% ~ 10% 的利率标题行，纵向拖动鼠标生成 1 ~ 10 的期间标题列。③使用公式建立各期各利率对应的现值系数。由于复利现值公式是：$P = (1 + i)^{-n}$，单击 B3 单元格（相当于公式中的 P）并在其中输入公式“ = (1 + B$2)^(-$A3)”并单击 Enter 确认（如图 10-6 所示，该公式单元格中的“ $”符号是绝对引用单元格时使用的符号，“B$2”表示在横向上是绝对行相对列，即现值系数在横向上期间相同，“ $A3”表示在纵向上是绝对列相对行，即现值系数在纵向上利率相同），采用自动填充的方法（该方法已在合计栏部分述及），先横向在 C3: K3（或先纵向在 B4: B12）中复制上述公式，再纵向在 B4: K12（或再横向在 C3: K12）中复制公式，最终在

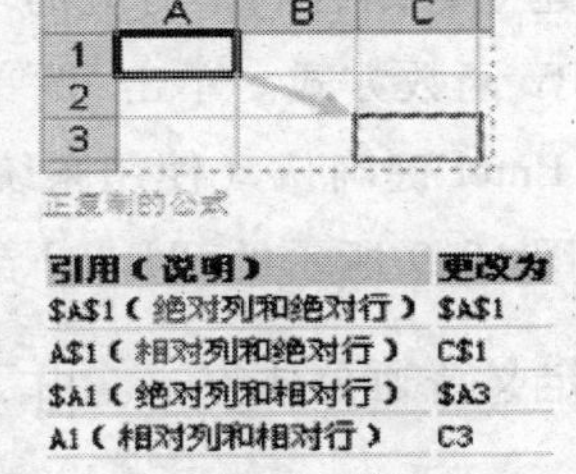

图 10-6　Excel 单元格引用类型

B3: K12 中创建出复制现值系数的列表（要创建更多期间与利率的复利现值系数表，增加上述期间与利率即可，方法与上相同）。④设置系数单元格及表格边框格式。设置系数保留4位小数，并给A2: K12表格区域画上边框。其中，设置数据精度在“设置单元格格式”对话框的“数字”选项卡（见图10-7），或将刚对B3定义的系数计算公式修改成嵌套在Round（）函数中（四舍五入函数），形成公式“=ROUND((1+B$2)^(-$A3),4)”，再将该公式用自动填充方法复制粘贴到相应单元格，表格边框的操作方法上已述及。

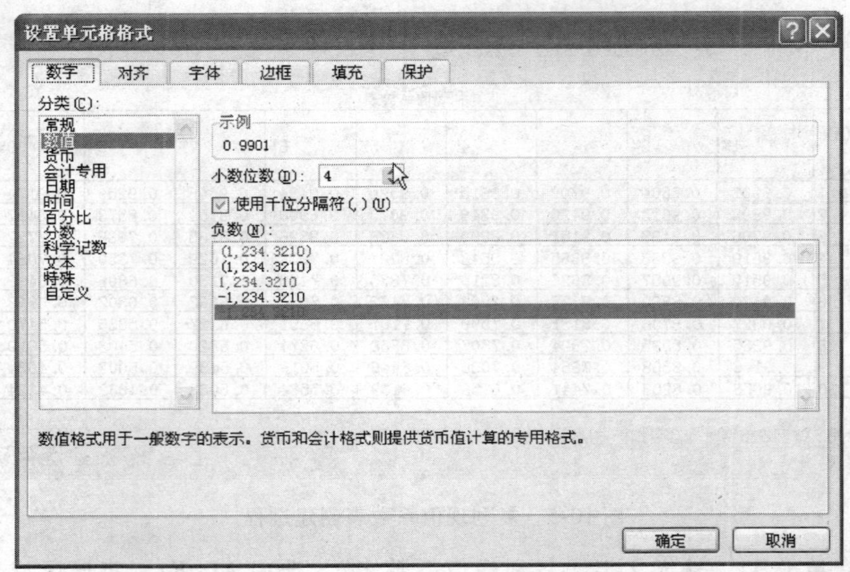

图10-7 “设置单元格格式”对话框的“数字”选项卡

（2）建立普通年金现值系数表。按下列步骤，逐步实现普通年金现值系数表的创建。

①复制工作表。因为普通年金现值系数表与复利现值系数表在结构上极度相似，所以采用复制工作表的形式可以节约很多创建年金现值系数表的时间。右击“复利现值系数”工作表标签，在弹出式菜单中选中“移动或复制...”选项（见图10-8a），在弹出的“移动或复制工作表”对话框（见图10-8b）中选中“复利现值系数”和“建立副本”单选项后单击“确定”按钮，工作表标签列表中增加了“(2) 复利现值系数表”的工作表副本（见图10-8c），双击该标签修改为“年金现值系数”后按Enter键确认（见图10-8d）。②表头。双击A1或单击A1再按F2键，将表头文字修改为“年金现值系数表”。③使用PV函数或公式建立各期各利率对应的现值系数（下列两种方法任选其一）。

PV函数方式。单击B3单元格并在其中输入公式“=ROUND(PV(B$2,$A3,-1),4)”并按Enter键确认（使用系统PV函数，即“年金现值系数”函数，其具体格式可调阅并参照如图10-9所示的“Excel帮助”）。

定义普通公式方式。由于年金现值公式是：$P=\frac{1-(1+i)^{-n}}{i}$，单击B3单元格并在其中输入公式“=Round((1-(1+B$2)^(-$A3)/B$2),4)”并按Enter键确认。

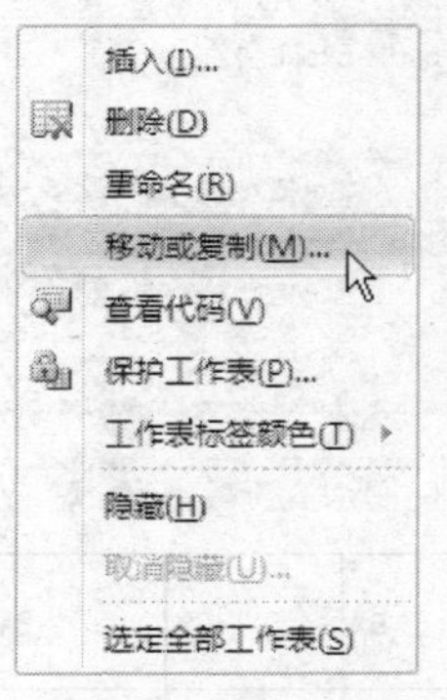

a）右击弹出菜单

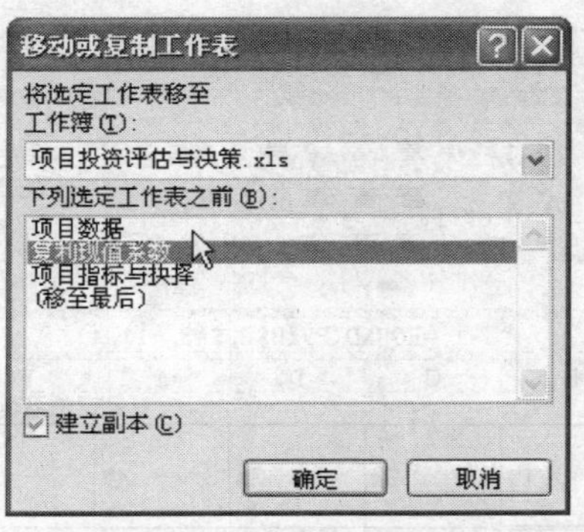

b）“移动或复制工作表”对话框

项目数据　复利现值系数 (2)　复利现值系数　项目指标与抉择

c）“建立副本-复制工作表”结果

项目数据　年金现值系数　复利现值系数　项目指标与抉择

d）工作表重命名后的结果

图 10-8　年金现值系数表创建过程（1）

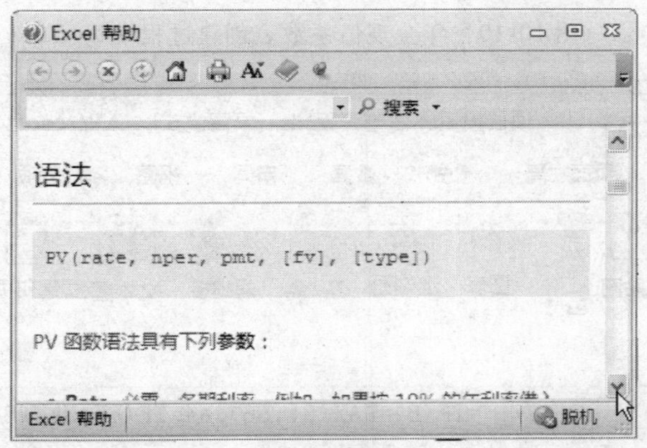

图 10-9　“Excel 帮助”窗口

如图 10-10 所示，在上述两种方法的基础上，用自动填充功能将 B3 单元格的公式复制粘贴到其余单元格中，便生成了年金现值系数表。

3. 项目净现值计算与项目抉择

单击“项目指标与抉择表”，如图 10-11 所示，通过以下步骤在该工作表中建立项目指标计算与抉择表。

（1）设置表头及其他文字。单击 A1，输入表头文字“项目 NPV 与项目抉择”，选中 A1: C1，将该区域合并居中。单击 C3，输入文字“单位：万元”并设置为右对齐，输入其余文字（见图 10-11）。

项目投资评估与决策.xls [兼容模式] - Microsoft Excel

B3 =ROUND(PV(B$2,$A3,-1),4)

复利现值系数表

期间(n) 利率(i)	1%	2%	3%	4%	5%	6%	7%	8%	9%	10%
1	0.9901	0.9804	0.9709	0.9615	0.9524	0.9434	0.9346	0.9259	0.9174	0.9091
2	1.9704	1.9416	1.9135	1.8861	1.8594	1.8334	1.8080	1.7833	1.7591	1.7355
3	2.9410	2.8839	2.8286	2.7751	2.7232	2.6730	2.6243	2.5771	2.5313	2.4869
4	3.9020	3.8077	3.7171	3.6299	3.5460	3.4651	3.3872	3.3121	3.2397	3.1699
5	4.8534	4.7135	4.5797	4.4518	4.3295	4.2124	4.1002	3.9927	3.8897	3.7908
6	5.7955	5.6014	5.4172	5.2421	5.0757	4.9173	4.7665	4.6229	4.4859	4.3553
7	6.7282	6.4720	6.2303	6.0021	5.7864	5.5824	5.3893	5.2064	5.0330	4.8684
8	7.6517	7.3255	7.0197	6.7327	6.4632	6.2098	5.9713	5.7466	5.5348	5.3349
9	8.5660	8.1622	7.7861	7.4353	7.1078	6.8017	6.5152	6.2469	5.9952	5.7590
10	9.4713	8.9826	8.5302	8.1109	7.7217	7.3601	7.0236	6.7101	6.4177	6.1446

项目数据 | 年金现值系数 | 复利现值系数 | 项目指标与抉择

图 10-10 年金现值系数表创建过程（2）

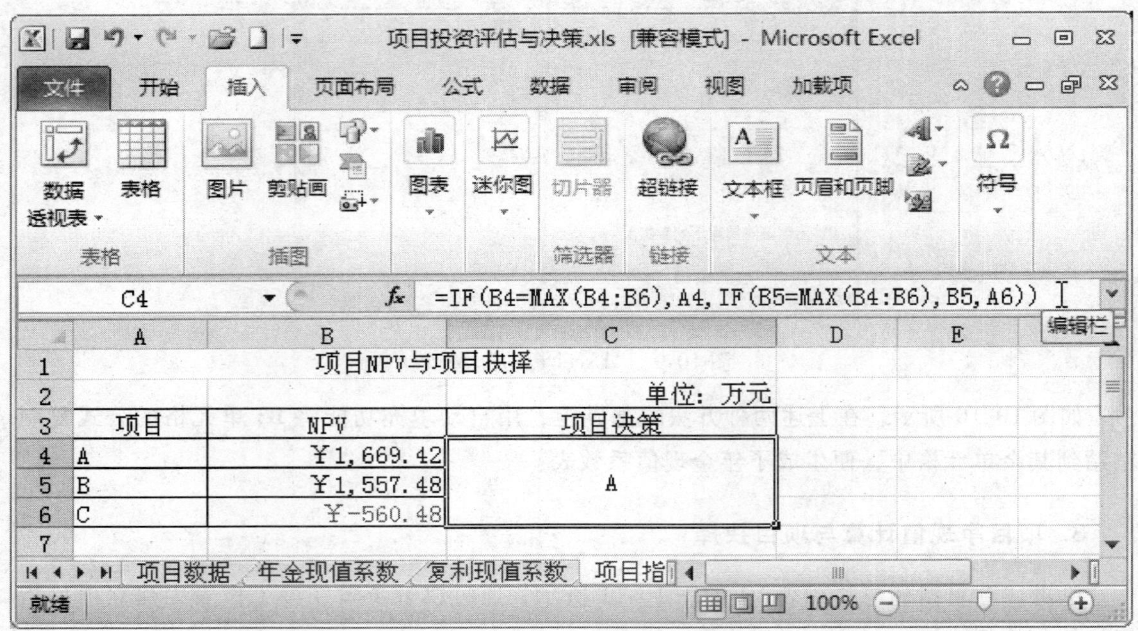

图 10-11 “项目指标与抉择表”创建与实现过程

（2）使用 NPV 函数或公式建立项目净现值（NPV）计算公式。①设置各项目净现值（NPV）计算公式并计算出该指标。分别单击 B4、B5、B6 并在其中输入公式或 NPV 函数（见表 10-3）。其中使用的系统 NPV 函数（即“净现值”函数，其功能利用“复利现值系数”或“年金现值系数”中的系数，对“项目数据”工作表的各期现金流量数据进行贴现，计算出各项目的净现值，为项目抉择提供决策依据。NPV函数的具体格式可调阅并参照Excel函数帮助)。在函数或公式设置中，可用鼠标左键单击的方式，直接单击所需引用的单元格（包括需跨表引用的单元格），即可简便、直观地引用其他工作表中的数据，进行本表相应指标的计算。②利用MAX函数和IF函数设置项目抉择公式。

表10-3　净现值单元格的计算公式或NPV函数设置一览表

单元格	公式	NPV函数
B4	=项目数据！C5+项目数据！C6×复利现值系数！K3+项目数据！C7×复利现值系数！K4	=项目数据！E5+NPV（10%，项目数据！E6，项目数据！E7，项目数据！E8）
B5	=项目数据！E5+项目数据！E6×复利现值系数！K3+项目数据！E7×复利现值系数！K4+项目数据！E8×复利现值系数！K5	=项目数据！E5+NPV（10%，项目数据！E6，项目数据！E7，项目数据！E8）
B6	=项目数据！G5+项目数据！G6×年金现值系数！K5	=项目数据！G5+NPV（10%，项目数据！G6，项目数据！G7，项目数据！G8）

（3）使用MAX函数和IF函数的嵌套公式建立项目抉择公式。单击C4并在其中输入嵌套公式“=IF(B4=MAX(B4:B6),A4,IF(B5=MAX(B4:B6),B5,A6))”，因为三个项目是互斥项目，所以该公式的功能是比较三个项目的净现值，选出净现值最大的项目为最终的抉择项目。公式中的MAX函数和IF函数的具体格式可调阅并参照Excel函数帮助。

经过上述操作，从项目基本数据，到现值系数，再到净现值的计算，最终计算出各项目的净现值，并选出A项目作为最优项目。从而保障了管理型会计信息系统管理与决策功能的实现。

4. 项目净现值（NPV）的图形分析

选中A、B、C三个项目的净现值，即A3:B6区域，依次单击：“插入菜单→图表→三维簇状柱形图”，生成如图10-12所示的图形，该图形直观地反映了三个项目现金流量净现值的大小，及用该指标进行抉择的原因。

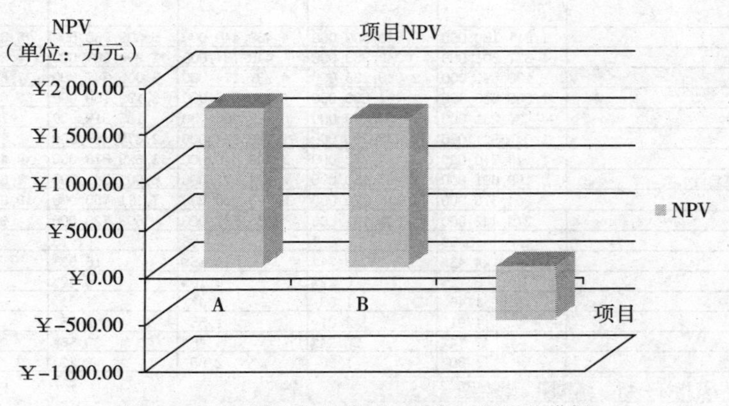

图10-12　项目净现值（NPV）的图形分析

10.2.2 资本结构分析

【例 10-2】

乙公司是我国医药行业的一家上市公司，该公司近 5 年的资本结构数据如表 10-4 所示。要求根据这些数据进行资本结构与趋势和财务指标等的分析。

表 10-4 乙公司近 5 年的资本结构与收益数据（部分） （单位：元）

项目 \ 报告日期	2006 年 12 月 31 日	2007 年 12 月 31 日	2008 年 12 月 31 日	2009 年 12 月 31 日	2010 年 12 月 31 日
流动资产合计	1 811 130 000	2 519 600 000	4 488 440 000	5 009 060 000	6 366 684 000
非流动资产合计	377 561 000	343 553 000	448 734 000	996 287 000	1 266 370 000
流动负债合计	1 008 690 000	1 401 090 000	1 728 530 000	2 190 150 000	3 030 570 000
非流动负债合计	36 231 000	37 293 000	22 004 000	185 319 000	187 914 000
股东权益合计	1 143 770 000	1 424 770 000	3 186 640 000	3 629 878 000	4 414 570 000
营业收入	3 204 370 000	4 115 720 000	5 723 200 000	7 171 780 000	10 075 400 000
净利润	279 442 000	338 181 000	463 532 000	603 720 000	926 343 000
基本每股收益	0.56	0.7	0.96	1.13	1.33

启动 MS Excel 任意版本软件，保存名为“资本结构及其分析 . xls”的 Excel 电子表格文件。如图 10-13 所示，依次双击该文件的 sheet 1、sheet 2、sheet 3 工作表标签，分别更名为“资本结构及指标分析”、“结构图”、“趋势图”。

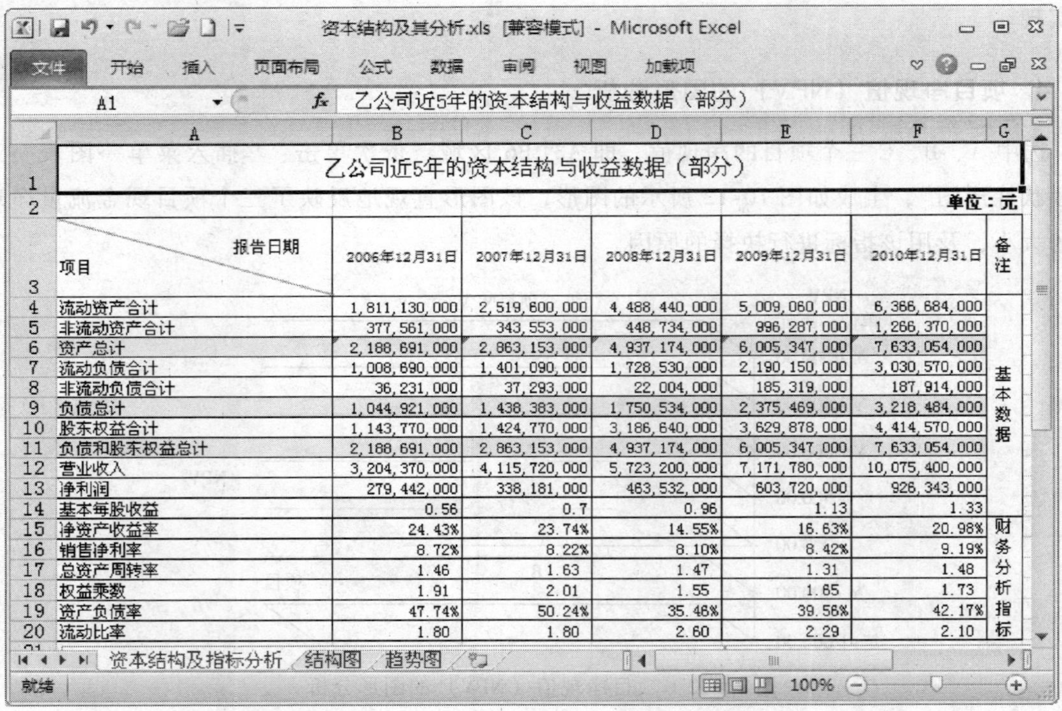

资本结构及其分析.xls [兼容模式] - Microsoft Excel

文件 开始 插入 页面布局 公式 数据 审阅 视图 加载项

A1 fx 乙公司近5年的资本结构与收益数据（部分）

乙公司近5年的资本结构与收益数据（部分）

单位：元

项目 \ 报告日期	2006年12月31日	2007年12月31日	2008年12月31日	2009年12月31日	2010年12月31日	备注
流动资产合计	1,811,130,000	2,519,600,000	4,488,440,000	5,009,060,000	6,366,684,000	基本数据
非流动资产合计	377,561,000	343,553,000	448,734,000	996,287,000	1,266,370,000	
资产总计	2,188,691,000	2,863,153,000	4,937,174,000	6,005,347,000	7,633,054,000	
流动负债合计	1,008,690,000	1,401,090,000	1,728,530,000	2,190,150,000	3,030,570,000	
非流动负债合计	36,231,000	37,293,000	22,004,000	185,319,000	187,914,000	
负债总计	1,044,921,000	1,438,383,000	1,750,534,000	2,375,469,000	3,218,484,000	
股东权益合计	1,143,770,000	1,424,770,000	3,186,640,000	3,629,878,000	4,414,570,000	
负债和股东权益总计	2,188,691,000	2,863,153,000	4,937,174,000	6,005,347,000	7,633,054,000	
营业收入	3,204,370,000	4,115,720,000	5,723,200,000	7,171,780,000	10,075,400,000	
净利润	279,442,000	338,181,000	463,532,000	603,720,000	926,343,000	
基本每股收益	0.56	0.7	0.96	1.13	1.33	
净资产收益率	24.43%	23.74%	14.55%	16.63%	20.98%	财务分析指标
销售净利率	8.72%	8.22%	8.10%	8.42%	9.19%	
总资产周转率	1.46	1.63	1.47	1.31	1.48	
权益乘数	1.91	2.01	1.55	1.65	1.73	
资产负债率	47.74%	50.24%	35.46%	39.56%	42.17%	
流动比率	1.80	1.80	2.60	2.29	2.10	

资本结构及指标分析 结构图 趋势图

就绪 100%

图 10-13 “资本结构及其分析”文件的创建过程

1. 建立资本结构数据表

在“资本结构及指标分析”工作表中单击 A1，依次输入表 10-4 的表头等文字与2006 ~ 2010 年乙公司的流动资产、非流动资产、流动负债、非流动负债股东权益等数据。同样，若这些数据是在报表系统中生成的报表文件（第 7 章已述及）或 MS Word 文档等电子数据，则可通过复制与粘贴（键盘组合键 Ctrl + C 与 Ctrl + V），引入到 Excel 电子表格中（方法略）。右击“流动负债合计”所在行的行标（本例为第 6 行）选中该行，在弹出式菜单中选择“插入”选项，则在该行之上插入了一空白行，用于放置资产总额（即流动资产与非流动资产之和），单击 A6，输入“资产总计”。用同样的方法增加“负债总计”、“负债和股东权益总计”行，用例 10-1 的自动求和与“自动填充”功能复制粘贴公式，计算出上述三行总计栏数据。

2. 建立财务分析指标

分别建立盈利能力、营运能力、偿债能力的财务分析指标公式及其相应的计算结果。以净资产收益率、销售净利率、总资产周转率、权益乘数、资产负债率、流动比率为例，紧接例 10-2 的上述操作，在“基本每股收益”行下（A15: A20 区域）输入前述指标的文字，然后依次在 B15: B20 区域中定义 2006 年的各项指标公式（见表 10-5），再使用自动填充功能复制粘贴上述公式到 C15: F20（其中“总资产周转率”须定义好 2007 年的指标后再使用此功能复制到 2008 年及以后）。

表 10-5　部分财务指标 2006 年的公式定义详解

财务指标名称	指标公式	备注
净资产收益率	= B13/B10	公式详见表 3-8
销售净利率	= B13/B12	
总资产周转率	= B12/B6	公式详见表 3-7，由于缺少 2005 年数据，故此公式的分母“平均总资产”采用期末总资产代替，计算出近似值。如 2007 年此指标的公式为 = C12/((C6 + B6)/2)
权益乘数	= B6/B10	公式详见表 3-9
资产负债率	= B9/B6	公式详见表 3-6
流动比率	= B4/B7	

3. 资本结构的图形分析

(1) 资本结构图用百分比堆积柱形图直观反映乙公司 2006 年资本结构为例。如表 10-6 所示，在“资本结构及指标分析”工作表中 A23: D26 的区域内，将乙公司的资产、负债与股东权益的金额分别从表 10-4 中复制到相应的金额单元格（纵向分左右两列；横向上，资产分流动资产、非流动资产 2 项，负债分流动负债与非流动负债 2 项，左边共 2 项，右边共 3 项，由于图形系列对称需要，要求左右两列在横向上行数相同，由于流动资产金额比负债大，所以流动资产与非流动资产之间空一行，人为增设一个金额为 0 的虚拟项目），选中 6 个项目及其金额（包含“虚拟”项目），依次单击：“插入菜单→图表→百分比堆积柱形图”，再利用图 10-14 的图表工具栏对所画柱形图的各选项进行设置（如设置数据系列为行、图表标题、图例项、水平轴标签等），直到生成较满意的百分比堆积柱形图（见图10-15），再单击图表工具栏“设计”选项卡

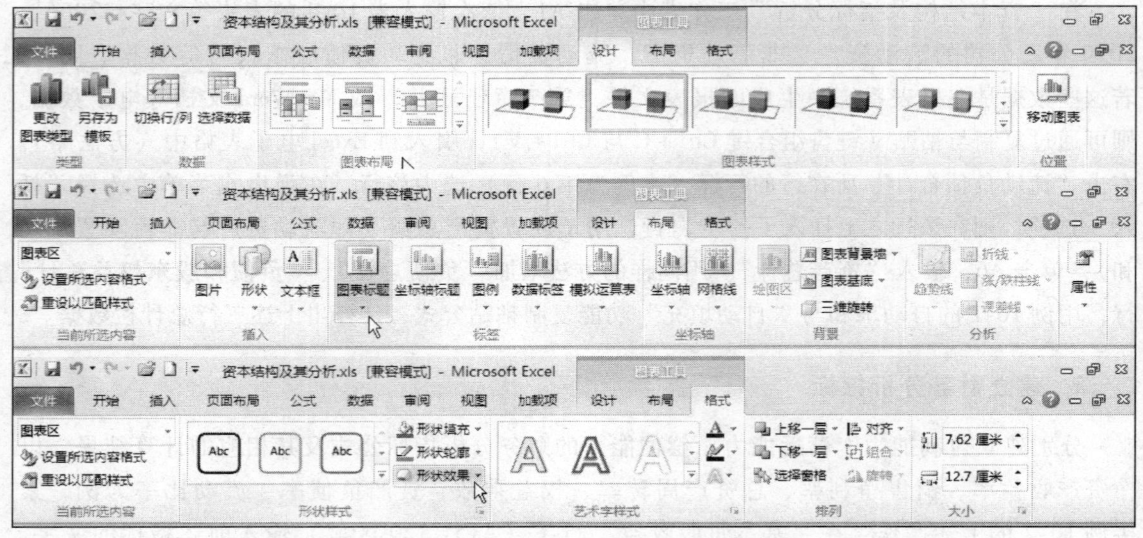

图10-14 Excel图表工具栏

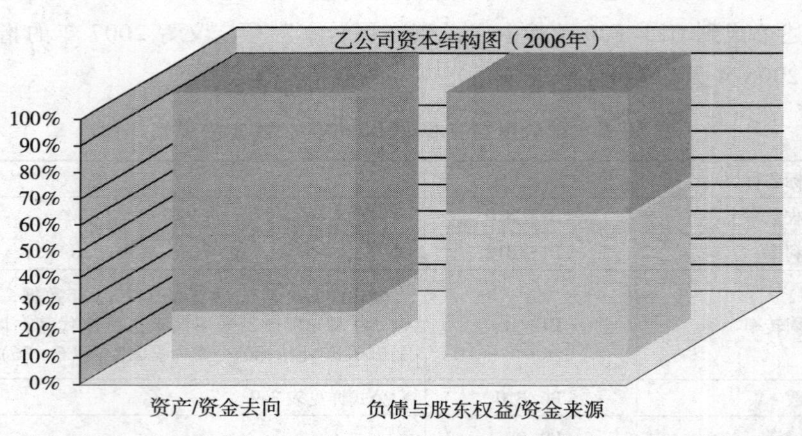

图10-15 资本结构分析图

的“移动图表”按钮，在弹出的“移动图表”对话框（见图10-16）的对象位于下拉列表中选择“结构图”工作表，即可将该图移动到指定工作表。通过该柱形图直观分析乙公司2006年资本结构，其中，负债与股东权益代表企业筹集资金的来源，流动负债筹集的是可供企业短期使用的资金，而非流动负债与股东权益筹集的则是可供企业长期使用的资金，总资产则代表了资金的去向，

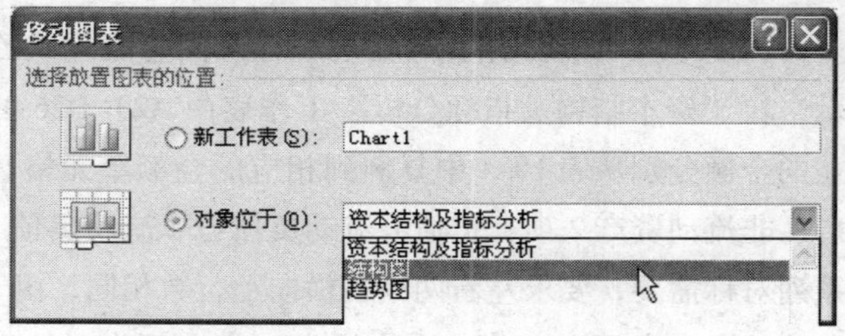

图10-16 Excel“移动图表”对话框

由于乙公司流动资产占用了部分长期资金，呈现出流动性强、财务风险小、收益性相对较低的特点，经分析可以得出这样的结论：乙公司的资本结构属“保守型”或“稳健型”资本结构。

（2）财务指标趋势图。选中“资本结构及指标分析”工作表中基本每股收益、总资产周转率、权益乘数、流动比率四个指标 2006 ~ 2010 年的数据（选择不连续的区域需按住 Ctrl 键），插入折线图（方法同资本结构图），右击该图的绘图区，选择弹出式菜单中的“选择数据”选项（见图 10-17a），在弹出的“选择数据源”对话框中单击“编辑”按钮（见图 10-17b），在弹出的“轴标签”对话框（见图 10-17c），将该图的坐标由 1 ~ 5 修改为如图 10-18a 所示的 2006 ~ 2010 年，至此便生成了上述指标的折线趋势图。

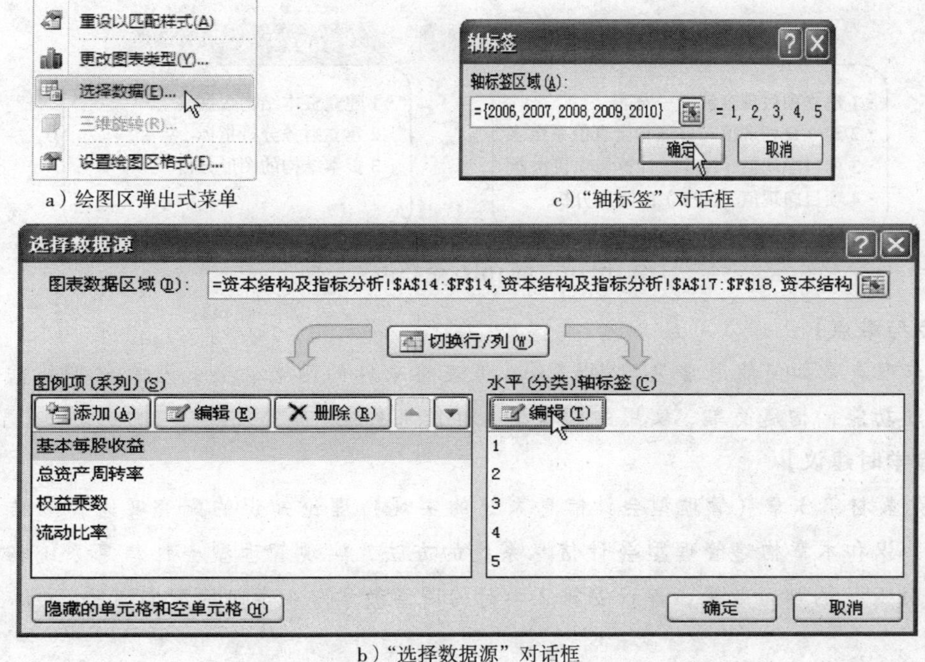

a）绘图区弹出式菜单

c）“轴标签”对话框

b）“选择数据源”对话框

图 10-17　修改图表“轴标题”过程

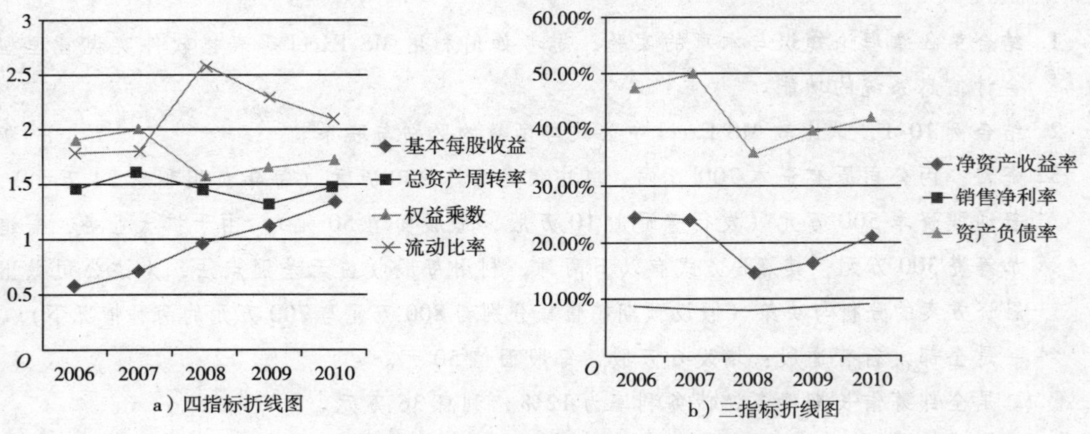

a）四指标折线图

b）三指标折线图

图 10-18　财务分析指标的趋势折线图

用同样的方法，选中“资本结构及指标分析”工作表中净资产收益率、销售净利率、资产负债率三个指标相应数据，绘制出如图 10-18b 所示的折线趋势图，并将该图移动至“趋势图”工作表（方法同资本结构图的移动），可利用该图进行资本结构的趋势分析。

实验小结

如图 10-19 所示，本章通过 Microsoft Excel 2010 电子表格软件的数据分析、财务函数分析等功能，从财务管理、财务分析的角度，实现项目投资决策、资本结构及财务指标分析等过程，实践构建简单、实用的管理型会计信息系统的方法。

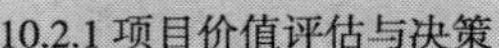

· 1 建立项目现金流量一览表
· 2 建立复利现值与普通年金现值系数表
· 3 项目净现值（NPV）计算与项目抉择
· 4 项目净现值（NPV）的图形分析

10.2.2 资本结构分析

· 1 建立资本结构数据表
· 2 建立财务分析指标
· 3 资本结构的图形分析

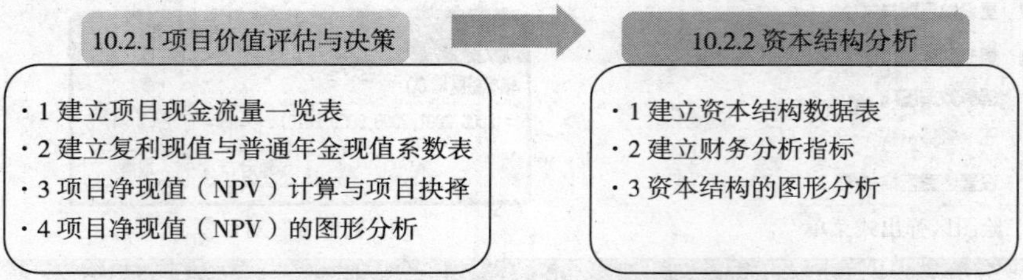

图 10-19　第 10 章实验内容简图

【重点与难点】

重点与难点是如何使用常见的 MS Excel 等表格软件的函数、公式及表格等数据与图形分析与管理功能，构建简单、实用的管理型会计信息系统。

【实验学时建议】

本章是教材第 3 章（管理型会计信息系统的实现）理论知识的配套实验，应结合该章节的理论知识和本章构建管理型会计信息系统的方法，实现管理型会计信息系统构建，达到“抛砖引玉”的学习效果，建议安排 2 学时的课堂教学与 4 学时的配套实验。

实验思考

1. 结合第 3 章理论知识与本章的实验，思考如何利用 MS Excel 等表格软件实现管理型会计信息系统的功能。
2. 结合例 10-1，试比较 MS Excel 中公式与函数的区别与联系。
3. 资料：丙公司原有资本 700 万元，其中债务资本 200 万元（每年负担利息 24 万元），普通股资本 500 万元（发行普通股 10 万股，每股面值 50 元）。由于扩大业务，需追加筹资 300 万元，其筹资方式有以下两种，利用每股收益无差别点法，为该公司做出融资方案的分析与决策（假设预期销售额分别为 800 万元与 700 万元的两种情况下）。

   一是全部发行普通股：增发 6 万股，每股面值 50 元。

   二是全部筹借长期债务，债务利率为 12%，利息 36 万元。

   公司的变动成本率为 60%，固定成本为 180 万元，所得税税率为 25%。

要求：按每股收益无差别点法，利用MS Excel为丙公司进行融资方案的比较与融资决策分析。

4. 利用MS Excel的PV ( )、FV ( ) 函数，建立时间价值系数表（复利现值与终值系数表、普通年金现值与终值系数表）。
5. 利用MS Excel的NPV ( )、MAX ( ) 和IF ( ) 函数，建立企业投资项目净现值与净现值法决策表。
6. 利用MS Excel的公式定义，建立企业偿债能力财务分析指标体系（见表3-6）。

Chapter 11

第 11 章 网络记账实验

学习目标

- 了解常见的网络记账工具及其功能;
- 掌握记录与分析“时间财富”的方法;
- 理解树立理财观念、寻求提高学习和工作效率的重要性。

11.1 实验目标、要求及实施

1. 实验目标与要求

本章是在第 5 章至第 10 章对企业总账、报表、工资、固定资产等实验的基础上,利用常见的网络记账工具对个人“时间财富”的消费进行记录、分析、总结、提高的实验,要求掌握常见网络记账工具的使用方法,以达到通过本章实验的操作,逐步养成与提高规划时间、提高学习效率的习惯与能力的目的。

2. 实验实施

根据附录 B(“时间银行”财富存取记录)的实验资料,完成如表 11-1 所示的实验内容。

表 11-1 实验内容与学时安排

实验名称	实验内容	学时安排
11.2 网络记账工具的选型及应用	11.2.1 网络记账工具的选型 11.2.2 网络记账工具的应用 11.2.3 网络记账工具的分析	讲授 1 学时 实验 3 学时

11.2　网络记账工具的选型及应用

古人云："一寸光阴、一寸金，寸金难买寸光阴。" 对时间的高效管理是每个人都孜孜以求的管理目标之一，我们先来分享这样一个故事，如图 11-1 所示。

《死神的账单》

深夜，危重病人迎来了他生命的最后一分钟，死神如期来到他的面前，

病人：再给我一分钟好吗？

死神：你要这一分钟干什么？

病人：我想要用这一分钟来看看天，看看地，想想我的家人和朋友，运气好的话，说不定我还能看到一朵花开放的过程……

死神：你的想法很好，可惜我不能答应你。在你的一生中，有无数的时间来做这些事，可你从来没有珍惜，我要让你看份账单：

在你60年的生命里，有起码1/3的时间在睡觉，在剩下的30多年里，你经常拖延时间，每天你都要叹息时间太慢，一共有10 000次，包括少年时在课堂上、青年时期与朋友约会时以及在和朋友打电话时，甚至在为琐事而大发脾气时。具体的明细是：因为做事拖延，从青年到老年，耗去36 500小时，折合1 520天；做事有头无尾，马马虎虎，越过墙头看漂亮姑娘，经常埋怨指责别人，推卸责任，利用工作时间和同事侃大山。你还参加了无数次无所用心，懒散昏睡的会，使你的睡眠远远超标，你又组织了许多类似的会，让很多人也和你一样睡眠超标，还有……

这时，病人倒地死去了。

死神：真可惜，为什么世人都听不完我的话，就后悔地死了呢？

图 11-1　故事分享

如果每天都有钱存入你的银行账户，而你必须当天用光，你会如何运用这笔钱？天下真有这样好的事吗？是的，你真的有这样一个账户，那就是"时间"。每天每一个人都会有新的 86 400 秒进账，面对这样一笔财富，你打算怎样利用它呢？

以个人记录的"时间银行"财富存取记录为基础（见附录 B），在选择网络记账工具后，进行记账与分析，在分析的基础上找到提高时间利用效率的途径。本章以某高校教师一个月的"时间财富"分类消费数据（见表 11-2）为例进行讲解与示范。

表 11-2　某高校教师"时间财富"分类消费数据

存取时间	时间财富增减变动记录							余额
	收入金额（+）	支出金额（－）						
		睡眠时间	上课时间	专业学习	论文科研	休闲时光	其他	
2011. 11. 1	86 400	25 200	12 600	16 200	21 600	7 200	3 600	0
2011. 11. 2	86 400	25 200	12 600	16 200	21 600	7 200	3 600	0
2011. 11. 3	86 400	28 800	5 400	9 000	9 000	16 200	18 000	0
2011. 11. 4	86 400	28 800	5 400	9 000	9 000	16 200	18 000	0
2011. 11. 5	86 400	28 800	5 400	9 000	9 000	16 200	18 000	0
2011. 11. 6	86 400	28 800	14 400	16 200	14 400	7 200	5 400	0
2011. 11. 7	86 400	25 200	32 400	7 200	10 800	7 200	3 600	0

（续）

存取时间	时间财富增减变动记录							余额
	收入金额（+）	支出金额（-）						
		睡眠时间	上课时间	专业学习	论文科研	休闲时光	其他	
2011.11.8	86 400	25 200	12 600	16 200	21 600	7 200	3 600	0
2011.11.9	86 400	25 200	12 600	16 200	21 600	7 200	3 600	0
2011.11.10	86 400	25 200	7 200	16 200	21 600	7 200	9 000	0
2011.11.11	86 400	25 200	7 200	16 200	21 600	7 200	9 000	0
2011.11.12	86 400	25 200	7 200	16 200	21 600	7 200	9 000	0
2011.11.13	86 400	25 200	14 400	16 200	18 000	7 200	5 400	0
2011.11.14	86 400	25 200	32 400	7 200	10 800	7 200	3 600	0
2011.11.15	86 400	25 200	12600	16 200	21 600	7 200	3 600	0
2011.11.16	86 400	25 200	12600	16 200	21 600	7 200	3 600	0
2011.11.17	86 400	25 200	7 200	16 200	21 600	7 200	9 000	0
2011.11.18	86 400	25 200	7 200	16 200	21 600	7 200	9 000	0
2011.11.19	86 400	25 200	7 200	16 200	21 600	7 200	9 000	0
2011.11.20	86 400	25 200	14 400	16 200	18 000	7 200	5 400	0
2011.11.21	86 400	25 200	32 400	7 200	10 800	7 200	3 600	0
2011.11.22	86 400	25 200	12600	16 200	21 600	7 200	3 600	0
2011.11.23	86 400	25 200	12600	16 200	21 600	7 200	3 600	0
2011.11.24	86 400	25 200	7 200	16 200	21 600	7 200	9 000	0
2011.11.25	86 400	25 200	7 200	16 200	21 600	7 200	9 000	0
2011.11.26	86 400	25 200	7 200	16 200	21 600	7 200	9 000	0
2011.11.27	86 400	25 200	14 400	16 200	18 000	7 200	5 400	0
2011.11.28	86 400	25 200	32 400	7 200	10 800	7 200	3 600	0
2011.11.29	86 400	25 200	12 600	16 200	21 600	7 200	3 600	0
2011.11.30	86 400	25 200	12 600	16 200	21 600	7 200	3 600	0
小计	259 2000	770 400	394 200	428 400	549 000	243 000	207 000	0

11.2.1 网络记账工具的选型

国际互联网（Internet）、信息技术（IT）等的高速发展，形成了一条每时每刻传递与搜寻信息的“信息高速公路”，犹如萦绕在我们生活中的一张无形的“网”。视频聊天、电子邮件、网络办公与教学、网上团购、查阅论文、浏览国内国际新闻、办理资金转账、查阅账户存款与信用卡消费记录等，都可以在互联网上实时完成，给了我们足不出户就“货比万家”的惬意，甚至还可以通过微博、个人主页和网上记账工具来记录生活的感悟与财富消费记录。更有甚者，在网上“晒晒”账本，与公众分享经济飞速发展给人们生活带来的变化，个人或政府的收入支出结余情况，省钱“秘籍”等。这些网络记账工具还提供了对历史记录的分析功能，便于发现“浪费”问题，时刻提醒人们不能“挥霍无度”，而要“厉行节约”。那么如何选择与应用网络记账工具呢？

通过网络搜索引擎（如谷歌、百度等），以“网络记账工具”为题进行搜索，会找到许多这样的工具。本章以百度应用提供的众多应用工具中搜索得到的网络记账工具为应用实例。

首先，运行浏览器，在地址栏内输入上述“百度应用”的网址，按 Enter 键后，在登录的百度应用主页（见图 11-2）的搜索文本框中输入“网络记账”，单击“百度一下”按钮，便搜索出 6 种网络记账工具（如图 11-3 所示，含该工具被使用的次数）。

图 11-2　利用“搜索引擎”寻找网络记账工具

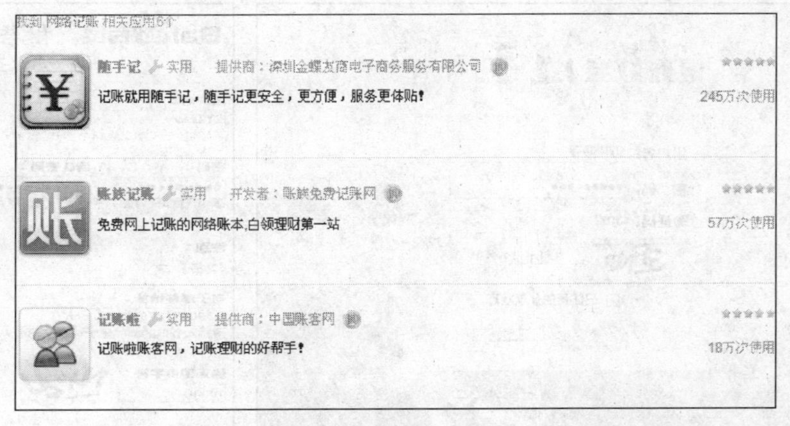

图 11-3　搜索出的网络记账工具（部分）

11.2.2 网络记账工具的应用

1. 注册用户账号与登录

要使用百度应用工具，需要注册两个账号，一个是百度应用平台账号，另一个是应用工具开发或提供商要求注册的账号。

（1）百度账号注册。我们通过在已搜索出的记账工具列表中单击所选记账工具图标的方式，选择使用次数最多的一个名为“随手记”（由“深圳金蝶友商电子商务服务有限公司”开发运营）的记账工具，进入该工具的登录界面（见图 11-4）。单击带下划线的“立即注册百度账号”文字，按注册用户要求输入信息，注册账号后再返回到此界面输入刚注册的用户名、密码和验证码后单击“登录”按钮（已经有百度账号的用户可直接输入登录信息，此步可省略）。之后会弹出“授予第三方应用对您账号的访问权限”对话框（见图 11-5），单击“进入应用”按钮进入该记账工具的首页（见图 11-6），该首页分别有首页、记账、报表、设置、新功能与社区功能菜单，以及收支表（含本周、本月、本年）、财务简报、本月支出去向及趋势图。单击“记账”功能菜单，若是首次记账，则要求在输入第三方（“金蝶理财”）账户及密码对话框中输入第三方理财账号的相应信息（见图 11-7），若没有该类账号，则需按下述方法注册第 2 个用户账号。若是非首次记账，则直接进入如图 11-8 所示的含有支出、收入、转账记录功能的“记账”窗口。

（2）金蝶理财用户账号注册。如图 11-7 所示，首次记账的百度用户需要注册第三方理财账号，才能使用第三方应用服务。单击带下划线的“单击注册”文字，按注册用户要求输入信息，注册账号后再返回到登录界面输入刚注册的用户名、密码和验证码后单击“登录”按钮后，即可登录“记账”窗口（见图 11-8）。并完成两个账号的绑定，即只需用百度账号登录即可进行网络记账工具的全部操作。

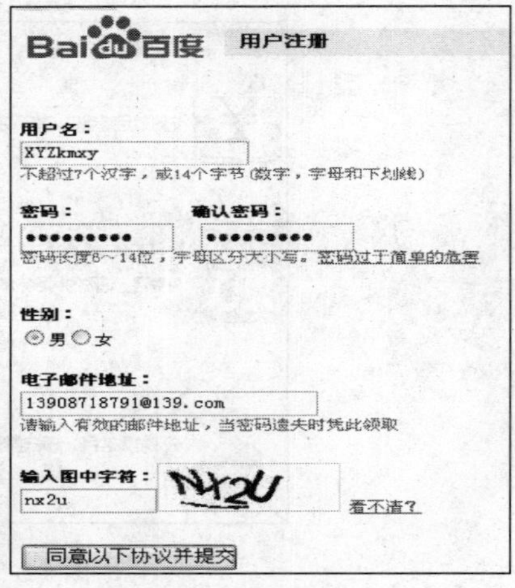

图 11-4 “随手记”网络记账工具登录界面与“百度应用”用户注册界面

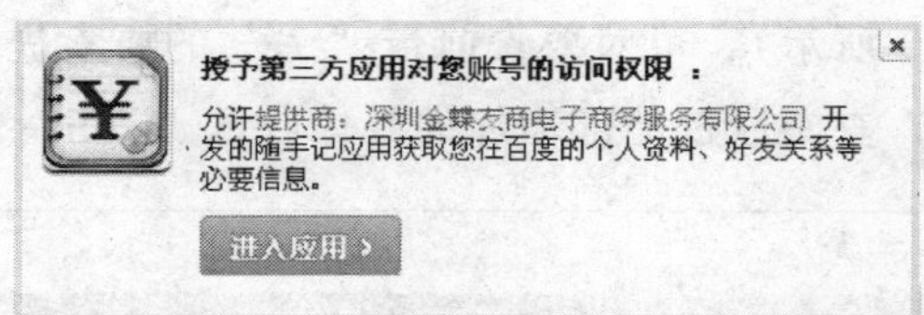

图 11-5　“授予第三方应用对您账号的访问权限”对话框

图 11-6　“随手记”网络记账工具登录后的首页界面

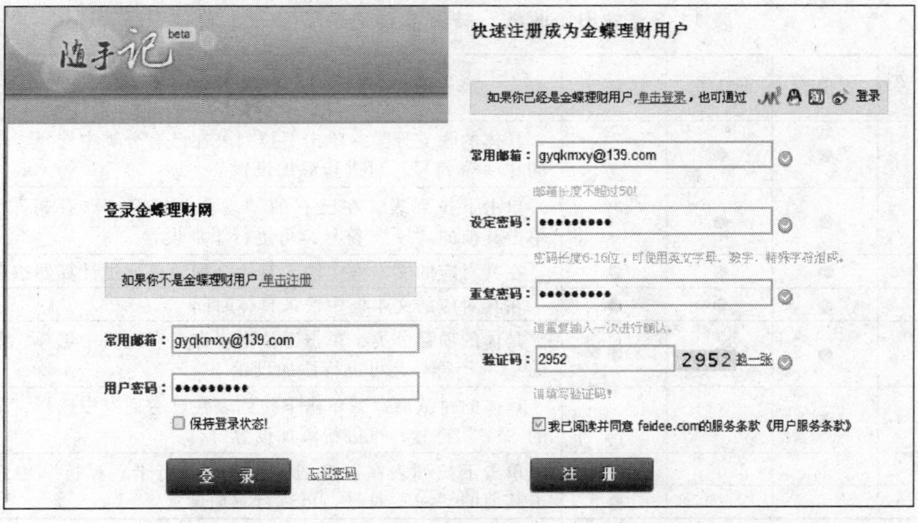

图 11-7　“第三方账户登录”对话框

2. 日常记账

“记账”页分上下两部分，上部能按相应要素及备注增加分类记录（支出、收入、转账

3 类，各类的要素如表 11-3 所示)，可对要素前带“+”的要素进行添加操作。下部是账目清单，能根据时期（年月）查阅通过上部增加的具体收入、支出、转账记录。

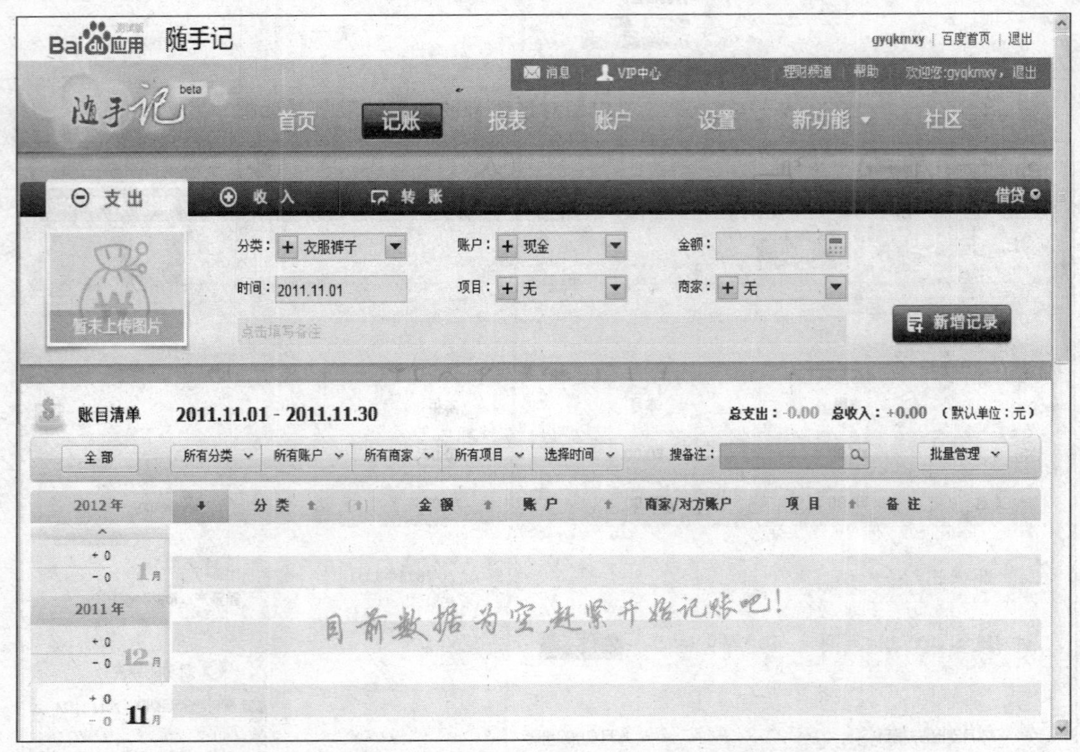

图 11-8 “记账”窗口登录后的显示

表 11-3 支出、收入、转账类别记录要素一览表

类别 要素	支出类	收入类	转账类	操作备注
分类	●	●		具体的收支分类，单击下拉列表在已有分类中选择，单击其前的“+”符号，可进行添加设置
账户	●	●		单击下拉列表，在已有的“现金、银行卡、存折”中选择，单击其前的“+”符号，可进行添加设置
金额	●	●	●	在其对应的文本框中输入具体金额，可通过计算器按钮输入
时间	●	●	●	在其对应的文本框中输入具体时间
项目	●	●	●	具体的项目分类，单击下拉列表在已有项目中选择，单击其前的“+”符号，可进行添加设置
商家	●			具体的付款商家，单击下拉列表在已有商家中选择，单击其前的“+”符号，可进行添加设置
转入			●	单击下拉列表在已有的“现金、银行卡、存折”中选择，单击其前的“+”符号，可进行添加设置
转出			●	

（1）分类设置。因为“随手记”网络记账工具中只有常见的分类，没有本章实验的“时间财富”的收支分类，所以首先应增加表 11-2 的收支分类。

如图 11-9 所示，单击首页上部“设置”功能菜单，进入“设置”页，单击该页“系统设置”窗格（页左边）中的“分类设置”项，右边窗格中列出支出、收入、商家、项目的已有分类，单击已有分类列表对应的“操作列”中的“笔状”或“垃圾桶状”的图标可以进行修改、删除操作。

图 11-9　“分类设置”页面

在“支出分类”选项卡中，单击列表最下部的“增加一级分类”按钮，会弹出如图 11-10 所示的“增加分类”对话框，输入名称为“时间支出”，选择图标后就增加了一级分类，新增加的分类在分类列表的最末行，单击该行，在该行下会显示“增加二级分类”按钮，单击该按钮，依次增加如图 11-11 所示的“睡眠时间”、“上课时间”、“专业学习”、“科研论文”、“休闲时光”5 个二级分类（方法与图 11-10 所示的增加一级分类相同）。单击操作列后的“↑”或“↓”符号可以调整该分类在分类列表中的顺序（为提高实验的效率，将“时间支出”调整到列表中的第一行），单击“≈”符号可以展开或收缩二级分类列表。用同样的方法增加名为“时间财富”的一级收入分类及其“时间存入”二级分类（将“时间财富”调整到列表中的第一行）。

（2）增加分类（支出、收入、转账）记录。单击导航条中“记账”按钮，返回“记账”页，分别选择“⊕收入”与“⊖支出”选项卡，按表 11-2 某高校教师“时间财富”分类消费数据，增加收入与支出记录。以增加“时间财富”收入为例，操作方法为：单击“⊕收入”选项卡，分别单击分类、账户下拉列表，并选择“时间财富”中的时间存入、现金，单击时间文本框，在弹出的日历上单击相应的日期“2011 年 11 月 1 日”，在金额文本框中输入68 400元，单击“新增记录”按钮。再单击“㊀支出”选项卡，按同样的方法，增加各支出类记录，完成增加分类记录的操作。

图 11-10　“增加分类”对话框

一级分类	二级分类	支出统计	操作
时间支出		0.00	
	睡眠时间	0.00	
	上课时间	0.00	
	专业学习	0.00	
	科研论文	0.00	
	休闲时光	0.00	
	添加二级分类		

图 11-11　“增加一级与二级支出分类”的结果框

如图 11-12 所示，在“记账”页的下半部分“账目清单”中即可按期显示每项新增加的收支记录与总收支金额，可以单击“所有分类”等按钮，从其下拉列表中勾选不同类别，再单击“确定”按钮，对各类收支进行按期或逐笔及汇总金额的查询，例如，如图 11-13 所示，查询时间支出中的“上课时间”，勾选相应分类后，单击“确定”按钮，得到如图 11-14 所示的查询结果列表，可以获得一段时间内该类支出的合计金额与明细支出账目清单。

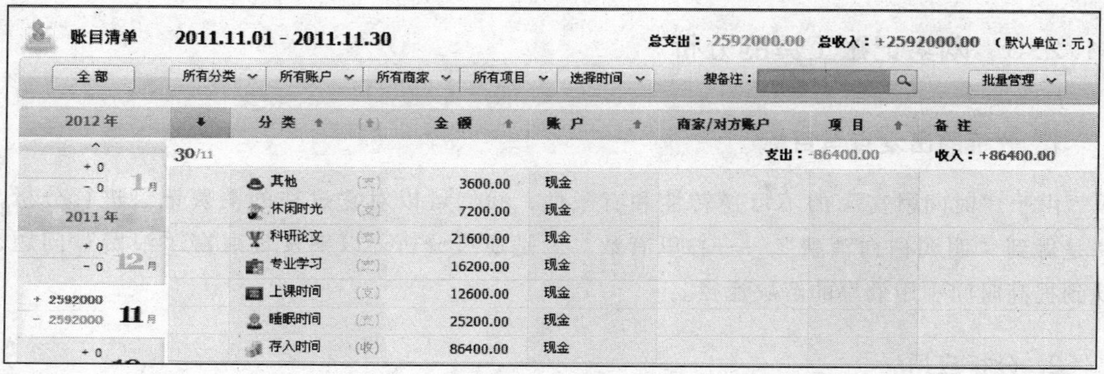

账目清单
2011.11.01 - 2011.11.30
总支出：-2592000.00 总收入：+2592000.00 （默认单位：元）
全 部
所有分类
所有账户
所有商家
所有项目
选择时间
搜备注：
批量管理
2012 年
分 类
金 额
账 户
商家/对方账户
项 目
备 注
30/11
支出：-86400.00
收入：+86400.00
其他 (支) 3600.00 现金
休闲时光 (支) 7200.00 现金
科研论文 (支) 21600.00 现金
专业学习 (支) 16200.00 现金
上课时间 (支) 12600.00 现金
睡眠时间 (支) 25200.00 现金
存入时间 (收) 86400.00 现金
2011 年
+ 2592000
- 2592000

图 11-12　“增加分类记录”的收支列表

选择分类
所有账户
所有商家
时间支出
衣服饰品
食品酒水
居家物业
行车交通
交流通信
休闲娱乐
学习进修
人情往来
医疗保健
金融保险
其他杂项
时间财富
职业收入
其他收入
全选
确 定
睡眠时间
上课时间
专业学习
科研论文
休闲时光
其他

图 11-13　“分类账单”查询定义

账目清单
2011.11.01 - 2011.11.30
总支出：-394200.00
全 部
选择分类
所有账户
所有商家
所有项目
选择时间
搜备注：
分类：上课时间
2012 年
分 类
金 额
账 户
商家/对方账户
项 目
30/11
支出：-12600.00
上课时间 (支) 12600.00 现金
2011 年
29/11
支出：-12600.00
上课时间 (支) 12600.00 现金
28/11
支出：-32400.00

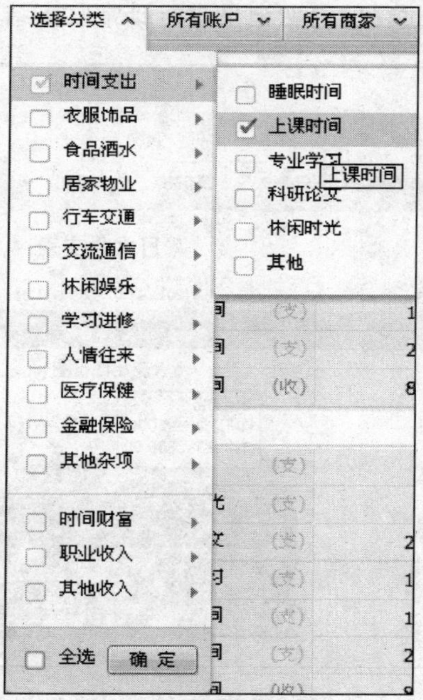

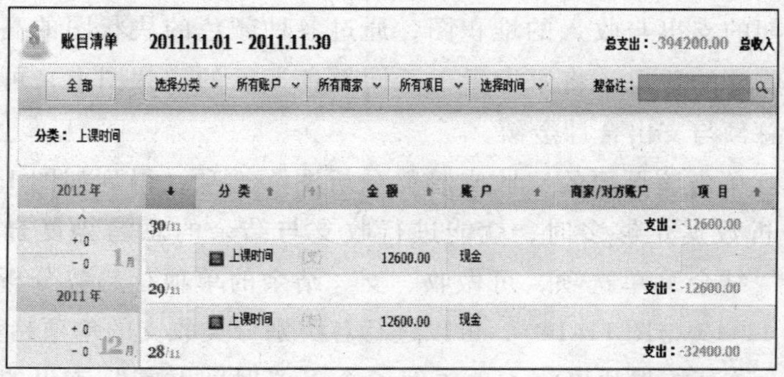

图 11-14　“分类账单”查询结果列表（部分）

11.2.3 网络记账工具的分析

1. 分析的出发点与目标

由于“时间财富”的不可逆转性和有限性，我们可以对它过往的消费记录进行分析，一是做到“明明白白消费”——心里有数。二是通过分析，以期发现财富“浪费”问题，找到提高时间利用效率的解决途径。

2. 分析应用

单击导航条的“报表”功能菜单，进入如图11-15所示的“报表”页面，单击左侧的各“报表分类”选项，可以对过往的消费记录进行日常收支结构与趋势等的分析。

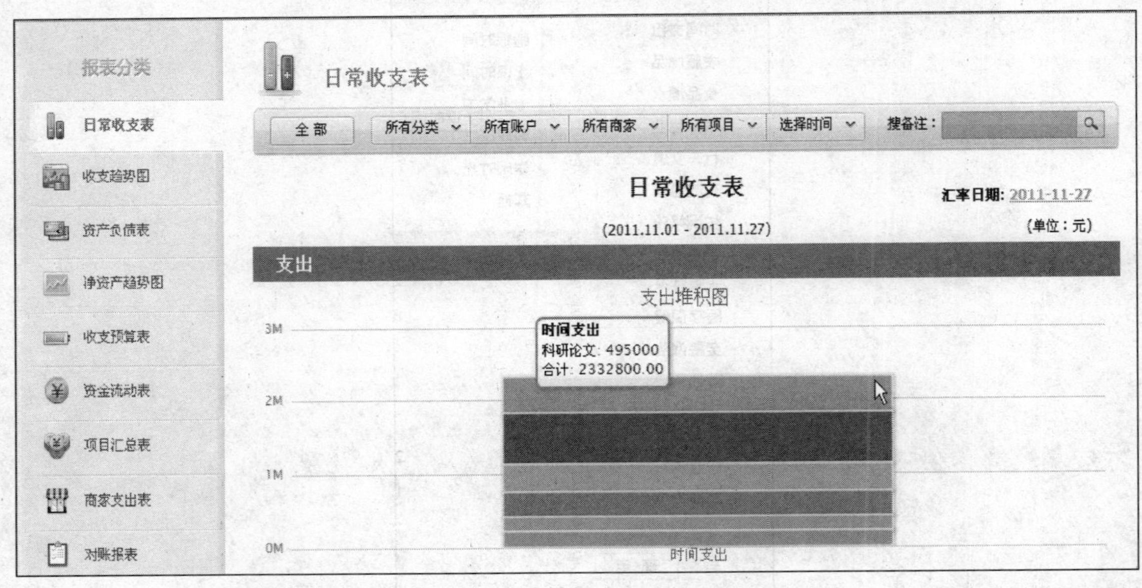

图11-15 “报表”页面的“日常收支表”

(1) 结构分析。进入“报表”页面即进入日常收支结构分析，从“日常收支表”中可以查看截止特定日期的支出与收入的堆积图，通过各种颜色的块状图的高度，可以直观反映出各类收支占总收支的比重，将鼠标置于不同颜色显示的块状图上，可显示该块状所属收支类别及其支出总额与支出合计金额。

(2) 趋势分析。单击该页面的“收支趋势分析图”选项，得到如图11-16所示的收支趋势分析图。当分析数据足够多时，就能进行收支与结余的总趋势复合分析；通过勾选“收入”、“支出”、“结余”单选项，可做收、支、结余的单项总趋势分析；用与分类查询相似的方法（见图11-13与图11-14），可以进行各类别分类收支的单项趋势分析。

通过上述分析，该高校教师更深入地了解了个人“时间财富”支出的总体与结构状况及其趋势，结合个人近期生活、教学、科研目标，制定出优化各类支出时间分配的详细规划（如进一步节省休闲时光，增加体育锻炼时间，提高专业学习与科研的效率等，详细方案略），从而达到提高“时间财富”使用效率的目标。

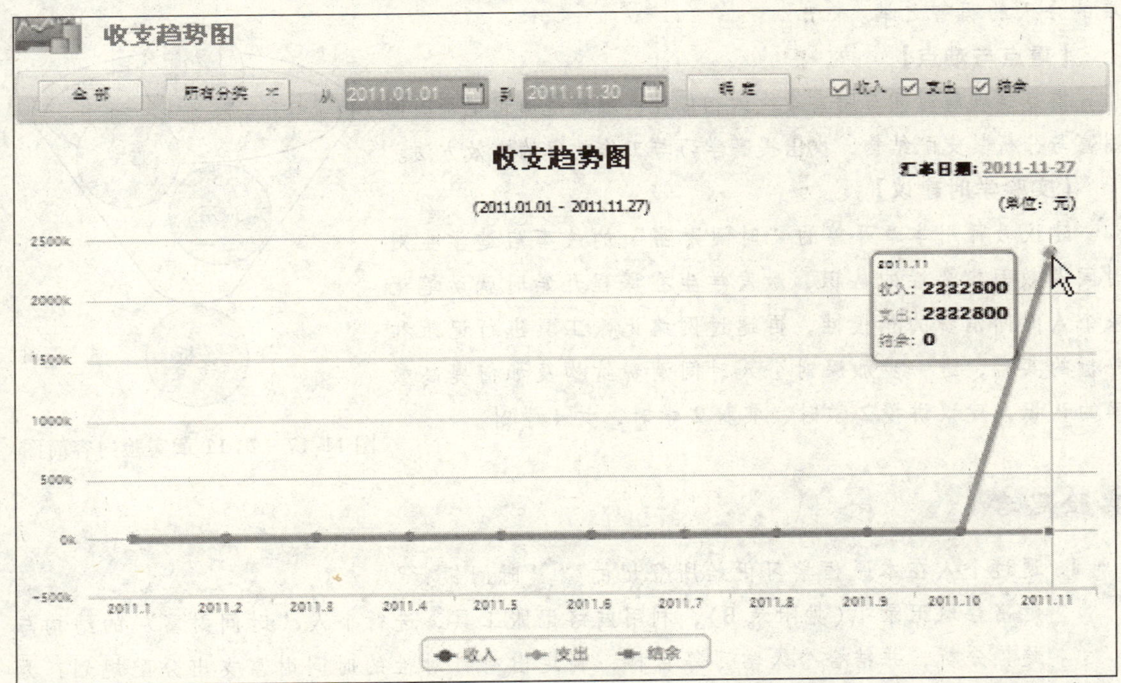

时间	收入	支出	结余
总计：	2332800.00	2332800.00	0.00
2011年	2332800.00	2332800.00	0.00
1月	0.00	0.00	0.00
2月	0.00	0.00	0.00
3月	0.00	0.00	0.00
4月	0.00	0.00	0.00
5月	0.00	0.00	0.00
6月	0.00	0.00	0.00
7月	0.00	0.00	0.00
8月	0.00	0.00	0.00
9月	0.00	0.00	0.00
10月	0.00	0.00	0.00
11月	2332800.00	2332800.00	0.00

图 11-16　“报表”页面收支趋势分析图

实验小结

如图 11-17 所示，本章从运用随手记网络记账工具入手，以故事《死神的账单》为引子，以某高校教师“时间财富”分类消费数据为实例，介绍了网络记账工具的选型、应用及分析。利用网络开发工具，结合个人发展目标，记录、分析个人资产及财富配置效率，发现潜在问题并找到提高资源配置效率的主动性财务分析措施，是主动适应信息化高速发展的今天的明智之举。

【重点与难点】

重点是理解时间与财富类比的相似性；难点是通过记录时间财富与分析其支配结构，找出提高学习与工作效率的有效方法。

【实验学时建议】

建议教师用本章开篇的“时间财富”的故事启迪学生对时间及效率重要性的认识，激发学生在课程开始时就动笔记录个人时间消费的积极性，再通过网络记账工具进行记录和分析的实验，进一步加深对个人时间消费结构及如何提高效率的认识，建议讲授2学时、实验2学时，共4学时。

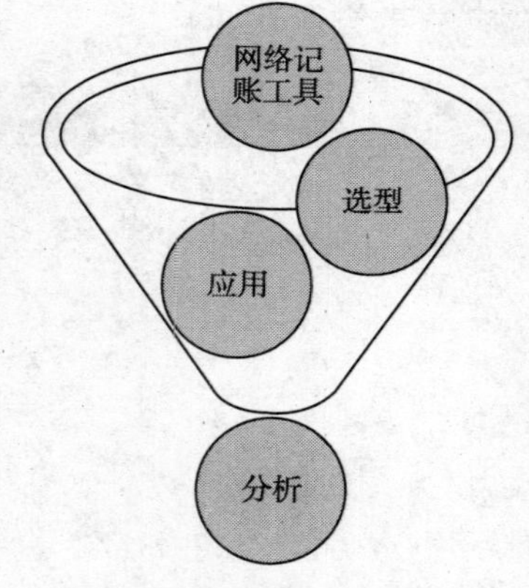

图 11-17 第 11 章实验内容简图

实验思考

1. 通过个人在本课程学习伊始所登记的“‘时间银行’财富存取记录”（见附录B），利用网络记账工具，进行个人“时间财富”的结构与趋势分析，并结合个人学习等目标，制定出有针对性的时间财富支出分配规划，力争提高学习与生活效率，达到预定的目标。
2. 通过第1题的练习，思考日常生活中还有哪些指标，类似时间财富一样，可以利用网络记账工具进行记录与分析。

3. 同意许可协议，单击向导对话框中“是”按钮（见图 A-7）。

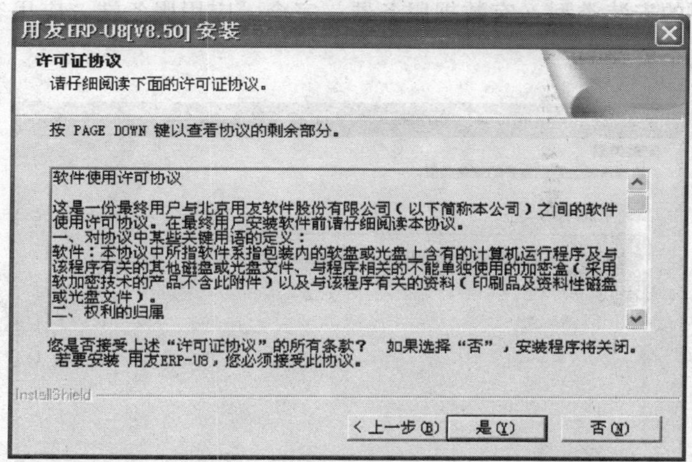

图 A-7　用友 ERP-U8［v8.50］安装向导（许可协议）

4. 输入用户信息（用户名和公司名称，如图 A-8 所示）。

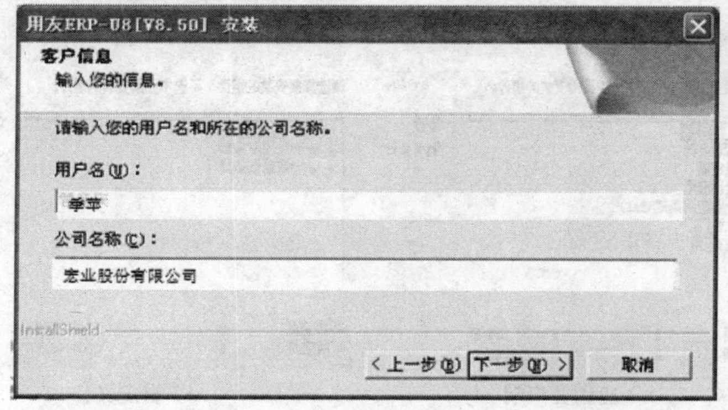

图 A-8　用友 ERP－U8［v8.50］安装向导（用户信息）

5. 设置软件安装路径，即安装目标文件夹。如图 A-9 所示，如需更改默认安装路径，单击向导对话框的“浏览”按钮另行选择安装路径后，单击“下一步”按钮。

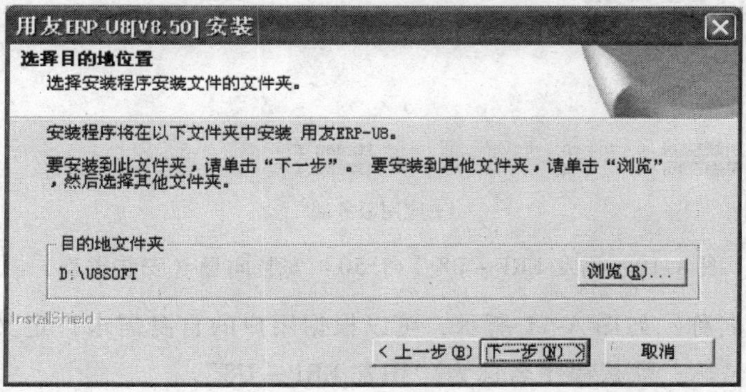

图 A-9　用友 ERP－U8［v8.50］安装向导（安装路径）

6. 选择安装类型。根据财务核算需要与所购买的软件类型，在如图 A-10a 所示的向导对话框中选择所要的安装类型（有数据服务器、完全、应用服务端、应用客户端、自定义 5 个选项，本例为完全安装）。

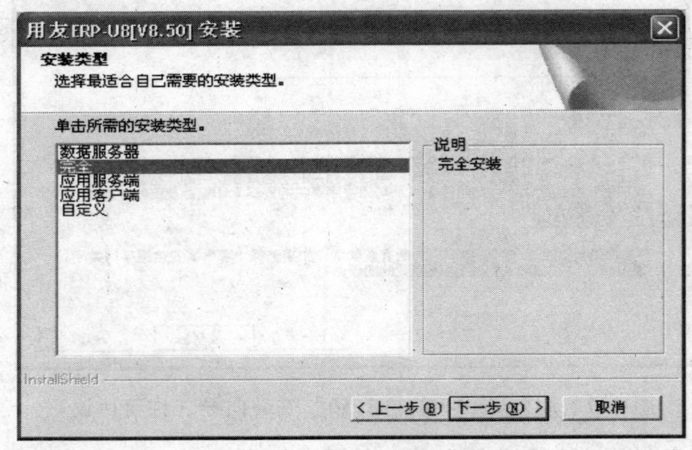

a）安装类型选择初始界面

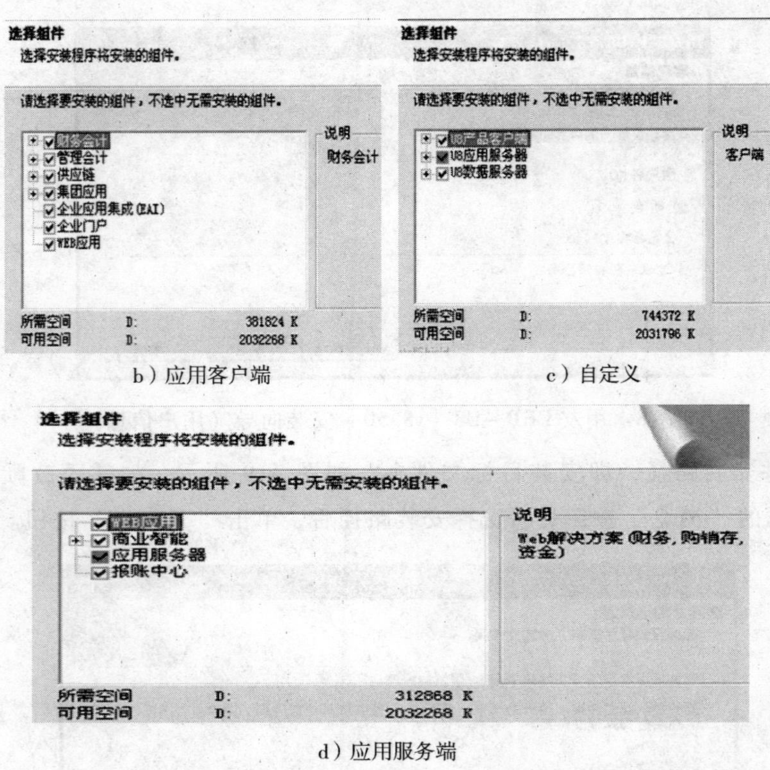

b）应用客户端　　c）自定义

d）应用服务端

图 A-10　用友 ERP－U8［v8.50］安装向导（安装类型）

7. 定义程序组名称。如图 A-11 所示，可以根据用户的自身需求，定义该财务软件在用户计算机中显示的名称。默认程序名称为“用友 ERP－U8”。

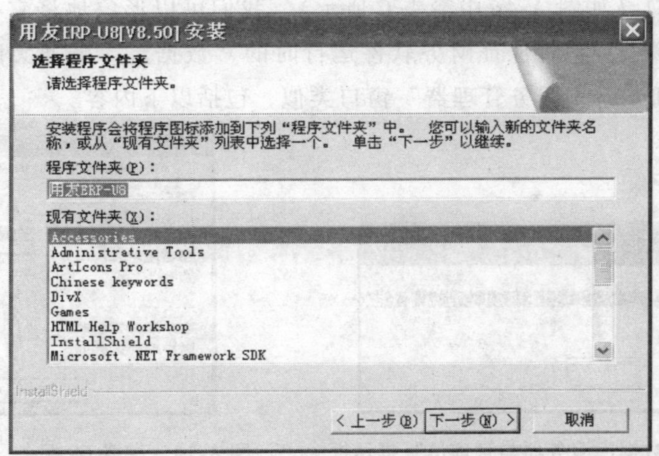

图 A-11　用友 ERP－U8［v8.50］安装向导（定义程序名称）

8. 安装所定义类型的各产品文件过程。如图 A-12 所示，安装用户定义类型所需的程序与文件以及显示安装的进度百分比。

9. 财务软件安装完成，重新启动计算机。如图 A-13 所示，在"安装向导"对话框中选择"重新启动计算机"或"稍后再重新启动计算机"后单击"完成"按钮（建议选择重新启动，在单击"完成"按钮前确认计算机系统正在编辑的其他文档是否保存），完成财务软件的安装。

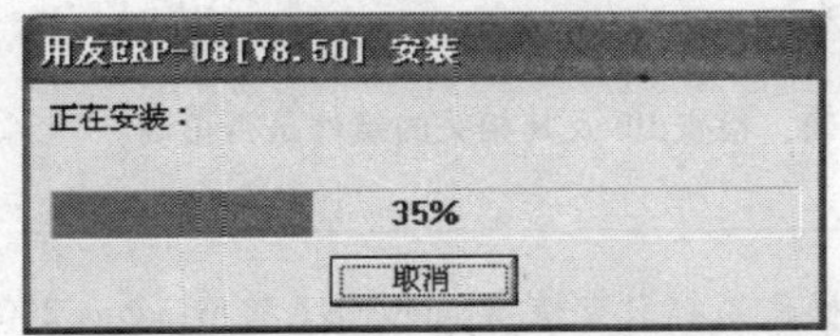

图 A-12　用友 ERP－U8［v8.50］安装向导（安装进程）

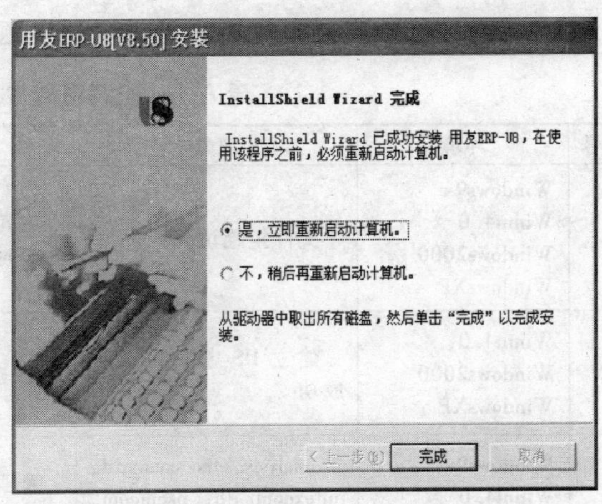

图 A-13　用友 ERP－U8［v8.50］安装向导（安装完成与重启）

10. 财务软件系统初始。即指定关联数据库服务器名与管理员。重新启动计算机后，U8 服务管理器会自动运行，弹出如图 A-14 所示的提示框，要求对 U8 服务指定关联数据库服务器名与管理员。单击"OK"按钮后，弹出如图 A-15 所示的"配置 U8 服务"对话框，根据应用需要，设置数据库服务器名、管理员及其密码等。设置完毕后，在计算机系统托盘中将显示如图 A-4c 中箭头 B 标注的用友"U8 服务管理器"的图标，双击该图标，即可运行如图 A-4b 所示的用友"U8 服务管理器"窗口，该服务管理器的功能在于提供财务软件与数据库的数据接口（如图 A-4c 中箭头 C 所示），我们可以形象地将它比喻成财务软件与数据库之间的“桥梁”，它将保证财务软件运行时的“数据流”畅通无阻地在数据库中存取。该窗口与“SQL Server 服务管理器”窗口类似，包括以下内容。

图 A-14　“指定关联数据库服务器与管理员”提示框

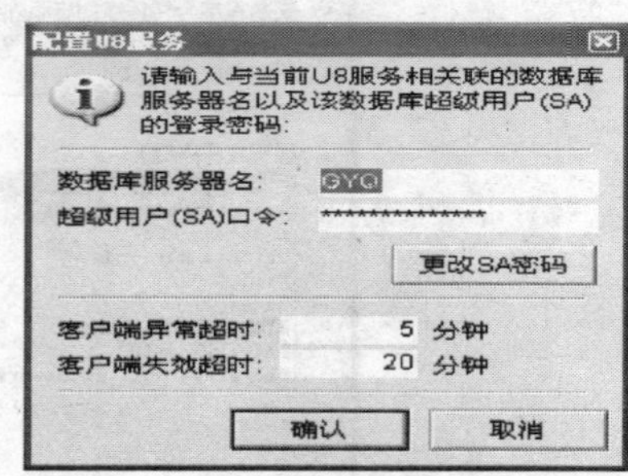

图 A-15　配置 U8 服务（数据库与管理员）

（1）标题栏上的最小化、关闭按钮；当单击窗口关闭按钮或“关闭 U8 服务管理器”按钮后，“U8 服务管理器”将在系统托盘中显示类似 SQL Server 数据库状态的显示器，如图 A-4c 中 B 箭头所指图标。

（2）启动与停止 U8 服务，设置 U8 服务参数，查看 U8 服务日志等 8 个命令按钮。可对相关服务进行启动、停止及设置服务参数等操作。

（3）窗口状态栏，显示 U8 服务器名及其运行的状态，如“\\GYQ - U8 系统服务已启动/已停止”。

（四）财务软件安装过程中容易出现的问题及解决方法见表 A-1

表 A-1　安装中的常见问题及解决办法

序号	环境	现象	说明及解决办法
1	Windows9x Winnt4.0 Windows2000 WindowsXP	文件拒绝访问	该问题往往是由于查毒软件的实时监控造成，请关掉查毒的实时监控功能，并重启计算机
2	Winnt4.0 Windows2000 WindowsXP	建立 IIS 虚拟目录不成功	IIS 建立不正确，检查 IIS 及其相关的组件是否正确
3	Windows9x Winnt4.0 Windows2000 WindowsXP +SQL Server 7.0	analysismethodcom.dll、indexcom.dll、pscmcom.dll、sendemail.dll、topic-com.dll 等控件没有正确注册	管理驾驶舱操作系统只支持 Windows NT 和 Windows 2000 Server（Advandce Server） 数据库只支持 SQL Server 2000 标准版以上。没有使用管理驾驶舱可以不管这些文件
4	上述各种操作系统环境	有些文件没有覆盖	（1）检查是否有系统在运行，有的话退出后再安装 （2）检查操作系统的系统目录下的 DLL Cache 子目录是否存在相同的旧文件，存在应删除掉再安装 （3）IIS 中 U8Web 相关程序没退出，重启计算机或重启 IIS 服务就可

（五）数据库服务器端运行系统管理进行建账或设置用户权限等操作中常见问题及解决

方法如表 A-2 所示

表 A-2　数据库服务器端常见问题说明及解决办法简表

序号	现象	说明及解决办法
1	配置数据库服务器后确定，提示连接数据库失败	检查所指定的数据库服务器的 SQL Server 是否正常
2	客户端登录时提示：不能登录到服务器	检查客户端机器与服务端机器的网络连接是否正常（可使用 Ping 命令测试）；并检查 U8 管理服务是否已启动
3	配置数据库服务器后确定，提示数据库服务器超级用 SA 登录失败	检查 SQL server 安装时是不是选择的混合登录模式，在企业管理器中选择相应的注册，编辑其注册属性，选择使用 SQL server 身份验证
4	如果将 V8.50 与生产制造 V8.50 的数据库服务器混装在一台服务器上的时候，V8.50 无法正常运行	数据库使用 SQL 2000，按默认安装方式安装数据库用于 V8.50，然后安装一个新的数据库实例使用二进制排序方式用于安装生产制造 V8.50 的数据库
5	将 V8.50 与生产制造 V8.50 安装在同一机器上时，V8.50 或生产制造 V8.50 不能正常工作	如将 V8.50 与生产制造 V8.50 安装在同一机器上，请安装完 V8.50 后安装生产制造 V8.50 或安装完生产制造后修复 V8.50

二、用友 ERP - U8 [v8.50] 的维护及其知识产权保护

（一）维护过程（修改，修复，卸载）及其常见问题与解决办法

可通过运行操作系统的控制面板或安装盘的 Setup. exe 对产品进行维护，在维护过程中常见的问题与解决办法如表 A-3 所示。

表 A-3　软件维护过程常见问题与解决办法简表

序号	现象	说明及解决办法
1	文件无法卸载	检查产品是否正在运行
2	analysismethodcom. dll、indexcom. dll、pscmcom. dll、sendemail. dll、topic-com. dll 等控件没有正确注册	安装时没能正确注册
3	当产品使用中发生异常断电等事故后，重新启动计算机时 SQL 会自动进行数据库恢复，如果此时查毒软件的实时监控功能打开，由于查毒软件会锁定文件，就会造成数据库无法恢复，数据丢失	由于这些控件在安装时未正确注册

（二）产品知识产权保护措施与常见问题

用友财务软件通常采用“加密狗”对其产品知识产权进行保护（早期软件版本除外），V8.50 产品支持并口和 USB 口的加密狗，财务软件产品安装后，计算机中如果还存在 V8.50 以前版本，则以前版本可能不能正常运行，如果使用通狗，请到用友官方网站下载通狗驱动程序并安装。常见问题与解决办法如表 A-4 所示。

表 A-4　“加密狗”使用常见问题与解决方法简表

序号	现象	说明及解决办法
1	插加密狗，登录时提示为“演示版”	检查并口或 USB 口是否损坏 检查加密狗是不是 V8.50 的加密狗 使用服务管理器测试加密狗的正确性
2	产品正在运行时插 USB 加密狗，登录时检查不到加密狗	退出产品后重启 U8 服务

Appendix B

附录 B

用友 ERP－U8 函数简表

用友 ERP－U8 函数简表

函数类别		函数名称	函数类别		函数名称
总账函数（23 个）	期初额函数	QC	固定资产函数（7 个）	资产账套属性函数	ZZS
		sQC		资产卡片属性函数	ZKS
		wQC		资产类别属性函数	ZLS
	期末额函数	QM		资产部门属性函数	ZBS
		sQM		资产使用状况属性函数	ZSS
		wQM		资产核算方式属性函数	ZHS
	发生额函数	FS		资产混合方式属性函数	ZHHS
		sFS	资金函数（2 个）	单位积数	DWJSH
		wFS		账户积数	ZHJSH
	累计发生额函数	LFS	应收、应付函数（8 个）	应收款余额函数	YSK
		sLFS		应付款余额函数	YFK
		wLFS		预收客户款余额函数	YSKK
	条件发生额函数	TFS		预付供应商款余额函数	YFGK
		sTFS		客户收款函数	KSK
		wTFS		供应商付款函数	GFK
	对方科目发生额函数	DFS		应收系统结算金额函数	YSJS
		sDFS		应付系统结算金额函数	YFJS
		wDFS	财务分析函数（1 个）	预算函数	YS
	净额函数	JE			
		sJE	成本函数（9 个）	产品实际单位成本函数	cpsjdwcb
		wJE		产品计划单位成本函数	cpjhdwcb
	汇率函数	HL		产品数量函数	cpsl
	现金流量函数	XJLL		产品总成本函数	cpzcb
工资函数（8 个）	部门工资函数	BMGZ		费用明细单位成本函数	ymxdwcb
	个人工资函数	GRGZ		费用明细总耗量	fymxzhl
	工资人数函数	GZRS		费用明细总成本函数	Fymxzcb
	平均工资函数	PJGZ		部门费用明细总成本	Bmfymxzcb
	最低工资函数	ZDGZ		费用明细定额函数	Fymxde
	最低工资人员属性	ZDGZSX	存货核算函数（11 个）	存货期初数量	CHQCSL
	最高工资	ZGGZ		存货期初金额	CHQCJE
	最高工资人员属性	ZGGZSX		存货期初差异	CHQCCY

（续）

函数类别		函数名称	函数类别		函数名称
存货核算函数（11个）	存货入库数量	CHRKSL	日期函数（7个）	秒函数	SECOND
	存货入库金额	CHRKJE		分函数	MINUTE
	存货出库数量	CHCKSL		小时函数	HOUR
	存货出库金额	CHCKJE		日期函数	DAY
	存货借方差异	CHJFCY		月份函数	MONTH
	存货贷方差异	CHDFCY		季度函数	SEASON
	存货差异率	CHCYL		年函数	YEAR
	存货平均单价	CHPJDJ	指针状态类函数（2个）	页面数函数	MNUMBER
采购函数（36个）	订货数量	DHSL		可变区大小函数	SNUMBER
	订货金额	DHJE	条件取值函数（1个）		iff
	采购入库数量	CGRKSL			
	采购入库金额	CGRKJE	库存函数（31个）	库存控制类函数	sZG
	采购数量	CGSL			sZD
	采购金额	CGJE			sAQ
	采购结算数量	CGJSSL			sJC
	采购结算金额	CGJSJE		保质期类函数	jJC
	期初暂估结余数量	QCZGSL			JC
	期初暂估结余金额	QCZGJE		现存量类函数	sXC
	期初在途结余数量	QCZTSL			jXC
	期初在途结余金额	QCZTJE		收发存类函数	sQCJC
	期初代销结余数量	QCDXSL			Jqcjc
	期初代销结余金额	QCDXJE			sBQRK
	本期入库数量	BQRKSL			jBQRK
	本期入库金额	BQRKJE			jBQCK
	本期入库结算数量	BQRKJSSL			sBQCK
	本期入库结算金额	BQRKJSJE			sQMJC
	本期采购数量	BQCGSL			jQMJC
	本期采购金额	BQCGJE		发生类函数	sRK
	本期采购结算数量	BQCGJSSL			jRK
	本期采购结算金额	BQCGJSJE			RK
	本期代销入库数量	BQDXRKSL			sCK
	本期代销入库金额	BQDXRKJE			jCK
	本期代销结算数量	BQDXJSSL			CK
	本期采购结算金额	BQCGJSJE		批次类函数	sPCRK
	本期代销入库数量	BQDXRKSL			jPCRK
	本期代销入库金额	BQDXRKJE			PCRK
	本期代销结算数量	BQDXJSSL			sPCLJCK
	本期代销结算金额	BQDXJSJE			jPCLJCK
	期末暂估结余数量	QMZGSL			PCCK
	期末暂估结余金额	QMZGJE			sPCJC
	期末在途结余数量	QMZTSL			jPCJC
	期末在途结余金额	QMZTJE			PCJC
	期末代销结余数量	QMDXSL	销售函数（39个）	销售订货金额	XSDHJE
	期末代销结余金额	QMDXJE		销售订货总额	XSDHZE

（续）

函数类别		函数名称
销售函数（39个）	销售订货件数	JXSDG
	销售订货数量	SXSDH
	销售收入	XSSR
	销售金额	XSJE
	销售件数	JXS
	销售数量	SXS
	销售成本	XSCB
	销售税金	XSSJ
	销售折扣	XSZK
	销售毛利	XSML
	发货金额	FHJE
	发货件数	JFH
	发货数量	SFH
	发货折扣	FHZK
	发货余数	FHYS
	发货余额	FHYE
	委托代销发货金额	WTFHJE
	委托代销发货件数	JWTFH
	委托代销发货数量	SWTFH
	委托代销发货折扣	WTFHZK
	委托代销发货余数	WTFHYS
	委托代销发货余额	WTFHYE
	委托代销结算金额	WTJSJE
	委托代销结算件数	JWTJS
	委托代销结算数量	SWTJS
	委托代销结算折扣	WTJSZK
	代垫费用金额	DDFYJE
	销售费用金额	XSFYJE
	包装物租借金额	BZWZJJE
	包装物租借数量	BZWZJSL
	包装物退还金额	BZWTHJE
	包装物退还数量	BZWTHSL
	包装物租借余额	BZWZJYE
	包装物租借余数	BZWZJYS
	销售计划金额	XSJHJE
	销售计划定额	XSJHDE
	销售计划数量	XSJHSL
统计函数（21个）	合计函数	PTOTAL
		GTOTAL
		TOTAL
	平均值函数	PAVG
		GAVG
		AVG

函数类别		函数名称
统计函数（21个）	计数函数	PCOUNT
		GCOUNT
		COUNT
	最小值函数	PMIN
		GMIN
		MIN
	最大值函数	PMAX
		GMAX
		MAX
	方差函数	PVAR
		GVAR
		VAR
	偏方差函数	PSTD
		GSTD
		STD
数学函数（12个）	正弦函数	SIN
	圆周率函数	PAI
	四舍五入函数	ROUND
	指数函数	EXP
	常用对数函数	LOG
	自然对数函数	LN
	平方根函数	SQR
	取整函数	INT
	绝对值函数	ABS
	余切函数	CTAN
	正切函数	TAN
	余弦函数	COS
表操作辅助函数（2个）	页面号函数	MRECNO
	本表他页取数函数	SELECT
数据库取数函数（3个）	读取Microsoft SQL Server数据库数据函数	INDBSQL
	读取SQL Server数据库记录集函数	GETRECORDHIDD_SQLWIZZARD
字符处理函数（7个）	字符串长度函数	LEN
	数值型值转换成字符型值	STR
	取子串函数	SUBSTR
	去空格函数	TRIM
	字符串转换为小写字母函数	LOWER
	字符串转换为大写字母函数	UPPER
	字符串转换为数值型值	VAL

附录 C

“时间银行”财富存取记录表

记录周期（一周或一个月或更长时间）

存取时间	摘要/用途	财富金额（+/-）	余额

附录 D

《会计信息系统》实验报告

<table>
<tr><td colspan="2">实验名称</td><td colspan="3"></td><td>院系</td><td></td><td>专业</td><td></td></tr>
<tr><td>年级</td><td></td><td>班级</td><td></td><td>姓名</td><td colspan="2"></td><td>学号</td><td></td></tr>
<tr><td colspan="2">报告项目</td><td colspan="3">实验内容</td><td colspan="4">存在问题</td></tr>
<tr><td colspan="2" rowspan="6">实验内容与
存在问题</td><td colspan="3"></td><td colspan="4"></td></tr>
<tr><td colspan="3"></td><td colspan="4"></td></tr>
<tr><td colspan="3"></td><td colspan="4"></td></tr>
<tr><td colspan="3"></td><td colspan="4"></td></tr>
<tr><td colspan="3"></td><td colspan="4"></td></tr>
<tr><td colspan="3"></td><td colspan="4"></td></tr>
<tr><td colspan="2">实验收获</td><td colspan="7"></td></tr>
<tr><td colspan="2">意见建议</td><td colspan="7"></td></tr>
<tr><td colspan="2">分组实验
小组意见</td><td colspan="7">组长（签名）：
年　月　日</td></tr>
<tr><td colspan="2">指导老师
意见成绩
评定</td><td colspan="7">指导老师（签名）：
年　月　日</td></tr>
</table>

附录 E

2012 年会计从业考试《会计电算化》模拟试卷

一、单项选择题

1. (　　)模块是会计核算软件的核心模块，该模块以记账凭证为接口与其他功能模块有机地连接在一起，构成完整的会计核算系统。

   A. 账务处理　　B. 报表处理　　C. 工资处理　　D. 应收应付处理

2. 各种 ERP 软件的原理是一致的，一般分为(　　)3 大部分以及人力资源管理。

   A. 采购、销售、财务　　B. 计划、制造、销售

   C. 分销、制造、财务　　D. 采购、销售、库存

3. 下列子系统中需要为账务处理系统生成凭证的是(　　)。

   A. 财务分析系统　　B. 存货管理系统　　C. 报表处理系统　　D. 库存管理系统

4. 不同类型的企业组织、规模、生产特点、会计职能等方面往往不尽相同，所以所需会计软件的基本组成也不完全一样，必须经过(　　)按实际情况确定。

   A. 系统分析　　B. 系统设计　　C. 领导提议　　D. 软件供应商的推荐

5. 容量为 1G 的硬盘，最多可以储存的信息量是(　　)。

   A. 1024MB 字节　　B. 1024kB 字节　　C. 1000kB 字节　　D. 1000MB 字节

6. 目前计算机正向着(　　)、网络化、智能化方向发展。

   A. 小型化　　B. 自动化　　C. 微型化　　D. 全面化

7. Enter 键是(　　)。

   A. 删除键　　B. 回车换行键　　C. 空格键　　D. 换挡键

8. 计算机网络的正确定义是(　　)。

   A. 能够通信的计算机系统

   B. 异地计算机连接在一起的系统

   C. 连接在一起使用相同操作系统

D. 异地独立计算机系统通过通信设备连接在一起用网络软件实现资源共享的系统

9. 以下不是计算机病毒特点的是( )。

A. 破坏性 B. 传染性 C. 潜伏性 D. 隐蔽性

10. 对会计软件系统的实施来说，业务流程重整的一个主要任务是( )，使其与会计电算化相适应。

A. 规范会计基础工作 B. 规范会计核算制度

C. 整理与输入会计凭证 D. 设计与输出会计报表

11. 完全用0和1数字代码编程，能被计算机直接接受执行的计算机语言是( )。

A. 汇编语言 B. 高级语言 C. 机器语言 D. BASIC语言

12. 在默认格式下，向Excel单元格中输入5/20，则单元格中的数据为( )。

A. 小数数据0.25 B. 字符5/20

C. 5月20日的日期格式 D. 分数数据1/4

13. 在Excel表中，A1单元的内容为公式“=SUM（B2:G9）”，如用命令将该工作表中的第2行删除，则A1单元中的公式将调整为( )。

A. =SUM（B3:G9） B. =SUM（B2:G8）

C. =SUM（B2:G9） D. 以上说法均错误

14. 计算机中网络通信协议中“TCP”指的是( )。

A. 传播控制协议 B. 传输控制协议 C. 国际通信协议 D. 网际协议

15. 在Internet中，目前使用的IP地址采用( )位二进制代码。

A. 16 B. 32 C. 64 D. 128

16. 与Internet相连，只需一台计算机、一条电话线及( )。

A. 网卡 B. 调制解调器 C. 连接器 D. IP地址

17. 通用会计核算软件比专业会计核算软件( )。

A. 通用性强，开发水平高 B. 维护量小，购置成本高

C. 成本高，开发水平高 D. 通用性差，维护量大

18. 在Excel中，要求将所有数值小于60的单元格自动显示成红色的数字。实现这个要求可以使用“格式”菜单中的( )命令。

A. 单元格 B. 样式 C. 条件格式 D. 自动套用格式

19. 系统软件和应用软件的相互关系是( )。

A. 前者以后者为基础 B. 后者以前者为基础

C. 相互没有关系 D. 相互支持

20. 微型计算机系统与外部交换信息主要通过( )。

A. 输入输出设备 B. 键盘 C. 光盘 D. 内存

二、多项选择题

1. 高级语言的源程序需翻译成机器语言能执行的目标程序才能执行，这种翻译方式

有(　　)。

A. 汇编　　B. 转换　　C. 编译　　D. 解释

2. 电算化系统中恢复功能是系统非常重要的基本功能，进行这一工作时应当(　　)。

A. 所有人员都有恢复权　　B. 检查备份日期

C. 恢复往年资料前备份当前资料　　D. 指定专人操作

3. 下列条件中，(　　)属于企业选择商品化会计软件时必须要考虑到的。

A. 应从本单位的实际需求出发　　B. 软件开发单位的规模、声誉和发展能力

C. 软件功能的适用性、完备性及易用性　　D. 软件的售后服务和维护保障

4. 会计电算化的目标是实现会计工作的现代化，包括(　　)的计算机应用。

A. 财务会计　　B. 管理会计　　C. 财务管理　　D. 物料管理

5. 企业管理软件经历了(　　)3个大的发展阶段。

A. 会计信息系统 AIS　　B. 物料需求计划 MRP

C. 制造资源计划 MRPⅡ　　D. 企业资源计划 ERP

6. 在会计软件中，凭证一旦保存，其(　　)不能修改。

A. 制单日期　　B. 凭证类别　　C. 凭证编号　　D. 金额

7. 下列关于会计科目编码的描述，正确的是(　　)。

A. 会计科目编码必须采用全编码　　B. 一级会计科目编码由财政部统一规定

C. 设计会计科目编码应从明细科目开始　　D. 科目编码可以不用设定

8. 下列关于会计科目的描述中，错误的有(　　)。

A. 要修改和删除某会计科目，应先选中该会计科目

B. 科目一经使用，即已经输入凭证，则不允许修改或删除该科目

C. 有余额的会计科目可直接修改

D. 删除会计科目应从一级科目开始

9. 系统提供的凭证限制类型包括(　　)。

A. 借方必有　　B. 借方必无　　C. 贷方必有　　D. 贷方必无

10. 下列关于期初余额的描述中，正确的有(　　)。

A. 所有科目都必须输入期初余额

B. 红字余额应输入负号

C. 期初余额试算不平衡，不能记账，但可以填制凭证

D. 如果已经记过账，则还可修改期初余额

三、判断题

1. 会计软件必须以账务处理为核心，因而各功能模块不能相对独立。(　　)

2. 在会计软件中一般以账套为单位管理会计资料。(　　)

3. 普及会计电算化，就是要求会计人员掌握计算机技术，达到自己会编写会计软件系统的

水平。(　　)

4. 会计电算化可以提高会计核算的水平和质量。(　　)
5. 计算机能否输出正确的会计信息，关键取决于处理程序的正确与否。(　　)
6. 企业资源计划（简称ERP）软件中用于处理会计核算数据部分的模块不属于会计核算软件的范畴。(　　)
7. 商品化会计核算软件通用性很强，不需要在会计部门进行调整即可使用。(　　)
8. 商品化会计软件所有的售后服务均不收费。(　　)
9. 决策支持系统是一种代替管理人员进行决策的人机会话系统。(　　)
10. 会计核算软件按服务层次和提供信息的深度可分为单用户会计核算软件和多用户（网络）会计核算软件。(　　)
11. 会计核算软件的功能模块，是指会计核算软件中能够相对独立完成会计数据输入、处理和输出功能的各个部分。(　　)
12. 账务处理子系统，不仅可以直接处理来自记账凭证的信息，而且可以接收来自各核算子系统的自动转账凭证。(　　)
13. 广义的会计电算化是指与实现会计工作电算化有关的所有工作，包括会计电算化软件的开发和应用、人才的培训、宏观规划、制度建设、市场的培育与发展等。(　　)
14. 专用会计软件由使用单位自行开发或委托其他单位开发，因而可以很快投入使用。(　　)
15. 会计软件的安全性主要指防止信息被泄露和破坏的能力，以及防错、查错和纠错的能力。(　　)
16. 会计主管可以兼任电算化主管。(　　)
17. 在会计核算软件中，输入期初余额时，上级科目的余额和累计发生数据需要手工输入。(　　)
18. 在网络技术中，“上载”是指把文件从远程计算机复制到用户本地计算机中的过程。(　　)
19. 计算机中的“数据”是一个广义的概念，包括数值、文字、图形、图像、声音等多种形式。(　　)
20. 已采用计算机代替手工记账的单位，其会计档案保管期限应当按照《会计档案管理方法》的规定执行。(　　)

会计从业考试《会计电算化》模拟试卷参考答案

一、单项选择题

1.【答案】A

【考点】会计核算软件的功能模块

【解析】会计核算软件分为账务处理、应收款核算、应付款核算、工资核算、固定资产核算、存货核算、销售核算、成本核算、会计报表生成与汇总、财务分析等功能模块。其中，账务处理模块是会计核算软件的核心模块，该模块以记账凭证为接口与其他功能模块有机地连接在一起，构成完整的会计核算系统。故A选项正确。

2.【答案】C

【考点】ERP的主要构成

【解析】由于不同的ERP软件设计的思路及方法不同，所以ERP软件功能模块的划分也有所不同，但是各种ERP软件的原理却是一致的，一般分为分销、制造、财务3大部分。故C选项正确。

3.【答案】B

【考点】会计核算软件的功能模块

【解析】存货管理系统主要输出各类明细账、汇总表、明细表和存货成本分析表等。此外，存货系统要生成转账凭证传递给账务系统。故B选项正确。

4.【答案】A

【考点】各类行业会计软件的基本组成

【解析】不同类型的企业组织、规模、生产特点、会计职能等方面往往不尽相同，所以所需会计软件的基本组成也不完全一样，必须经过系统分析按实际情况确定。故A选项正确。

5.【答案】A

【考点】硬盘的存储容量

【解析】存储容量以字节为单位，每1024个字节称为1kB，每1024kB字节称为1MB，每1024MB字节称为1GB。

6.【答案】C

【考点】计算机的发展方向

【解析】计算机正向着微型化、网络化、智能化方向发展。

7.【答案】B

【考点】键盘的基本操作

【解析】删除键是Del，换挡键是Shift，Enter键是回车换行键。

8.【答案】D

【考点】计算机网络的定义

【解析】计算机网络是计算机技术与通信技术相结合而形成的一种通信方式，它将不同区域内具有独立功能的多台计算机或计算机网络、终端及其附属设备，用通信线路连接起来，并配备相应的网络软件，从而实现通讯过程中的资源共享。只有D选项概括准确。

9.【答案】B

【考点】计算机病毒的特点

【解析】计算机病毒的特点是：感染性、破坏性、隐蔽性、潜伏性。故应选B选项。

10.【答案】A

【考点】业务流程重整与规范会计基础工作

【解析】对会计软件系统的实施来说，业务流程重整的一个主要任务是规范会计基础工作，使其与会计电算化相适应。规范内容包括：会计业务流程的规范、会计核算方法的规范、会计数据的规范、会计账表的规范。故A选项正确。

11.【答案】C

【考点】计算机语言种类的意义

【解析】机器语言是直接使用机器指令代码编写的语言，采用二进制表示，是计算机能直接识别并执行的语言。一个BASIC程序由一系列语句组成，语句表示计算机要执行的操作。汇编语言是面向机器的程序设计语言。在汇编语言中，用助记符代替操作码，用地址符号或标号代替地址码，这样用符号代替机器语言的二进制码，就把机器语音变成了汇编语言。故C选项正确。

12.【答案】C

【考点】Excel中工作表的基本操作

【解析】在常规格式下，在Excel单元格中输入5/20，则单元格中的数据为5月20日的日期格式。故C选项正确。

13.【答案】B

【考点】Excel表公式的设置

【解析】由于删除第2行，因此G9就变成了G8。故B选项正确。

14.【答案】B

【考点】TCP的含义

【解析】计算机中网络通信协议TCP指的是传输控制协议。故B选项正确。

15.【答案】B

【考点】IP地址的内容

【解析】为明确区分Internet上的每一台主机，Internet为网上的每台主机都分配了唯一的地址，该地址由纯数字组成，称为IP地址。IP地址是一个32位的二进制数，为方便使用，通常把32位IP地址表示成4组十进制数，组与组之间用圆点进行分隔，如201.15.128.56。故B选项正确。

16.【答案】B

【考点】因特网的连接设备

【解析】与Internet相连，只需一台计算机、一条电话线及调制解调器。故B选项正确。

17.【答案】A

【考点】通用会计核算软件的优点

【解析】与专业会计核算软件相比，通用会计核算软件具有通用性强、开发水平高、维护量小、购置成本相对较低等优点。故 A 选项正确。

18.【答案】C

【考点】格式化工作表

【解析】有时要在指定区域中只对满足条件的单元格进行一些格式操作，而这些单元格的分布又不规则，这时就可以使用“格式”菜单中的“条件格式”命令实现。要使数值小于 60 的单元格都要自动显示成红色的数字，就可以通过这个方法实现。故 C 选项正确。

19.【答案】B

【考点】系统软件和应用软件的关系

【解析】在硬件和系统软件的支持下，才有了应用软件，应用软件以系统软件为基础。故 B 选项正确。

20.【答案】A

【考点】计算机基本常识

【解析】微型计算机系统通过输入输出设备与外部交换信息。故 A 选项正确。

二、多项选择题

1.【答案】CD

【考点】源程序语言翻译方式的内容

【解析】高级语言编写的源程序需翻译成计算机可执行的机器语言程序（目标程序）。有两种方式可以实现高级语言程序的翻译，即编译方式和解释方式。故 CD 选项正确。

2.【答案】BCD

【考点】电算化系统的内容

【解析】由于电算化系统中恢复功能是系统非常重要的基本功能，所以不是任何人都可以进行的，一般由账套主管进行。A 选项不符合题意。做电算化系统中恢复功能时应当检查备份日期，恢复往年资料前备份当前资料，应指定专人操作。故 BCD 选项正确。

3.【答案】ABCD

【考点】会计软件的选择

【解析】ABCD 四项都是企业选择商品化会计软件时必须要考虑到的事项。

4.【答案】ABC

【考点】会计电算化的目标

【解析】会计电算化的实质是计算机在会计领域的普及应用，其目标是实现会计工作的现代化。会计电算化包括财务会计、管理会计、财务管理的计算机应用。故 ABC 选项正确。

5.【答案】BCD

【考点】企业管理软件的发展

【解析】ERP是企业管理软件的主要代表，企业管理软件最早起源于制造业管理信息系统的研究与开发，并且经历了物料需求计划MRP、制造资源计划MRPⅡ、企业资源计划ERP 3个大的发展阶段。故BCD选项正确。

6.【答案】BC

【考点】会计软件日常账务处理操作

【解析】凭证一旦保存，其凭证类别、凭证编号不能修改。故BC选项正确。

7.【答案】AB

【考点】账务处理模块基本操作要求

【解析】会计科目编码必须采用全编码，一级会计科目编码由财政部统一规定。故AB选项正确。

8.【答案】CD

【考点】账务处理模块的操作要求

【解析】删除会计科目应遵循“自上而下”的原则，先删除下一级科目，然后再删除本级科目。D选项错误。有余额的会计科目，必须先删除本级及其下级科目的余额，才能修改或删除该科目。C选项错误。故选CD正确。

9.【答案】ABCD

【考点】电算化会计核算基本流程及凭证

【解析】系统提供的凭证限制类型包括：借方必有、借方必无、贷方必有、贷方必无。故ABCD选项正确。

10.【答案】BC

【考点】账务处理模块的操作要求

【解析】并不是所有科目都输入期初余额，对于损益类科目一般没有期初余额。A选项错误。如果已经记过账，则不能再录入、修改期初余额，也不能执行“结转上年余额”功能。D选项错误。故BC选项正确。

三、判断题

1.【答案】×

【考点】会计软件子系统之间的数据联系

【解析】会计软件必须以账务处理为核心，但会计软件各功能模块是独立的，各自有独立的输入和输出，实现特定的功能。

2.【答案】√

【考点】系统试运行的组织

【解析】在会计软件中一般以账套为单位管理会计资料，在试运行阶段就必须根据实际需要建立会计账套，并为它设置参数。

3.【答案】×

【考点】会计电算化基本要求

【解析】要普及会计电算化，要求会计人员掌握计算机技术，尽可能依靠自身能力排除会计软件运行中的故障，但是要求会计人员达到自己能够编写会计软件的水平，是没有必要的，也是不可行的。

4.【答案】√

【考点】会计电算化的意义

【解析】会计电算化可以提高会计核算的水平和质量。这主要表现在以下几个方面：减轻了会计人员的劳动强度，提高了工作效率；缩短了会计数据处理的周期，提高了会计数据的时效性；提高了会计数据处理的正确性和规范性。

5.【答案】×

【考点】会计软件的操作

【解析】在会计软件处理程序正确的前提下，计算机能否输出正确的会计信息，主要取决于输入的数据是否准确无误。

6.【答案】×

【考点】企业资源计划的概念

【解析】企业资源计划（简称ERP）软件中用于处理会计核算数据部分的模块属于会计核算软件的范畴。

7.【答案】×

【考点】会计核算软件

【解析】为了体现“通用”的特点，通用会计核算软件一般都设置“初始化”模块，用户在首次使用通用会计核算软件时，必须使用该模块对本单位的所有会计核算规则进行初始化设置，从而把通用会计核算软件转化为适合本单位核算实际的专用会计核算软件。所以，“商品化会计核算软件通用性强，不需要在会计部门作调整”的观念是错误的。

8.【答案】×

【考点】会计软件的主要内容

【解析】会计软件售价中，一般含有软件价格和售后服务与培训价格两部分。销售商向用户报价时，有些按这两部分的总计金额报价，有些按软件价格报价。因此，不能说商品化会计软件所有的售后服务不收费。

9.【答案】×

【考点】决策支持系统的概念

【解析】决策支持系统是一种辅助管理人员进行决策的人机会话系统，它不是代替人决策，而是以现代信息技术为手段，为决策者提供所需的各类信息，提供相应的科学方法和数学模型，帮助决策者选择最佳方案，以减少或避免决策失误，降低决策风险。

10.【答案】×

【考点】会计核算软件的分类

【解析】会计核算软件按硬件结构划分，可分为单用户会计核算软件和多用户（网络）会计核算软件。若按服务层次和提供信息的深度划分，可分为核算型会计软件、管理型会计软件和决策型会计软件等。

11.【答案】×

【考点】会计核算软件的功能模块的概念

【解析】会计核算软件是一个复杂的大系统，通常由若干功能模块组成。会计核算软件的功能模块是指会计核算软件中能够相对独立完成会计数据输入、处理和输出功能的各个部分。

12.【答案】√

【考点】账务处理操作的内容

【解析】账务处理子系统，不仅可以直接处理来自记账凭证的信息，而且可以接收来自各个核算子系统的自动转账凭证。

13.【答案】√

【考点】会计电算化的概念

【解析】略

【提示】狭义的会计电算化是指以电子计算机为主体的当代电子信息技术在会计工作中的应用。

14.【答案】×

【考点】专用会计软件的分类

【解析】专用会计核算软件一般是指由使用单位自行开发或委托其他单位开发，供本单位使用的会计核算软件。开发一个成熟的专用会计核算软件周期长，而且成本也很昂贵，只有特殊需求的企业才需要考虑开发专用会计软件。本题说法错误。

15.【答案】√

【考点】会计软件的选择

【解析】会计软件的安全性主要指防止信息被泄露和破坏的能力，以及防错、查错和纠错的能力。会计软件只有强有力的安全保护措施才能够确保会计信息的合法性、正确性和完整性。

16.【答案】√

【考点】会计电算化岗位及其权限设置

【解析】电算主管负责协调计算机及会计软件系统的运行工作。会计主管可以兼任电算化主管。

17.【答案】×

【考点】会计核算软件的日常操作

【解析】期初余额录入是将手工会计资料录入到计算机的过程之一。余额和累计发生额的录入要从最末级科目开始，上级科目的余额和累计发生数据由系统自动计算。

18.【答案】×

【考点】文件传输的方式

【解析】文件传输分为上载和下载两种方式。所谓下载文件就是将所连接系统中的文件传输到用户系统的磁盘中。上载文件是下载文件的逆操作，就是把文件从用户系统的磁盘上传送到所连接的系统中。

19.【答案】√

【考点】数据的概念

【解析】计算机中的“数据”是一个广义的概念，包括数值、文字、图形、图像、声音等多种形式。

20.【答案】√

【考点】会计电算化档案的基本要求

【解析】已采用计算机代替手工记账的单位，其会计档案保管期限应按照《会计档案管理方法》的规定执行。具体来说，会计电算化系统开发的全套文档资料，其保存期限截至该系统停止使用或有重大更改后的5年。

参考文献

[1] William E. McCarthy. The REA Accounting Model: A Generalized Framework of Accounting Systems in a Shared Data Environment [J]. The Accounting Review, 1982 (7): 554 - 578.

[2] 李宗民．会计信息系统理论与实务 [M]. 2 版．北京：中国电力出版社，2010.

[3] 周英虎．财务会计 [M]. 北京：中国财政经济出版社，2009.

[4] 徐永佳．会计电算化 [M]. 北京：冶金工业出版社，2006.

[5] 李践．高绩效人士的五项管理 [M]. 北京：机械工业出版社，2010.

[6] 王化成．财务报表分析 [M]. 北京：北京大学出版社，2007.

[7] 袁天荣．企业财务分析 [M]. 北京：机械工业出版社，2009.

[8] 蒂莫西 R. 梅斯．财务分析——以 Excel 为分析工具 [M]. 赵银德，译．北京：机械工业出版社，2010.

[9] 罗明，张忠能．基于 Real 模型的会计信息系统 [J]. 计算机工程，2005 (4).

[10] 王颖，裴新利．浅析未来会计信息系统的发展趋势 [J]. 当代经济（下半月），2007 (11).

[11] 好会计网．2012 年会计从业考试《会计电算化》模拟试卷 [EB/OL]. http://www.goodacc.net/data1/congyezige/10474.html，2011 年 11 月 24 日.

[12] 寇建国．加快管理型会计软件的开发与应用 [J]. 公用事业财会，2004 (2).

[13] 曾建辉．议管理型会计软件的应用瓶颈及其推进对策 [J]. 会计之友，2010 (12).

[14] 中国注册会计师协会．财务成本管理 [M]. 北京：经济科学出版社，2011.

[15] 赵德武．财务管理 [M]. 2 版．北京：高等教育出版社，2007.

普通高等院校
经济管理类应用型规划教材

课程名称	书号	书名、作者及出版时间	定价
商务策划管理	978-7-111-34375-2	商务策划原理与实践（强海涛）（2011年）	34
管理学	978-7-111-35694-3	现代管理学（蒋国平）（2011年）	34
管理沟通	978-7-111-35242-6	管理沟通（刘晖）（2011年）	27
管理沟通	978-7-111-47354-1	管理沟通（王凌峰）（2014年）	30
财经应用文写作	978-7-111-42715-5	财经应用文写作（刘常宝）（2013年）	30
职业规划	978-7-111-42813-8	大学生体验式生涯管理（陆丹）（2013年）	35
职业规划	978-7-111-40191-9	大学生职业生涯规划与学业指导（王哲）（2012年）	35
心理健康教育	978-7-111-39606-2	现代大学生心理健康教育（王哲）（2012年）	29
概率论和数理统计	978-7-111-26974-8	应用概率统计（彭美云）（2009年）	27
概率论和数理统计	978-7-111-28975-3	应用概率统计学习指导与习题选解（彭美云）（2009年）	18
国际贸易英文函电	978-7-111-35441-3	国际商务函电双语教程（董金铃）（2011年）	28
国际贸易实习	978-7-111-36269-2	国际贸易实习教程（宋新刚）（2011年）	28
国际贸易实务	978-7-111-37322-3	国际贸易实务（陈启虎）（2012年）	32
国际贸易实务	978-7-111-42495-6	国际贸易实务（孟海樱）（2013年）	35
国际贸易理论与实务	978-7-111-29587-7	国际贸易理论与实务（精品课）（孙勤）（2010年）	32
国际贸易理论与实务	978-7-111-33778-2	国际贸易理论与实务（吕靖烨）（2011年）	29
国际金融理论与实务	978-7-111-39168-5	国际金融理论与实务（缪玉林 朱旭强）（2012年）	32
会计学	978-7-111-31728-9	会计学（李立新）（2010年）	36
会计学	978-7-111-42996-8	基础会计学（张献英）（2013年）	35
金融学（货币银行学）	978-7-111-38159-4	金融学（陈伟鸿）（2012年）	35
金融学（货币银行学）	978-7-111-30153-0	金融学（精品课）（董金玲）（2010年）	30
个人理财	978-7-111-47911-6	个人理财（李燕）（2014年）	39
西方经济学学习指导	978-7-111-41637-1	西方经济学概论学习指南与习题册（刘平）（2013年）	22
西方经济学（微观）	978-7-111-48165-2	微观经济学（刘平）（2014年）	25
西方经济学（微观）	978-7-111-39441-9	微观经济学（王文寅）（2012年）	32
西方经济学（宏观）	978-7-111-43987-5	宏观经济学（葛敏）（2013年）	29
西方经济学（宏观）	978-7-111-43294-4	宏观经济学（刘平）（2013年）	25
西方经济学（宏观）	978-7-111-42949-4	宏观经济学（王文寅）（2013年）	35
西方经济学	978-7-111-40480-4	西方经济学概论（刘平）（2012年）	35
统计学	即将出版	统计学（第2版）（张兆丰）（2014年）	35
统计学	978-7-111-29027-8	统计学（张兆丰）（2009年）	32
统计学	978-7-111-45966-8	统计学原理（宫春子）（2014年）	35
经济法	978-7-111-47546-0	经济法（第2版）（葛恒云）（2014年）	35
计量经济学	978-7-111-42076-7	计量经济学基础（ 张兆丰 ）（2013年）	35
市场营销学（营销管理）	978-7-111-46806-6	市场营销学（李海廷）（2014年）	35
公共关系学	978-7-111-39032-9	公共关系理论与实务（刘晖）（2012年）	25
公共关系学	978-7-111-47017-5	公共关系学（管玉梅）（2014年）	30
管理信息系统	978-7-111-42974-6	管理信息系统（李少颖）（2013年）	30
管理信息系统	978-7-111-38400-7	管理信息系统：理论与实训（袁红清）（2012年）	35

普通高等院校
经济管理类应用型规划教材

课程名称	书号	书名、作者及出版时间	定价
财务会计	978-7-111-31107-2	财务会计实务（陈澎）（2010年）	32
战略管理	978-7-111-46855-4	企业战略管理（肖智润）（2014年）	35
企业文化	978-7-111-36805-2	现代企业文化理论与实务（李建华）（2012年）	32
门店管理	978-7-111-36910-3	门店管理实务（陈方丽）（2012年）	32
创业管理	978-7-111-40537-5	创业学：创业思维·过程·实践（魏拴成）（2012年）	35
创业管理	978-7-111-43454-2	大学生创业基础（刘平）（2013年）	35
职业规划	978-7-111-47021-2	职业生涯导入与大学学习生活（刘平）（2014年）	25
项目管理	978-7-111-39419-8	项目管理理论与实务（刘常宝）（2012年）	32
创意思维	978-7-111-43794-9	创新创意基础教程（谭贞）（2013年）	30
国际物流学	即将出版	国际物流管理（许良）（2014年）	35
税务会计与税收筹划	978-7-111-45487-8	纳税会计与税收筹划（王树锋）（2014年）	35
审计学	978-7-111-35528-1	审计学（高强）（2011年）	33
会计综合实验	即将出版	企业会计综合实训（胡世强）（2014年）	35
会计学	978-7-111-46705-2	会计学基础（杨艳秋）（2014年）	35
会计学	978-7-111-47650-4	基础会计（奚正艳）（2014年）	30
会计信息系统	978-7-111-44539-5	会计电算化（陈曙光）（2013年）	35
会计信息系统	978-7-111-38800-5	会计信息系统理论与实验教程（管彦庆）（2012年）	32
管理会计	978-7-111-42521-2	管理会计（王永刚）（2013年）	35
成本会计	978-7-111-31688-6	成本会计（束必琪）（2010年）	32
人力资源管理	978-7-111-43455-9	人力资源管理（第2版）（张小兵）（2013年）	30
总部运营管理	978-7-111-33247-3	总部运营管理（刘常宝）（2011年）	33
营销渠道	978-7-111-36412-2	营销渠道管理（郑锐洪）（2012年）	32
营销策划	978-7-111-40631-0	营销策划：理论、案例与实务（赵静）（2012年）	35
市场营销学（营销管理）	978-7-111-29816-8	市场营销实训教程（郝黎明）（2010年）	32
市场营销学（营销管理）	978-7-111-42825-1	市场营销学（曹垣）（2013年）	39
市场分析与软件应用	978-7-111-35559-5	市场分析与软件应用（蔡继荣）（2011年）	36
品牌管理	978-7-111-48211-6	品牌管理（第2版）（刘常宝）（2014年）	35
品牌管理	978-7-111-33029-5	品牌管理（刘常宝）（2011年）	32
客户关系管理	978-7-111-47474-6	客户关系管理（姚飞）（2014年）	35
服务营销学	978-7-111-48247-5	服务营销教程（郑锐洪）（2014年）	35
物流管理	978-7-111-32831-5	物流学（王斌义）（2011年）	32
供应链（物流）管理	978-7-111-32991-6	供应链管理（黎继子）（2011年）	29
供应链（物流）管理	978-7-111-32774-5	供应链管理（王凤山）（2011年）	30
港口物流	978-7-111-32818-6	港口物流（王斌义）（2011年）	32